ABIGAËL
MESSAGÈRES DES ANGES

TOME 1

Catalogage avant publication de Bibliothèque et Archives nationales du Québec et Bibliothèque et Archives Canada

Dupuy, Marie-Bernadette, 1952-

Abigaël

Comprend des références bibliographiques.

Sommaire : t. 1. La messagère des anges.

ISBN 978-2-89431-508-8 (vol. 1)

I. Dupuy, Marie-Bernadette, 1952- . Messagère des anges. II. Titre.

PQ2664.U693A62 2017   843'.914   C2016-941935-5

Les éditions JCL bénéficient du soutien financier de la SODEC et du Programme de crédit d'impôt du gouvernement du Québec.

Nous remercions le Conseil des Arts du Canada de l'aide accordée à notre programme de publication.

Financé par le gouvernement du Canada 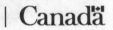 Canada

Édition
LES ÉDITIONS JCL
jcl.qc.ca

Distribution au Canada et aux États-Unis
Messageries ADP
messageries-adp.com

Distribution en France et autres pays européens
DNM
librairieduquebec.fr

Distribution en Suisse
SERVIDIS/TRANSAT
servidis.ch

 Suivez Les éditions JCL sur Facebook.

Imprimé au Canada

Dépôt légal : 2017
Bibliothèque et Archives nationales du Québec
Bibliothèque nationale du Canada
Bibliothèque nationale de France

MARIE-BERNADETTE DUPUY

ABIGAËL
MESSAGÈRES DES ANGES

TOME 1

LES ÉDITIONS JCL

*D'une vallée à l'autre, suivez avec moi le destin
de deux jeunes femmes exceptionnelles, Abigaël et Claire,
au sein de ma Charente natale*

NOTE DE L'AUTEURE

Chers amis lecteurs,

Ce livre est un peu particulier, pour deux raisons que je tiens à préciser. Tous ceux qui ont l'extrême gentillesse d'apprécier mes romans et de les suivre titre par titre auront sans doute remarqué mon intérêt pour les guérisseuses de jadis et d'aujourd'hui, ainsi que pour le paranormal, un terme qui couvre de nombreux phénomènes encore inexpliqués.

Ainsi, j'ai donné le premier rôle à Abigaël, une jeune fille dont les capacités médiumniques, révélées dès son enfance, l'ont conduite à devenir passeuse d'âmes. Comme ses aïeules et sa mère, elle est destinée à guider vers la lumière les esprits des défunts attachés au monde terrestre du fait qu'ils n'ont pas compris ce qui leur est arrivé, à savoir leur propre mort.

Qu'on y croie ou non, pourquoi ne pas s'y intéresser, en acceptant le temps d'une lecture d'imaginer ce qui pourrait se passer, ce qui se passe peut-être ?

Selon mon habitude, je me suis documentée avec soin et j'ai eu de longs entretiens avec des personnes qui constituent des références dans ce domaine, comme madame Saurya Newdelh et monsieur Alain Grondain, à qui je réitère mes remerciements pour leur soutien et leurs précieux témoignages, ainsi que monsieur Bernardin, archéologue reconnu.

Je voudrais aussi dédier une pensée émue à mon arrière-grand-mère qui avait des dons, comme Abigaël, et qui m'a peut-être inspiré ce nouveau personnage.

Second point important, au fil des pages de cet ouvrage, une sorte de jeu de piste guidera les nostalgiques de la série Le Moulin du loup *vers des réponses égrenées au sein même de l'intrigue quant à la destinée de mes personnages bien-aimés et très regrettés par de si nombreux lecteurs, comme me l'a prouvé un abondant courrier. À vous tous qui me soutenez depuis des années, m'encourageant à écrire encore et encore, à créer de nouvelles histoires ici ou ailleurs, je voulais absolument faire ce petit cadeau.*

Avec Abigaël, je vous emmène dans une autre vallée de ma Charente natale, la vallée de l'Anguienne, qui possède elle aussi des falaises calcaires, plusieurs grottes dont certaines aménagées en habitats troglodytes et des sous-bois de buis millénaires. Elle est voisine de la célèbre vallée des Eaux-Claires, mais, chut! je n'en dirai pas davantage.

Avec toute mon affection,

Marie-Bernadette Dupuy

1

Chez l'oncle Yvon

Bourg de Soyaux, mardi 23 novembre 1943,
5 heures du soir

Quand elles furent toutes deux descendues de l'autobus, Abigaël serra plus fort la main de sa tante. Le lourd véhicule, équipé d'un gazogène comme la plupart des voitures circulant encore, s'était garé sur la place principale du bourg de Soyaux.

Elles étaient les seules passagères ce soir-là. Le chauffeur était resté au volant et il n'avait pas coupé le moteur. Il redémarra après les avoir saluées d'un geste rapide.

— Nous voici arrivées, ma petite, déclara Marie Monteil en réprimant un soupir. Mais nous ferions mieux de nous abriter dans l'église, le vent est glacial. Ton oncle Yvon ne devrait pas tarder.

— En es-tu sûre, tantine? Peut-être qu'il n'a pas reçu ta dernière lettre, s'inquiéta l'adolescente.

— Il n'y a aucune raison, le courrier fonctionne normalement. Je lui ai dit que nous arrivions à Soyaux ce soir, environ à cette heure-là. Je suis tellement rassurée, Abigaël! Nous aurons enfin un foyer, et à la campagne. Bien sûr, il faudra nous rendre utiles pour compenser, mais le travail ne nous fait pas peur.

Tout en parlant, Marie avait entraîné sa nièce à l'intérieur de l'église Saint-Mathieu, un humble et beau sanctuaire du plus pur style roman. Très pieuses toutes les deux, elles éprouvèrent le même réconfort en s'assoyant sur un des bancs en bois sombre, qui dégageait une légère odeur d'encaustique malgré les restrictions en cours.

Réconfortée par la sérénité immuable qui régnait entre ces murs séculaires, Abigaël se mit à prier. Sa tante Marie l'imita du bout des lèvres, les paupières mi-closes. Elle avait un visage fin, des yeux en amande gris bleu et un grand front couronné de boucles d'un blond argenté. « Dieu très bon, protégez-nous, protégez cette enfant que le destin m'a confiée », implorait-elle en silence.

Alertées par des bruits de roues à l'extérieur, elles se relevèrent précipitamment, non sans échanger un faible sourire, ayant la même pénible impression d'incertitude. Elles sortirent après avoir fait un rapide signe de croix qui trahissait leur angoisse.

Marie élevait sa nièce depuis sa naissance et sa priorité était de la préserver du moindre danger, du chagrin et de la misère. L'exode de juin 1940 les avait jetées sur les routes comme des milliers d'autres Français. La petite maison de Touraine où elles vivaient avait été bombardée. D'abord, elles s'étaient réfugiées dans une pension de famille de Tours, puis elles avaient échoué à Poitiers où elles avaient logé à l'hôtel, ce qui avait épuisé leurs maigres économies.

Enfin, à bout de ressources, Marie Monteil s'était résignée à demander de l'aide à l'unique personne qui pouvait encore les secourir. Elle avait écrit une longue lettre à Yvon Mousnier, l'oncle paternel d'Abigaël. L'homme possédait une grande ferme en Charente, dans la vallée de l'Anguienne. Sa réponse avait tardé, mais, finalement, il avait accepté de les héberger en souvenir de son frère Pierre. La douce femme, bien que soulagée, avait su lire entre les lignes. Sa nièce et elle devraient mettre la main à la pâte, ce qu'elle jugeait tout à fait normal.

La France entière était occupée; la ligne de démarcation n'existait plus. Elle avait été supprimée un an auparavant et il n'en restait plus de trace à la date du premier mars[1]. Il fallait se plier à la loi des nazis, subir suspicions et contrôles, autant de la part des Allemands que de certains compatriotes.

En sortant de l'église, dont les pierres grises et le clocher carré subissaient les assauts d'un vent chargé d'humidité, Abigaël désigna d'un geste un attelage à l'arrêt, le long d'une maison voisine.

— Regarde, tantine. Une voiture tirée par un cheval.

— C'est lui, c'est ton oncle Yvon. Il a vieilli, mais je le reconnais.

L'adolescente respira profondément, sans pouvoir calmer les battements plus rapides de son cœur. Elle aurait pu s'enfuir sur-le-champ; elle avait l'impression que l'homme, dont elle observait les traits émaciés, n'était pas animé des meilleures intentions à leur égard. Son regard brun était froid et méfiant; son nez busqué et ses mâchoires carrées semblaient indiquer une nature rude, de même que ses sourcils broussailleux, poivre et sel comme ses épais cheveux coiffés en arrière.

— Allons, ne crains rien, lui murmura Marie.

— Devrons-nous parler de… Enfin, tu sais bien à quoi je fais allusion.

— Pas dans l'immédiat, surtout. Mais, si le sujet est abordé, il sera difficile d'éviter la discussion.

Dès qu'il les avait vues, Yvon Mousnier avait décoché

---

1. Les aménagements ont été ôtés de novembre 1942 à mars 1943.

un coup de fouet à sa jument, une bête au poil roux et à la crinière jaune, pour s'approcher de l'église. Il arrêta la charrette devant elles.

— Bonsoir, Marie, dit-il d'un ton sec. Vous avez pris un sacré coup de vieux.

— Nul n'échappe à la nature, Yvon, rétorqua-t-elle, un peu vexée. Pas même vous!

— Sans doute! Montez vite, il va pleuvoir. On ne doit pas traîner. Alors, c'est toi, Abigaël, la fille de Pierre! Tu n'as rien du frangin, dis donc! La dernière fois que je t'ai vue, tu n'étais pas plus haute que trois pommes.

Il se força à rire dans un souci d'amabilité. Abigaël redressa la tête et tenta un sourire poli en guise de réponse. Elle était de taille moyenne, menue et de manières discrètes; on hésitait à lui accorder ses quinze ans, tant qu'elle ne parlait pas. Très vite, cependant, si on discutait avec elle, ses propos, son élocution aisée, sa voix légère et flûtée, apaisante, mais bien timbrée, la rangeaient parmi les jeunes filles et non parmi les enfants.

Marie Monteil retint un soupir de nervosité, car Yvon avait fait allusion aux obsèques du père d'Abigaël.

— Tu ressembles à ta mère, ajouta le fermier.

— Oui, tantine affirme que je suis le portrait vivant de maman, répliqua l'adolescente d'un ton net.

— Tu causes pointu comme une fille de la ville. Faudra pas faire trop ta maligne, chez nous!

— Abigaël n'a jamais fait sa maligne, protesta Marie. Mettons-nous plutôt en route, nous discuterons plus tard.

— Vous n'avez que ça comme bagage? Une valise? s'étonna Yvon, agacé d'avoir été contredit.

— Nous avons tout perdu. Mais la Croix-Rouge nous a donné quelques affaires. Ne vous tracassez pas, Yvon, nous tâcherons d'être le moins gênantes possible et de ne pas déranger votre épouse. Nous allons la seconder, également. Comme je vous l'ai écrit, nous ne voulons pas être une charge. Abigaël et moi savons coudre, tricoter et raccommoder. Tenez, je vois un accroc à la manche de votre paletot, que je me ferai un plaisir de réparer.

— Ouais, je préférerais un coup de main pour ramasser les betteraves. Il faut s'en occuper avant les premières gelées, sinon je n'aurai pas de quoi nourrir mes bêtes cet hiver.

La valise à bout de bras, Abigaël grimpa lestement dans la charrette, sous le regard à la fois méfiant et inquisiteur de son oncle. «Une jolie fille, oui, mais, si elle tient de sa mère sur tous les plans, il ne faudrait pas qu'elle nous cause des ennuis», se disait-il.

Marie jugeait inconvenante la façon dont Yvon Mousnier fixait leur nièce. Elle toussota et feignit d'avoir du mal à se percher sur le marchepied en fer du véhicule.

— Je n'ai plus l'habitude de ce mode de locomotion, avoua-t-elle quand le fermier se décida à l'aider.

— Peut-être bien qu'il n'y a plus un seul canasson dans le nord de la France, lança-t-il, mais, ici, c'est le contraire, madame Marie. Malgré la réquisition, j'ai pu garder ma jument et son rejeton.

— Comment avez-vous fait? s'enquit Abigaël avec un réel intérêt.

— Je me suis débrouillé. Tu n'as pas besoin d'en savoir plus. Et puis, autant te prévenir, tiens ta langue dans le pays! Personne te connaît; alors, dès que tu croiseras un voisin, il te posera des questions.

— Ai-je le droit de me présenter comme votre nièce, la fille unique de votre frère Pierre?

— Bien sûr, nigaude!

Abigaël détourna ses grands yeux clairs dessinés en amande, d'un bleu très pur. Ces prunelles d'azur limpide s'accordaient avec sa carnation laiteuse et sa longue chevelure châtain clair qui dansait sur ses épaules menues en souples ondulations. Le nez droit, les joues rondes, elle avait une bouche en cœur aux lèvres d'un rose vif.

Marie s'était crispée en entendant le mot nigaude. Cependant, il leur fallait tolérer ce genre de langage, comme il leur faudrait sans nul doute supporter d'autres humiliations, d'autres vexations.

— Qu'est-ce que vous fabriquiez, toute la journée, du côté de Poitiers? Vous n'avez pas trouvé de travail, là-bas? demanda Yvon en poussant sa jument au trot.

— Hélas! non, hormis un peu de couture, de quoi acheter du pain… quand nous en trouvions à vendre, expliqua Marie. J'avais vendu des vignes, avant la guerre. J'ai tenu un maximum de temps sur cet argent. J'ai dû renoncer, après l'exode, à mon projet de gagner l'Amérique. Je voulais emmener Abigaël là-bas et que nous commencions une nouvelle vie. Ce n'était qu'un rêve.

— Fi de loup! en Amérique, rien que ça! s'esclaffa-t-il. Vous n'êtes pas des youpines, pour fuir la patrie comme ça!

Cette fois, ce fut Abigaël qui se tétanisa, outrée. D'une extrême sensibilité, ouverte à la souffrance de son prochain, elle avait beaucoup prié Dieu d'épargner les Juifs, persécutés par les nazis. Elle crut revoir des étoiles jaunes en tissu grossier sur la poitrine des femmes, des vieillards, des enfants. Tant d'étoiles jaunes!

— Ce n'était pas une fuite, oncle Yvon, précisa-t-elle à mi-voix, juste un départ vers une terre lointaine.

Le fermier haussa les épaules et donna un coup de fouet au cheval.

— Je t'en ficherai, des terres lointaines, moi! gronda-t-il. Tu me parais une sacrée prétentieuse! Et, pareil, quelle idée, ce prénom, Abigaël! Mon frère aurait pu choisir un prénom de chez nous, je le lui avais dit, à ta naissance. Les soldats allemands vont tiquer, à mon avis. Ils viennent chez moi acheter des légumes et du lait pour ravitailler la kommandantur. Abigaël! Ils vont te prendre pour une Juive.

— Les papiers de ma nièce leur prouveront qu'il n'en est rien, comme la croix qu'elle porte au cou, s'enflamma Marie Monteil. Abigaël est catholique, une fervente catholique. Quant à ce prénom, il est cité dans la Bible. Il signifie «source de joie» en hébreu et, je peux en témoigner, je n'ai jamais eu à regretter d'avoir pris ma nièce sous mon aile. De l'élever m'a offert le bonheur au quotidien.

Mal à l'aise, l'homme n'osa pas protester. Il pensait à la tragédie qui avait présidé à la naissance d'Abigaël. Sa mère Pascaline était morte en couches dans un flot de sang. Deux ans plus tard, Pierre Mousnier succombait à la tuberculose, à peine âgé de trente ans. Sur son lit d'agonie, son frère lui avait fait promettre de veiller sur la fillette. Yvon s'était engagé à ne jamais laisser Abigaël dans les difficultés. En réalité, il savait très bien, à l'époque, que Marie, la sœur aînée de Pascaline, tiendrait son rôle de marraine sa vie durant.

— Il faut dire, madame Marie, fit-il remarquer tout haut d'un ton radouci, que vous n'auriez laissé personne vous prendre la gamine quand mon frère est mort, et même avant. Je vous revois comme si c'était hier à l'enterrement de ma belle-sœur… Vous teniez la petiote sur votre giron; on aurait cru que c'était la vôtre, pardi!

— Oui, je m'en souviens également.

Marie ferma les yeux, émue. Elle s'était improvisée mère de substitution dès que Pascaline avait expiré. Célibataire et de douze ans plus âgée que sa sœur, elle s'était acharnée à sauver le faible nourrisson que le destin lui confiait. «La sage-femme qui a constaté le décès de Pascaline m'a été d'un précieux secours, se remémora-t-elle. J'ai appris en ces jours de deuil à langer un nouveau-né, à préparer des biberons, à bercer ma petite protégée en chantonnant doucement pour l'endormir. »

Abigaël ne prêtait plus attention à la conversation. Elle percevait avec une acuité particulière l'animosité de son oncle et elle voulait s'en préserver. Pour échapper à la perception aiguë qu'elle avait des sentiments d'autrui, selon son habitude, elle s'absorba dans la contemplation du paysage.

La course des nuages dans le ciel la fascinait. C'était de lourdes masses couleur de plomb parmi des écharpes d'un blanc terne qui servait de toile de fond aux branches dénudées des frênes et des châtaigniers. Le vent soufflait si fort que les arbres tremblaient et se ployaient, semblables à des êtres désespérés agitant des bras décharnés.

L'attelage passa dans un premier hameau, après avoir traversé la route de Périgueux. Yvon Mousnier débita quelques banalités sur les impératifs de la guerre ; Marie approuvait à mi-voix ou se taisait.

— Je prends un chemin de terre, ici, ce sera plus court, déclara-t-il en dirigeant la jument vers une trouée entre des chênes au feuillage roussi.

Tout de suite, la charrette devint moins confortable, secouée par les cahots. Les roues suivaient soit des ornières boueuses, soit un sol rocailleux inégal. Au bout d'une trentaine de mètres, Abigaël éprouva une tension pénible assortie d'un malaise familier. Il y avait une présence, toute proche. Son regard se posa à l'endroit précis d'où lui venait la sensation, là où se tenait une silhouette enfantine sur le talus moussu. « Une petite fille en robe noire, sans manteau ni foulard. Elle ne fait pas un geste, elle me fixe. Mon Dieu, comme elle a l'air triste ! Est-elle vraiment là, dehors, par ce mauvais temps, ou bien suis-je la seule à la voir ? » se demanda-t-elle.

Abigaël garda le silence. La charrette frôla la fillette toujours immobile en projetant des éclaboussures terreuses. Une personne de chair et d'os aurait été renversée, mais l'enfant restait là, la mine égarée, pétrie d'effroi.

« Pauvre petite âme errante, attends-moi », pensa Abigaël de toutes ses forces.

Elle se retourna, fébrile. L'étrange apparition avait disparu, comme effacée par les bourrasques de novembre.

— Il s'est passé du vilain, par ici, y a trois mois de ça, dit soudain son oncle. Un couple et sa gamine! Ils habitaient une bicoque à l'abandon, là, sur notre gauche. La milice traquait des résistants. Le père en était sans doute, ce crétin. Un jour, une patrouille a débarqué et ça a donné une fusillade. Pas de quartier! La femme et la gosse ont été tuées comme le type.

Marie Monteil se signa, livide. Abigaël, le souffle court, se mit à prier du bout des lèvres, les mains jointes sur ses genoux. Sur ses joues blêmes, la pluie se mêlait à ses larmes.

—

Un quart d'heure plus tard, le fermier désigna à ses passagères des bâtiments d'allure assez moderne entourés d'un mur que couronnait une ceinture de barbelés.

— La centrale électrique. Les Boches la surveillent, ils ont peur d'un sabotage. Les gars en poste me connaissent, mais ils vont sûrement vérifier vos papiers.

Ce n'était pas la première fois que Marie et sa nièce croisaient des soldats allemands. Cependant, elles se raidirent, inquiètes. Yvon joua la désinvolture en saluant les deux sentinelles casquées, bottées, l'arme à l'épaule.

— Je ramène de la famille, expliqua-t-il après avoir pesté contre le mauvais temps. Ma nièce et une belle-sœur.

Impassible, Abigaël tendit sa carte d'identité, imitée par Marie. Le soldat qui examina le document eut un petit rire et fit remarquer :

— Jolie, votre nièce, monsieur Mousnier, bien jolie!

— Toutes les petites Françaises sont jolies, blagua le fermier. Allez, à la prochaine!

La jument renâcla avant de reprendre le trot. Marie se signa, pâle de nervosité.

— Ce n'est guère rassurant, si vous habitez dans le voisinage, chuchota-t-elle.

— Je ne suis pas d'accord. Vaut mieux pactiser en surface et faire ce qu'on veut dans leur dos, rétorqua-t-il entre ses dents.

De nouveau indifférente, Abigaël aperçut des ruines en partie dissimulées par un fouillis de ronces et de sureaux; elle reconnut une roue à aubes. La course argentée d'un gros ruisseau la renseigna. « Un moulin. Des gens y ont été heureux », pensa-t-elle, émue. Ce n'était qu'une sensation fugitive, une sorte de message émanant des murs écroulés et d'un pan de toiture noir d'humidité, mais Abigaël se promit d'en savoir plus.

Bientôt, ils entrèrent dans un hameau curieusement baptisé Le lion de Saint-Marc, ainsi que l'indiquait un panneau en bois.

— On sera vite arrivés, maintenant, s'écria Yvon. Hue, Fanou, hue, dépêche-toi un peu. Il pleut fort, à présent.

L'animal poussa un bref hennissement et prit le grand trot. Ballottées à droite et à gauche, Marie et Abigaël durent se cramponner aux rebords de la charrette.

— Mettez votre valise sur vos têtes, ça vous évitera d'être trempées, recommanda le fermier.

— Ce serait une bonne idée si vous ralentissiez un peu, nota Marie. Nous sommes obligées de nous tenir.

— Autant prendre la pluie, tantine, conseilla la jeune fille.

Assez large, blanc et plat, le chemin longeait des pans de falaise curieusement creusés par des grottes comme autant de fenêtres voilées de lierre. On aurait dit de solides murailles érigées d'un seul bloc. L'entrée de certaines cavités paraissait avoir été aménagée. La végétation, couleur de rouille, jetait une touche plus gaie sur cette palette de grisaille.

— S'agit-il d'anciens habitats troglodytes? s'enquit Marie. Il en existe en Touraine aussi.

— Bah, ce sont des cavernes. Paraît que des ermites vivaient là, il y a des siècles, hein, marmonna le fermier. On ne peut pas y accéder, faudrait escalader la paroi. C'est dangereux, j'ai toujours interdit à mes gamins de grimper là-haut. Pareil pour toi, Abigaël.

— Oui, mon oncle, répondit-elle sagement, certaine pourtant de désobéir, irrésistiblement attirée par ces masses de pierre d'où semblaient s'élever des appels mystérieux étouffés, adressés à elle seule.

Ferme d'Yvon Mousnier, un peu plus tard

«Nous voici enfin à l'abri!» songea Marie quand la charrette pénétra dans une vaste cour empierrée. D'un élan irréfléchi, elle attira Abigaël dans ses bras en la tenant par l'épaule.

— Nous ne risquons plus rien, lui dit-elle à l'oreille. Regarde, c'est une grande ferme. La maison en impose.

Abigaël étudia d'un œil intrigué la résidence en question, un édifice rectangulaire en pierres calcaires percé de plusieurs fenêtres. Perchée dans la charrette, elle en voyait une grande partie par un portail gris aux ferrures noires, encadré de colonnes carrées et flanqué d'un portillon de même facture, qui était resté ouvert sur un vaste jardin. L'ensemble avait un air cossu et élégant, même sous le ciel gris et la pluie drue. Une des cheminées fumait, promesse d'un bon feu de bois.

— Vous ne descendez pas? Je dois dételer ma bête et la rentrer à l'écurie, ronchonna Yvon. C'est cette porte ronde, là. Autant que vous repériez l'endroit. Hé, gamine, tu vas apprendre à t'occuper des chevaux.

— Est-ce le bon moment? s'inquiéta Marie. Nous voyageons depuis ce matin, Abigaël a besoin de se reposer et de faire un brin de toilette.

Exaspéré, Yvon sauta lourdement du siège. Son béret en feutrine noire dégoulinait, comme sa veste.

— Du repos, de la toilette, et quoi encore? Je vous préviens, madame Marie, ici on bosse dur. Autre chose, Abigaël, c'est autant ma nièce que la vôtre; j'entends que ce soit clair, bien clair! Si je décide de lui montrer comment on dételle la jument, vous n'avez rien à dire.

— Ne t'inquiète pas, tantine, ça m'amuse. Je ne suis pas si fatiguée.

Sur ces mots, Abigaël descendit à son tour du véhicule. Elle tourna un dernier regard vers le muret qui séparait la cour du corps de logis et aperçut derrière une des fenêtres du premier étage le visage d'une femme. Elle salua l'inconnue d'un léger signe de tête, tout en donnant la main à sa tante qui posait le pied à terre, encombrée de leur valise.

— Je croyais que vous nous accompagneriez à l'intérieur, Yvon, protesta Marie.

— Allons, ne faites pas tant de manières! Pélagie est au courant de votre arrivée. Vous la connaissez, quand même! Bon sang, ma femme ne vous mangera pas!

«Mais elle a dû se ruer dans une des chambres pour voir de quoi nous avons l'air», supposa avec justesse Abigaël.

Le fermier se dirigea vers la large porte ronde à deux battants de bois, peinte elle aussi en gris et ornée de ferrures noires comme le portail. Abigaël, qui marchait près du cheval, lui caressa l'encolure. Elle aimait les animaux et souvent ils le lui rendaient bien.

— J'ai raison, pardi! marmonna son oncle. Tu vas habiter avec nous et il faut que tu saches te débrouiller avec nos bêtes. Bah, ça ne manque pas. J'engraisse deux cochons, j'ai une truie qui me fait deux portées l'an et beaucoup de volaille, aussi, des oies, des canards et des poules, de bonnes pondeuses, tu peux me croire. Vu les restrictions, c'est appréciable d'avoir des œufs tous les matins. Chez les Mousnier, on ne s'endort pas le ventre vide. Et pas besoin de tickets d'alimentation.

Ils avaient pénétré dans le bâtiment sombre où régnait une puissante odeur animale. Abigaël compta deux vaches, une mule et un autre cheval, à la robe grise, celui-là.

— Sais-tu tirer le lait? demanda Yvon.

— Non, mais j'apprendrai.

— Tu as intérêt, plaisanta-t-il avec un clin d'œil.

Son attitude familière rassura un peu l'adolescente. Elle suivit des yeux chacun de ses gestes pendant qu'il débarrassait Fanou de son harnachement, sans même remarquer la présence de sa tante, debout à l'entrée de l'écurie. Marie Monteil attendait qu'il ait terminé, comme indifférente à sa propre lassitude et à son manteau humide.

— Ne te fie pas à mes coups de gueule, déclarait l'homme. Je suis bourru et j'ai mes humeurs. Mais tu es la fille de Pierre, la petite de mon frère, et ça compte pour moi.

— Je vous remercie, mon oncle.

Abigaël savait qu'il était sincère. Elle percevait contre son gré la véracité des paroles qu'on lui prodiguait ainsi que la force, bonne ou mauvaise, des sentiments d'autrui. Son intuition ne la trompait jamais, ce qui la poussa à s'interroger. « J'ai senti un flot de pensées hostiles, tout à l'heure, quand mon oncle est arrivé en charrette. J'ai eu un peu peur et j'ai eu envie de m'enfuir. Pourquoi? Cet homme est du même sang que mon père, il vient de me le rappeler et il ne ment pas. Que dois-je craindre de lui?»

— On commence à traire dans une heure, annonça Yvon. Rejoins ta tante, Pélagie te donnera de quoi goûter.

— Je n'ai pas faim, mais c'est gentil à vous.

— Pélagie, ma femme, tu l'appelleras tata. Elle sera contente.

Voyant la jument attachée dans sa stalle devant un râtelier garni de foin, Abigaël tourna les talons. Elle marchait vers la cour lorsqu'elle vit Marie, transie, les bras croisés sur sa poitrine.

— Tu étais là, tantine? Quelle idée, il fallait rentrer au chaud!

— J'ai du mal à t'abandonner, même cinq minutes, après tout ce que nous avons enduré ces derniers mois.

L'adolescente eut un sourire attendri. Elle s'empara de la valise et traversa la grande cour. Il fallait emprunter ensuite le portillon en bois, un court escalier en pierre donnant accès à une étendue herbeuse devant la grande maison.

Elles n'eurent pas besoin de frapper; la porte double s'ouvrit et la dénommée Pélagie leur apparut, une grimace sur les lèvres en guise de bienvenue.

— Sale temps! grommela-t-elle. Je me demandais si vous alliez rester dehors jusqu'à la nuit. Entrez, entrez donc!

C'était une de ces créatures sans âge qui semblait n'avoir jamais été jeune ni heureuse, sèche de corps et d'âme, la face osseuse; ses cheveux bruns étaient cachés sous un carré de tissu gris. Vite, elle leur présenta un dos maigre afin de tracer deux fois le signe de croix sur sa poitrine.

Marie et Abigaël la suivirent dans une vaste pièce assez haute de plafond à laquelle on accédait par un vestibule au carrelage coloré. D'énormes poutres noircies par la fumée de plusieurs décennies supportaient des tresses d'ail et d'oignons ainsi que des tiges de haricots garnies de cosses. Attirée par le feu qui flambait dans la cheminée, Marie s'en approcha aussitôt, les mains tendues.

— Seigneur, quel plaisir de pouvoir se chauffer! dit-elle.

Penchée sur la plaque en acier d'une lourde cuisinière en fonte, Pélagie ne répondit pas. Un tablier en toile bise ceignait sa taille et une robe en laine beige flottait sur son corps émacié jusqu'à ses chevilles.

— Je vais vous montrer la chambre, finit-elle par annoncer d'une voix rauque. C'est dans le grenier. Le gosse y couchait, mais, s'il vous gêne, il dormira là, dans la soupente. Il s'y sent à l'abri.

Elle pointa l'index en direction d'un garçon assis dans un coin, le visage inexpressif au teint pâle et la bouche tordue par un rictus involontaire. Une tignasse rousse, presque orange, qui ne devait jamais être coiffée, luisait dans le reflet des flammes.

— Bonsoir, Grégoire, dit doucement Abigaël.

Sa tante l'avait prévenue. Le couple avait eu un fils handicapé mental à la suite de deux enfants tout à fait normaux, Béatrice, l'aînée, qui aurait dix-neuf ans en janvier, et Patrick, un robuste gaillard de dix-sept ans.

— Dis bonsoir, Grégoire, enfin, et lève-toi, ordonna Pélagie. C'est ta cousine Abigaël et sa tante Marie.

L'injonction terrorisa le malheureux. Il se replia sur lui-même en dissimulant sa figure de l'avant-bras gauche.

— Je suis contente de faire ta connaissance, insista Abigaël. Nous serons bons amis, tu verras.

Un hoquet moqueur échappa à la mère du garçon. Yvon entra, tapa ses souliers sur la pierre du seuil et referma derrière lui.

— C'est le déluge, dehors! s'exclama-t-il. La pluie, je m'en fiche. Seulement, le vent souffle fort. Il viendrait une tempête que ça m'étonnerait pas.

— Une tempête? répéta sa femme. Mon Dieu, protégez-nous, c'est point ordinaire, ça.

Elle darda un regard de côté sur les nouvelles venues, comme si elles étaient responsables.

— Vaudrait mieux traire tout de suite, Yvon, gémit-elle. Les vaches garderont le lait, si le temps se gâte. Et il va se gâter, on peut en être sûrs.

Marie retint un soupir, ayant parfaitement compris l'attitude hostile de Pélagie. «Ma sœur a dû se heurter à tant de gens incrédules qui, ne pouvant admettre ses dons, la traitaient de sorcière, même encore au vingtième siècle. Je suis certaine que, jadis, Pascaline et Abigaël auraient été menées au bûcher», songea-t-elle.

— En quoi puis-je me rendre utile? demanda-t-elle tout haut. Si vous m'indiquez où est notre chambre, vous n'aurez pas besoin de vous déranger, Pélagie.

— Ce n'est pas de refus. Suffit de monter au premier étage, vous verrez une porte au fond du palier, il y a un escalier qui conduit au grenier.

— On ne peut pas vous offrir mieux, renchérit le fermier. Les chambres du premier étage sont toutes occupées. Mais allez voir, il s'agit d'une pièce fermée par des cloisons que le grand-père avait plâtrées. Pour l'hiver, j'installerai un poêle. Il y en avait un, par le passé. Le tuyau entre dans le conduit de cette cheminée, là.

— Nous serons très bien, affirma Marie sur un ton ferme. C'est un grand soulagement, Yvon, d'avoir un logement qui ne risque plus d'être bombardé, de pouvoir rester au même endroit, aussi.

Il haussa ses larges épaules et se servit un verre de vin. Dehors, le vent prenait de la puissance; on l'entendait rugir et siffler. La pluie frappait le sol avec la même virulence.

Indifférente aux discussions et aux intempéries, Abigaël s'était accroupie près de Grégoire. Elle avait remarqué sa façon insolite de tenir le bas de son gilet remonté, comme pour former une poche. Il cachait quelque chose.

— Qu'as-tu contre toi, cousin? interrogea-t-elle avec douceur.

— Un chaton à moitié crevé, répondit sa mère. Il est fichu, mais ce crétin ne veut pas le jeter sur le tas de fumier.

— S'il n'est pas mort, c'est bien normal, répliqua Abigaël. Ce ne serait pas respectueux.

Yvon poussa un gros éclat de rire proche du hennissement. Pélagie ricana aussi. Grégoire, lui, se mit à sangloter.

— Ne pleure pas, chuchota l'adolescente. Montre-moi ton petit chat.

— Pas la peine de faire tant d'histoires, s'égosilla Pélagie. La chatte aura d'autres petits au printemps. Sainte Vierge, il m'en cause, des tracas, ce drôle!

Marie Monteil demeurait à la même place, impressionnée par les gestes saccadés de la femme et ses intonations hargneuses. L'avenir lui sembla lourd de désagréments, malgré sa satisfaction d'avoir de nouveau un foyer stable.

— Viens, Abigaël, dit-elle tout bas. Je ne voudrais pas déranger davantage, si c'est l'heure de la traite.

— Si vous faisiez moins de chiqué, avec vos habits de la ville et vos godasses en cuir, vous pourriez aider, rétorqua Pélagie, manifestement exaspérée.

— Mais je l'ai expliqué à votre mari, je ne fais pas

de chiqué, ce sont des affaires distribuées par la Croix-Rouge, se défendit Marie. Et j'apprendrai à traire dès que possible.

Abigaël eut un léger sourire en écoutant les justifications de sa tante. Comme rassuré par son expression sereine, Grégoire lui tendit soudain un paquet de poils blancs inerte.

— N'aie pas peur, je veux le caresser, murmura-t-elle. Je ne lui ferai aucun mal. Je sais soigner les chats.

Les poings sur les hanches et la tête penchée, Yvon Mousnier fixait sa nièce d'un œil furibond. Cependant, il n'intervint pas, désireux d'avoir la confirmation de ce qu'il soupçonnait. «Se soucier d'une bestiole en train de crever! Sa mère aurait fait la même chose. Je pourrais parier gros qu'elle va le guérir, le chat», se disait-il.

Victime du poids des superstitions, le fermier avait mal accepté les dons si particuliers de sa défunte belle-sœur, mais suffisamment, néanmoins, pour assister à des séances de ce genre sur des humains ou des animaux. Il n'avait rien oublié malgré les années écoulées et il craignait notamment, autant qu'il l'admirait, le mystérieux pouvoir de guérison dont Pascaline et Abigaël avaient hérité. Dans son esprit, le mot pouvoir résonnait avec la force d'une malédiction.

— Si ce n'est pas malheureux de voir ça! gronda son épouse, qui observait elle aussi les gestes de l'adolescente.

Abigaël n'entendait rien, tout entière concentrée sur le fragile petit corps du chaton. Grégoire avait perdu son air hagard, comme intrigué par cette fille aux grands yeux bleus qui l'appelait cousin.

«Il est faible, mais il peut vivre, il veut vivre», pensait-elle en communiquant à l'animal des ondes chaudes, riches en énergie et imprégnées d'amour.

Le silence s'était fait pour Abigaël, un silence ouaté, épais, dans lequel se noyaient les bruits ordinaires d'une maison, comme le tic-tac de la pendule et le crépitement du feu. La pluie martelait les tuiles du toit et le vent secouait les volets, mais rien ne lui était perceptible tant elle guettait le retour à la vie du chaton.

Marie patientait, anxieuse. L'audace de sa nièce la fascinait. Pendant le voyage, elles avaient convenu de se montrer discrètes, de ne pas inquiéter ni irriter la famille Mousnier. Ces bonnes résolutions avaient volé en éclats en une poignée de minutes. « Abigaël ne peut pas s'en empêcher, déplora-t-elle en son for intérieur. Mais, là, il aurait été sage de s'abstenir. »

Elle fut soulagée, mais bien à tort, quand sa nièce se releva, après avoir confié la petite bête à Grégoire.

— Il faudrait le nourrir, déclara-t-elle d'une voix nette. Vous avez sûrement du lait bouilli, tante Pélagie? Et un peu de sucre.

— Seigneur Dieu, crois-tu que je vais sacrifier du sucre pour un chat? se récria la femme, indignée. Ce matin, j'ai failli la jeter dans la cuisinière, cette bête. Si elle veut manger, elle n'a qu'à chasser. Les souris ne manquent pas, hélas!

Le garçon poussa un cri strident en se balançant sur son tabouret. Yvon leva les bras au ciel.

— Je fiche le camp à l'étable, moi, vous me cassez les oreilles. Et toi, ma femme, pas la peine de brailler comme ça. Abigaël, il y a du lait dans la casserole, là, au coin du buffet. Prends l'écuelle de la chatte, là, au coin de l'âtre.

— Merci, mon oncle, vous êtes bien aimable, répliqua-t-elle en souriant.

Elle se forçait, effarée par les propos de Pélagie. La seule idée d'une créature brûlée vive lui brisait le cœur et lui donnait la nausée. Dès que le fermier fut sorti, elle s'approcha à nouveau de Grégoire, l'écuelle remplie de lait à la main.

— Quand il aura bu, continue à le garder contre toi. Il va se remettre. J'ignore le mal dont il souffrait, mais il est sauvé. Et quoi de plus utile qu'un chat pour se débarrasser des rongeurs!

La mine renfrognée, Pélagie Mousnier chaussa ses sabots et enfila un vieux manteau sur sa robe et son tablier.

— Je rejoins mon mari, maugréa-t-elle.

Peu après, Marie la vit traverser la cour baignée par la clarté bleuâtre du crépuscule. Il pleuvait à torrents et la bise sifflait dans la cheminée.

— Montons, Abigaël, je suis curieuse de découvrir notre chambre, dit-elle.

— Nous revenons vite, cousin, affirma la jeune fille à l'adresse de Grégoire. N'aie pas peur, la traite dure un certain temps. Je serai là au retour de tes parents.

Le garçon hocha la tête, tout content. Une étincelle de joie brilla un instant dans ses yeux verts. Abigaël prit la valise et se rua dans l'escalier. Sa tante, épuisée, la suivit d'une allure plus tranquille.

Elles pénétrèrent bientôt dans la pièce qui leur était attribuée. Il y faisait déjà sombre.

— La nuit tombe et la tempête approche, annonça l'adolescente en avisant une chandelle fichée dans un bougeoir en fer émaillé.

D'un geste rapide, elle craqua une allumette et mit le feu à la mèche de la bougie. L'aménagement sommaire du lieu aurait pu les décourager, mais elles poussèrent de concert un soupir ravi.

— Il y a quand même des lits, nota Marie. Je croyais que nous coucherions sur des paillasses. Une armoire aussi... enfin, ce qu'il en reste!

Abigaël considéra d'un regard amusé le meuble vermoulu et les lits étroits en question, au cadre métallique rouillé. Des draps et des couvertures étaient pliés au bout sur les matelas défraîchis. Elles disposaient d'une petite fenêtre basse qui donnait sur le jardin.

— Tantine, nous avons droit à une table et deux chaises. Je pourrai continuer à étudier.

— Je compte surtout t'inscrire au lycée d'Angoulême.

— Je n'aurai pas le temps de retourner en classe, trancha Abigaël. Je te parlais d'étudier mon manuel d'herboristerie.

— Nous en discuterons plus tard. Installons-nous. Mon Dieu qu'il fait froid, ici! Tu dois être très déçue, ma pauvre enfant, de l'accueil qu'on nous a réservé.

— Non, ça m'est complètement égal, tantine. J'ai vu une fillette, tout à l'heure, au bord du chemin, une petite âme perdue. Je dois l'aider et je tiens aussi à veiller sur mon cousin Grégoire. Tout ira bien. Pélagie finira par s'amadouer. Elle semble infestée par des humeurs bilieuses; je la soignerai. Mon oncle, lui, n'est pas un mauvais homme.

Marie Monteil était accoutumée à entendre de tels discours, souvent surprenants, de la bouche d'une fille de bientôt seize ans. Abigaël était différente du commun des mortels; il en allait de même de sa mère Pascaline. De vivre aux côtés de personnes aussi exceptionnelles, d'une rare intelligence et dotées de surcroît de dons inouïs n'était pas toujours facile. Pourtant, Marie n'aurait donné sa place pour rien au monde. Elle déplorait seulement, parfois, d'avoir moins reçu en héritage que sa sœur et sa nièce, étranges légataires d'une longue lignée de guérisseuses et de médiums.

— Moi, je n'ai perçu qu'une présence, avoua-t-elle tout bas. Presque aussitôt, Yvon a évoqué cette horrible tragédie. Je me doutais bien que tu avais vu une âme errante, ma chère Abigaël. Tu as appris à te taire, maintenant, lorsque ce phénomène se produit, et c'est plus prudent. Mais tu aurais dû laisser le chat entre les mains de ton cousin.

— Il serait mort, tantine, protesta l'adolescente. De toute façon, à quoi ça servirait de cacher mon don? J'ai estimé qu'il valait mieux faire état de ce que je suis vraiment dès le premier soir. Tante Pélagie a été cho-quée? Tant pis! Elle s'habituera. Je suis prête à en parler quand nous serons à table, tous ensemble. C'est trop important, comprends-tu? Je ne veux pas être obligée de mentir ni de dissimuler.

— Et si Yvon nous met dehors?

— Il ne le fera pas. Tu m'as dit et redit qu'il avait promis à mon père de veiller sur moi… Bon, arrêtons de nous tourmenter. Je fais les lits. Je te laisse vider notre valise.

L'adolescente s'affaira, gracieuse et habile. Elle sou-riait aux anges en secouant les draps et les couver-tures. Ses cheveux clairs étaient irisés par la clarté de la bougie.

Marie la couva un long moment d'un regard attendri, puis elle entreprit de déballer leur maigre bagage. La valise contenait leurs chemises de nuit, des chaussons, des gilets de laine, deux jupes en jersey marron, trois paires de bas et du linge de corps. «Merci, mon Dieu, j'ai pu sauver le portrait de Pascaline!» songea-t-elle en contemplant un petit cadre qui protégeait une photo-graphie de sa sœur, prise le jour de ses vingt ans.

Pascaline et Abigaël, comme l'avait dit Yvon Mous-nier, se ressemblaient: même chevelure aérienne pro-che du blond, même regard limpide d'un bleu très clair, mais d'une profondeur envoûtante, même bouche en cœur. En regardant bien, on pouvait constater que le nez de la mère était plus fort que celui de la fille et que son menton était un peu effacé.

— Pourquoi es-tu partie si tôt? chuchota Marie en embrassant le portrait du bout des lèvres.

Son geste émut Abigaël qui la rejoignit et entoura ses épaules d'un bras protecteur.

— J'aurais tant voulu la connaître, ma petite maman! dit-elle dans un souffle. Le destin en a décidé autrement et je le déplore. J'ignore pourquoi, aussi, car elle aurait fait tellement de bien sur cette terre! On dirait que ce sont souvent les meilleurs qui s'en vont les premiers.

— Seigneur, ne pense pas des choses pareilles, Abigaël. Tu es là, toi, et j'espère que tu deviendras centenaire. J'ai cinquante et un ans; je peux encore faire un bon bout de chemin avec toi.

— Tu le feras, tantine. Mais maman est morte à vingt-cinq ans en me mettant au monde. En plus, avant ces derniers mois, je n'ai rien pu faire d'utile, de vraiment utile.

— Aurais-tu préféré être une jeune fille normale? interrogea soudain sa tante.

— Tu ne m'avais jamais posé cette question. Je ne sais pas quoi répondre. Peut-être, oui. J'ai eu si peur, au début! Tu te souviens?

Marie l'entraîna vers un des lits et la fit asseoir à côté d'elle. Elle lui prit la main et étreignit ses doigts.

— Si je me souviens! C'était dans notre chère maison de Touraine, un soir de pluie pareil à celui-ci, juste avant le début de la guerre. Tu avais neuf ans et tu dessinais une carte de géographie dans ton cahier d'école. Moi, je faisais cuire du vermicelle sur la cuisinière. Comment oublier l'instant où tu m'as dit qu'il y avait un petit garçon tout trempé près de la porte? Mon cœur a manqué un battement, je me suis retournée et je n'ai vu aucun petit garçon, mais tu regardais quelque chose avec des yeux effrayés, et j'ai compris. Mon Dieu, j'ai eu un vrai choc.

— Je me suis levée sans bruit. Je me demandais pourquoi tu ne bougeais pas, pourquoi tu ne te précipitais pas vers cet enfant, toi qui étais si secourable, si gentille! Je me suis approchée du garçon. Je voulais le toucher et le rassurer, mais il a disparu. Je me suis sentie très mal. J'avais un poids terrible sur la nuque et je pouvais à peine respirer. J'étais glacée.

Abigaël se tut, bouleversée. Ce soir-là, confrontée pour la première fois à l'apparition de l'âme en peine d'un défunt, elle avait failli perdre connaissance. Elle revivait la scène dans cette pièce mansardée où résonnaient le fracas du vent et le martèlement de la pluie.

— Oui, j'ai compris que tu étais comme ma sœur Pascaline, reprit Marie en l'attirant contre elle. Je n'avais pas le choix, je devais te raconter l'histoire de ta maman et…

— Chut, écoute, tantine. Les vaches meuglent fort, pendant la traite, c'est bizarre.

— Serais-tu devenue experte en vaches laitières? plaisanta sans joie sa tante.

— Non, évidemment, mais je trouve ça inquiétant. Tout est inquiétant ici. Ce sont les pierres, peut-être, les masses de roche qui bordent le chemin. Je ressens de très anciennes présences.

Elle ferma les yeux, tremblante. Marie scruta son profil délicat qui se détachait, sombre, sur le halo de la chandelle.

— Protège-toi, ma chère petite. Tu as lu comment faire, dans le journal de ta maman. Ne laisse pas l'autre monde se servir de toi, je t'en prie. Tu es malade, ensuite.

Marie Monteil fixa un point invisible de l'espace, son doux visage tendu par l'anxiété. Elle se remémorait l'enfant qui s'était manifesté dans sa maison de Touraine et comment elle avait pu aider Abigaël, à l'époque. Devant la fillette en larmes de jadis, terrifiée par la vision qu'elle avait eue, elle-même avait éprouvé une violente émotion. « J'hésitais à lui dire tout de suite, sans l'avoir préparée, ce que je savais de ce pauvre garçon, se remémorat-elle. Il s'était noyé dans le puits en 1897, quand j'avais cinq ans, environ son âge. C'était notre petit voisin. Je l'ai vu tomber et j'ai couru prévenir son père, mais il est arrivé trop tard. En fait, il rôdait autour de moi depuis son décès. Pourtant, il ne s'était jamais montré à Pascaline. Seulement à Abigaël. »

— Tantine, viens, descendons, la pressa l'adolescente. J'entends des bruits dehors, des cris et des craquements. Grégoire doit être terrifié. Viens!

Ramenée au temps présent, Marie se leva promptement. Malgré ses jambes lourdes et la fatigue qui pesait sur son dos, elle descendit la première, suivie de sa nièce.

Un grand garçon aux joues cramoisies, aux yeux verts et aux cheveux bruns coupés en brosse semblait les attendre en bas des marches, sa casquette entre les mains.

— Bonsoir, j'suis Patrick, déclara-t-il. Nom d'un chien, ça souffle fort, dehors! Une tôle s'est arrachée du toit du poulailler. Papa m'a dit qu'il faut venir l'aider, les vaches sont comme folles.

— Mais que pouvons-nous faire pour aider, enfin? protesta Marie qui n'avait aucune envie de sortir. Et restons polis; Patrick, je te présente ta cousine Abigaël.

— Bonsoir, cousine!

— Bonsoir, Patrick! répliqua l'adolescente, tout en cherchant Grégoire du regard.

L'innocent s'était réfugié sous l'escalier; elle le sut à la simple vue d'un rideau brun qui fermait l'espace libre sous les marches, lequel était agité d'un mouvement régulier.

— Est-ce la soupente dont parlait ta mère demandat-elle à Patrick, le réduit, là-bas?

— Oui, on lui a mis une paillasse là-dessous. Vu que ça barde, dehors, il s'est planqué, ce trouillard.

Les termes vulgaires, presque grossiers, irritèrent Abigaël qui se précipita vers la fameuse soupente près de laquelle elle s'accroupit avec souplesse. Elle écarta le tissu et aperçut son malheureux cousin recroquevillé sur lui-même, secoué de tremblements, couché en chien de fusil sur une sorte de matelas bosselé en toile épaisse. C'était son pied droit qui heurtait par saccades le rideau. Pleine de compassion, elle posa la main sur son épaule.

— Peur, moi, peur, dit Grégoire.

— Tu ne risques rien, dans ta cachette. Ton petit chat non plus. Il va mieux, je l'entends ronronner.

Le garçon hocha la tête et se détendit. Abigaël lui caressa le front. Elle éprouvait une sensation vraiment particulière depuis son arrivée à la ferme des Mousnier, mais elle n'avait pas le temps d'y réfléchir.

— Reste au chaud, tantine, je retourne à l'étable avec Patrick.

Marie eut un geste d'impuissance. Depuis deux ans, elle avait renoncé à tenter d'influencer sa nièce dans ses décisions.

— Sois prudente, Abigaël, des tuiles peuvent tomber des toits, dit-elle cependant.

— Tantine, sois raisonnable, nous avons connu bien pire qu'une tempête d'automne.

Sur ces mots qui faisaient allusion aux bombardements et à leur errance pendant l'exode, la jeune fille enfila sa veste et se rua à l'extérieur, escortée de Patrick. Ils traversèrent la cour en courant, mais, en arrivant sous le porche du bâtiment, ils s'arrêtèrent net. Une vache s'était détachée et, les yeux fous, elle allait en tous sens en poussant des meuglements de panique. Elle affolait par son manège les deux chevaux attachés dans leur stalle ainsi que sa congénère qui essayait de se libérer, retenue au râtelier par une chaîne.

Le bruit était infernal : hennissements, cris rauques et profonds, cliquetis, craquements... Plaqués contre un mur, Pélagie et Yvon n'osaient pas bouger.

— Laissez-la sortir, sinon ça finira mal! hurla le fermier.

— Faudrait encore qu'elle veuille sortir, papa, brailla son fils en réponse. Qu'est-ce qui lui prend, à la Blanchette?

Malgré le tintamarre, Abigaël percevait, un peu plus loin, les bêlements des moutons. Un chien aboyait, sûrement enfermé quelque part et effrayé. Soudain, elle se crispa, pénétrée de la certitude qu'un incident était imminent.

— Attention! cria-t-elle en entraînant Patrick vers l'intérieur de l'étable.

Un frêne qui se dressait au bord de la falaise, sur le replat, se brisa d'un coup et tomba dans la cour, emporté par le vent du nord comme une simple branche. Ses dernières feuilles jaunies s'éparpillèrent et s'envolèrent au gré des rafales. Le tronc n'avait causé aucun dégât, mais le haut de l'arbre frôlait la porte ronde où les deux adolescents se tenaient l'instant d'avant.

— Bon sang, comment tu as su? demanda tout bas Patrick en dévisageant Abigaël.

— Je suis habituée aux tempêtes, répliqua-t-elle, très pâle. Quand tout craque ainsi, on se méfie.

La scène n'avait duré qu'une poignée de secondes. La vache continuait ses va-et-vient erratiques ponctués de meuglements sourds, sans se décider à quitter les lieux. Par mesure de prudence, Patrick guida sa cousine derrière un panneau de planches calé contre un robuste poteau.

— On s'en servait pour isoler les veaux; c'est du solide, précisa-t-il. Si la Blanchette veut charger ou si elle donne des ruades, on sera protégés.

— Est-ce que les vaches ont toujours peur, quand il y a du vent et de l'orage? s'enquit Abigaël. Elles sont à l'abri, ici, pourtant!

— Ben non, on dirait qu'y a autre chose.

— Mais quoi?

— Peut-être toi. Maman disait, à midi, que tu es un genre de sorcière comme ta mère.

Chuchoté, le dialogue échappait au couple réfugié au fond de l'étable. Abigaël préféra en sourire.

— Un genre de sorcière, c'est vague, ta définition. Je vous expliquerai ce soir, à table, ce que je suis. Ce n'est pas très amusant pour moi, sache-le, cousin. Maintenant, il faut calmer cette bête ou l'attraper et la rattacher.

— Vas-y, si tu veux te faire encorner!

Un hurlement de douleur empêcha Abigaël de répliquer. Elle vit Pélagie se tordre de souffrance, cramponnée à son mari.

— Elle a reçu un coup de sabot, brailla Yvon. Patrick, c'est la Fanou, maintenant, qui s'est détachée. C'est cette carne qui a rué et frappé ta mère! Prends le fouet, fais sortir la vache et la jument, bon sang!

Le garçon resta d'abord muet de stupeur. Il fixait tour à tour ses parents, sans se décider à quitter son refuge. Le décor d'ordinaire paisible de l'étable lui faisait l'effet d'un monde obscur où s'agitaient des formes massives, une blanche et une brune, et où roulaient des yeux exorbités par la frayeur. Pour aggraver la situation, le vent déjà violent se changea en un souffle dément dont le grondement étouffait tous les autres bruits.

Abigaël se signa, terrifiée. Son cœur cognait dans sa poitrine; il était agité de battements lents, mais si intenses qu'ils résonnaient en elle avec l'insistance d'un glas.

— C'est sa faute! clama alors Pélagie, l'index pointé en avant dans la direction de l'adolescente. Il ne fallait pas les laisser venir chez nous, Yvon, je te l'avais dit. Le Seigneur se fâche à cause de ta nièce, une sorcière comme l'autre, la Pascaline!

— Maman n'était pas une sorcière et je n'en suis pas une! rétorqua Abigaël. Comment osez-vous croire des sottises pareilles?

— Tu vois des morts. Ta mère aussi les voyait! C'est de la diablerie, aboya la femme, les joues ruisselantes de larmes, tant elle souffrait.

Patrick s'écarta avec brusquerie de sa cousine, soit pour la fuir, soit envahi par un soudain courage. Il s'empara du fouet de son père et le fit claquer. La jument se cabra, poussa un cri aigu et fonça vers la porte grande ouverte. Ses sabots ébranlèrent les pierres de la cour. La vache suivit le mouvement, sa lourde tête rejetée en arrière.

Abigaël pratiquait depuis l'enfance le pardon des offenses. Elle se rua vers Pélagie malgré l'agitation des autres bêtes.

— Il faut vous soigner, madame, dit-elle, ne sachant comment appeler sa tante sans paraître trop familière. Je suis surtout guérisseuse… enfin, mes mains soulagent la douleur. Si, en plus, vous avez un baume de consoude à appliquer, vous serez vite soulagée.

— Ne me touche pas! s'écria Pélagie en tremblant, les yeux pleins de mépris et de colère. Tu as entendu? Laisse-moi tranquille!

— Ma pauvre femme, tu déraisonnes, soupira Yvon. Allons, viens, je t'emmène à la maison. Abigaël ne va pas te changer en grenouille! Et ça nous économisera le docteur.

Malgré son apparente bonhomie, le fermier décocha une œillade furibonde à sa nièce. Il grogna entre ses dents:

— Quand même, c'est bizarre, les bêtes folles, la tempête, juste ce soir où tu débarques chez nous…

Abigaël ne daigna pas répondre. Elle leur tourna le dos et sortit d'un pas ferme. Une bourrasque fit danser ses cheveux et souleva sa jupe. Elle s'en moquait. Derrière le portillon en bois, la fillette vêtue de noir la fixait de ses yeux larmoyants.

2

Après la tempête

La tempête avait dû endommager les lignes électriques de la vallée, car la ferme, récemment équipée, était plongée dans la pénombre. En récriminant, Pélagie avait allumé une lampe à pétrole qui trônait au milieu de la longue table. La famille était presque au complet. Seule manquait Béatrice, la fille aînée. Elle travaillait à la mairie d'Angoulême et, la semaine, elle dormait chez une collègue amie.

— Je me demande bien où sont nos bêtes, bougonna Yvon, occupé à trancher du pain.

— Elles ne peuvent pas aller bien loin, papa, fit remarquer Patrick. Tu n'en as pas une petite idée, Abigaël?

Il darda un regard ironique sur sa cousine, assise en face de lui, entre Marie Monteil et Grégoire.

— Non, mais je pense qu'elles reviendront saines et sauves.

Pélagie haussa les épaules, les lèvres pincées; sa pudeur et ses convictions étaient mises à mal. Une heure auparavant, elle avait obéi à son mari et laissé les nouvelles venues la soigner. Une fois la longue robe relevée et le bas noir baissé, Abigaël avait découvert une vilaine marque violacée qui dessinait sur la chair blafarde de la femme l'empreinte d'un sabot de cheval.

Avec des gestes très délicats, Marie avait passé un

baume à base de consoude et d'arnica sur sa cuisse, puis l'adolescente y avait posé ses deux mains, l'air grave et recueilli. Après quelques minutes, Pélagie s'était sentie obligée d'avouer qu'elle souffrait beaucoup moins.

— Saines et sauves! En voilà, une manière de causer, s'écria-t-elle.

— Excusez-moi, madame Pélagie, je voulais dire qu'elles seront en bonne santé, et sûrement calmées.

— On verra ça plus tard, la soupe refroidit, trancha le fermier. Je me demande quand même ce qui lui a pris, à la Blanchette. Pour la jument, je comprends encore moins.

— Le vent rend les animaux nerveux, il me semble, hasarda Marie de sa voix douce.

— Pas à ce point-là. Il y a eu autre chose.

— La chute de l'arbre, peut-être, dit Abigaël. L'instinct des bêtes est plus fort que le nôtre.

— L'instinct, l'instinct, moi aussi, j'en ai, de l'instinct, assez pour constater qu'à peine tu mets les pieds chez nous qu'il y a du grabuge.

Sur ces mots, il avala bruyamment une cuillérée de potage. L'appétit coupé, Marie fixa son assiette d'un air navré.

— Nous ne sommes pas des suppôts de Satan, déclara-t-elle la gorge nouée, tant elle avait envie de pleurer. Yvon, si vous accusez ma nièce d'être responsable d'un incident somme toute ordinaire, nous n'avons plus qu'à repartir demain matin.

— Oh non! On ne s'ennuie pas, avec vous! s'esclaffa Patrick.

Son père le toisa et lui décocha une gifle, profitant du fait qu'il était assis à côté de lui.

— Crétin, que je ne t'entende plus! tonna-t-il. Et vous, Marie, ne dites pas de sottises, il n'est pas question que vous repartiez demain.

Effrayé par l'intonation grondeuse de son père, Grégoire se contorsionna sur sa chaise, les bras croisés devant sa pauvre figure tavelée de son. Abigaël lui caressa la joue de l'index.

— N'aie pas peur, je t'en prie, murmura-t-elle. Où est le petit chat? Tout à l'heure, il était sur tes genoux.

— Là-bas, ânonna le garçon en esquissant un mouvement de la tête en direction de l'escalier.

— Il dort bien à l'abri, alors.

— Oui, abri, lui, gentil, toi!

L'innocent s'apaisa et entreprit de manger. Sa mère avait noué un torchon autour de son cou. Maculé de taches diverses, le tissu reçut une giclée de soupe, tellement Grégoire tremblait. Abigaël songea à l'aider. Comme si elle avait lu dans ses pensées, Pélagie aboya:

— Il ne faut pas l'aider. Il doit se débrouiller seul, sinon on n'en finira jamais. Je ne vous dis pas le nombre de lessives que je fais à cause de lui.

— Je pourrais m'en charger, si nous restons ici, proposa Marie.

— Vous charger de quoi? interrogea sèchement Yvon. De lui, ou des lessives?

— Des lessives. Et je serais contente de veiller sur Grégoire.

Abigaël ne s'en mêla pas. Elle avait faim et le potage épais à base de navets et de pommes de terre était savoureux, après des jours de privation. Son esprit n'était pas en repos, cependant. L'image de la fillette l'obsédait, surtout celle de sa deuxième apparition dans la cour de la ferme. «Est-ce qu'elle me cherchait? Ou bien erre-t-elle ainsi depuis la mort brutale de ses parents? Dieu toutpuissant, je dois lui porter secours. Je ressens sa détresse, même si elle ne se montre plus. Pauvre petite, qui n'a pas compris que sa vie terrestre s'est achevée, un fil neuf coupé net au nom de la barbarie humaine!» se disait-elle.

— Des suppôts de Satan! répéta soudain son oncle Yvon. Vous y allez fort, Marie. Encore des mots tirés d'un bouquin.

— L'expression désignerait les serviteurs du diable, expliqua Abigaël de son timbre flûté suave. Ma mère était au service de Dieu, sans qui aucun don ne saurait se manifester chez nous, les créatures du Seigneur. Elle pouvait soulager les douleurs du corps et de l'âme, que l'âme soit incarnée ou désincarnée. Et, oui, malgré sa mort précoce, maman m'a légué son don et j'aimerais vous en parler afin que nous puissions vivre tous ensemble sous le même toit en bonne entente, sans méfiance.

Impressionné par l'assurance de sa cousine, Patrick cessa de mastiquer sa bouchée de pain, préalablement imbibée de soupe. Yvon, qui avait versé du vin rouge dans son assiette pour le traditionnel chabrot charentais, n'y toucha pas, figé. Pélagie, elle, retint son souffle, les yeux durs. Le silence se fit, si tendu que la respiration saccadée de Grégoire et les soupirs de Marie semblaient résonner.

— On t'écoute, ma nièce, concéda le fermier. Pélagie, passe-moi le pot de rillettes.

Elle lui tendit la terrine en grès en jetant un coup d'œil inquiet à l'adolescente. Abigaël lui inspirait une aversion innée, comme tout ce qui lui faisait peur ou qu'elle refusait d'admettre. Soudain, elle osa s'exprimer, peut-être dans l'espoir de faire taire sa nièce, de ne rien savoir.

— Tu n'as pas besoin de nous parler de quoi que ce soit. Ici, on n'est pas si instruits que toi, mais on est honnêtes, on travaille dur et on n'est pas fiers. Mademoiselle joue les finaudes depuis qu'elle a passé cette porte. C'est des grands mots et des grands airs. Elle discute à la façon des institutrices. Je n'ai pas souvent connu des filles de quinze ans qui avaient autant de bagout.

— Vous ne pouvez pas reprocher à Abigaël d'être bien éduquée et instruite! protesta Marie.

Exaspéré par la tournure que prenait le repas, Patrick décida d'intervenir, quitte à recevoir une autre gifle. Il s'en moquait, il avait l'habitude.

— Ne perdons pas de temps. Raconte-nous donc ce que tu sais faire, Abigaël.

— Je ne sais rien faire de particulier, répliqua-t-elle. Je suis médium. Maintenant, c'est le terme employé. Je n'ai pas choisi de l'être. Au début, quand je me suis aperçue que j'avais ce don, j'ai eu peur; j'ai été triste et affolée. Souvent, les premières fois, je pleurais. Je me demandais pourquoi je n'étais pas une fille normale.

— Quelles premières fois? s'enquit son cousin, étonné.

— Quand j'ai vu des choses, enfin, des gens… Je me sentais très mal, je souffrais vraiment du dos et de la tête. Heureusement, tantine me rassurait.

— Oui, j'ai dû lui parler de sa mère et de nos aïeules qui possédaient le même don, ajouta Marie Monteil, livide. Abigaël a dû accepter sa condition. Les âmes errantes des défunts tenteraient d'entrer en contact avec elle. Certaines de ces personnes passées dans l'autre monde peuvent lui nuire. Aussi, je lui ai appris à se protéger, comme Pascaline le faisait.

— Bon sang, j'en ai la chair de poule! s'écria Patrick. Sans blague, cousine, tu vois des fantômes?

— On peut dire ça, si tu veux, soupira Abigaël d'un ton las.

— Diablerie et compagnie! maugréa Pélagie.

— Mais non, madame, je suis une fervente catholique. Pour aider ces âmes perdues, la prière est capitale et je suis très pieuse. Il faut prier notre Sauveur Jésus-Christ, la Sainte Vierge, et Dieu le Père. Par la force de la prière, on peut guider les âmes errantes vers la lumière. J'ai aussi la conviction que seul Dieu dispense le pouvoir de guérir. S'il y avait de la diablerie chez moi, s'il y en avait eu chez maman, pourquoi notre unique souci serait-il de soulager notre prochain? Si j'étais mauvaise, je vous aurais laissée pleurer et crier de douleur.

— Bah, là, je suis d'accord, concéda Yvon Mousnier.

— Pourtant, le mal rôde sur terre, en ce moment, dit encore Abigaël, très pâle. Des puissances néfastes font régner le chaos, la mort, la destruction. Hitler en est la preuve vivante. Il sème l'horreur et la haine. Les Juifs sont persécutés.

Bizarrement calme, Grégoire écoutait, bouche bée. Patrick, lui, approuva d'un signe de tête.

— Tu ferais mieux de garder tes idées au fond de ton crâne, ma nièce, conseilla le fermier, surtout maintenant que tu habites ici. Les Allemands sont là. Ils occupent toute la France et il faut se plier à la loi du plus fort. Les imbéciles qui jouent les terroristes n'apportent que des ennuis aux braves gens. Après un attentat ou un sabotage, ce sont les civils qui paient le prix. Bon, avec tout ça, on n'a pas fini de souper. Un autre conseil, Abigaël, si des revenants se baladent dans la maison, dis-leur de déguerpir en vitesse. Hein, Pélagie, tu n'aimerais pas qu'ils viennent te pincer les orteils, la nuit?

— Es-tu sot! Je ne vais pas dormir, moi, avec ces bêtises, s'indigna son épouse.

— Vous auriez tort, madame, je serai la seule importunée si le cas se produit, affirma l'adolescente avec un vague sourire.

Depuis quelques minutes, elle éprouvait une sensation de fatigue anormale. Les battements de son cœur lui semblaient ralentis et ses épaules étaient engourdies.

— Je vais monter m'allonger, annonça-t-elle. Je n'ai plus faim. Je suis navrée, tantine et moi, nous avons eu une longue journée. Je me lèverai tôt et, si je peux rendre service, partirai à la recherche de vos deux bêtes.

Marie quitta la table avant Abigaël, blanche comme un linge. Pleine de sollicitude, elle la prit par le bras.

— Je monte également, ma chère petite, je suis épuisée et le sommeil est le meilleur remède.

Elles se dirigeaient déjà toutes deux vers le vestibule lorsqu'on tambourina à la porte double. Une voix gutturale appela :

— *Herr Mousnier, bitte, herr Mousnier*[2] !

Le fermier bondit de sa chaise et courut ouvrir. Un soldat allemand le salua, campé sous la pluie diluvienne. L'eau ruisselait sur son casque.

— Qu'est-ce qui se passe ? Vous avez besoin de quelque chose ? s'alarma Yvon.

— *Nein*[3], cheval, cheval à vous, là !

Il indiqua de la main le portail entrouvert. Au même instant un hennissement se fit entendre, assorti d'un cri de colère.

— Patrick, viens avec moi. On nous ramène la Fanou !

L'affaire était simple. Les hommes de garde autour de la centrale électrique avaient pu attraper la jument par son licol. Ayant reconnu l'animal, un lieutenant s'était déplacé ainsi qu'un simple soldat, chargé de tenir Fanou au bout d'une corde.

Depuis le vestibule, Abigaël assista à la sortie précipitée de son oncle et de son cousin Patrick, équipé d'une lampe à pile.

— Viens, montons, tu es pâle à faire peur, dit Marie à son oreille. Il y a quelque chose qui se prépare, n'est-ce pas ?

---

2. Monsieur Mousnier, s'il vous plaît, monsieur Mousnier.
3. Non.

— Sans doute, tantine, mais c'est tellement confus! La petite fille a besoin de moi, elle se sent perdue. Mon Dieu, une enfant de cet âge! Je voudrais l'aider le plus vite possible.

— Tu y parviendras, sois patiente.

Un deuxième hennissement strident leur vrilla les nerfs. Le bruit caractéristique des sabots ferrés sur un sol empierré y faisait écho.

— La jument est toujours aussi effrayée, tantine. Attends-moi.

Elle sortit à son tour et s'éloigna en courant. Dépitée, Marie trépigna, les larmes aux yeux. Elle avait peur des chevaux et des vaches, mais elle ne l'aurait avoué pour rien au monde.

—

Yvon tenait Fanou d'une poigne solide, car elle tournait autour de lui, les yeux exorbités et les naseaux frémissants. Les deux Allemands étaient déjà sur le chemin, pressés de retourner à l'abri, dans le baraquement exigu qui leur était réservé près de la centrale électrique. Il pleuvait toujours.

— Va chercher le fouet, Patrick, cette carne ne veut pas rentrer à l'écurie! hurla le fermier. Bon sang, quel bazar! Et notre vache, hein, où elle est partie courir? En plus, on n'a pas pu la traire, du coup.

Le garçon ne répondit pas, soucieux. Jamais encore il n'avait vu la paisible Fanou dans un pareil état de panique. «Le fouet, ça n'arrangera pas les choses!» se disait-il en éclairant l'intérieur du bâtiment avec sa lampe. Le faisceau lumineux dansa quelques secondes sur un visage crayeux aux paupières closes. Il faillit pousser un cri de terreur.

— Abigaël? s'étonna-t-il d'une voix rauque. Qu'est-ce que tu fiches là?

Elle sursauta et le regarda d'un air étrangement absent. Il s'approcha et la saisit par le bras.

— Tu ferais mieux de filer d'ici, papa a du mal à faire rentrer Fanou. Il veut que je rapporte le fouet. Si elle fonce sur toi…

— Votre jument va se calmer, Patrick, affirma Abigaël, tremblante d'émotion. Inutile de la frapper. Je suis désolée, ce n'est pas ma faute.

— Qu'est-ce que tu racontes encore? Je ne suis pas crétin, je sais bien que tu n'y es pour rien, enfin. Les bêtes ont peur des tempêtes.

L'adolescente secoua la tête et marcha à petits pas vers la porte grande ouverte. Elle aurait été incapable d'expliquer à son cousin ce qui l'avait poussée à courir sans bruit vers le bâtiment et à s'y faufiler malgré la pluie et l'obscurité. Mais on la réclamait. Une sorte d'appel désespéré, comme des sanglots qui résonnaient dans son esprit, lui inspirait un sentiment d'urgence. « Depuis que je l'ai aperçue au bord du chemin et qu'elle a capté mon regard, l'enfant m'a suivie, déplorait-elle en son for intérieur. Elle était là, dans la cour, pendant la traite. Les chevaux ont décelé sa présence, surtout Fanou, qui s'est affolée. Au fond, Pélagie n'a pas tort, c'est moi qui ai provoqué ce grabuge. Le mauvais temps n'y est pour rien. »

Patrick braqua sa lampe en la suivant de près afin de la guider vers le portillon. Yvon étouffa un juron quand sa nièce lui adressa au passage un léger signe de la main.

— D'où elle sort? marmonna-t-il entre ses dents.

Mais il renonça aussitôt à comprendre. La jument avait cessé de piaffer et de se débattre. En dépit des sifflements de la bise et du ruissellement de l'eau dans les gouttières, un silence relatif régnait et la tourmente semblait perdre de son intensité.

— Bon, assez rigolé, Fanou, dit-il tout haut, je vais t'attacher dans ta stalle. Tu vas te tenir tranquille, j'espère!

— Papa! Voilà la Blanchette, maintenant! lui cria Patrick.

Le fermier vira sur ses talons. Il distingua aussitôt une masse claire en mouvement. C'était bien sa vache qui trottinait vers eux.

Cinq minutes plus tard, les deux fugitives étaient au sec devant un râtelier garni de foin. Yvon les examina avec soin.

— On a de la chance, elles ne sont pas blessées, conclut-il, soulagé. Tu peux aller te coucher, fiston, je vais quand même traire Blanchette.

Mais en se penchant pour palper les pis de la vache, il fit une constatation inattendue.

— Nom d'un chien, elle n'a plus une goutte de lait.

— T'es sûr, papa?

— Eh oui, je ne suis pas encore gâteux. Quelqu'un s'est servi, ma parole.

— Sans doute les Boches! Ils ont ramené Fanou l'air de dire qu'ils nous rendaient service. Avant de se pointer, ils ont pris le lait.

Yvon fit la grimace. Il se redressa et scruta les ténèbres avec hargne.

— Sais-tu, Patrick, j'irai leur causer demain, aux Boches. Je préférerais que ce soit eux, les buveurs de lait, et pas d'autres gars peu recommandables.

— Des résistants?

— Ouais, de fichus terroristes planqués dans le coin.

Sur ces mots, le fermier pinça les lèvres et ne les desserra plus.

Pendant ce temps, Abigaël avait rejoint sa tante au grenier. Marie était transie. Elle s'était allongée tout habillée et avait conseillé à sa nièce d'en faire autant.

— Dors avec moi, nous nous réchaufferons, avait-elle ajouté. Il faudrait installer le poêle sans tarder.

Blotties sous leurs couvertures, elles observaient la chandelle, presque entièrement consumée, dont la flamme vacillait en jetant des reflets jaunes sur le plafond.

— Je n'ai plus entendu les cris du cheval, dit soudain Marie. As-tu aidé ton oncle?

— D'une certaine façon, oui, tantine. J'ai prié Dieu si fort qu'il m'a accordé son secours. La fillette errait dans la cour et dans l'étable, malade de détresse. J'ai la certitude que rien ne serait arrivé si je ne l'avais pas attirée ici, chez mon oncle.

— Allons, sois raisonnable, Abigaël, les âmes en peine ne peuvent pas déclencher pareille tempête.

— Je ne parle pas de ça, tantine. Les animaux ont eu peur d'elle, du moins, je le pense. D'elle et d'autre chose, peut-être. Mais quoi? Je l'ignore. L'endroit où nous sommes est très particulier avec ses roches toutes proches, la rivière, le hameau que nous avons traversé. Il y a comme des vibrations, des appels très lointains. J'en suis effrayée, mais exaltée aussi. Je crois même que nous devions nous retrouver ici.

— Toi surtout?

— Oui, tantine. Ne te tracasse pas, repose-toi. J'ai pu entrer en communication avec la fillette et je l'ai suppliée de s'en aller sagement. Elle m'a obéi. Mais je lui ai demandé de se réfugier dans la maison. Là. Durant la nuit.

Marie frissonna, bouleversée. Vite, elle ferma les yeux et se mit à réciter le *Notre Père*. Dès qu'elle eut terminé, elle murmura :

— Protège-toi, Abigaël, je t'en supplie. Le Seigneur m'est témoin que je n'ai pas ta force morale ni celle dont ta chère maman faisait preuve. J'étais indigne de recevoir votre don en héritage, malgré ma position d'aînée. Dans son infinie clairvoyance, Dieu a choisi Pascaline, et toi ensuite.

— Bonne nuit, tantine, chuchota l'adolescente, prise d'une irrépressible envie de dormir.

Le sommeil la terrassa. Tout de suite, elle rêva de l'enfant. Vêtue de noir, la petite pleurait, debout sur le seuil d'une construction en pierres aux modestes proportions. Le toit était en tôle; la porte était faite de vieilles planches délavées par les intempéries. Un torchon séchait à la fenêtre, posé sur un fil de fer. Il pleuvait et le lieu paraissait inhabité. « Maman, papa! » appelait-elle, le visage crispé, en proie à la terreur.

Personne ne lui répondait, personne ne se montrait. Elle continuait de gémir et de chercher. Ses cheveux raides d'un blond doré se plaquaient sur ses joues. Une infinie détresse se dégageait de la scène, au point de faire verser des larmes à Abigaël. Soudain des détonations en cascade, sèches et rapides, retentirent. C'était horrible à entendre.

L'adolescente se réveilla et prit appui sur un coude. Elle avait très froid, mais son front et son cou étaient moites de sueur.

— Seigneur Jésus, Sainte Vierge Marie, prenez cette pauvre petite âme en pitié, chuchota-t-elle, oppressée.

La chandelle s'était éteinte, mais Abigaël s'entêta à fixer le noir qui l'environnait. Peu à peu, elle perçut une présence et, à la faveur de la faible luminosité qui coulait de la fenêtre, elle discerna une forme prostrée sur le plancher contre l'armoire.

— Tu es là? demanda-t-elle. N'aie pas peur, je te vois et je sais que tu souffres.

Ses oreilles bourdonnaient et sa respiration se faisait plus ample, tandis que le phénomène habituel se produisait. Abigaël se retrouvait coupée du monde ordinaire. Elle pénétrait dans une autre dimension où plus rien n'existait, hormis la fillette et elle.

— Quel est ton prénom? interrogea-t-elle à mi-voix. Tu peux approcher, je t'aiderai. Tes parents viendront te chercher ou tes grands-parents, tous ceux qui t'aimaient et que tu aimes.

Au même instant, un pas pesant ébranla l'escalier menant au grenier. Ramenée brusquement à la réalité, Abigaël sut aussitôt que l'enfant avait disparu. La porte s'ouvrit et un rond jaune dissipa l'obscurité. Une silhouette vacillante se cogna au chambranle.

Réveillée en sursaut, Marie se redressa.

— Qui est là? bredouilla-t-elle.

— Goire…

— Grégoire? s'étonna-t-elle. Entre, mon garçon. Baisse la lampe, tu nous éblouis.

— Dodo là, moi, dit-il d'un ton plaintif.

Abigaël se leva et le guida vers le lit inoccupé. L'innocent lui inspirait une grande compassion. Incapable de prononcer son prénom, il s'exprimait comme s'il avait quatre ans et non treize.

— Tu pourras coucher ici tous les soirs, affirma-t-elle. Tantine et moi, nous sommes accoutumées à dormir ensemble. Comme ça, on se tient chaud. Tu ne seras plus tout seul.

Un miaulement ténu s'éleva. Le chaton arrivait à son tour, bien d'aplomb sur ses petites pattes.

— Il t'a suivi, cousin, il est vraiment guéri. Prends-le avec toi. J'avais raison, tu as un ami, maintenant, tu n'es plus seul.

Marie écoutait sa nièce. Dès qu'Abigaël s'allongea à ses côtés, elle soupira, réconfortée, mais encore nerveuse. Depuis le début de la guerre, elle dormait d'un mauvais sommeil, comme si son esprit demeurait sur le qui-vive à n'importe quelle heure du jour et de la nuit.

Mercredi 24 novembre 1943, le lendemain matin

Le chant d'un coq et un rayon de soleil d'un rose intense irisé d'or réveillèrent Abigaël. Elle s'étira, heureuse d'avoir bien dormi, satisfaite d'être vivante, tout simplement. D'un geste familier, elle effleura sa médaille de baptême. Elle remercia Dieu de lui avoir accordé ce moment de félicité. «J'ai un toit sur la tête, une famille, et je suis à la campagne. Tantine dort tranquille, Grégoire aussi! » se dit-elle, émue.

Un détail acheva de la réjouir. Une bonne odeur de café chaud s'infiltrait, ténue, dans la chambre du grenier. «Du café! Tantine qui aime tant ça! Elle va être ravie. Moi, un bol de bon lait frais me comblera. »

Ses pensées se firent plus graves. Le rêve de la veille s'imposa à elle avec son poids de malheur et de désespoir. Elle se souvint de la fillette prostrée près de l'armoire, pareille à une grande poupée abandonnée.

— Elle reviendra, ou bien je partirai à sa recherche, se promit-elle à mi-voix.

— Qui reviendra? demanda très bas sa tante.

— La colombe de la paix, tantine, répliqua Abigaël en déposant un baiser sur la joue de Marie. As-tu senti? Tu auras du café, ce matin; c'est un petit miracle.

— Ma foi, oui, la maison embaume le café. Mais comment se procurent-ils du café? C'est une denrée introuvable, même sur le marché noir. Peu importe, descendons.

— Et Grégoire?

— Laissons-le dormir. S'il s'est réfugié ici hier soir, c'est que ça le rassurait. Nous allons nous organiser.

—

Dix minutes plus tard, elles apparaissaient dans la cuisine, bien coiffées et le visage nettoyé à l'eau de rose.

Marie avait pu en acheter un flacon dans une pharmacie de Poitiers le mois précédent. Elles en usaient avec parcimonie.

Attablé devant un bol fumant, Yvon les accueillit d'un regard maussade.

— Pélagie et Patrick sont déjà au travail. Vous avez lambiné, maugréa-t-il.

— Excusez-nous, ça ne se reproduira pas, répondit Marie. Il nous manque un réveil.

— Et le coq, il sert à quoi? renchérit le fermier. Enfin, je passe l'éponge, je suppose que vous étiez fatiguées.

Alléchée par la senteur particulière du lait bouillant, Abigaël lança un bonjour mélodieux et prit place à la table.

— Avez-vous des nouvelles de votre vache, mon oncle? s'enquit-elle.

— Tu ne l'as pas vue, hier soir, quand tu as traversé la cour comme une voleuse? Blanchette est rentrée au bercail, ouais. Tant mieux. J'ai pu la traire. Une chance!

Le fermier mentait, après avoir recommandé à sa femme et à son fils de s'en tenir à la même version. Il avait ses idées et ses manières d'agir. Sa nièce et Marie Monteil ne devaient pas se mêler de ses affaires.

— Je dénicherai ceux qui ont retenu notre vache et qui lui ont vidé le pis, s'était-il écrié à l'aube, sur le seuil de l'étable. Boches ou Français, ils n'auront pas envie de recommencer. On n'en cause pas à la maison, compris? Elles n'ont pas à savoir certaines choses.

Pélagie et Patrick avaient promis d'un hochement de tête docile. Certain qu'ils respecteraient la consigne, Yvon mangeait de meilleur appétit son casse-croûte matinal, une tartine nappée de saindoux et parsemée de lamelles d'oignon.

— Il y a de la confiture de prunes, leur dit-il dans un louable effort pour être aimable. Moi, je n'aime pas le sucré.

— Boire du vrai café, ce sera déjà une aubaine, répliqua Marie. Comment faites-vous pour en avoir?

Devant la mine outragée de l'homme, elle sut immédiatement qu'elle avait commis un impair.

— Je me débrouille. Profitez-en et gardez vos questions sous le coude, gronda-t-il.

Abigaël faillit avancer l'hypothèse du marché noir, mais elle se retint, soucieuse de ne pas exaspérer son oncle. Elle se délecta de lait chaud onctueux sans toucher au pain ni à la fameuse confiture.

— Bon, je vais vous donner le programme de la journée, déclara le fermier, une fois rassasié. Toi, Abigaël, tu vas faire le ménage des chambres, un coup de balai sur le sol, un coup de chiffon sur les meubles. Il faut changer les draps du lit de Béatrice, elle rentre demain soir. Le vendredi, elle a congé et elle doit faire sa part ici. On arrache les betteraves.

— Ce n'est pas courant que le maître de maison pense à ce genre de choses, fit remarquer Marie, non sans un brin de malice.

— Pélagie m'a dit ce qui l'arrangeait, je ne fais que transmettre.

— Je m'en chargerai avec plaisir, mon oncle, assura Abigaël. Quand j'aurai terminé, est-ce que je pourrai aller me promener un peu? Il fait si beau! Un franc soleil après le déluge de la nuit!

— Je ne peux pas t'attacher à un piquet, gamine, mais ça ne me plaît guère que tu te balades. Patrick te montrera le poulailler, il y a du boulot de ce côté-là aussi; il faut changer la paille des nichoirs et récurer le bac en pierre où la volaille va boire.

Abigaël avait prévu interroger son oncle au sujet

des parents de la fillette dont l'âme perdue se manifestait depuis la veille. Elle tenait à aider l'enfant et, pour cela, il lui fallait se rendre sur le lieu de la tragédie qui lui avait coûté la vie. «J'attendrai avant d'en parler, sinon il va me rabrouer et piquer une colère, se dit-elle, sensible à l'humeur morose du fermier. Ou bien je demanderai à Patrick ce qui s'est passé exactement et à quel endroit précis.»

Son cousin de dix-sept ans serait sans nul doute plus loquace. Malgré un sentiment d'urgence qui la taraudait, elle s'exhorta à la patience. Elle se leva et commença à débarrasser la table. Marie ne bougea pas.

— Et moi, Yvon, que puis-je faire pour être utile? dit-elle seulement.

— Pélagie le saura mieux que moi. Elle va bientôt rapporter le lait. Deux vaches, il ne faut pas une heure pour les traire. Si ça vous chante, vous pouvez prendre Grégoire en charge. Il salit ses draps un soir sur deux, il faut le laver et le changer de linge. Je vous préviens, il se débat. Il peut vous frapper.

— Le malheureux, ce n'est pas sa faute!

— Ce n'est pas la nôtre non plus, pardi, rétorqua le fermier. Franchement, c'est une calamité d'avoir un gosse comme lui. Une croix à porter, ouais, bien lourde!

— Si je suis en mesure de vous soulager de ce fardeau, je le ferai, répondit Marie d'une voix douce. Grégoire a besoin qu'on lui consacre du temps et, étant donné les travaux quotidiens qu'exige une ferme, vous n'en avez pas, votre épouse et vous.

Yvon haussa les épaules, une moue méprisante sur les lèvres. La bonne volonté presque servile de Marie Monteil l'agaçait.

—

Abigaël s'était rapidement acquittée de ses tâches matinales. Bien avant midi, elle put rejoindre Patrick dans la cour. Son cousin ébranchait l'arbre qui s'était abattu la veille pendant la tempête.

— Hier, papa et moi, nous avions poussé le tronc pour dégager la porte, mais, là, je dois le scier et le fendre, expliqua-t-il, flatté de l'intérêt qu'il croyait lire dans les yeux limpides de l'adolescente.

— Par chance, ce n'est que le haut de l'arbre qui s'est brisé, sinon tu aurais davantage de travail, nota-t-elle.

— C'est suffisant comme ça, nom d'un chien!

— Tiens, à propos de chien, il n'y en a pas, à la ferme? J'ai cru en entendre aboyer.

— Papa a deux épagneuls, mais il les garde enfermés. De toute façon, il ne peut plus les emmener à la chasse, on a dû se séparer des fusils dès l'arrivée des Allemands.

— Si tu me faisais visiter? proposa Abigaël. Le poulailler, je l'ai aperçu, mais, l'intérieur de la grange, je ne sais pas comment il est aménagé. Il y a eu une telle panique dès que nous sommes arrivées, tantine et moi!

Patrick se redressa, posa sa hachette et se campa en plein soleil, les poings sur les hanches. Il arborait une casquette en tissu écossais dont la visière ombrageait son regard brun.

— D'accord, je te fais visiter, cousine. Boudiou, qu'est-ce que tu es jolie!

Il l'admira d'un œil de jeune mâle prétentieux en s'attardant sur le dessin de sa bouche et sur ses seins menus qui tendaient cependant la laine grise de son gilet.

— Je me moque d'être laide ou jolie, répliqua-t-elle, farouche. Alors, on y va? Je voudrais voir les moutons, les épagneuls et le coq qui m'a réveillée.

Elle eut un sourire distrait. Ravi, Patrick la prit par le bras dans un geste familier.

— En premier, la grange. On y stocke le foin et la paille. Elle sert d'étable, d'écurie et de bergerie. Avant, papa avait un troupeau d'une vingtaine de brebis, mais il ne lui reste que cinq moutons. Tu connais déjà la jument, Fanou, la Blanchette…

Patrick l'entraîna à l'intérieur du bâtiment. Abigaël étudia la disposition des stalles réservées aux chevaux et à la mule sur sa gauche. Une allée cimentée coupait l'espace en deux parties. Les deux vaches étaient attachées à droite et, tout au fond, une cloison en planches délimitait un carré où se trouvaient les moutons, vis-à-vis d'un énorme tas de bottes de foin et de paille.

— La semaine prochaine, papa va labourer avec le fils de la Fanou, déclara le garçon en désignant un poulain gris déjà d'une taille imposante. Il est costaud.

L'adolescente alla caresser la jument, qui lui semblait encore très nerveuse. «Pourtant, il n'y a personne qui soit susceptible de l'effrayer! songea-t-elle. L'enfant n'est pas là, je le sens.»

Elle revint dans l'allée, en évitant un amas de crottin. Patrick la regardait avec insistance.

— On dirait une fille de la ville, mais tu ne fais pas trop de manières, dit-il en souriant. Tu en fais même moins que ma sœur.

— Béatrice doit être coquette et soigneuse, hasarda Abigaël. J'ai fait le ménage dans sa chambre. Une belle chambre! Tout y est en ordre, tout y est impeccable.

Elle s'abstint d'ajouter que la chambre de son cousin avait des allures de capharnaüm.

— J'y crois pas, ironisa-t-il. Sous la férule de ma mère, tu vas devenir notre bonne à tout faire.

— Je ne m'en plaindrai pas, je déteste l'oisiveté. La seule chose qui m'ennuierait, ce serait de ne pas pouvoir me promener. Oncle Yvon semble s'y opposer. Bon, tu me montres le poulailler?

— On n'est pas pressés, répondit Patrick en lui effleurant la joue d'un doigt.

Choquée, Abigaël recula et sortit au pas de course de la grange. Elle avait perçu les intentions inconvenantes de son cousin et en était offusquée.

— Ne recommence jamais, glapit-elle quand il la rattrapa.

— Excuse-moi, je voulais savoir si tu avais la peau douce. Ce n'est pas un crime!

— Je te préviens, Patrick, ne me touche plus.

— Que feras-tu? Tu me changeras en crapaud?

— Pas la peine, c'est déjà fait, rétorqua-t-elle en décochant une œillade impitoyable aux boutons qui déparaient son menton mal rasé. Je préfère rentrer à la maison, j'irai plus tard nettoyer les nichoirs de vos poules.

Patrick la retint par le poignet. Il prit un air contrit.

— Je blaguais. N'en cause pas à mon père, il me ficherait une raclée. Tu es vraiment fâchée?

— Peut-être, mais sois tranquille, je ne te dénoncerai pas, ce n'est pas mon genre.

Elle le dévisagea. Son cousin avait tressailli de nervosité et elle eut l'intuition d'avoir touché un point sensible. Il lui donna raison aussitôt.

— Tu ne devrais pas employer le mot «dénoncer», parce que c'est grave, en temps de guerre; il faut se méfier de tout le monde. Il y en a eu, des dénonciations, par ici.

— Patrick, dit-elle très bas, tu serais gentil si tu me racontais ce qui s'est passé, l'histoire du couple et de leur fillette tués par les miliciens. Ton père nous en a parlé hier, sur le chemin. C'était des résistants? Enfin, l'homme. Ils ont été dénoncés par des gens du pays?

Livide, il se détourna et balança un coup de pied rageur dans une motte de terre.

— J'en sais rien, Abigaël. Pourquoi ça t'intéresse? Tu as vu leurs fantômes? Bon sang! rien qu'à voir ton air bizarre, j'en ai la trouille.

— Mais non, ce n'est pas ça, soupira-t-elle.

Elle préférait lui mentir, incapable de qualifier du terme ordinaire de fantôme la triste apparition d'une âme en peine qu'elle seule, de surcroît, avait la possibilité d'entrevoir.

— Je voudrais prier pour eux, car les morts violentes me désolent, répondit-elle avec sincérité. Ils ont été enterrés dans la vallée? Au cimetière?

Patrick la toisa sans répondre. Il avait envie de lui donner satisfaction, mais il trahirait ainsi une des consignes de son père. Yvon avait été formel, il fallait garder le silence sur les événements qui s'étaient déroulés ces derniers mois. Il crut entendre à nouveau l'avertissement reçu la veille, alors que Marie Monteil et Abigaël allaient arriver à Soyaux: «Moins elles en sauront, mieux nous nous porterons. On n'a rien su, rien vu, rien entendu!»

— Tu as peur de me dire la vérité? insista sa cousine.

— Quelle vérité? Toi, tu es venue rôder près de la grange juste pour me tirer les vers du nez?

— Eh bien, oui, voilà! Tu es content? Si mon oncle n'avait rien dit, hier, sur le chemin, je ne me poserais pas de questions. Ce n'est pas la première fois qu'on évoque des horreurs pareilles devant moi et tantine. Moi, ça me rend malade. Je ne peux pas m'empêcher de vouloir en apprendre davantage.

— Tu n'es qu'une sale curieuse, en fait, grogna-t-il. Le type, il aidait les résistants, ce n'était pas malin de sa part. Sa femme et la gamine ont été abattues, il est responsable de leur mort.

Soudain tremblante, Abigaël s'appuya au mur de la

grange. Elle avait froid et se sentait nauséeuse en imaginant les balles qui fauchaient sans pitié une petite fille et sa mère.

— Les responsables, ce sont les Allemands, les barbares de la Gestapo et les miliciens, des Français en plus, qui sont à leur botte, murmura-t-elle. Comment peut-on tirer sur une enfant innocente? Comment peut-on frapper un vieillard juif dans la rue, parce qu'il ne marche pas assez vite? J'ai vu des scènes odieuses. J'en fais des cauchemars.

— Il y a un truc que je sais, quand même, marmonna Patrick, visiblement à contrecœur. Ce n'était pas ses parents à la gosse, plutôt ses grands-parents. Enfin, il paraît qu'ils étaient trop âgés pour avoir une fille de six ans.

— J'aimerais prier sur leur tombe. Ils ont forcément été enterrés quelque part?

— Ce sont des gendarmes d'Angoulême qui ont emporté les corps, à ce qu'a dit le facteur. Comme ils n'avaient pas de papiers d'identité, ils les ont mis dans la fosse commune du cimetière de Soyaux. C'était le plus proche, en camionnette. Là, tu as eu tes renseignements. À présent, fiche-moi la paix. Et ne me cause pas de soucis, sinon tu le regretteras!

— Patrick, j'ai compris. Tes parents ne sauront pas que tu m'as parlé de ça. Je te remercie.

Elle lui adressa un léger sourire et s'éloigna.

Ferme d'Yvon Mousnier, dix heures du soir

Abigaël était allongée près de sa tante. Elles avaient attribué le second lit à Grégoire, tout content de l'arrangement. «Pauvre cousin, songeait la jeune fille, il dort à poings fermés parce qu'il n'a plus peur. Avant il couchait seul ici, dans le grenier. Sa mère ne lui témoigne aucune affection.»

Elle évoqua comme bien souvent sa propre mère, Pascaline, qu'elle appelait du doux vocable de maman ou petite maman avec le poignant regret de ne pas l'avoir connue. «Je suis certaine qu'elle est parmi les anges du ciel et les êtres de lumière. Assurément, elle veille sur moi.» Elle avait l'intime conviction de bénéficier de sa protection, car, fréquemment, dans des situations complexes ou inquiétantes, elle avait eu l'impression de recevoir une force mentale surdimensionnée, comme si on lui venait en renfort.

— Pourquoi t'agites-tu ainsi? lui demanda soudain Marie. Tu devrais pourtant être fatiguée, après cette première journée.

— Je pensais à maman, avoua Abigaël. Puisque je suis médium, je pourrais la revoir rien qu'un instant.

— Seules les âmes égarées ont besoin d'aide, ma chère petite, parce qu'elles sont désespérées. Notre Pascaline s'est éteinte en paix, sachant que je ne te quitterais jamais et aussi que tu saurais lui succéder.

— Tantine, je t'en prie, je ne suis plus une enfant, n'essaie pas de me consoler. Maman ignorait que j'avais hérité de son don. Elle est morte en deux heures et je n'étais qu'un nouveau-né chétif. Le fait de laisser un bébé derrière elle aurait pu la retenir dans le monde des vivants.

— Peut-être était-elle appelée ailleurs, murmura Marie d'une voix lasse. Dors, Abigaël. Demain, il faudra arracher des betteraves. Deux champs de betteraves.

— Excuse-moi, tantine, je t'empêche de te reposer.

— Oui. Ce n'est pas très grave, mais je suis éreintée. Ça a été une épreuve sportive d'arriver à laver Grégoire des pieds à la tête. Sans le grand tablier que m'avait prêté Pélagie, j'aurais été trempée. Il se débattait et hurlait. Enfin, il est tout propre ce soir, dans un pyjama bien lavé et des draps secs. J'espère qu'il ne les salira pas cette nuit.

Marie se tut, somnolente. Abigaël esquissa un vague sourire dans la pénombre. Toujours dévouée à son prochain, prête à tous les sacrifices aussi bien qu'à se charger des tâches ingrates, notamment s'il s'agissait de mettre en pratique des notions indispensables d'hygiène, sa tante était un exemple pour elle.

De son côté, la jeune fille avait été fort occupée. Elle avait nettoyé les nichoirs des poules pondeuses et curé l'abreuvoir des moutons avant de raccommoder une pile de torchons. Enfin, son oncle lui avait appris à traire les vaches.

Elle se revit assise sur un tabouret branlant, le front appuyé contre le pis gonflé de la Blanchette, son unique paire de chaussures engluée de paille visqueuse. À nouveau son cœur se serra à l'idée qu'elle n'avait pas bu une seule goutte du lait maternel. Marie l'avait nourrie au biberon avec des substituts en poudre achetés à la pharmacie.

— Maman, chuchota-t-elle dans l'obscurité, envahie par une nostalgie presque douloureuse. Maman…

— Maman, répéta une voix fluette.

Abigaël se sentit happée par une détresse immense qui n'était pas la sienne. Elle comprit aussitôt pourquoi le souvenir de sa mère l'obsédait particulièrement ce soir-là et qui appelait maman dans la pièce. Elle avait en quelque sorte communié au manque cruel de l'enfant.

Il était vain de lutter. L'adolescente pénétra à l'intérieur d'un cercle immatériel au centre duquel se tenait la fillette vêtue de noir.

— Je veux maman, fit encore l'enfant.

Pétrie de chagrin et le corps engourdi, Abigaël se leva et se dirigea vers le recoin formé par un pan de l'armoire et le mur. Là, elle concentra sa volonté sur la petite âme errante. Le reste de l'univers fut comme gommé.

Elles étaient face à face, l'une en chemise de nuit rose et les cheveux nattés, l'autre en deuil et le visage émacié, entouré de longues mèches blond pâle.

— Dis-moi ton prénom, dit Abigaël tout bas. N'aie pas peur, je suis avec toi. Je vais prier pour que tu rejoignes ta maman.

— Maman?

Le son était ténu, étrange à entendre, et les lèvres de la fillette bougeaient à peine.

— Ta maman ne peut pas venir te voir, mais je vais prier Dieu et la Sainte Vierge de retrouver tes grands-parents.

— Marie… Maman, Marie.

— Est-ce que tu t'appelles Marie?

— Non, non, je dois attendre maman.

La fillette disparut. Glacée, Abigaël eut alors conscience d'être agenouillée sur le plancher. Dans le même temps, elle perçut des cris rauques, dehors, et des chocs contre la porte principale, suivis d'un véritable branle-bas de combat au premier étage. Yvon dévalait l'escalier, Patrick aussi, sans doute, car il y avait plusieurs bruits de pas.

— *Herr Mousnier, schnell, schnell*[4]! rugissait-on à l'extérieur.

Marie Monteil se redressa et alluma la bougie à l'aide de son briquet. Grégoire émergea lui aussi de ses couvertures, l'œil fixe, hébété.

— Abigaël? Où es-tu?

— Là, tantine, je m'étais levée. Ne crains rien.

— Que se passe-t-il? Je ne croyais pas que les Allemands étaient à proximité de la ferme. On dirait qu'ils viennent tous les soirs.

---

4. Monsieur Mousnier, vite, vite!

— Je descends aux nouvelles, déclara Abigaël en enfilant son gilet sur sa chemise de nuit qui frôlait ses chevilles.

— Non, peur, soldats méchants, gémit Grégoire.

— Ils n'ont pas de raison d'être méchants avec moi, cousin, sois tranquille. Ce sont sans aucun doute ceux qui gardent la centrale électrique. Ils connaissent bien ton père.

Elle prit la lampe à pile et sortit de la chambre, isolée du reste du grenier par des cloisons. Après le dîner, l'adolescente avait fait un rapide inventaire des vieilles choses remisées sous les combles, des bois de lit vermoulus, un matelas roulé et ficelé, des caisses, des débris de chaises. Il s'y ajoutait un amas de châtaignes dans leurs bogues, des noix sur un drap usagé et des pommes de l'année disposées sur des claies.

Au rez-de-chaussée, une nouvelle tempête sévissait, aussi effrayante que celle de la veille. Ce n'était plus la fureur des éléments qui se déchaînait, mais celle d'hommes tout-puissants dont l'accent guttural retentissait dans le vestibule. «Mon Dieu, combien sont-ils?» s'affola Abigaël.

Elle n'eut pas à s'interroger davantage. Quatre soldats allemands se ruèrent vers le palier du premier étage, où elle s'était figée, apeurée. La face dure, l'arme à la main, ils l'auraient bousculée si elle ne s'était pas plaquée au mur, le souffle court.

— Mais enfin, colonel, jamais je ne cacherais un terroriste, criait Yvon Mousnier. Je ravitaille la kommandantur. Vos lieutenants me connaissent!

Abigaël n'osait plus bouger. On fouillait les chambres avec la violence indifférente d'un ouragan. Elle entendit pleurer Pélagie, toujours au lit, tandis que des portes d'armoire grinçaient et que des meubles étaient renversés. «Seigneur! ils vont monter au grenier!» se dit-elle.

Pétrifiée, elle écoutait. En bas, un haut gradé de la

Wehrmacht aboyait des menaces dans un français maladroit. C'était Patrick qui répondait.

— On n'a vu personne, colonel, on était couchés!

Les soldats réapparurent sur le palier. L'un d'eux daigna saluer Abigaël d'un signe de tête. Ils se ruèrent aussitôt vers les combles. Grégoire se mit à pousser des plaintes déchirantes. Marie le rassura d'une voix douce. Comme dans les chambres, il y eut du tintamarre et des objets déplacés brutalement.

— Nous allons fouiller les bâtiments, *herr* Mousnier, tonnait le colonel du seuil de la cuisine. Le terroriste ne peut être loin, il est blessé.

Pélagie rejoignit Abigaël. La femme sanglotait, un châle sur les épaules.

— Qu'est-ce que tu fiches là, toi? lui demanda-t-elle sur un ton âpre. Remonte te coucher. Ils ne trouveront rien, puisqu'il n'y a rien à trouver.

Sur ces mots, elle s'élança dans l'escalier en appelant son mari. La patrouille redescendit au même instant; les marches en tremblaient. Secouée de frissons et la bouche sèche, Abigaël pensa à la fillette qui s'était manifestée si brièvement. L'enfant avait été confrontée à des individus plus violents encore; elle avait peut-être vu s'écrouler, en sang, ceux qui la protégeaient. «Pauvre âme, elle souffre, elle est terrifiée! Mon Dieu, venez à son secours», implora-t-elle, les mains jointes.

Dehors, des aboiements vigoureux semblèrent répondre par le mépris à sa supplique. Abigaël respira profondément, certaine qu'il s'agissait des chiens des S.S. Elle avait pu les voir à l'œuvre un soir, dans une rue de Poitiers. Les grosses bêtes aux allures de loup avaient rattrapé un jeune réfractaire au STO[5].

---

5. Service de travail obligatoire.

Une main se posa sur son bras. Elle sursauta, surprise.

— Abigaël, remonte vite, ma chérie, chuchota Marie. J'ai pu calmer Grégoire, mais il pleure.

— Retourne avec lui, tantine. Ils sortent tous, même oncle Yvon et Patrick. Les Allemands cherchent sûrement un résistant.

— Même si c'était le cas, à quoi bon te tracasser et geler sur place? Nous prierons ensemble pour celui ou celle que ces brutes pourchassent.

— Parfois, tantine, prier ne suffit pas.

— Ah bon! Et que voudrais-tu faire?

— Je l'ignore, mais j'attends. Quand ce sera terminé, j'irai interroger mon oncle.

— C'est loin d'être fini, Abigaël, s'ils fouillent toute la ferme.

Malgré tout, Marie la laissa seule, non sans exhaler un soupir d'angoisse.

—

Vingt minutes plus tard, la patrouille allemande quittait les lieux. Ses investigations avaient semé une nouvelle panique chez les bêtes, qui avaient henni, meuglé, bêlé sur un mode affolé.

« Ils partent, Dieu merci! » se dit Abigaël.

Le bruit sourd des moteurs s'estompa rapidement, les aboiements des chiens aussi. Le silence parut réconfortant à l'adolescente, qui s'était décidée à descendre dans la cuisine. Assise près de la cheminée, les pieds posés sur les pierres tièdes de l'âtre, elle s'impatientait, car Yvon, Pélagie et Patrick étaient toujours dehors. « Que font-ils? » s'étonna-t-elle.

Enfin, des voix s'élevèrent et la famille Mousnier entra dans le vestibule en discutant ferme.

— Bon sang de bois, si je tenais ce fichu terroriste!

disait son oncle. Faut les appeler comme ça, les gars de la Résistance. Ils mettent tout le monde en danger. Si les Boches avaient trouvé un type dans la grange, on risquait d'être fusillés.

— Quelqu'un se planque dans une des grottes, papa, c'est sûr, répliqua Patrick.

— C'est lui qui nous vole du lait et des œufs, j'en suis certaine, renchérit Pélagie avec amertume.

— En tout cas, papa, il n'y a personne dans la grotte d'en face. J'ai fait ce que tu as dit, j'y suis monté hier en douce pour vérifier.

Tétanisée, Abigaël ne savait pas comment se tirer d'affaire. Ils parlaient tous les trois assez bas, mais ils la pensaient sans doute couchée au grenier et non pas dans la cuisine, à portée de leur voix. Prise d'une inspiration subite, elle trottina sur la pointe des pieds jusqu'à la soupente sous l'escalier, là où Grégoire se réfugiait. Vite, elle s'y glissa et rabattit le pan de tissu.

Le fermier l'avait-il entendue marcher? Il pénétra dans la pièce en se raclant la gorge. Sa femme et son fils le rejoignirent.

— Si la Monteil ou la gamine nous posent des questions demain matin, vous ne leur répondez pas, je dirai ce qu'il faut. Je ne veux pas qu'elles me mettent des bâtons dans les roues. Le terroriste, je vais le coincer et il va passer un sale quart d'heure.

— Abigaël était sur le palier du premier quand je suis sortie de la chambre, précisa Pélagie. Tu n'aurais pas dû accepter qu'elles viennent chez nous, ces deux-là.

— On avait besoin de main-d'œuvre. Et je tiens mes promesses, moi. La mémoire de Pierre, c'est sacré.

— Ouais! On se demande bien pourquoi, bougonna Patrick.

— Pauvre crétin! gronda Yvon. Filc tc coucher ou je t'en colle une.

Abigaël retint sa respiration. Elle espérait qu'ils monteraient sans tarder et qu'elle pourrait sortir sans encombre de sa cachette. Les pas de son cousin firent trembler les marches, mais Pélagie et Yvon se servirent du vin, ce qu'elle devina à des bruits de verre et à celui d'un liquide qui coulait.

— Il t'a traité comme un chien, le colonel, déplora la femme. Pourtant, il devrait savoir que tu es de leur côté.

— C'était un officier fraîchement arrivé dans le pays. Ne te fais pas de souci, il sera bientôt au courant. J'en causerai au lieutenant Heinrich, demain. Ceux de la centrale, ils m'ont à la bonne. Allez, autant se recoucher.

Pélagie prit la lampe à pétrole qu'elle avait allumée en toute hâte en présence des soldats. Abigaël vit un halo de clarté danser à travers le rideau et disparaître. Elle se détendit et posa sa joue sur la paillasse. Si son corps se relâchait, son esprit et son cœur étaient en proie à une terrible émotion. « Oncle Yvon est du côté des Allemands. Non, je ne peux pas le croire, c'est impossible ! »

Révoltée et indignée, elle réprima des larmes de rage. Ses poings menus se serrèrent, comme pour frapper. Mais ce n'était qu'une réaction qui trahissait son impuissance. Un instant, elle envisagea de repartir, certaine que sa tante serait facile à convaincre si elle apprenait la vérité. Mais Abigaël changea rapidement d'idée. « Non, je dois rester ici, je le sens. Je me battrai à ma façon pour la justice, contre la barbarie ! »

3

La maison dans la falaise

Ferme d'Yvon Mousnier, vendredi 26 novembre 1943,
dix heures du matin

Depuis bientôt trois heures, Marie et Abigaël arrachaient des betteraves fourragères[6] à la terre lourde d'humidité. Pélagie, Patrick et Grégoire se livraient au même labeur éreintant, car il fallait se baisser et se relever sans cesse, tout en luttant contre la plante bien enracinée. Yvon, lui, venait chercher les paniers pleins qu'il vidait dans la charrette.

La jument ne bronchait pas, le plus souvent immobile sous une bruine persistante.

— Il y aurait de quoi nourrir trois régiments, dit tout bas Marie à sa nièce. Pour deux vaches, cela fait beaucoup.

— Peut-être est-ce comestible pour nous aussi, tantine. En tout cas, Béatrice a su éviter la corvée.

Elle faisait allusion à la fille aînée de la famille, qui n'était pas rentrée au bercail la veille. Le fermier avait pesté et tapé sur la table.

— Ma fille tournera mal si elle préfère jouer les grues en ville, avait-il rugi. Si j'avais le temps et une voiture, j'irais la chercher par la peau du cou.

---

6. Destinées exclusivement à la nourriture du bétail.

Là encore, tout en transportant les paniers, il scrutait à intervalles réguliers le chemin qui longeait le champ dans l'espoir d'apercevoir la silhouette de la fille. Abigaël en déduisit que son oncle s'inquiétait, ce qu'il cachait sous des envolées de colère. Pélagie, qui n'était pas dupe elle non plus, lui cria soudain :

— C'est quand même bizarre qu'elle ne soit pas là, notre grande. Pourvu qu'elle n'ait pas eu d'ennuis !

— Un ennui à moustache, ouais, blagua Patrick. Vous savez bien qu'elle fréquente un type de la poste, Béatrice.

— En tout bien tout honneur, crétin ! hurla Yvon. Et pas un du genre à lui faire perdre la tête ni à lui faire oublier son fiancé !

Furieux, le fermier souleva un haut panier à deux anses. Le feuillage des betteraves, constellé d'eau froide, lui effleura la joue. Il étouffa un juron. Abigaël se retint de sourire. Elle appréciait le travail manuel, surtout à l'extérieur. L'air lui semblait vivifiant et elle pouvait admirer les bois voisins, dont la ramure rousse se teintait d'or jaune selon les essences des arbres. Parfois, un sapin ajoutait au paysage une note d'un vert sombre bleuté.

Le plus discrètement possible, quand elle ajustait son foulard sur ses cheveux, elle scrutait les falaises qui se dressaient au sud, en partie dissimulées par d'épais rideaux de lierre. « Hier, tout a été d'un grand calme, songea-t-elle en agrippant une tige drue glissante. La fillette n'est pas revenue, même la nuit. Peut-être a-t-elle été effrayée par les soldats allemands, ou bien quelqu'un l'a retrouvée, un proche parent, un défunt qui aurait enfin entendu ses pleurs. »

Elle se remémora la journée de la veille, où le travail avait été harassant. Dans le rang voisin du sien, sa tante soupirait de fatigue, alors qu'elle réfléchissait aux propos qu'elle avait entendus après le départ des soldats. Dès que son oncle et sa tante avaient regagné leur chambre, elle avait pu monter au grenier sur la pointe des pieds. Comme sa tante se rongeait les sangs, elle l'avait rassurée, mais n'avait rien révélé au sujet des opinions d'Yvon Mousnier. «Mon oncle! Est-ce que mon père lui ressemblait de visage et d'allure?»

Elle se revit en train d'interroger la famille réunie autour de la cafetière, au matin. Patrick lui jetait des regards ironiques. Le fermier avait déclaré d'un ton rogue:

— Les Boches traquaient un résistant. Tu n'as pas besoin d'en savoir plus. C'est déjà arrivé et ça va arriver encore. La prochaine fois, reste en haut dans ton lit, Abigaël, sinon je vais croire que tu veux te montrer à l'occupant en chemise de nuit.

— De toute façon, nos ennemis m'auraient vue en chemise, puisqu'ils ont fouillé le grenier, avait-elle rétorqué d'une voix ferme.

Yvon l'avait traitée d'insolente, irrité de la deviner intelligente et dotée d'un fort caractère sous ses airs de sage jeune fille. Ce bref échange d'amabilités terminé, chacun s'était mis au travail, Marie à l'épluchage des navets et des topinambours, puis au repassage, Abigaël au nettoyage des clapiers des lapins et au soin des volailles. Quant à Patrick, il avait disparu durant tout l'après-midi après avoir prétexté qu'il allait ramasser les dernières châtaignes. Le soir, la famille réunie au coin du feu avait attendu en vain Béatrice, qui se déplaçait à bicyclette. Si Yvon et Pélagie se faisaient du souci, ils ne l'avaient pas montré la veille, mais là, au milieu du champ de betteraves, ils affichaient une mine sombre et parlaient à peine, uniquement lorsque c'était nécessaire.

— La voilà! cria soudain Patrick, le bras tendu dans la direction de la ferme. Voilà ma frangine!

Une silhouette féminine marchait d'un pas rapide sur le chemin. Son manteau rouge égayait à lui seul la campagne grise et brune en y mettant une touche de fête. Abigaël observa la nouvelle venue avec attention. Béatrice Mousnier souriait en agitant la main. Elle s'arrêta à la hauteur de la charrette, mais en ayant soin de ne pas poser un pied dans la terre meuble.

— Maman, papa, je suis désolée, j'ai eu un empêchement, hier soir.

C'était une jeune personne aux traits agréables, une brune aux yeux noisette, au nez busqué comme sa mère et aux mâchoires carrées comme son père. Cependant, elle paraissait faite à ravir, pleine de charme, d'entrain et de bonne humeur.

— Eh bien, viens m'embrasser, cousine! dit-elle à Abigaël en riant. Bonjour, madame. Vous êtes Marie Monteil?

Marie approuva. Elle profita de la diversion pour abandonner les betteraves et suivit sa nièce à travers les sillons hérissés de cailloux. Yvon était déjà auprès de sa fille.

— Je n'étais pas tranquille, Béa, murmurait-il en la fixant.

— Papa, on m'a volé mon vélo, répondit-elle. Devant la mairie, tu te rends compte? J'ai préféré dormir en ville et prendre le bus ce matin.

— Mais comment tu vas faire, à présent, pour aller travailler? gémit Pélagie.

Béatrice eut un geste d'impuissance. Elle embrassa Abigaël sur les deux joues.

— Que tu es mignonne, cousine! Alors, tu te plais, ici? lui demanda-t-elle avant de serrer la main de Marie.

— Oui, nous sommes très contentes, dit la tante sans laisser à l'adolescente le temps de répondre. Après des mois sans un vrai foyer, nous ne remercierons jamais assez vos parents, mademoiselle.

— Oh! Il faut me tutoyer et m'appeler par mon prénom, voyons, nous sommes parentes. Bon, je vais vite me changer et je viens vous aider. Tu m'accompagnes, Abigaël?

Yvon faillit récriminer, mais il était tellement soulagé de retrouver sa fille saine et sauve qu'il consentit d'un signe de tête.

— Ne papotez pas une heure, quand même, recommanda-t-il.

Elles promirent de vite revenir et s'éloignèrent comme des amies en balade. Grégoire poussa une petite plainte de déception, attristé de voir partir Abigaël et de ne pas avoir obtenu un regard de sa sœur.

—

Abigaël s'était installée sur un tabouret près de la fenêtre. Elle gardait les yeux baissés, un peu gênée, car Béatrice déambulait dans sa chambre en combinaison, tout en parlant beaucoup.

— Personne ne m'a volé mon vélo, j'ai raconté ça à papa pour éviter un gros sermon. J'étais avec un homme, figure-toi, un des employés de la poste. Il m'avait invitée à dîner avec lui au *Grand Café de la Paix*, ça ne se refuse pas. Je suis tellement gourmande! Les restrictions, je ne m'en accommode guère, je dois te l'avouer.

— Pourtant, ici, à la ferme, vous ne manquez de rien, fit remarquer Abigaël. Ma tante est enchantée de pouvoir boire du vrai café.

— Grâce aux combines de papa. Il est malin!

L'adolescente s'assombrit. Elle ne pouvait pas aborder le sujet qui la préoccupait depuis l'avant-veille quant aux relations de son oncle Yvon avec l'ennemi. Mais elle avait le cœur lourd à l'idée de vivre sous le toit d'un collabo, comme disaient les gens en sourdine.

— Quelles combines? demanda-t-elle sur un ton anodin.

— Simplement un échange de bons procédés quand

l'intendant de la kommandantur vient acheter des œufs et du lait. Papa baisse ses prix. Il obtient ainsi du café et du sucre.

Béatrice ôta sa combinaison rose et apparut en soutien-gorge et culotte de satin. Elle s'observa dans le miroir de son armoire en faisant semblant de défiler, les mains sur les hanches.

— Bon, tu le sais peut-être déjà, je suis fiancée à Lucas, un garçon de Dirac. Hélas! Il est parti en Allemagne au mois d'août. Service du travail obligatoire. Je lui envoie des colis et il m'écrit une fois par mois. Dès qu'il reviendra, nous nous marierons... Seigneur, je suis bien contente d'avoir enfin quelqu'un avec qui bavarder. J'avais hâte de faire ta connaissance, cousine. J'ai même fait pencher la balance, vois-tu. Maman refusait de vous accueillir et papa hésitait, mais je les ai persuadés d'accepter. Dis, c'est vrai que tu es médium?

Abigaël s'attendait à la question. Elle chercha comment répondre de son mieux. Cependant Béatrice poursuivit de sa voix aiguë :

— Comme ta mère Pascaline, paraît-il. Papa m'a raconté qu'elle voyait des fantômes et qu'elle pouvait prédire l'avenir.

— Non, non, protesta l'adolescente avec véhémence, maman n'a jamais prédit l'avenir ni tiré les cartes. J'ai conservé un cahier où elle relatait ses expériences et où elle notait des remèdes à base de plantes.

— Ne te fâche pas! Mais elle voyait des personnes décédées, à ce qu'on m'a dit. Ça lui serait même arrivé le jour de son mariage avec ton père, dans l'église.

— Je sais, répliqua Abigaël, très pâle. Mon arrière-grand-tante s'est manifestée. Elle venait de mourir d'une crise cardiaque et elle ne comprenait pas qu'elle avait changé de dimension, qu'elle était dans un autre monde, l'au-delà. Elle voulait assister à la noce; maman a dû lui expliquer sa nouvelle situation et elle l'a aidée à s'élever vers la lumière. J'emploie les mots que m'a conseillés ma tante, ce sont les plus faciles à comprendre.

Intriguée, Béatrice la regarda d'un œil perplexe, sans faire de commentaires. Elle enfila un pantalon en velours usagé qui avait dû appartenir à son père, des chaussettes et un gros gilet en tricot.

— J'ai une paire de bottes en bas, dans le vestibule, dit-elle enfin. Et toi, tu patauges dans la terre avec tes chaussures de ville? Maman exagère, elle aurait dû te prêter des sabots, au moins.

— Ce n'est pas grave, je les nettoierai ce soir. Béatrice, est-ce que je pourrais te demander quelque chose?

— Oui, je t'écoute.

— Je voudrais que tu me considères comme une fille normale, malgré tout. J'allais au lycée, à Tours, j'étais demi-pensionnaire et mes camarades ignoraient que j'avais un don particulier. Je pouvais rire avec elles et discuter. J'aimais bien ça et, si tu pouvais oublier que je suis médium, ça me ferait plaisir. C'est très important pour moi d'avoir enfin un foyer, des cousins et une jolie cousine.

— Merci du compliment, s'esclaffa Béatrice. Toi aussi, tu es jolie. Dépêchons-nous, maintenant, sinon papa va piquer une colère. Bah, je suis habituée, il crie fort et il grogne beaucoup, mais il a bon cœur et je l'admire.

À nouveau, Abigaël éprouva un vif embarras. Elle en vint à plaindre la jeune fille qui ignorait sûrement que le fermier était du côté des Allemands, des vainqueurs.

— Ce soir, nous pourrons causer toutes les deux, affirma Béatrice. Sais-tu, le collègue qui m'a payé un bon repas, il aurait bien pris une chambre d'hôtel, ensuite. Il me plaît, mais je suis fidèle à Lucas. Et toi, as-tu déjà eu un amoureux?

Elles descendaient l'escalier, Abigaël la première.

— Non, je suis trop jeune, s'étonna-t-elle en se retournant à demi. Et j'ai d'autres choses à penser.

— Quoi donc?

— Rien, enfin, comment étudier encore un peu sans aller au lycée d'Angoulême, comment aider ceux qui ont besoin de moi…

Abigaël n'osait pas interroger Béatrice sur la tragédie qui avait coûté la vie à la mystérieuse fillette et à ses grands-parents.

— Tu es à peine arrivée. Qui aiderais-tu?

— Une enfant qui s'est montrée à moi le soir où ton père nous ramenait en charrette de Soyaux. Oncle Yvon nous a confié que des gens avaient été tués près de chez vous, des résistants, et une petite fille. Je suis désolée, je ne voulais pas t'ennuyer, mais je sens que la pauvre âme souffre, qu'elle a peur.

Elles s'arrêtèrent devant la porte de la grange. Béatrice avait le rouge aux joues en dépit de l'air froid et humide.

— Vraiment, papa vous en a parlé? s'écria-t-elle. Il n'aime pas y faire allusion, en principe. Il essaie d'oublier. Ne fais pas ces yeux ébahis. Mon père n'a pas pu prévenir ces gens que la milice les avait localisés. Je n'étais pas à la ferme, ce jour-là, mais, quand mes parents m'ont raconté ce qui s'était passé, j'en ai pleuré. Mon Dieu, comme j'ai pleuré! Viens, ça me brise le cœur de m'en souvenir.

Sa cousine secoua ses cheveux bruns, bouclés et coupés aux épaules. Deux peignes en corne les retenaient en arrière à hauteur du front.

— Patrick m'a dit que le couple était trop âgé pour avoir une enfant aussi jeune, insista Abigaël. Plus j'en saurai sur cette petite, plus je pourrai l'aider.

— Tu l'as vue où, exactement? demanda sèchement Béatrice. Pas chez nous, j'espère, sinon je repars en ville ce soir.

— Non, pas chez vous, au bord du chemin, vêtue de noir et l'air désespéré, mentit l'adolescente afin de la rassurer.

— Le père de Lucas est gendarme. Je l'ai croisé à la descente du bus trois jours après la tuerie. D'après lui, l'enfant n'était pas une parente du couple. Il se disait dans le pays que cette fillette avait été trouvée sur une route pendant l'exode. Elle aurait été recueillie par une famille de Puymoyen. Il y en a tellement, des enfants perdus, à cause de la guerre! La plupart sont orphelins et ne le savent pas encore. Je travaille sur des dossiers de ce genre, à la mairie.

— De quel genre?

— Eh bien, ceux qui ont survécu pendant l'exode et qui ont pu rentrer chez eux. Ils font des recherches. Il y a des listes à vérifier, des adresses à retrouver. Mais, la petite, personne n'a dû la réclamer. Elle n'a pas eu de chance, la malheureuse!

Béatrice était sincère et directe. Abigaël apprécia son attitude, si différente de celle de Patrick. Elle la suivit sur le chemin, soulagée d'en avoir appris un peu plus en quelques minutes.

— Pas un mot à papa, la prévint sa cousine dès qu'elle aperçut ses parents dans le champ de betteraves, ni à ta tante, je t'en prie. Le silence est notre meilleure protection. Moins on en sait, moins on peut en dire, surtout sous la torture.

— Je te promets de garder tout ça pour moi, répondit Abigaël, désemparée. Le vélo, le dîner en ville et le reste.

— D'accord, je te crois.

Dix minutes plus tard, penchées en avant, le dos raidi par l'effort, elles arrachaient de terre les grosses racines au parfum âcre et au lourd feuillage d'un vert pâle.

—

Il était près de minuit. Abigaël tentait de s'endormir, bien en vain. Allongée à ses côtés, sa tante avait sombré très vite dans un profond sommeil, éreintée par une dure journée aux champs. Grégoire ronflait; niché contre lui, le chaton ronronnait.

Harcelée par une foule de pensées, l'adolescente luttait pour ne pas se relever et descendre dans la grande cuisine. «Je serais mieux assise sur les pierres tièdes de l'âtre à fixer les braises. Je dois comprendre ce qui se passe ici. Pourquoi Béatrice a-t-elle parlé de torture, ce matin?»

Les agissements des miliciens, ces policiers français au service de l'ennemi, les exactions violentes de la Gestapo, Abigaël en avait eu connaissance récemment, mais sans être mise au courant de faits précis, sans obtenir de récits détaillés. Elle imaginait des exécutions sommaires brutales, comme celle dont avaient été victimes le couple et la petite fille. «Moins on en sait, moins on peut en dire», se répéta-t-elle en son for intérieur, glacée à l'idée d'un corps soumis à des sévices épouvantables.

Toute la journée, Béatrice s'était montrée aimable et rieuse. Pendant le repas de midi, une énorme omelette aux herbes, elle avait évoqué un sujet qui préoccupait Marie Monteil, à savoir les études d'Abigaël.

— Tu devrais passer ton brevet élémentaire, insistait Béatrice. Je l'ai eu, moi, en travaillant dur, mais, sans ce diplôme, je n'aurais pas eu le poste à la mairie. Nous irons en ville ensemble, certains jours.

En dépit de la mine pleine d'espoir de sa tante, Abigaël avait refusé. Étrangement silencieux, Yvon n'avait pas donné son avis. Son apparente indifférence avait intrigué l'adolescente, car pas une fois son oncle n'avait fait allusion à l'histoire du vélo volé. «Il aurait dû interroger Béatrice sur ce point, s'inquiéter qu'elle n'ait plus de bicyclette, songea-t-elle, mal à l'aise. On dirait qu'il s'en moque. En plus, même ce soir, au souper, ils ont échangé des regards bizarres. »

Quelque chose clochait dans l'attitude du fermier et de sa fille. Cependant, il restait une constante : Yvon persistait à vouloir les garder, sa tante et elle, dans l'enceinte de la ferme. Certes, elles avaient pu arracher les betteraves, mais comme encadrées par la famille au grand complet. « J'ai besoin de bouger, de me promener, d'aller au cimetière de Soyaux, surtout ! » déplora Abigaël.

Elle se mit à prier, les mains jointes à la hauteur de sa poitrine, en effleurant sa médaille de baptême. La chambre était plongée dans l'obscurité. C'était une nuit nuageuse, sans lune ni étoiles. Après avoir récité deux *Notre père* et deux *Je vous salue, Marie,* elle se détendit et cligna les paupières.

Peu après, elle rêvait. Dans son rêve, ses lèvres articulaient toujours la respectueuse prière adressée à la mère du Christ. « *Je vous salue, Marie, pleine de grâces, le Seigneur est avec vous, vous êtes bénie entre toutes les femmes...* Oh ! Marie, Marie ! »

Au son de ce prénom si cher à son cœur, le plus sacré aussi, des images de désolation envahirent son esprit endormi : l'exode, un pathétique flot humain sur les routes de France, des cohortes de gens hagards à la fin d'un printemps radieux souillé à jamais par la mort et la souffrance, le grondement effrayant des avions qui lançaient vers le sol des engins de destruction. Elle se vit marcher au milieu d'une lente colonne de piétons, d'attelages et de voitures.

Une peur infinie pesait sur elle, si fragile, tandis que ses yeux se posaient sur des scènes poignantes, empreintes de chagrin incrédule et de terreur incontrôlable. Là, un cheval agonisait dans le fossé, non loin d'un vieillard livide le front marqué par une plaie; là, une jeune femme blonde était couchée ventre contre terre, le dos criblé de trous sanguinolents. Un homme la secouait, il hurlait :

— Paula, Paula!

Et il s'écroulait. Son pantalon de toile beige était tout rouge de l'aine à la cheville, sur sa jambe gauche.

Bien qu'assoupie, Abigaël faisait non de la tête en murmurant et en s'agitant. Elle avait une telle pitié de la jeune femme au charmant profil, mais au regard figé par la mort! Pourtant, au sein d'une brume dorée apparue soudain, la femme se redressait, lumineuse, les traits néanmoins tirés sous l'effet de l'angoisse. Un cri lui échappait :

— Astrid, Astrid!

Son regard bleu se dilatait, comme halluciné.

— Avez-vous vu ma fille, une toute petite fille? disait-elle à Abigaël, aux prises avec la foule des fugitifs.

Il lui fallait bien répondre un non navré et se fondre dans le coton d'un brouillard de plus en plus dense. La mère affolée disparut à l'instant où une lourde automobile noire apparaissait. Le conducteur avait un air hagard. Il était épuisé. Un enfant pleurait.

— Astrid, Astrid! appela Abigaël, transie de froid.

— Qu'est-ce que tu as, ma pauvre chérie? Allons, calme-toi!

Cette fois, c'était la voix douce de sa tante Marie et sa main sur son épaule était bien réelle.

— Tu rêvais. C'était sûrement un mauvais rêve. Nous n'avons jamais connu d'Astrid.

— Tantine, je n'ai jamais vécu ce genre de choses. J'ai vu un couple pendant l'exode; la femme était morte et son mari s'est écroulé près d'elle; une hémorragie. Mais la femme s'est relevée comme une âme errante, tu comprends, comme ceux que je vois. Elle cherchait sa fille Astrid. Je crois que j'ai reçu de l'aide et j'en suis heureuse, vraiment heureuse.

Marie sortit son mouchoir qu'elle rangeait sous l'oreiller et tamponna avec délicatesse le visage en sueur de sa nièce.

— Mais oui, ce rêve t'a été envoyé pour te guider. Tu as dû évoluer dans une dimension parallèle en franchissant une porte donnant sur le passé. Pascaline m'avait expliqué un phénomène similaire. Une partie invisible de toi voyage pendant ton sommeil en remontant un peu le temps. Certains médiums se projettent ainsi dans l'avenir.

Abigaël approuva tout bas. Son cœur battait à un rythme saccadé. Elle se sentait faible et nauséeuse.

— Dors, tantine, rendors-toi, ne te fais pas de souci.

— Prions ensemble, d'abord, veux-tu?

— Bien sûr.

—

Une demi-heure s'écoula. Marie Monteil dormait à nouveau. Abigaël priait encore, couchée sur le côté, ses grands yeux clairs rivés à l'endroit où s'était manifestée la fillette. «Une enfant perdue pendant l'exode, une orpheline. Trois ans et demi plus tard, les miliciens la tuent. Comment est-ce possible? Je voudrais savoir la vérité, mais peut-être pas ce soir, je suis si fatiguée!» pensait-elle.

Mais elle continuait à veiller, espérant la visite de l'âme égarée. Des bruits l'intriguèrent tout à coup. La grande maison, jusqu'à présent silencieuse, parut s'animer. Abigaël identifia des pas prudents dans l'escalier et le grincement qui lui était déjà familier de la porte double ouvrant sur le jardin. Vite, elle se leva et trottina vers la fenêtre, munie d'un unique volet plaqué contre le mur extérieur ce soir-là. «Tantine a oublié de le fermer. Tant mieux!» se dit-elle, le nez contre la vitre.

Le ciel s'était un peu dégagé, mais il faisait très sombre. Elle scruta la parcelle d'herbe qui s'étendait jusqu'au puits à la margelle ronde. Deux taches brillantes dansaient à proximité, sans nul doute des lampes à pile dont le halo lui permit de distinguer deux silhouettes. Grâce à certains détails, elle sut qu'il s'agissait de Béatrice et d'un homme. «Mon oncle, je crois. Patrick n'est pas aussi grand, comparé à sa sœur.»

Le souffle court, elle les vit franchir le portail toujours grand ouvert et se diriger vers la grange. «Une bête malade? Que font-ils?»

Aussi curieuse qu'inquiète, elle put constater que le père et sa fille dépassaient le bâtiment et s'éloignaient. La bouche sèche, elle eut un instant l'idée de les suivre. «Non, ce serait de la folie. Le temps de m'habiller et de me chausser, je ne les retrouverai pas. Mais je vais descendre à la cuisine. Je les verrai rentrer. J'inventerai n'importe quoi. Ils ne pourront pas me reprocher d'avoir eu soif, ou froid, ou mal au ventre…»

Elle enfila son gilet et des chaussettes avant de descendre en emportant le bougeoir et les allumettes. Sur la première marche de l'escalier, elle enflamma la chandelle. Sa plus grande crainte était de réveiller Pélagie, qui ne manquerait pas de la renvoyer au lit. Mais elle parvint sans encombre dans le vestibule. Avant même qu'elle ne soit près de la cheminée, une odeur agréable de feu de bois la réconforta.

— Je vais m'accorder un petit verre de lait, dit-elle tout bas.

Cependant, elle n'en fit rien. Entre le buffet surplombé d'un vaisselier et l'horloge comtoise se tenait une forme de femme assez floue. En quelques secondes, sous les yeux d'Abigaël, elle prit de la couleur et de la netteté. C'était une jeune femme mince aux cheveux blonds en robe d'été.

— Est-ce que vous êtes Paula, la maman d'Astrid? demanda-t-elle à mi-voix.

Il n'y eut pas de réponse. L'apparition se dissipa comme une image effacée d'un coup de chiffon. Choquée et tremblante, Abigaël s'approcha de la table et s'y appuya, les paumes contre le bois. «Mon Dieu, l'expression qu'avait cette femme, une détresse immense! J'ai aussi perçu qu'elle faisait des efforts terribles pour être là, pour que je la voie. Son âme est en paix. Elle ne tient pas à demeurer parmi nous, non, elle est venue parce qu'elle y était obligée.»

Une certitude s'imposait à l'adolescente, il ne s'agissait pas de la Paula de son rêve, mais d'une très jeune inconnue.

— Je dois trouver la solution, gémit-elle, accablée de vertiges.

Elle était soumise à une pénible impression de chaud et froid ainsi que de pesanteur sur la nuque. En scrutant les recoins de la pièce, elle appela l'enfant blonde de toutes ses forces, attentive au moindre changement d'atmosphère. Enfin, la fillette se dessina dans la pénombre, le regard perdu, frêle et menue. Son visage était crispé et elle était prête à pleurer.

— Astrid? Est-ce ton prénom, Astrid? s'enquit Abigaël, fascinée, détachée du monde terrestre, à nouveau captive d'une sorte d'un cercle immatériel qui l'isolait avec la petite.

— Non, maman Nine m'appelle Marie.

— Marie? Tu en es sûre? Qui est maman Nine?

— Elle devait venir me chercher, mais elle est en retard. Moi, je l'attends.

La mince bouche presque incolore se tordait dans une grimace anxieuse.

— Quelqu'un d'autre pourrait venir te chercher, insinua très bas Abigaël, les oreilles bourdonnantes.

Moi, je crois que tu es Astrid. Tu devrais penser très fort à ta vraie maman. Tu es si malheureuse, à attendre comme ça! Il faut t'en aller rejoindre tes parents.

Les mots coulaient, limpides et vifs, à l'instar d'un ruisseau suivant sa course entre des rives solides. Demain, quand le jour se lèverait, Abigaël ne se les rappellerait pas, ou si peu. Une énergie étrange la faisait parler, tandis qu'elle évoquait avec ténacité l'image de Paula, lumineuse, affolée, avide de serrer son enfant dans ses bras, de ne pas la perdre parmi la cohue de l'exode.

— Maman, dit la fillette. Maman!

— Tu dois essayer de te souvenir d'elle, de Paula, ta première maman. Connais-tu ce nom, Paula?

Abigaël eut l'impression que le prénom se répétait à l'infini; l'écho surnaturel résonnait dans son esprit et dans son cœur. L'enfant la fixait de son regard très bleu et pourtant profond, insondable.

— Ta maman devait t'appeler Astrid quand tu étais toute petite et que tu étais avec elle articula-t-elle péniblement.

Ses jambes ne la portaient plus. Vaincue, elle tomba à genoux, harassée, en proie à un malaise d'une rare intensité.

— Deux fois on t'a abandonnée, Astrid, déclara-t-elle d'une voix changée, deux fois tu as eu très peur, seule avec des gens qui n'étaient pas tes parents. Tu ne peux plus errer ainsi, petite âme meurtrie. Maman Nine pourrait t'emmener, ou Paula, ta maman.

Proche d'un état de transe, Abigaël perçut alors une clarté insolite qui irradiait la pièce autour de la fillette. Une silhouette se dessina, nimbée de lumière. «Un ange, c'est un ange! songea l'adolescente, hébétée. Oh! non, son visage m'est familier. C'est une femme, une maman!»

L'enfant avait perdu son air misérable et sa moue chagrine. Elle souriait à présent, d'un sourire merveilleux où se lisaient son soulagement et sa joie extatique. Elle tendait sa menotte à la créature éthérée venue la chercher.

— Ma toute jolie Astrid, mon enfant adorée, crut entendre Abigaël. Je te retrouve, enfin!

Une sorte de vent tiède parfumé traversa la pièce, qui fut à nouveau sombre et austère. Le feu lui-même semblait éteint. L'adolescente se mit à prier de tout son cœur, tant était grande sa volonté d'aider la mère et sa petite à trouver enfin la paix. Elle récita le *Notre Père* et le *Je vous salue Marie* avant de prononcer du bout des lèvres une prière secrète que lui avait transmise par écrit sa propre mère, qui la tenait elle-même de son aïeule.

L'arrivée discrète de Marie Monteil la ramena dans le monde quotidien.

— Dieu merci, tu es là! murmura sa tante. J'ai apporté de l'encens; il faut en faire brûler. Il s'est passé quelque chose, n'est-ce pas? Abigaël, tu es glacée. Relève-toi.

Elle dut la prendre par la taille pour l'aider à se redresser et à s'asseoir sur une chaise. En assistante dévouée, elle alluma les cônes d'encens. Une fumée à l'odeur subtile se répandit dans la pièce. La fragrance du bois de santal revigora Abigaël.

— L'air sera bientôt purifié, dit sa tante. Seigneur, j'étais si inquiète! Je crains toujours que tu n'aies pas la force morale de résister à ces visites. Pascaline a dû rester alitée une journée entière après une rencontre avec un suicidé.

— La fillette est partie avec sa mère. Je suis si contente! Elles seront ensemble, désormais. Mais c'était bizarre et très éprouvant. Merci d'être descendue, merci de veiller sur moi. Je te raconterai demain ou tout à l'heure. Ce serait plus prudent de remonter. Je voudrais prier encore. Nous devons prier ensemble.

— Je sais, je sais. Sans la prière et la compassion, comment secourir ces pauvres âmes errantes?

— Tantine, vite, donne-moi le bras, mes jambes ne me soutiennent plus! Oncle Yvon et Béatrice peuvent revenir d'un moment à l'autre. Je les ai vus de la fenêtre du grenier, ils s'en allaient sur le chemin avec des lampes à pile.

— En es-tu certaine, Abigaël? Ils sont sortis après le couvre-feu?

— C'est la campagne, ici; les soldats qui gardent la centrale électrique ne doivent pas quitter leur poste. Et les patrouilles doivent être rares.

— Pas forcément. Rappelle-toi l'intrusion de l'autre nuit. Les Allemands traquaient un résistant. J'espère qu'il leur a échappé! Enfin, les faits et gestes d'Yvon ne nous concernent pas et il faut éviter de le contrarier. Viens, nous discuterons là-haut.

Des bruits de pas devant la maison les figèrent sur place alors qu'elles allaient quitter la cuisine. Le fermier fit irruption, vêtu d'une grosse veste en cuir, Béatrice sur ses talons.

— Qu'est-ce que ça sent, ici, et qu'est-ce que vous fichez, en bas? demanda-t-il sèchement. Bon sang, vous ne dormez jamais?

— J'ai fait brûler de l'encens, mon oncle, répondit Abigaël.

— Eh oui, coupa Marie, l'air gênée. J'étais un peu dérangée. Je n'ai pas osé le dire à table, mais je digère mal les haricots blancs. Abigaël m'a accompagnée, il fallait bien descendre, les toilettes sont au fond du vestibule. Je suis navrée. C'est embarrassant de vous expliquer tout ça. Bonne nuit, Yvon.

Béatrice retint un sourire amusé en débitant à voix basse :

— Papa et moi, nous avons ramassé des cagouilles,

enfin, des escargots. D'ici quelques jours, on n'en trouvera plus. Reste à souhaiter que vous puissiez en manger, Marie. Moi, je me régale à l'avance.

— C'est le plat préféré de Pélagie, renchérit Yvon qui s'était radouci. On en a trouvé une cinquantaine, qu'on a mis dans la caisse grillagée pour les faire jeûner, au fond de la grange. Si tu veux y retourner demain soir, ma nièce, ne te gêne pas!

— Et le couvre-feu? s'étonna Abigaël, persuadée qu'ils mentaient tous les deux.

— Les Boches ne vont pas débouler tous les soirs, c'est calme dans la vallée. Il y a ceux de la centrale, d'accord, mais ils ont tendance à s'enfermer dans leur baraque et à jouer aux cartes. Et puis, on n'a pas besoin d'aller très loin, on fouille le long des murs.

— J'en ai déjà ramassé, en Touraine, et en Charente aussi, du temps où nous y habitions, Pascaline et moi, avoua Marie gentiment. Viens, Abigaël, il est très tard.

— Je vous suis, dit Béatrice. Bonne nuit, papa.

Le fermier demeura seul au rez-de-chaussée. Il enleva ses bottillons. La mine soucieuse, il remit une bûche dans la cuisinière et se servit un verre de vin. Après avoir regardé autour de lui, il plongea la main droite dans la poche intérieure de sa veste et en extirpa un revolver.

«Je n'aurais jamais dû les faire venir chez nous, pensa-t-il, les sourcils froncés. Elles vont se poser des questions tôt ou tard. La gamine s'en pose bien assez, je vois ça dans ses yeux, les yeux bleus de sa mère.»

Le cœur lourd, Yvon Mousnier cacha l'arme sous une latte du plancher, qu'il soulevait à l'aide d'un couteau. Après un second verre de vin, il osa jeter un regard en arrière, paupières mi-closes, vers le mois de juin 1926, précisément. Son frère Pierre épousait la jolie Pascaline Monteil dans l'église de Magnac-sur-Touvre, la commune où résidaient à l'époque Marie et sa jeune sœur. «Ah ça, la mariée était belle, une robe blanche qui brillait au soleil, des bas blancs, une couronne de roses sur ses cheveux, un petit voile… se remémorat-il. Pélagie boudait; elle ne savait que se plaindre. Elle était enceinte de Patrick et mal fagotée pour une noce. Béa avait deux ans environ, je la tenais dans mes bras et elle frappait des mains, tout heureuse de la fête. Comment prévoir que Pascaline mourrait de ses couches en décembre 1927? Et Pierre deux ans plus tard? Pauvre petit gars! »

Yvon soupira, ôta sa veste et se résigna à rejoindre le lit conjugal.

Ferme des Mousnier, samedi 27 novembre 1943, une heure quinze du matin

Abigaël avait raconté de son mieux ce qu'elle venait de vivre. Marie s'était montrée attentive et attendrie. Elle faisait l'effort de taire ses inquiétudes.

— Je crois que ton don de médium est plus développé que celui de ta maman, dit-elle cependant. Sois prudente, ma chère petite, tu dois vivre sans être trop souvent sollicitée par les âmes en peine. Là, tu as rêvé. Ensuite, deux femmes se sont manifestées, sans doute très attachées à l'enfant.

— Sa mère l'a prise sous son aile. Tantine, j'en suis encore bouleversée. C'était d'une telle beauté! Autant m'accommoder des mensonges de mon oncle, si je peux être utile ici.

— Quels mensonges?

— Ils n'ont pas ramassé d'escargots, c'était un prétexte. Je me demande bien ce qui se passe et ce qu'ils ont fait dehors.

— Mets ta curiosité de côté, nous ne pouvons pas nous offrir le luxe de partir. Même si Yvon se comporte de façon louche et si tu le soupçonnes de je ne sais quoi, il faut être discrètes, travailler et se taire. L'hiver arrive, Abigaël. Nous serons à l'abri et nourries convenablement.

Sur ces mots, elle attira l'adolescente au creux de son épaule et l'embrassa au milieu du front.

— Moi aussi, je suis une maman adoptive, une remplaçante, soupira-t-elle.

— Je serais perdue sans toi, tantine. Tu sais comment m'aider et tu me protèges.

— Dormons, ma chérie, demain, nous retournons arracher des betteraves.

Abigaël aurait voulu réfléchir, analyser les éléments en sa possession afin de voir clair dans la personnalité de son oncle. Mais, épuisée physiquement et nerveusement, elle s'endormit, blottie contre sa tante.

« Ma fille, mon ange, deux jours avant Noël, tu auras seize ans, pensait Marie. Je te ferai un gâteau avec les moyens du bord, mais au moins j'aurai des œufs, de la farine et un peu de sucre. Que ça a été dur, depuis ta naissance, de fêter Noël! Pascaline s'était éteinte peu de temps avant, si peu de temps! »

—

Grégoire les réveilla de ses cris joyeux. Assis dans son lit, il serrait le chaton dans ses bras au risque de l'étouffer.

— Pas fait pipi, moi, le drap est sec, tout sec.

Marie se redressa, échevelée et les yeux rêveurs. Elle eut un léger rire satisfait.

— Bravo, Grégoire, je suis fière de toi! Habille-toi vite, nous avons du travail, aujourd'hui.

Il s'empressa d'obéir en affichant une expression ravie. Abigaël s'étira. Elle serait volontiers restée couchée. Mais on tambourina à la porte de la pièce.

— Dépêchez-vous, le café est chaud, claironna Patrick. Je viens de traire les vaches. Il y a du lait frais pour ma cousine.

— Nous sommes presque prêtes, cria Abigaël.

Les ombres de la nuit s'étaient dispersées, ainsi que la clarté divine qui avait ébloui l'adolescente. Les doutes et la méfiance lui paraissaient dérisoires. Sa tante et elle avaient un foyer, cela seul avait de l'importance.

Dix minutes plus tard, Béatrice les accueillait d'un grand sourire, qui se voila quand Grégoire prit place à la table. La jeune fille ne témoignait aucune affection à son frère, qui la dégoûtait. Elle s'en confessait au curé de l'église Saint-André, à Angoulême, en se promettant d'être plus tolérante, mais elle n'y arrivait pas.

— J'ai coupé du pain, annonça-t-elle. Deux tranches chacune, ça suffira? Papa et maman sont en train d'atteler Fanou.

— Il n'y a que quatre tranches, remarqua Abigaël. Je vais en couper pour Grégoire.

— Si tu veux. À son âge, il devrait savoir le faire.

— Nous aussi, dans ce cas. Béatrice, il est content ce matin.

— Grand bien lui fasse! Au fait, cousine, j'ai eu une idée. Tu refuses de retourner au lycée. C'est une sottise, mais tant pis! Il y a une solution, si papa accepte. Nous louons une maison bâtie dans la falaise à un ancien professeur de latin et de grec, un vieux monsieur très instruit. Il pourrait te faire étudier et te préparer au brevet. Nous irons lui rendre visite à midi. Tu verras, c'est une maison assez particulière, à cinq cents mètres à peine de la ferme.

— Je vous remercie, Béatrice, vous avez là une excellente idée. Je me charge de convaincre votre père, s'enthousiasma Marie.

— Une maison dans la falaise, dit simplement Abigaël. Je suis curieuse d'y aller et de rencontrer ce monsieur.

Elle baissa la tête, envahie par des sensations confuses. Les masses de rocher qui se dressaient au bord du chemin l'attiraient sans raison précise, comme si la pierre calcaire du pays lui adressait de mystérieux appels, comme si quelqu'un, vivant ou mort, la suppliait de s'en approcher.

—

Abigaël éprouva un délicieux sentiment de liberté quand elle emprunta enfin, escortée par sa cousine, le chemin qui l'éloignait de la ferme. L'air était vif, le ciel d'un bleu pur parsemé de nuages cotonneux. L'adolescente ne pouvait s'empêcher d'observer les masses rocheuses qui se dressaient sur leur droite.

— Papa n'a pas été dur à convaincre, commenta Béatrice. Il suffit de lui donner les bons arguments.

— J'ai remarqué. Si je prends des leçons chez votre locataire, je deviendrai la commissionnaire officielle, puisqu'il vous achète des œufs et du lait.

— Tout à fait, mais il faut encore qu'il accepte l'arrangement. Il paraît qu'il est très occupé, monsieur Jacques Hitier.

— Une matinée ou deux par semaine, peut-être que cela ne le dérangera pas trop, hasarda Abigaël.

Elles avançaient d'un bon pas en évitant les flaques d'eau et les zones boueuses.

— Il faut tourner à gauche, maintenant, indiqua Béatrice. La maison est sur la droite, à deux cents mètres environ.

Abigaël approuva en souriant. Reposée par une nuit paisible et heureuse d'avoir échappé à la corvée des betteraves, elle se sentait légère et gaie. Elle aurait volontiers raconté à sa cousine ce qu'elle avait vécu dans la cuisine la veille, mais elle n'osait pas. «Aucun mot ne peut exprimer la beauté de ces instants ni leur étrangeté, se dit-elle. C'est à la fois mystérieux et magnifique. Comment regretter d'avoir reçu ce don à la naissance! »

La senteur caractéristique des buis l'assaillit au même moment et elle ferma les yeux, émue. C'était un parfum qui la grisait depuis l'enfance, elle ignorait pourquoi.

— Nous arrivons, Abigaël. À quoi rêves-tu?

— Je ne rêve à rien de précis. J'admire la nature. Je suis bien.

— Tu es quand même une drôle de fille, toi. Regarde, c'est là.

La maison semblait née du rocher; elle était construite en pierres grises sous l'avancée d'une falaise. Deux terrasses s'étalaient au pied d'un escalier en ciment flanqué d'une rampe en fer. Des arbustes de noisetiers et de houx de même que des rosiers nains encore fleuris composaient un modeste jardin. Des rideaux en lin blanc bordés de dentelle voilaient les fenêtres.

— Mais je ne vois pas de cheminée, chuchota Abigaël. Ce n'est pas chauffé?

— Lève le nez, un tuyau sort, là-haut. Il y a une cuisinière à bois, évidemment.

Avec l'assurance d'une habituée des lieux, Béatrice suivit le sentier, grimpa les marches et frappa. Abigaël lui emboîta le pas, le cœur battant, intimidée. Pourtant, le vénérable personnage qui ouvrit la porte lui inspira une confiance immédiate.

— Bonjour, mesdemoiselles, dit-il avec un doux sourire. Quel plaisir d'avoir de la visite un dimanche!

Jacques Hitier avait soixante-douze ans, un visage avenant, des traits réguliers et des cheveux blancs coiffés en arrière. Ses yeux gris bleu brillaient de gentillesse derrière des lunettes rondes. Il était emmitouflé dans un peignoir en laine écossaise.

— Entrez, je vous en prie. Mademoiselle Mousnier, je ne vous avais pas vue, ce mois-ci.

— Monsieur Hitier, je vous présente ma cousine Abigaël. Elle habite chez nous, maintenant, avec sa tante. Les aléas de la guerre! Elles n'avaient plus de toit ni de revenus.

La manière directe de Béatrice d'exposer leur situation vexa un peu l'adolescente. L'ancien professeur le constata et s'empressa de changer de sujet.

— En ces temps troublés, la solidarité est de mise, surtout au sein d'une famille. Votre père y gagne des bras pour les travaux de la ferme.

— Oui, c'est vrai. En fait, Abigaël n'a guère envie d'aller au lycée d'Angoulême. C'est pourquoi j'ai pensé à vous. Elle pourrait passer son brevet élémentaire en candidat libre.

— Ma foi, je serais enchanté de reprendre du service. Malgré les écrits qui m'occupent et mes lectures, j'avoue manquer parfois de compagnie. Avez-vous des points faibles à travailler de préférence, mademoiselle Abigaël?

— Sans doute. Les mathématiques, notamment, admit-elle d'une voix nette. J'ai toujours eu de bons résultats en français, en latin et en histoire.

— Dans ce cas, nous nous entendrons bien, je suis un passionné d'histoire et de belles lettres. J'ignore si votre cousine vous l'a dit, mais je prépare un ouvrage sur les ermites qui vivaient dans cette vallée il y a des siècles. Les falaises sont truffées de grottes; certaines leur ont servi d'ermitage. Asseyez-vous, mes enfants, il est presque midi, mais je peux vous offrir une tasse de chicorée.

— Je vous remercie, nous ne voulons pas vous déranger et, en plus, nous devons rentrer pour le déjeuner, monsieur Hitier, décréta Béatrice. Madame Monteil avait hâte de savoir si vous seriez d'accord. Nous allons lui communiquer votre réponse.

— C'est ma tante, la sœur de ma mère, monsieur, précisa Abigaël. Je suis orpheline.

— Eh bien, faisons simple, rendez-moi visite en milieu d'après-midi, votre tante et vous. Nous discuterons de vos études. Ah, mademoiselle Béatrice, il faudrait prévenir votre frère que j'ai perdu deux lapins. Une bête, sûrement un renard affamé, les a tués et mangés à quelques mètres des clapiers, qui sont en partie détruits. J'ai trouvé des poils et des traces de sang. Si Patrick pouvait réparer les dégâts, je le paierais en conséquence.

— Papa vous avait conseillé de prendre un chien.

— Mon chat me suffit, soupira-t-il. Hélas, il n'est pas de taille à repousser les intrus à quatre pattes aux dents longues.

Abigaël écoutait la conversation d'une oreille. Elle en profitait pour examiner l'intérieur de la maison. Une cuisinière en fonte dispensait une chaleur agréable. Le carrelage rouge était propre. Un garde-manger trônait sur l'unique buffet en bois sombre. La table était protégée par une toile cirée jaune qui illuminait la pièce. Les murs, peints en vert clair, s'ornaient de cadres qui offraient au regard des photographies de paysages. Partout, sur des étagères, il y avait des livres et des revues. Un autre escalier de six marches seulement, montait à un niveau supérieur, équipé d'un divan. Elle avisa sur sa droite une porte fermée, qui devait donner sur l'unique chambre. « C'est un lieu neutre et rassurant; personne n'a souffert ici, il n'y a pas eu de mauvais esprits », pensa-t-elle, soulagée.

Béatrice serrait la main du vieil homme. Il ajouta sur un ton navré :

— Il faudrait poser des pièges. La semaine dernière, aussi, on m'a blessé la lapine que j'avais achetée à votre mère. Patrick a dû l'achever.

— Pourquoi avez-vous des lapins, au fond? demanda Abigaël, tout de suite choquée de penser à son cousin en train d'achever un animal blessé.

— Afin de m'alimenter, mademoiselle, et je me régale.

— Vous les tuez vous-même?

— Non, je n'ai pas ce courage. Patrick s'en charge.

— Mais écoutez-la! se moqua Béatrice. Tu es maigre comme un clou et pâlotte comme un linge. Je parie que tu ne te plaindras pas, à midi, quand maman te servira du poulet. Nous avons de la chance de manger à notre faim grâce aux volailles et aux lapins que nous élevons.

— Excusez-moi, murmura Abigaël.

— Je crois que vous êtes une âme sensible, conclut Jacques Hitier. Il n'y a pas de mal à cela.

Elles prirent congé, toutes deux agacées et nerveuses. Dès qu'elles furent sur le chemin, Béatrice récrimina.

— Pourquoi as-tu posé une question aussi stupide à monsieur Hitier? La France est rationnée, les gens ne savent plus comment se nourrir convenablement et, toi, tu t'indignes pour des lapins!

— Je déteste les pièges et la souffrance qu'ils infligent aux êtres vivants. Je déteste la souffrance sous ses moindres formes, que ce soit la peine, l'humiliation ou la peur. Puisque tu me reproches ma sottise, laisse-moi te dire que tu traites ton frère Grégoire de façon déplorable. Il espère un geste amical de ta part, une bonne parole, un peu d'affection, alors que tu le méprises et que tu le bafoues.

— J'ai mes raisons, trancha la jeune fille sèchement.

— Qu'a-t-il pu faire de si grave?

— Je n'en parlerai pas, ce ne sont pas tes affaires. Abigaël, je te préviens, occupe-toi de tes fantômes si ça t'amuse, mais ne me juge pas sans savoir. Grégoire est un idiot et un abruti.

Leur début d'amitié virait à l'antipathie réciproque. Surprise, l'adolescente eut soudain la certitude que sa cousine avait juste tenté de l'amadouer, de lui paraître sympathique. « Je les gêne, mon oncle et elle. Ils se méfient de moi parce que je suis médium. Ils imaginent sans doute que je peux deviner ce qu'ils font en réalité ou lire dans leurs pensées. Ce n'est pas le cas, mais j'aimerais bien, pourtant, comprendre ce qui se passe ici, à la ferme. »

Elles avaient franchi le premier portail et n'avaient plus qu'à traverser la grande cour pour atteindre le jardin, abrité par ses murs.

— Béatrice, dit très bas Abigaël, je t'en supplie, tu peux me faire des confidences, je sais garder des secrets. Ne m'en veux pas, mais vous avez des comportements étonnants. Dès le premier soir, oncle Yvon m'avertit que je n'aurais pas le droit de sortir, mais il accepte ensuite sans rechigner que je prenne des leçons de monsieur Hitier. Ta mère évite de me parler, même de me regarder. Patrick n'a qu'une distraction, me taquiner et m'assommer de plaisanteries ridicules.

— Papa a changé d'avis, c'est tout. Il n'allait pas te retenir prisonnière! Réfléchis donc! Il est responsable de toi. Et puis, ce n'est pas loin, la maison des falaises; tu ne risques rien.

— Qu'est-ce que je pourrais bien risquer, sinon?

Sa cousine haussa les épaules, une moue réprobatrice sur les lèvres.

— Je t'expliquerai peut-être un jour. Tais-toi, à présent, maman nous guette de la fenêtre.

Le déjeuner se déroulait dans une atmosphère tendue, même si chacun faisait honneur au poulet, cuit à point dans une cocotte en fonte, sur un lit d'oignons et garni de pommes de terre.

La qualité même du repas rendait Marie Monteil soucieuse, car elle se demandait par quel prodige la nourriture était aussi abondante à la table des Mousnier. Abigaël se tourmentait pour un motif fort différent. «Pourquoi Béatrice a-t-elle réagi ainsi en voyant que sa mère nous épiait de la fenêtre? songeait-elle, irritée de n'y rien comprendre. Pourquoi devais-je me taire? On ne disait rien de mal!»

Patrick, lui, cédait à la mauvaise humeur. Quand sa sœur avait rapporté l'histoire des lapins tués chez monsieur Hitier, le jeune homme s'était répandu en jurons et en jérémiades.

— Il ne gardera aucune bestiole, ce vieux, il les tient enfermées dans des clapiers en piteux état, déclara-t-il après avoir terminé son assiette. Je les ai rafistolés deux fois déjà. Il faudrait en fabriquer en ciment.

— Monsieur Hitier te paie, quand tu travailles pour lui, aboya Pélagie. De quoi te plains-tu?

— Pose vite un piège, s'écria Yvon. Si tu attrapes un renard, on pourra vendre la peau. Un sou est un sou, en temps de guerre.

Le fermier jeta un coup d'œil à sa nièce, qui venait de soupirer.

— Qu'est-ce qui ne va pas, Abigaël?

— Rien du tout, mon oncle.

— Mademoiselle déteste faire souffrir les animaux, dit Béatrice sur un ton ironique.

— Sa mère était pareille, répliqua simplement Yvon. On ne peut pas le lui reprocher. Il ne faut pas croire qu'on abat une volaille ou un agneau avec plaisir, Abigaël. Gamin, ça me répugnait de voir faire mon père. Mais on doit manger pour vivre, les humains comme les bêtes.

Marie considéra Yvon d'un œil surpris. Derrière sa carapace de sévérité et de froideur, il cachait sûrement un bon cœur.

— Vous vous souvenez de ça, dit-elle. Pourtant, vous n'avez pas connu ma sœur très longtemps.

— Assez longtemps pour avoir remarqué son drôle de caractère, rétorqua-t-il. Quand je regarde Abigaël, je crois revoir Pascaline. Ça me fait bizarre, souvent.

— Merci, mon oncle, bredouilla l'adolescente, elle aussi déconcertée par son expression mélancolique.

Grégoire, qui se balançait sur sa chaise, éclata de rire. Il avait le tour de la bouche luisant de sauce, malgré les efforts de Marie pour l'essuyer entre chaque bouchée.

— Gentille, cousine, gentille, débita-t-il de sa voix éraillée. Gentille, m'dame Marie.

— Finis donc tes pommes de terre, ordonna sa mère. Sagouin, va! Tout à l'heure, je t'ai prévenu, il faudra mettre ton chat dehors. Je ne veux plus qu'il fasse ses besoins dans la cendre.

— Non, pas dehors, le minou, non!

Du rire, l'innocent passa aux larmes, puis très vite aux sanglots convulsifs. Excédée, Béatrice se leva et rapporta un plat en terre cuite rempli de pommes. Les fruits étaient un peu fripés et tavelés, mais elle en croqua un en se rasseyant, la mine boudeuse.

— Vous n'allez plus à la messe le dimanche? demanda alors Marie Monteil, qui avait réussi à calmer le chagrin de Grégoire en lui caressant la tête. Excusez-moi d'aborder le sujet, mais, Abigaël et moi, nous suivions l'office dominical dès que c'était possible, à Poitiers et dans les villages où nous avons logé après l'exode.

— On retournera à la messe quand les Boches auront quitté le pays, répondit Pélagie, un rictus d'amertume sur ses lèvres minces.

— Je ménage ma jument, ajouta Yvon. Fanou n'est plus de première jeunesse et il faut compter quatre kilomètres jusqu'à Puymoyen, la paroisse dont dépend *Le Lion de Saint-Marc*. Je préfère assurer les labours d'hiver. Mais, si la marche ne vous fait pas peur, je ne vous empêche pas d'aller assister à la messe là-bas.

Abigaël éprouva un soulagement indicible à la perspective de longues balades au bras de sa tante à travers la campagne. Elle se répéta le nom de Puymoyen, qui résonnait dans son cœur comme une promesse de félicité.

Très pieuse, l'adolescente aurait difficilement enduré de ne pas pouvoir prier entre les murs d'une église où sa foi s'exaltait, où son âme éprise de justice et de paix communiait avec Jésus, la Vierge Marie et les Saints du Paradis. «Puymoyen, au bout du chemin!» se dit-elle, immédiatement étonnée par sa propre pensée.

Troublée, elle ne remarqua ni l'air inquiet de Béatrice, ni les sourcils froncés de Pélagie, ni la mimique perplexe de son oncle.

— Ce n'est pas un bon conseil, papa, déclara alors Patrick.

— Pourquoi donc, fiston?

Yvon fixait son garçon d'un œil dur, impérieux.

— Bah, l'hiver arrive; il fait déjà froid. J'imagine mal madame Marie et ma cousine faire tout ce trajet s'il pleut ou s'il vente. Elles peuvent bien suivre la messe à l'église de Soyaux, elles ne sont pas d'ici, au fond, et c'est la guerre.

Il y eut un silence insolite. Personne n'osait parler ni donner son avis. Gênée, Abigaël ferma les yeux un court instant contre sa volonté. Elle eut une vision fu-

gitive, mais d'une netteté inouïe. «Mon Dieu! implora-
t-elle. Qui est cette femme? Que dois-je faire pour l'aider? »

Bouleversée, elle aurait voulu revoir l'inconnue, dont
le beau visage à peine fané par l'âge reflétait une immense détresse. «Je dois la retrouver, pensa-t-elle, morte
ou vivante.»

4

La famille Mousnier et ses secrets

Ferme des Mousnier, lundi 29 novembre 1943

Il faisait encore nuit noire, mais Pélagie avait déjà ouvert les volets de la cuisine. Béatrice regarda sa montre-bracelet, puis la pendule suspendue au-dessus du buffet, qui affichait six heures et demie.

— Ton père est bien brave de t'emmener jusqu'en bas de la rue de la Tourgarnier, commenta sa mère d'un ton rogue. Si tu avais fait plus attention, on ne t'aurait pas volé ta bicyclette.

— Je ne peux pas être assise à mon bureau et dans la cour de la Mairie en même temps, maman. Mais rassure-toi, ce n'est pas une grosse perte; les pneus étaient usés jusqu'à la trame et, comme on n'en trouve pas de neufs, je n'aurais pas pu circuler longtemps sur cette machine.

En gilet moulant et jupe marron, la jeune fille sirotait son café. Elle portait un béret noir sur ses cheveux bruns aux ondulations naturelles.

— Tout va de mal en pis, marmonna Pélagie. Ici aussi, surtout depuis que les autres sont là.

— Madame Marie et ma cousine? Ne va pas t'en plaindre! Elles se rendent utiles. En plus, on a de la chance, l'électricité a été rétablie.

Sa mère jeta un coup d'œil machinal à l'ampoule

qui dispensait une clarté jaune, reflétée dans la pièce par un abat-jour en verre blanc.

Le fermier, qui venait d'atteler Fanou à la charrette, entra en veste et casquette. Il referma la porte derrière lui pour préserver la chaleur de la pièce.

— Le froid arrive. Il y avait de la gelée blanche dans le jardin. As-tu fini de déjeuner, fifille? demanda-t-il doucement.

— Presque, papa.

— Hé! Pélagie, n'oublie pas. Abigaël et sa tante sont de corvée de traite, ce matin, dit-il, un éclair moqueur dans les yeux. Si elles se débrouillent bien, tu pourras te lever à midi bientôt, ouais, te prélasser au lit.

— Andouille, va, répliqua-t-elle, égayée cependant. S'il n'y avait que ça! Compte les lessives, la basse-cour, les moutons, le potager… Tu veux savoir ce que j'en pense, mon homme? Je préfère me charger de la traite encore des mois et qu'elles retournent à Poitiers.

À l'aide de sa serviette, Béatrice tamponna avec délicatesse ses lèvres fardées et se leva. Les jérémiades de sa mère l'agaçaient au plus haut point.

— Maman, tu n'es jamais contente. Je suis d'accord qu'Abigaël est un peu particulière, mais elle ne ferait pas de mal à une mouche. Madame Marie semble disposée à s'occuper de Grégoire. Tu devrais te réjouir.

— Oh! ça… Il ne me connaît plus depuis qu'elle le bichonne. Bon débarras.

Le fermier eut un geste d'impatience. Il n'avait pas envie de commencer la journée par une prise de bec. Aussi, il garda son opinion pour lui. «Ma pauvre femme, se dit-il, ça te manque de ne pas pouvoir passer tes nerfs sur ce malheureux! Avec ton sale caractère, il te faut une bête noire à tracasser. Comme Grégoire devient sage et propre, tu ne sais plus sur qui crier.»

Au même instant, sanglée dans son manteau rouge et un foulard autour du cou, Béatrice déclara tout bas :

— Il faudrait mettre Grégoire à l'asile, papa. Qu'il ne puisse plus causer du tort à personne.

— L'asile ? Comme tu y vas ! Quand même, ça me ferait de la peine. Si Marie le surveille de près, il n'ira plus traîner dans la campagne. Allez, viens, maintenant.

Yvon entoura d'un bras protecteur les épaules de sa fille et la poussa vers la porte qui s'ouvrit devant eux comme par magie. Ils découvrirent Abigaël, qui se découpait sur le vestibule sombre et glacial. L'adolescente les salua en dissimulant sa gêne sous un léger sourire.

— Je voulais dire au revoir à Béatrice. C'est pour ça que je suis descendue avant ma tante, expliqua-t-elle.

Ils s'observèrent tous trois, perplexes. Le fermier se demandait si sa nièce avait écouté leur discussion. Béatrice se reprochait d'avoir parlé un peu fort. Quant à Abigaël, elle hésitait à jeter un pavé dans la mare en les interrogeant sur Grégoire, car elle les avait bel et bien entendus. Sa nature honnête la poussa à confesser la chose.

— Excusez-moi, j'ai saisi par hasard quelques mots, dit-elle. Est-ce que Grégoire a fait une sottise, récemment ?

— Je me disais, aussi ! aboya Pélagie. Tu écoutes aux portes ?

— Non, je n'ai pas fait exprès, se défendit l'adolescente. J'avais la main sur la poignée et les voix me parvenaient. N'importe qui aurait entendu, ma tante ou Patrick.

— Tu peux bien supposer qu'un gosse privé de raisonnement accumule les bêtises, si on le laisse se balader, débita le fermier d'une voix neutre. Des voisins du hameau se plaignaient. On évite donc qu'il sorte, ou bien il faut l'accompagner.

Béatrice embrassa Abigaël sur les deux joues et sortit d'un pas rapide. Yvon la suivit. Pélagie secoua la tête.

— Il n'y a pas de secret, de toute façon. Grégoire finira à l'asile, un jour ou l'autre. Eh bien, prends un peu de café et une tartine, on ne travaille pas le ventre vide, chez nous.

— Merci… Puis-je vous appeler tata? C'est mon oncle qui me l'a conseillé.

— Appelles-tu Yvon tonton? Non! Moi, je ne te suis rien. Continue donc à me dire madame.

Marie fit son apparition, dans son tailleur deux pièces élimé. La jupe coupée à mi-mollet révélait ses bas reprisés. Elle était pâle et visiblement anxieuse. Après avoir salué Pélagie, elle prit place à la table et se servit du café.

— Grégoire dort encore, annonça-t-elle. Puisque je dois aider à la traite, vous serez obligée de monter l'habiller, Pélagie.

— Sûrement pas. Il vous attendra en pyjama. Et ça ne prend pas des heures, traire deux vaches. Faites bien attention à ne pas souiller le lait au moment de vider le seau dans le grand bidon en aluminium. Tu tiendras la passoire, Abigaël. Et il faut verser lentement, hein!

— J'ai vu faire mon oncle et Patrick hier soir, madame, n'ayez crainte, répondit tout bas l'adolescente, qui perçut au même instant le discret soupir que poussait sa tante.

Femme instruite et rêveuse, Marie Monteil était devenue une excellente couturière. Cette activité lui permettait de réfléchir en paix et d'écouter de la musique, du moins avant la guerre. Le maniement du fil, de l'aiguille et des tissus allait chez elle de pair avec un goût prononcé pour la lecture. «Si Pélagie décidait sur l'heure de me confier n'importe quel vêtement à raccommoder ou du repassage, comme je serais soulagée! pensait-elle. Mais patauger dans la paille humide d'urine, m'asseoir le nez au ras des pis d'une grosse bête, non, non! »

— Votre fils Patrick n'est pas encore levé? demanda-t-elle soudain, en espérant un petit miracle.

— Non, il dort tout son saoul, et ça ne me dérange pas. J'aime être tranquille dans ma cuisine, le matin. Avez-vous terminé? La Blanchette appelle; elle connaît l'heure, cette bête.

Le ton était vindicatif, sec, méprisant. Abigaël se leva; sa tante l'imita, n'ayant pourtant pas eu le temps d'avaler une seule tartine. Elles sortirent en silence, non sans avoir échangé un regard dépité. Dans le vestibule toujours glacial et sombre, chacune enfila son manteau. Leurs langues se délièrent une fois dehors, mais elles prirent garde d'élever la voix.

— En voilà, une grincheuse, murmura Marie, et qui n'y va pas par quatre chemins si elle a quelque chose à dire.

— Au moins, elle n'est pas hypocrite. Peut-être qu'elle est tourmentée et malheureuse.

— Tu as raison, Abigaël, il ne faut pas juger une personne trop vite. Nous serons jugés au ciel avec la mesure que nous aurons utilisée pour juger les autres.

— Je crois que c'est plus compliqué. Je suis très croyante, tu le sais. Seulement, le fait de voir se manifester des âmes errantes m'oblige à me poser des questions. L'au-delà – nous n'avons pas d'autre mot, hélas! – doit être différent de tout ce qu'on imagine. Maman, mes aïeules et moi, nous avons été désignées pour aider ces âmes égarées à s'élever vers la lumière et il existe d'autres gens comme nous sur terre. Mais ça m'effraie et m'attriste de songer que certains défunts évoluent pendant des années dans un état de détresse immense. Pourquoi Dieu, dans son infinie bonté, n'envoie-t-il pas des anges à leur secours? Pourquoi a-t-il donné ce rôle à des êtres humains bien vivants et fort rares parmi la multitude?

— Tu touches là un problème intéressant, Abigaël. Nous en reparlerons ce soir, n'est-ce pas, même si les voies du Seigneur sont impénétrables, selon les livres saints.

Elles avaient coutume de discuter ainsi de métaphysique et de théologie, comme pour aiguiser leur esprit. Mais Abigaël ajouta, d'une voix tendue :

— Tantine, est-ce que je dois avouer à monsieur Hitier que je suis médium? Hier soir, tu disais qu'il te semblait sympathique, très poli et très aimable. S'il apprend la vérité sur moi, il peut changer d'avis et refuser de m'enseigner.

Elles entrèrent dans la grange, où régnait une température plus clémente qu'à l'extérieur. La Blanchette les accueillit d'un long meuglement impatient.

— Me voilà, s'écria Abigaël. Tantine, installe-toi dans un coin, je me chargerai des deux vaches. Je sais qu'elles te font peur. Moi, ça te semblera bizarre, j'aime cet endroit.

— Avec ses odeurs écœurantes?

— Eh oui! L'odeur des moutons, des chevaux, du foin, rien ne me dérange.

Marie lança des œillades circonspectes à la mule et au poulain gris déjà de belle taille, puis elle avança en s'armant de courage.

— Ce sera plus rapide si je tire le lait de l'autre vache. Comment s'appelle-t-elle?

— Roussette, sans doute à cause de ses taches rousses, plaisanta l'adolescente. Mais tu ne m'as pas répondu, pour monsieur Hitier.

— Tu es tellement plus intuitive que moi, tu sauras quelle conduite adopter après ta première leçon. Cela dit, un homme aussi passionné d'histoire et fasciné par les ermites des siècles passés ne devrait pas s'offusquer de tes dons, qui te viennent de Dieu.

Abigaël approuva, l'air dubitatif. Elle prépara ce dont elle avait besoin, installa d'un geste adroit le tabouret à traire près du ventre de la Blanchette, cala le seau entre ses pieds et effleura du bout des doigts les pis gonflés de l'animal.

— Fais comme moi, tantine. Mon oncle m'a montré la technique. Les vaches doivent avoir un peu l'impression qu'un veau leur donne de petits coups de museau.

— Vous apprenez vite, mademoiselle, fit alors une voix grave à l'accent lourd et lent, en provenance de l'entrée du bâtiment.

Marie Monteil se raidit, affolée à la vue du soldat allemand dans son uniforme vert-de-gris, casqué et botté. En guise de fusil, néanmoins, il tenait un bidon en fer cabossé.

— Je vous demande pardon, mais c'est lundi.

Aussi effarée que surprise, Abigaël commença à traire la Blanchette. L'homme n'osait pas approcher, mais il précisa :

— Le lundi, monsieur Mousnier nous donne deux litres de lait.

— Nous n'étions pas au courant, balbutia Marie.

— Mon oncle est parti. Revenez ce soir, trancha Abigaël, outrée.

Avec la fougue de la jeunesse, elle cédait à la sourde révolte qui grondait en elle devant l'ennemi tout-puissant. «Voilà une nouvelle preuve de la complaisance de mon oncle à l'égard de l'occupant!» pesta-t-elle en son for intérieur.

— Mes camarades attendent le lait ce matin, mademoiselle, dit poliment le soldat. Nous gardons la centrale. Nous avons réparé les dégâts causés par la tempête, aussi.

Elle tourna légèrement la tête pour le regarder. C'était la sentinelle qui avait examiné ses papiers et l'avait trouvée jolie. Inquiète, Marie tenta de clarifier les choses.

— Monsieur, vous devriez aller frapper à la grande maison. Madame Mousnier est levée. Si elle est au courant, vous aurez vos litres de lait. Nous ne voulons pas prendre d'initiative qu'on nous reprocherait ensuite.

— Bien, madame, merci, madame.

Par chance, Patrick arriva, sa casquette enfoncée jusqu'aux sourcils, chaussé de solides godillots.

— Bonjour, Franz, s'exclama-t-il. Tu n'as pas encore été servi? Et alors, cousine, on lambine, on lambine! Je vous présente Franz Muller, un voisin, en quelque sorte.

Le ton enjoué de Patrick, qui venait de se camper près de la Blanchette comme pour mieux surveiller sa manière de travailler, acheva d'irriter Abigaël. Elle se contint, la bouche pincée, le front appuyé au flanc de la bête. Marie n'avait pas bougé, un seau vide à bout de bras.

— Rentrez donc à la maison, madame Marie, dit le garçon, je vous remplace. Roussette est cabocharde, en plus. Grégoire fait des siennes, il hurle à la porte du grenier, il vous réclame. Maman lui a filé une taloche, mais ça ne l'a pas fait taire.

— Seigneur, marmonna-t-elle, de le frapper n'arrangera rien!

Elle s'esquiva précipitamment, malgré son désarroi de laisser sa nièce en si mauvaise compagnie. Franz Muller s'inclina sur son passage et alluma une cigarette, adossé à la cloison d'une stalle.

— Vous vous plaisez, ici, mademoiselle Mousnier? interrogea-t-il en ânonnant, comme s'il récitait une leçon.

Déterminée à ne pas échanger le moindre mot avec

cet homme, l'adolescente poursuivit sa besogne. Patrick se mit à siffler au rythme des giclées de lait qui heurtaient le fer-blanc du seau.

— Ne te vexe pas, Franz, ma cousine est timide et farouche. Elle préfère bavarder avec les fantômes!

— Was[7]? s'étonna le soldat en oubliant son français hésitant.

C'en était trop pour Abigaël. Indignée, la gorge nouée, elle se releva et renversa le tabouret dans sa fuite éperdue. Au mépris des recommandations de son oncle, elle quitta l'enceinte de la ferme et courut sur le chemin en direction de la maison de la falaise.

Le ciel pâlissait à l'est. Les mésanges chantaient, invisibles, perchées à leur guise sur une branche de buis ou un rameau de sureau. Dans un brouillard de larmes, elle remarqua que les volets de monsieur Hitier étaient encore fermés. «Comment a-t-il pu dire ça devant un Allemand?» se répétait-elle, humiliée.

Elle ne savourait même pas sa liberté, incapable de réaliser qu'elle était seule, sans aucun adulte, entre des pans de falaise et des haies de buis. Il fallut un détail du paysage pour l'arrêter, haletante, les joues rosies par la course. Parmi un fouillis de lierre et de ronce, elle avait aperçu une sorte d'arcade en pierre qui ne pouvait en aucun cas être naturelle.

Intriguée, elle retrouva son calme et étudia attentivement le pan de rocher colossal qui se dressait sur sa droite. Un fossé l'empêchait d'avancer, envahi d'ajoncs, de ronces et de fougères brunies par l'automne et la première gelée. Elle distingua une seconde arche, tout en percevant le chuchotis d'un filet d'eau. Comme mystérieusement apaisée, elle fit quelques pas encore

_____

7. Quoi, en allemand.

et découvrit, nichée dans un recoin, une porte étroite, constituée de planches délavées sur lesquelles subsistaient des traces de peinture marron. Le rocher semblait la protéger, omniprésent.

— Comme j'aime cet endroit! Tout y est si étrange! Merci, mon Dieu, de m'avoir amenée là, murmura-t-elle.

Ses grands yeux bleus caressaient d'un air rêveur le décor insolite qui l'entourait, les formes rondes, planes ou torturées de la falaise, tandis que la senteur prégnante des buis la grisait. D'une main timide, elle poussa la petite porte, d'abord en vain, puis avec succès. Son étonnement se mua en ravissement devant l'étrangeté du lieu où elle pénétra, pareil à un sanctuaire bien caché.

Il y avait là une imposante table en pierre qui évoquait un autel primitif; entre les deux arches se trouvait une niche creusée dans le roc. Un ruisselet coulait là, surgi des profondeurs, suivant un étroit canal moussu. La lumière rose de l'aube perçait le rideau de lierre, comme si un feu brûlait sur le chemin voisin.

Abigaël se plongea dans un profond recueillement. Elle pria en silence, tout en parcourant du bout des doigts les parois froides et les lichens d'un jaune citron. Elle était complètement absorbée. Son corps lui paraissait léger et inconsistant, mais son esprit s'abandonnait à la chanson de l'eau et au parfum de la terre humide.

Bientôt, elle crut entendre des prières en réponse aux siennes, récitées par une voix d'homme. Ses paupières devinrent lourdes et se fermèrent quelques secondes. Elle s'immobilisa, son cœur battant soudain au ralenti.

Une image traversa sa pensée, celle de la silhouette d'un vieillard au crâne chauve vêtu d'une bure brune. Il marchait, une cruche sous le bras. Autour de lui, la nature était en fête; c'était une symphonie de couleurs vives où se mêlaient l'or des pissenlits et des renoncules en fleur au vert acide des feuillages printaniers.

— Merci, mon Dieu, merci! dit-elle sans en avoir conscience.

Son malaise se dissipa sur une ultime vision d'une brièveté déconcertante. Elle revit le beau visage de femme aux cheveux bruns défaits, un visage noyé de larmes.

Un appel furibond rompit l'enchantement. Patrick s'égosillait. Il ébranlait le sol de ses pas pesants.

— Abigaël! Bon sang, où elle est passée?

Vite, elle sortit et tira la porte derrière elle. Une cavité s'ouvrait quatre mètres plus loin, sous une avancée de la falaise. Abigaël y courut et découvrit, étonnée, un vestige de calèche, des barriques en piteux état et du foin moisi.

— Espèce d'andouille, je t'ai vue! hurla son cousin.

Il la rattrapa et la saisit par un coude alors qu'elle se plaquait au rocher.

— Viens tout de suite, pauvre imbécile, maman et ta tante n'ont rien vu, rien entendu. Le soldat est parti. Tu me suis et on fait mine de rien, à la maison.

— Je rentrerai toute seule.

— Ben non, ma cocotte, on revient ensemble avec le bidon de lait. Je raconterai qu'on a nourri les moutons.

Patrick lui broyait le bras, il se tenait tout près d'elle, presque nez contre nez. Abigaël essaya de s'écarter.

— Tu sais quoi, recommence et je te dévergonde, jolie cousine. J'ai même envie de prendre une avance.

Il plaqua ses lèvres sur sa bouche avec une rudesse odieuse. Elle le gifla et recula, car il l'avait lâchée.

— Tu es fou, mon pauvre Patrick. Je le dirai à ton père quand il sera de retour et à ta mère tout à l'heure. Comment oses-tu m'embrasser? Je suis ta cousine et, même si je ne l'étais pas, tu te conduis en mufle.

Le jeune homme ricana, l'air moqueur. Il la toisait des pieds à la tête d'un regard de maquignon, au point qu'elle en eut des frissons de dégoût.

— Qu'on me prouve que tu es ma cousine et je te ficherai la paix, dit-il en allumant une cigarette.

— Ta cousine germaine, je le précise. Mon père était le frère du tien. Il n'y a donc aucun doute.

— Ouais, ouais, c'est ce qui se disait au pays, mais va donc savoir… Allez, viens, maintenant. La prochaine fois, fais risette au brave Franz. Il me ravitaille en clopes, en échange du lait.

— Oncle Yvon le sait?

— Oui, le tabac contre du lait, le café contre des œufs et du lard. Attention, il ne s'agit pas de marché noir, mais de troc entre voisins.

Furieuse, Abigaël se frotta les lèvres du dos de la main. Elle prit les devants et courut afin d'arriver la première à la ferme. Patrick se contenta de marcher d'un bon pas. Monsieur Hitier les arrêta d'un cordial bonjour. L'ancien professeur nettoyait un petit massif de capucines abîmé par la gelée.

— Alors, mademoiselle, à demain comme convenu? demanda-t-il d'un ton amical.

— Oui, monsieur, à dix heures. Je n'ai pas oublié.

— Toi, mon garçon, inutile de te déranger, je ne prendrai plus de lapins, dit-il à Patrick. Je les achèterai à ta mère, prêts à mijoter dans ma marmite. Tu n'auras pas à réparer les clapiers ni à poser de piège.

— Comme vous voulez, m'sieur. J'avais pourtant prévu venir après déjeuner.

Les yeux gris bleu pleins de bonté de Jacques Hitier cherchèrent ceux d'Abigaël. Elle le remercia d'un sourire.

— J'ai quand même de la besogne pour toi, Patrick. Mes rhumatismes se réveillent, avec cette pluie. Tu viendras fendre du bois, au même tarif.

— Il n'y a pas de souci, merci bien, monsieur Hitier, s'écria le garçon, rasséréné par la promesse de quelques sous.

Abigaël s'était arrêtée un instant seulement par politesse. Elle s'empressa de gagner le carrefour, en se maintenant à bonne distance de son cousin. Mais il la rejoignit près de la grange.

— Je t'en supplie, ne cafte pas, papa me flanquera une bonne correction si tu lui racontes ce que j'ai fait. J'ai perdu la tête. Tu es mignonne à croquer.

— Ce n'est pas une excuse, Patrick. Et pourquoi as-tu insinué que nous ne sommes peut-être pas cousins?

Embarrassé, il haussa les épaules en évitant l'éclat offensé de ses prunelles limpides.

— Je m'ennuie, moi, marmonna-t-il entre ses dents. Plus de bal, pas de vélo… Avant, je voyais des filles, au moins. J'ai juste le droit de trimer du matin au soir, pour gagner mon pain, comme dit papa. Je devais commencer mon apprentissage, mais mon futur patron a disparu. C'était un Juif. Enfin, disparu… Je pense qu'il faisait partie des quatre cents Juifs arrêtés la nuit du 8 au 9 octobre, l'année dernière. On les a regroupés dans la salle philharmonique d'Angoulême[8]. D'après Béatrice, ils ont été envoyés à Drancy, après.

Abigaël se signa, tremblante. C'était le genre de récit qui la rendait malade.

— Je disais ça, qu'on n'était pas cousins, histoire de pouvoir t'embrasser, avoua Patrick.

— Ne recommence jamais. Cette fois, je n'en parlerai à personne, mais, si tu récidives, je n'aurai pas de pitié.

— Merci, tu es gentille. Oh! nom d'un chien! Tu as vu?

---

8. Authentique. Huit d'entre eux seulement reviendront.

— Quoi?

Il désignait de l'index l'enclos du poulailler. Le grillage à côté de la porte, elle aussi grillagée, était rabattu et tordu. Dans l'espace où déambulaient d'ordinaire les poules et les canards, c'était un carnage. Des dépouilles sanglantes gisaient sur la terre grise, deux clapiers avaient été mis en pièces et une lapine gisait par terre, la gorge béante.

Affolé, Patrick ôta sa casquette et passa sa main sur sa tignasse brune.

— Quand papa va revenir, il va être fou de rage, gémit-il. Bon sang de bois, c'est sûrement la même bête qui a fait des dégâts chez monsieur Hitier.

— J'ai déjà aperçu des renards. Crois-tu qu'ils sont assez forts pour causer un ravage pareil? hasarda-t-elle, impressionnée.

— Je parierais pour des chiens errants, ouais. Certains cabots n'ont plus de maître. Ils se rassemblent en meute et ils chassent. Mais des proies faciles, bien sûr! Ils auraient de quoi se nourrir dans les bois; le gibier pullule, depuis le début de cette fichue guerre. Vite, aide-moi, faut ramasser les cadavres et les porter à maman. Ta tante s'y mettra aussi. Tu comprends, ça s'est passé durant la nuit ou au lever du jour. Comme il faisait nuit, papa n'a rien vu non plus en partant. Allez, vite, on peut encore les cuisiner, toutes ces volailles…

Abigaël approuva en se promettant de ne pas en manger. Le sol était dur sous ses pieds, Patrick le constata en ronchonnant.

— Dommage qu'il ait gelé, j'aurais pu trouver des empreintes. Je peux te dire qu'il va servir, le piège à loups. Suffit de le graisser et de vérifier le mécanisme. Pardi, on n'a plus le droit d'avoir un fusil, mais, les pièges, ce n'est pas encore défendu.

—

Yvon Mousnier revint chez lui à midi et quart. Le spectacle qui l'attendait dans la cuisine le rendit muet de stupeur. Le carrelage rouge était parsemé de plumes de toutes les couleurs et trois poules vidées étaient alignées sur la longue table.

Livide, Marie Monteil arrachait le duvet d'un beau canard, un mulard[9]; Pélagie, celui d'une cane blanche.

— Qu'est-ce que ça signifie? aboya-t-il. Vous avez invité un régiment à souper?

Assise sur la pierre de l'âtre, Abigaël montrait un livre d'images à Grégoire. Accroupi en face d'eux, Patrick graissait les rouages du piège à loups, maculé de rouille.

— Je savais que tu serais en rogne, papa, déclara le garçon. Un renard ou un chien a démoli la clôture et fait un massacre.

— Eh oui, mon homme! soupira Pélagie, son tablier souillé de sang. On ne va pas laisser perdre de la volaille. J'ai prévu préparer des rillettes et des confits. Il me reste du saindoux pour la cuisson des canards. Mais faut l'attraper, la saleté de bestiole qui a tout dévasté.

— Tu as compté, Patrick? interrogea le fermier. Il manque rien, je veux dire? Ce n'est pas normal, si l'animal a tué tout ça sans emporter de quoi manger.

— Il manque l'oie pour Noël et notre meilleure pondeuse, la noire.

Les mâchoires crispées, Yvon enleva sa veste et son chapeau. Il était blême de fureur, sans toutefois vociférer ou lancer des injures.

— On n'a que des malheurs, ces temps-ci, insinua Pélagie en jetant un coup d'œil à Abigaël.

---

9. Race de canard avec laquelle on fait du foie gras.

— Foutaises! grogna-t-il en guise de réponse. C'est un chien en maraude, le coupable, une bête domestique incapable de chasser un faisan ou un lièvre. Il faudra bien vérifier la porte de la grange, ce soir, à cause des moutons.

Debout près d'une fenêtre, il demeura silencieux. Malgré sa contrariété et sa colère, ses pensées allaient à sa fille. Il la revoyait quand elle était descendue de la charrette, souple et vive dans son manteau rouge. Sa Béatrice! Elle lui avait souri en disant gentiment:

— Sois tranquille, papa, tout ira bien. Je serai très prudente.

Le fermier serra les poings, le cœur rongé par l'anxiété. Il se retourna, les traits tirés.

— Avec ce bazar, personne ne s'est occupé du repas de midi. Abigaël, tu n'as rien de mieux à faire?

— Mon oncle, j'ai mis des carottes sur le feu et il y a du riz; il est cuit. Je ne pouvais pas mettre le couvert.

Affolée, Pélagie débarrassa la table, secondée par Marie. Yvon prit place sur le banc, la bouteille de vin rouge à la main. Il se servit un verre, puis un deuxième.

— Fichue guerre! On a eu quoi, vingt ans d'une vie normale, depuis la boucherie de 14-18? Le temps de remettre les terres en état, de se marier et de faire des gosses pour qu'ils soient obligés de se battre, eux aussi. Profite, Patrick, profite. Si les Boches avancent l'âge du STO, tu iras t'échiner en Allemagne et servir les intérêts du führer.

— Surtout pas, je filerai rejoindre le maquis, papa.

— Crétin, tu finiras avec une balle dans la tête!

Abigaël observait discrètement son oncle. Elle possédait deux photographies de son père, dont une prise le jour du mariage, au bras de sa mère. Au dos étaient inscrits en lettres élégantes les noms des époux. « *Pascaline et Pierre, samedi 19 juin 1926* », se remémora-t-elle, émue.

Le second cliché représentait Pierre Mousnier en soldat, un képi sur ses cheveux châtain blond, le regard triste. Elle compara la physionomie des deux frères et ne leur trouva de prime abord aucune ressemblance. L'allusion pernicieuse de son cousin avait semé le doute. L'adolescente se le reprocha. «Je suis sotte! Patrick a dit ça pour me peiner et justifier son geste inacceptable. Ce soir, j'interrogerai tantine, quand même.»

—

Questionnée alors que, pelotonnée sous une couverture trop mince, elle tombait de fatigue, Marie Monteil éluda le problème.

— Ma petite Abigaël, tu as des idées bizarres. Si Pierre, qui était mon beau-frère, n'avait aucun lien de parenté avec Yvon, je le saurais. Ton papa s'appelait Mousnier et il a grandi ici. Dors vite, tu dois être aussi lasse que moi. Quelle journée, ces heures à découper de la volaille et à la faire cuire! Toi, tu as dû laver les pots en grès dehors à l'eau froide. Dors, ma petite chérie.

Sa tante lui servait rarement ce terme affectueux. Abigaël se serra contre elle. Toutes deux dormaient des chaussettes aux pieds, car la température avait encore baissé.

— Il faut que mon oncle installe le poêle demain sans faute, chuchota l'adolescente.

Elle n'obtint pas de réponse. Comme Grégoire, Marie s'était assoupie.

«Demain, j'en ai, des choses à faire! songea Abigaël. Je vais demander à Grégoire quelles bêtises il a commises. Je dois trouver une caisse en bois, y mettre de la cendre et apprendre la propreté au chaton. Tantine a dû nettoyer le plancher, ce matin. Je dois aussi être chez monsieur Hitier à dix heures.»

Elle avait prévu emporter un crayon gris, un cahier et un manuel de géographie conservé par miracle au cours de leurs pérégrinations. «Il est gentil, monsieur Hitier, d'avoir renoncé à engraisser des lapins et à poser un piège! Peut-être qu'il a voulu me faire plaisir. Mais ça ne sert à rien, Patrick a posé le piège, ce soir», se dit-elle.

Avec un frisson d'horreur, Abigaël imagina le déclic de l'engin métallique et les dents aiguës en fer qui se refermeraient sur la patte d'un être vivant en la broyant. Comme l'avait clamé le fermier pendant le dîner, il n'y aurait plus qu'à achever l'animal d'un coup de masse sur le crâne.

«Non, non, je ne veux pas!» Elle étouffa un sanglot et essuya une larme de pitié, victime encore une fois de sa sensibilité exacerbée. Son cœur se serra; elle avait l'impression de percevoir la douleur d'une telle blessure et d'éprouver la violence du geste fatal qui donnerait la mort. «Mon oncle et mon cousin ont tort. Pourquoi ne lâchent-ils pas les épagneuls? Ou bien pourquoi ne les attacheraient-ils pas à une chaîne pour qu'ils montent la garde et aboient contre les intrus?»

Abigaël s'écarta avec délicatesse de sa tante. Soudain décidée, elle se leva sans bruit. La nuit était claire et la lune brillait; il allait encore geler. Ses chaussures à la main et les épaules couvertes d'un châle en laine prêté de mauvais gré par Pélagie, elle quitta le grenier et descendit prudemment l'escalier jusqu'au rez-de-chaussée.

Elle évitait de penser aux risques possibles, dont le pire était celui d'être surprise par son oncle au moment de sortir de la maison. Cependant, tout le monde devait dormir profondément, car l'adolescente put prendre la lampe à pile dans le tiroir du buffet, tourner la clef de la porte double et s'aventurer dans le jardin. Le froid la saisit. Il gelait. Le ciel était d'un bleu sombre piqueté d'étoiles et déjà l'herbe rase craquait sous ses pas. «Je ne pouvais pas laisser faire ça, non!» se disait-elle, comme investie d'une mission sacrée.

Un courage singulier et enivrant envahissait Abigaël, lui conférant une énergie surprenante. Elle se sentait une autre, presque dédoublée, hantée par la nécessité de sauver d'une mort odieuse une créature des bois, chien errant ou renard. Jamais elle n'aurait pensé éprouver une telle compassion pour les animaux, même si elle les aimait beaucoup, depuis l'enfance. Là, c'était différent, il lui semblait inacceptable de ne pas courir désamorcer le piège aux dents d'acier.

Comme elle approchait de l'enclos du poulailler rafistolé par son cousin, une vision la fit tressaillir; l'écho de plusieurs grelots résonnait dans son esprit. «Toujours cette femme, mais elle me regarde! Seigneur, il y a tant de ferveur dans ses yeux sombres! Et, comme moi, elle ressent de la révolte.»

De plus en plus déterminée, Abigaël alluma la lampe afin de repérer l'emplacement du piège. Patrick avait expliqué à son père, pendant le dîner, qu'il l'avait dissimulé sous des feuilles mortes, à gauche de la porte en grillage donnant sur la basse-cour.

— Si elle revient se servir en volailles chez nous, la bestiole, elle voudra emprunter le même passage, et là, clac! elle sera prise, s'était-il vanté.

«Eh bien, non, cousin, songea-t-elle. Pas de clac! pas ce soir, en tout cas.»

L'adolescente s'était munie d'un bâton; le fermier en laissait toujours deux ou trois appuyés le long du mur du jardin, ce qui s'avérait utile si le sol était trop boueux ou verglacé.

— Où est-ce? se demanda-t-elle tout bas.

Elle n'avançait plus, inquiète à l'idée de poser le pied sur l'engin, ce qui aurait des conséquences désastreuses. Pourtant, le temps pressait et l'air glacial la faisait trembler. Elle releva un instant sa lampe. Le faisceau lumineux dessina dans l'obscurité deux prunelles orangées, cernées d'un pelage grisâtre. Un animal se tenait à trois mètres de là.

— Mais, qu'est-ce que c'est?

La peur la submergea. Son cœur cognait à grands coups. Elle retenait sa respiration. Vite, elle agita le bâton.

— File, va-t'en! C'est dangereux, ici!

Partagée entre l'envie de s'enfuir et la volonté d'épargner la bête, Abigaël fit deux pas prudents en éclairant de nouveau le tapis de feuilles mortes. Un vague reflet métallique lui apparut.

— Merci, mon Dieu, souffla-t-elle à mi-voix.

D'un geste précis, ayant bien écouté son cousin préciser le fonctionnement du piège, elle le déclencha à l'aide du bâton. Les mâchoires se refermèrent sur le bois avec un claquement sinistre.

Un grognement s'éleva du côté des yeux phosphorescents, ce qui acheva de la terrifier.

— Non, non, tu ne vas pas m'attaquer! s'écria-t-elle du ton le plus persuasif qu'elle put adopter. Sauve-toi donc!

Elle avait prévu ramasser l'engin de mort et le cacher, mais, prise de panique, elle hésita. «Si je ne l'ôte pas, Patrick et mon oncle devineront que c'est moi, la responsable. Je dois l'emporter. Ils croiront à un vol», se raisonna-t-elle.

Avant de se pencher, autant par précaution que par curiosité, Abigaël braqua la lampe dans la direction du mystérieux animal. Elle le vit décamper et en eut la bouche sèche. Il ressemblait à un chien aux oreilles pointues dressées; il était maigre, mais d'une taille impressionnante; son poil épais était beige et gris à la fois. Son allure rapide et souple avait quelque chose de sauvage. «On dirait un loup, s'étonna-t-elle. Mais non, je suis folle! En plus, j'ai cru voir un collier.»

—

Cinq minutes plus tard, Abigaël jetait le piège dans un fossé, non loin de la maison de monsieur Hitier. Entraîné par son propre poids, le triste appareil s'enfonça parmi un épais fouillis de végétation. Elle avait choisi cette solution pour le récupérer dans la semaine et s'en débarrasser définitivement. «Je dois aller chez le professeur demain matin et jeudi. Je pourrai trouver une meilleure cachette, ou mieux, une oubliette.»

Elle faisait demi-tour sans allumer la lampe, quand elle crut percevoir des voix à la croisée des chemins. Tout de suite, elle redouta de se trouver confrontée à une patrouille allemande et elle ralentit, effrayée.

Soudain, deux silhouettes masculines lui apparurent entre les branches d'un saule. Les individus marchaient lentement, ce qu'indiquait le point rouge de leur cigarette. Abigaël se réfugia dans l'ombre de la haie de buis et ne bougea plus. Elle pouvait écouter leur conversation. À sa grande surprise, elle identifia la voix de son oncle.

— Béatrice aura tes papiers jeudi soir. Après, tu dois quitter la vallée, Lucas, disait-il.

— Je vous le promets, monsieur Mousnier. Je ne veux pas vous causer d'ennuis et Béa a pris assez de risques. Mais je maintiens ce que je lui ai dit l'autre soir, il y a quelqu'un par là, dans une des grottes, qui se planque.

— Sans doute, et je finirai par le trouver. Tu as bien compris, plus de rencontres jusqu'à jeudi soir. Je dois me méfier à cause de ma nièce et de sa tante. Elles ne doivent pas être au courant. Tiens, je t'ai apporté du sucre et du fromage. Allez, je te souhaite bonne chance.

— Merci, monsieur Mousnier, j'espère pouvoir intégrer le maquis Bir Hacheim[10].

Sidérée, Abigaël les vit échanger une poignée de main. En réfléchissant, elle en arriva à une conclusion angoissante. «Mon oncle est sorti après moi, sinon la porte de la maison n'aurait pas été fermée à clef de l'intérieur. Dans ce cas, il a dû aller à son rendez-vous en passant par le jardin, sinon il m'aurait vue près du poulailler. Du moins, il aurait vu le faisceau de la lampe. Mais, s'il rentre avant moi, il tournera la clef et je serai bloquée dehors.»

L'urgence de s'assurer un toit lui donna des ailes et une idée qu'elle estima salutaire. Sans attendre une seconde, elle se précipita à travers la haie, franchit le fossé et courut en diagonale vers la ferme, en ayant soin de longer un hallier d'aubépines et de noisetiers. Parvenue à l'angle du logis principal, elle enleva vite ses chaussures maculées de terre. En chaussettes, elle se rua dans le vestibule et grimpa l'escalier quatre à quatre, sans un bruit. «Sauvée, je suis sauvée!» se dit-elle. Elle patienta sur le palier du second étage, sur lequel s'ouvraient les combles. Au bout de quelques minutes, Yvon monta les marches à son tour, mais moins silencieusement qu'elle, en homme sûr de ses droits sous son propre toit.

«Lucas, le fiancé de Béatrice… put-elle enfin penser. Alors, il n'est pas parti en Allemagne pour le STO! Mais de quel côté est vraiment mon oncle? Non, ça ne veut rien dire, c'est normal qu'il aide son futur gendre à se cacher.»

Harassée et en pleine confusion, Abigaël s'allongea près de sa tante. Malgré la foule de questions qui l'op-

---

10. Réseau de résistance installé en Charente, vers Chasseneuil, en 1943.

pressait, elle éprouvait un sentiment de satisfaction. Le piège ne pourrait plus nuire et elle avait évité un sort horrible à un chien errant. «Un pauvre sauvageon!» songea-t-elle.

Chez Jacques Hitier, le lendemain,
mardi 30 novembre 1943

Abigaël était assise à la table, en face de monsieur Hitier. À peine entrée, elle avait constaté que le vieil homme avait ôté du meuble la toile cirée jaune qui le recouvrait, comme pour le transformer en un espace de travail plus sobre. Une pile de livres, un bloc de feuilles et des crayons confirmaient la chose.

— Eh bien, mademoiselle, par quoi commençons-nous? lui demanda-t-il aimablement.

Elle eut une moue perplexe, encore distraite par les événements de la nuit et surtout par le souvenir tout frais d'un petit-déjeuner mouvementé. Toujours vêtu de son peignoir en laine sur un pantalon et une chemise blanche, Jacques Hitier l'observait en souriant d'un air paisible. Sa visiteuse lui faisait songer à un tableau de Greuze[11], son peintre préféré, avec ses cheveux blonds aux nuances châtains réunis en une longue natte sur le côté, son visage à l'ovale parfait et ses yeux très bleus.

— Je suis désolée, dit-elle enfin, je suis préoccupée. Mon oncle était furieux, ce matin, mon cousin aussi. On a volé leur piège à loups, et ils n'en ont pas d'autre.

— Volé? répéta-t-il, stupéfait. Ciel! je ne pensais pas la vallée si mal fréquentée.

— C'est ennuyeux, oui, soupira Abigaël, honteuse d'être obligée de mentir, même si elle estimait qu'il s'agissait du fameux pieux mensonge.

---

11. Jean-Baptiste Greuze (1725-1805), peintre et dessinateur français qui a souvent représenté des jeunes filles aux traits angéliques.

— Monsieur Mousnier a un caractère épineux, il s'emporte facilement, mais c'est un homme loyal et généreux, nota Hitier. Allons, mademoiselle, ne nous laissons pas distraire. Vous avez confessé une faiblesse en mathématiques, une matière qui exige de la logique et l'art de l'abstraction. Quelles étaient vos notes, au lycée?

— Jamais en dessous de la moyenne, monsieur.

— Dans ce cas, cela ne devrait pas nuire à vos résultats au brevet élémentaire. Et en latin?

Les minutes suivantes, Abigaël énuméra ses notes dans chaque discipline, ce qui troubla le vieux professeur.

— Je crains de ne vous être d'aucune utilité, mademoiselle, vous aurez l'examen haut la main. Tout au plus pouvons-nous prévoir quelques révisions en géographie et en latin.

Jacques Hitier jeta un coup d'œil sur sa machine à écrire protégée d'une housse en cuir noir qui trônait sur le buffet. Il lui vint une idée.

— Je vais vous faire une proposition, mon enfant. Votre tante et moi, nous nous étions mis d'accord sur deux jours par semaine, n'est-ce pas, le mardi et le jeudi. Nous pourrions réviser le jeudi et, le mardi, vous m'aideriez à trier mes notes sur les ermitages de la vallée. Peut-être seriez-vous capable d'écrire à la machine? Ce n'est pas compliqué, mais, personnellement, j'ai du mal à taper sur les touches à cause de mes rhumatismes. Mes vieux doigts deviennent gourds quand l'hiver approche, d'autant plus que la région est très humide. J'avais promis à votre tante que mes services seraient gratuits. Cependant, le travail du mardi que vous effectueriez pour moi serait rémunéré.

Gênée, Abigaël baissa la tête. Elle se disait que cet homme charitable avait pitié de leur condition, que trahissaient leurs vêtements usés. Dépourvue de tout orgueil, elle éprouva une profonde gratitude et l'avoua.

— Vous êtes très bon, monsieur, et j'accepte volontiers. Tantine et moi n'avons plus un sou en poche. Nos derniers francs ont été engloutis dans le voyage jusqu'ici, chez oncle Yvon. Nous sommes nourries et logées, mais c'est toujours appréciable d'avoir un peu d'argent personnel.

— En effet, admit-il.

— Je vais vous sembler indiscrète, monsieur, ajouta-t-elle, mais avez-vous des revenus suffisants?

Abigaël se reprocha aussitôt d'avoir posé une telle question; elle en aurait pleuré. C'était un manque d'éducation et, si sa tante en avait été témoin, elle aurait eu droit à un sermon.

— Pardonnez-moi, balbutia-t-elle, je suis incorrigible.

— Je n'ai rien à pardonner, je me doute que votre curiosité part d'un bon sentiment et que vous avez cédé à l'impulsion de la jeunesse. Vous vous interrogez sûrement sur ce vieux monsieur excentrique qui habite une maison bizarre, construite dans un creux de falaise! Afin de vous rassurer, mademoiselle Abigaël, je vous dirai que je touche une retraite convenable et que j'ai exercé par passion, non par besoin de gagner ma vie. Je pouvais me satisfaire de mes rentes, étant par le hasard de ma naissance un fils de grande famille à la fortune bien établie. Devenu veuf, je me suis plongé dans des recherches historiques et la rédaction d'ouvrages fort documentés. Ce modeste logement m'a paru idéal à tous points de vue. Il est isolé de la ville, facile à chauffer l'hiver et frais durant l'été. Mais je possède une demeure bourgeoise rue de Bélat, à Angoulême, où j'ai installé ma sœur unique et sa fille. Que voulez-vous, je me plais mieux ici, en pleine nature! N'ayez crainte, de vous verser un dû mérité ne me mettra pas dans l'ennui.

Il souriait encore, amical et attendri. Abigaël le fixa avec une sorte de douceur angélique.

— Nous pouvons travailler, à présent, dit-elle, secrètement comblée d'avoir rencontré un homme d'une entière bonté.

Elle en avait eu l'intuition dès sa première visite; maintenant elle en était convaincue. «Comme m'a recommandé tantine, je ne dois pas me fier sans réserve à mon intuition, il me faut des confirmations. Là, je viens d'en avoir une», songea-t-elle.

Dans le domaine du ressenti, la famille Mousnier lui posait un problème, son oncle notamment, dont la forte personnalité dressait un barrage à son intuition, justement. Le jour de leur arrivée, elle l'avait cru hostile et mécontent. Ensuite, elle l'avait jugé sournois, sans moralité, complice de l'ennemi afin d'en tirer des avantages. Pourtant, et Marie Monteil l'avait remarqué aussi, le fermier faisait montre de tendresse et bien souvent d'équité.

— Au travail, donc, décréta Jacques Hitier après un silence. Un peu d'histoire, et pourquoi pas, d'emblée, l'évocation de la vallée de l'Anguienne au seizième siècle, une période précieuse pour moi, des documents de l'époque attestant la présence d'ermitages en ce lieu. J'ai eu la chance infinie de découvrir de très anciens textes où l'on mentionne les grottes qui nous entourent, bien cachées, souvent, et qui précisent que le sieur d'Ortebise donnait la permission à de saints hommes de célébrer leur culte ici.

— Avez-vous personnellement visité des grottes qui ont servi d'ermitage? s'enquit Abigaël.

— Bien avant la guerre, vers 1933, j'étais plus vaillant et grimper de rocher en rocher ne me faisait pas peur. Votre oncle a joué les guides, à cette occasion. C'est ainsi que j'ai remarqué mon actuel domicile, un peu à l'abandon. Je dois ajouter un détail d'importance; au début de ce siècle, on exploitait des carrières, dans la vallée, source d'emplois pour les gens du pays. Hélas! certaines cavernes ont été détruites à cause de cette activité. Un ouvrier devait habiter ici, dans cette maison, avec sa famille. J'ai demandé à la louer, mais, au début de mes fouilles, je n'y séjournais qu'au printemps et à l'été.

L'ancien professeur montra alors des gravures à l'adolescente, des photographies qu'il avait prises. Elle reconnut sur l'une d'elles l'endroit si particulier qu'elle avait découvert, avec ses arches, l'autel en pierre et la source.

— J'y suis allée, murmura-t-elle, comme si c'était une faute.

— On suppose qu'une statue ornait la niche entre les deux arcades, dit-il. C'était une fontaine; on venait y prendre de l'eau, mais elle communiquait jadis avec une grotte. Le passage a été fermé par un éboulement.

Abigaël écouta sagement la suite des explications. Elle pensait à la vision qu'elle avait eue, là-bas, d'un homme en bure, une cruche sous le bras, mais elle se garda d'y faire allusion.

Au bout d'une heure, Jacques Hitier lui proposa une tasse de chicorée.

— Il y a longtemps que je n'avais pas autant parlé, mademoiselle. Une boisson chaude nous fera du bien à tous les deux.

Le vieil homme s'affaira du buffet au fourneau. Quant à Abigaël, elle en profita pour réfléchir à l'endroit où elle allait se débarrasser du piège, qu'elle comptait récupérer dans le fossé sur le chemin du retour. Ce souci la fit songer à l'animal aperçu la veille, dont l'aspect l'intriguait.

— Monsieur, demanda-t-elle à mi-voix, est-ce qu'il existe encore des loups, en Charente?

— Des loups? s'exclama-t-il sans se retourner.

Il sembla à l'adolescente qu'il avait tressailli, mais elle attribua sa réaction à sa façon abrupte de changer de sujet.

— Excusez-moi, souffla-t-elle.

— Il n'y a pas de mal. Au fond, je ne suis pas calé en zoologie, et je ne chasse pas. Je ne parcours pas les bois. Des loups! S'il en passait dans la région, ce serait de pauvres bêtes errantes, venues du Massif central où ils ont pu subsister. Cela dit, le département abrite de grandes zones forestières comme la Braconne ou Bois-Blanc, et des brandes désertes, surtout dans le nord-est, à la frontière du Limousin. Pourquoi cette question?

Abigaël raconta les dégâts qu'avait causés un animal dans le poulailler des Mousnier.

— Patrick a donc posé le piège à loups, qui a été volé, conclut-elle.

Embarrassée, elle ne pouvait pas aller plus loin dans son récit. « Quelle sotte je suis! Si je dis que j'ai vu une drôle de bête, je me trahis. »

Jacques Hitier lui fit face, l'air impassible. Il servit la chicorée et prit une boîte en fer contenant des biscuits.

— Les derniers sablés au beurre que ma sœur m'a envoyés, précisa-t-il sur le ton de la confidence. Je suis gourmand et j'en ai honte. J'ai la certitude que Suzanne a sacrifié sa ration de beurre pour me faire plaisir. Bon, revenons à vos loups! Votre oncle et votre cousin en ont parlé?

— Non, monsieur, ils pensent à des chiens errants perdus et affamés.

— Mon Dieu, s'il n'y avait que les chiens perdus d'affamés! La guerre impose un lourd tribut aux Français. Les gens manquent de tout. Plus de pétrole ni d'essence ou si peu, les pneumatiques deviennent introuvables comme les denrées de base tels que le cuir ou le savon.

— L'exode a fait des centaines d'orphelins, de petits égarés qui ont dû subir la destruction et la violence des bombes, des enfants abandonnés à eux-mêmes qui ont vu leurs parents morts!

Abigaël avait énoncé ce triste constat d'une voix nette au timbre plus grave, comme si elle était plus âgée, soudain. Hitier la fixa avec compassion, surpris également.

— Vous en avez souffert? interrogea-t-il tout bas.

— Ma tante et moi n'avons eu à déplorer que des pertes matérielles, monsieur. Mais j'ai souffert de la détresse et du désespoir de toutes les personnes jetées sur les routes. Pardonnez-moi, on me dit trop sensible.

— Une grande qualité, mon enfant!

Elle fut la première étonnée de s'entendre avouer sa nature sans hésiter, comme s'il le fallait à cet instant précis.

— Je suis ce qu'on appelle un médium, monsieur. Une sorte de messagère, de porte ouverte entre deux mondes, celui des vivants et celui des défunts. Ma tante m'avait conseillé de ne pas vous le dire, mais je préfère que vous le sachiez. De même, je suis guérisseuse et je peux soulager vos rhumatismes, si vous êtes d'accord. Dieu m'a offert des dons précieux, ainsi qu'à ma mère et à mes aïeules. Je n'ai rien choisi, mais j'en suis heureuse…

Jacques Hitier resta muet de saisissement. Il contempla l'adolescente un long moment, sans dissimuler l'émotion qui le terrassait.

— Alors, chère demoiselle Abigaël, je bénis votre présence dans la vallée de l'Anguienne, déclara-t-il enfin, les yeux brillants.

Déconcertée, elle ne sut que répondre et se contenta de sourire.

— Oui, si vous soignez mes douleurs aux doigts, je ne peux que vous bénir, insista le vieil homme.

Mais Abigaël eut la conviction intime qu'il avait une autre raison de se réjouir, une mystérieuse raison qui se greffait sur les secrets de la famille Mousnier.

5

Grégoire

Chez monsieur Hitier, même jour, même heure

Jacques Hitier avait installé Abigaël devant la machine à écrire. Il leur restait une demi-heure à occuper et l'ancien professeur estimait judicieux de montrer à la jeune fille comment fonctionnait l'appareil.

Elle considérait le clavier avec intérêt, sensible à l'odeur ténue du ruban encreur, fascinée par les petites touches où elle déchiffrait des caractères minuscules.

— C'est une Underwood, une bonne marque, précisa-t-il. Voyez, ce rouleau entraîne la feuille, qu'il faut bien mettre en place. Allez-y, tapez quelque chose.

— Que pourrais-je bien écrire?

— N'importe quoi, ce qui vous vient à l'esprit, plaisanta-t-il.

Concentrée sur la recherche des lettres parmi les nombreuses touches, Abigaël tapota de l'index, amusée par le bruit sec du mécanisme. Elle fut enchantée de voir apparaître un mot, puis deux, trois, quatre...

Debout derrière sa chaise, ses lunettes sur le nez, le vieil homme lut à voix haute :

— *Piege a loup disparu*... Mademoiselle, vous n'avez pas mis d'accent sur le *e* de piège ni sur le *a* qui suit. Regardez, c'est la ligne supérieure de touches. Dites-moi, cette histoire de piège vous tient à cœur.

— Non, pas spécialement, monsieur, mais, comme nous en avons discuté, j'y ai pensé. Je ne vais pas vite, avec un seul doigt. Si je m'entraîne, j'obtiendrai sans doute un résultat convenable.

— Eh bien, faites, mon enfant. C'est un métier, d'être dactylo. On n'y arrive pas en un jour!

Il s'éloigna et se campa devant les étagères garnies de livres, dont certains étaient reliés en cuir, d'autres simplement dotés d'une couverture en papier épais.

— Peut-être que je pourrais prêter un ouvrage à votre tante, qui avouait aimer la lecture, hasarda-t-il.

— J'ignore si tantine trouvera le temps de lire, mais elle sera ravie de l'attention.

Abigaël continuait à écrire à la machine, tout en se demandant pourquoi Jacques Hitier ne l'avait pas questionnée sur sa qualité de médium. Elle en déduisit qu'il craignait de paraître curieux, indiscret, ou bien qu'il n'y croyait pas. «Tant pis ou tant mieux!» songea-t-elle.

D'un geste assez assuré, elle tourna le bouton qui actionnait le rouleau et fit sortir la feuille. Le vieil homme approcha, un livre à la main.

— Puis-je voir, mademoiselle? Ah, déjà, vous avez respecté les lettres avec un accent, et… et… Seigneur, que signifie votre phrase : *Je voudrais tant aller au cimetière de Soyaux!* Auriez-vous un proche enterré là-bas?

Rose d'émotion et d'autant plus jolie, Abigaël fit non de la tête. Elle n'avait pas exprimé ce désir sans plan préconçu.

— Ce serait difficile de vous expliquer, monsieur. Je dois bientôt rentrer chez mon oncle. Des gens ont été jetés dans la fosse commune de cette paroisse, car ils n'avaient pas de papier d'identité. Une fillette aussi. Je l'ai vue, monsieur, je l'ai aidée à s'élever vers la lumière, pauvre âme affolée! Je crois même que sa mère est venue la chercher. Je voudrais prier sur leur tombe,

enfin à l'endroit où ils sont enterrés. C'est très important pour moi. Je suis désolée, je vous embarrasse avec
ça. D'habitude, je n'en parle pas, ou rien qu'à ma tante.
Mais vous devez être au courant, ils ont été tués par la
milice entre ici et Soyaux, si j'ai bien compris ce que
disait mon oncle.

— Oui, j'en ai eu des échos, hélas! mais j'ignore
qui étaient ces malheureux, répondit-il d'un ton grave.
Voyons, si c'est important pour vous, qu'est-ce qui vous
empêche de vous rendre à Soyaux?

— L'autobus nous a déposées près de l'église, tantine et moi, et mon oncle nous a conduites à la ferme en
charrette. J'ai l'impression que c'est loin, quand même!
La marche ne me fait pas peur, c'est plutôt le temps qui
me manque. Oncle Yvon tient à ce que je ne m'éloigne
pas. De venir chez vous, ça ne pose pas de problème,
mais jamais je n'aurai le droit de retourner seule à
Soyaux.

— Je vois, je vois, marmonna-t-il, le teint livide.

Il dut s'asseoir dans l'unique fauteuil de la pièce, où
Abigaël l'imagina, le soir, en train de lire sous la lampe.

— Vous n'êtes pas si loin que ça, déclara-t-il après
un silence, surtout en coupant par la colline. Le bourg
de Soyaux est situé sur le plateau qui surplombe notre
vallée. Deux heures suffiraient à effectuer l'aller et le
retour.

— Deux heures? s'étonna-t-elle.

— Je faisais allusion à vos deux heures de liberté
après-demain, jeudi. Cependant, s'il vous arrivait des
ennuis en cours de route, je m'en voudrais beaucoup,
vraiment beaucoup.

— C'est gentil, monsieur, mais je ne veux pas vous
entraîner dans mes affaires personnelles. Je trouverai
un autre moyen, quitte à supplier mon oncle de m'y
emmener.

Elle regarda la pendulette nichée entre deux dictionnaires et se leva. Elle enfila son manteau et ses gants.

— Je ferais mieux de partir, monsieur. Je vous remercie pour tout.

— Il n'est pas tout à fait midi, mademoiselle.

Elle se dirigea néanmoins vers la porte. Dès qu'elle ouvrit, un vent froid s'insinua dans la maison. Jacques Hitier demeura sur le seuil, un drôle d'air sur le visage.

— Au revoir, monsieur, à jeudi! dit-elle en souriant.

— Abigaël… Je peux vous appeler par votre prénom?

— Oui, bien sûr.

— C'est vous qui avez dérobé le piège, n'est-ce pas? Il est mal caché, je l'ai aperçu de bon matin en prenant ma marche quotidienne sur le chemin. J'irai le récupérer et je le garderai chez moi, bien caché. Ne vous en faites pas.

L'adolescente s'empourpra. Ses grands yeux bleus restèrent rivés à ceux du professeur. Elle ne pensa même pas à nier.

— Pourquoi m'aideriez-vous? demanda-t-elle tout bas.

— En souvenir d'une femme d'exception qui, à votre âge, aurait assurément agi comme vous afin d'éviter à une pauvre bête errante un sort funeste. Disons que c'est une bien modeste façon d'honorer sa mémoire, mais elle l'aurait appréciée.

Stupéfaite, Abigaël s'apprêta à interroger le vieil homme, certaine qu'il évoquait sa défunte épouse. Mais un cri résonna à quelques mètres et Patrick apparut, perché sur le rejeton gris de Fanou. L'animal de deux ans et demi, dont le père était un cheval de trait, dépassait déjà la jument en taille.

— Hé, cousine! cria-t-il. On t'attend à la ferme. Dépêche-toi!

— Tu es venu me chercher?

— Non, j'ai commencé à débourrer Grison cet été. Là, je lui apprends à obéir aux rênes.

Le garçon rayonnait de satisfaction, le regard brillant de fierté sous sa casquette.

— Bonjour, m'sieur Hitier, je serai là à deux heures tapantes pour fendre votre bois, ajouta-t-il. Allez, Grison, un peu de trot et on fait demi-tour.

— Entendu, Patrick, rétorqua le vieil homme.

Abigaël s'éloigna après un dernier signe de tête respectueux, le cœur léger. Elle pensait que son cousin avait compté l'épater en jouant les cavaliers et, au fond, elle s'avouait qu'il était plus à son avantage ainsi.

—

Patrick ne lui avait pas dit l'essentiel. Quand elle entra dans la grande cuisine des Mousnier, Grégoire sanglotait éperdument en poussant des cris aigus entre deux hoquets. Sa tante essayait de le calmer, tandis que Pélagie lui hurlait de se taire.

— Ferme-la, espèce de crétin! vociférait-elle. Si tu n'arrêtes pas tout de suite, on t'envoie à l'asile. T'es prévenu!

— Ce genre de menace le terrifie davantage, protesta Marie Monteil d'un ton posé.

Abigaël remarqua alors une tache sombre sur le pantalon de son malheureux cousin, à l'entrejambe. Il avait dû s'oublier sous le coup de la panique.

— Qu'est-ce qui se passe, tantine?

— Ah te voilà, toi! s'emporta Pélagie. Cette andouille ne trouve plus son fichu petit chat. Comment veux-tu retenir une bestiole à l'intérieur? Il aura filé en douce par une fenêtre. J'étais bien obligée d'aérer, ce matin. Et d'abord, un chat, ça vit dehors, ça ne couche pas dans un lit.

Grégoire pleurait toujours, pathétique avec son nez rougi et ses paupières gonflées. Marie lui chuchotait des paroles réconfortantes qu'il n'écoutait pas, hanté par la perte de l'animal.

— Où est mon oncle? s'inquiéta Abigaël.

Elle craignait que le couple ait pris en secret la décision de se débarrasser du chat.

— Il va arriver pour déjeuner. Tu ferais bien de mettre la table, bougonna Pélagie. Mon mari ne se tourne pas les pouces, lui, le matin. Il est monté chez un voisin pour tirer au clair le vol du piège à loups.

Sur ces mots, elle sortit les assiettes du buffet et les tendit à l'adolescente.

— Ne pleure plus, Grégoire, dit alors Abigaël. Après le repas, nous irons tous les deux faire le tour du jardin et des bâtiments. On le retrouvera, ton minet.

— Sûrement pas, il faut arracher les dernières betteraves, fit une voix dans le vestibule. Elles ont dû geler, en plus. Quand ce sera fait, je pourrai commencer à labourer.

Yvon ôtait ses lourds sabots cloutés et sa veste. Il paraissait de très mauvaise humeur. Apaisé par la promesse de sa cousine, Grégoire séchait ses larmes du revers de sa main gauche, tout en jetant une œillade méfiante à son père.

— Rien n'est prêt, bon sang! grogna le fermier.

Il s'assit néanmoins en grattant son menton mal rasé. Abigaël disposa les verres et les couverts, puis elle prit une terrine de pâté de lapin dans le garde-manger et le pain de la veille, gris et sec.

— Voilà, mon oncle, de quoi patienter, dit-elle doucement, avec une imperceptible nuance d'ironie dans la voix.

— Merci, gamine.

La prévenance de sa nièce le touchait et le prenait au

dépourvu. Il l'observa un instant à la dérobée. Elle avait des gestes gracieux et un profil délicat, mais il n'était pas dupe. Son apparence fragile dissimulait un caractère en acier. «Vraiment tout le portrait de Pascaline!» se dit-il.

Le constat chassa ses soucis et ses idées noires. Le moindre rayon de soleil était bon à prendre en ces temps troublés où l'on ne pouvait combattre que dans l'ombre.

—

Le déjeuner avait été vite expédié. À la grande surprise d'Abigaël, Yvon l'avait autorisée à explorer les alentours de la ferme avec Grégoire en quête du chaton disparu. L'adolescente s'était confondue en remerciements.

— Bah, je n'aime pas voir pleurer ce pauvre diable, avait-il expliqué, l'air bourru.

Elle était rassurée sur un point. Son oncle ne l'aurait pas envoyée dans une telle expédition si la petite bête était morte. Ses soupçons étaient donc sans objet, à moins que Pélagie n'ait occis le pauvre animal de façon expéditive, sans égard pour le chagrin de son fils. Pour l'instant, elle refusait d'envisager le pire et marchait sur un sentier étroit entre deux champs de terre brune, en tenant la main de son cousin.

— Goire content, content, répétait-il, manifestement heureux de prendre l'air, surtout en sa compagnie.

Abigaël le voyait lever le nez vers un vol de corbeaux ou montrer du doigt un nuage cotonneux, piqué sur le ciel d'un bleu pur.

— Tu aimes te promener, dis donc! lui dit-elle soudain.

— Oui, Goire aime ça, être dehors. Mais papa veut plus, défendu.

Jamais l'innocent n'avait aligné autant de mots qui prouvaient ses capacités à ressentir et à se souvenir d'un interdit. Selon Marie Monteil, le garçon avait atteint le développement intellectuel d'un enfant de trois ou quatre ans, peu précoce de surcroît. Mais elle parvenait à le faire obéir et il avait confiance en elle au point d'accepter sans rechigner d'être lavé et coiffé tous les matins.

— C'est défendu parce que tu as fait des bêtises, hasarda-t-elle sans songer à obtenir une quelconque vérité, plutôt pour comprendre.

Grégoire se mura dans un silence inquiet. Abigaël l'entraîna vers une haie où les ronces enlaçaient de leurs tiges épineuses des aubépines et des noisetiers.

— Mimi, minet, minou! appela-t-elle.

— Minou, minou, l'imita son cousin, égayé.

— Il a pu se cacher dans un buisson de ce genre, dit-elle. On va le voir facilement, puisqu'il est blanc. Et puis, s'il entend ta voix, il viendra.

Ils avaient déjà fouillé la grange, le plancher à foin, un hangar adossé au poulailler et tout le jardin. Avant de partir chez monsieur Hitier, Patrick avait promis de jeter un coup d'œil dans les fourrés qui bordaient le chemin.

— Nous le trouverons avant la nuit, affirma-t-elle malgré ses doutes.

Ils avancèrent encore jusqu'à une centaine de mètres des maisons du hameau. Les toitures ocre du Lion de Saint-Marc luisaient au soleil et au loin se dressaient les bâtiments clairs de la centrale électrique.

« Un chat si jeune! Il n'est pas allé se perdre dans les bois », pensa-t-elle. Il lui vint alors l'idée d'interroger des gens du voisinage. C'était joindre l'utile à l'agréable, car elle gardait un vague souvenir du hameau, qu'elle avait traversé dans un état de profond bouleversement, le jour de son arrivée. «J'étais obsédée par la vision de la fillette et impressionnée par les soldats allemands!»

Grégoire la suivit sans témoigner de craintes particulières, ce qui l'intrigua. S'il avait fait des sottises dans le hameau, il aurait dû redouter de s'y montrer.

Bientôt, ils déambulaient sur la voie principale, bordée de hauts murs abritant des porches et leurs doubles battants en bois, ainsi que de quelques façades aux volets bruns. Ils franchirent un petit pont sous lequel coulait l'Anguienne, vive et limpide; ses eaux de cristal courbaient de longues plantes d'un vert sombre. Abigaël était charmée par la simplicité des maisons, souvent flanquées de jardinets.

Elle s'arrêta enfin, fascinée, devant une porte ronde encadrée d'un fronton et surmontée d'un blason sculpté dans la pierre grise, unique entrée d'une construction très ancienne plus haute que large, qu'elle prit pour une tour.

Le bruit d'une fenêtre qu'on entrebâillait doucement la fit se retourner. Une vieille dame aux cheveux blancs, le visage sillonné de rides, la dévisagea avec méfiance.

— Qui êtes-vous? Mais c'est l'idiot des Mousnier!

L'entrée en matière n'était guère agréable. Grégoire se cacha derrière Abigaël, tout tremblant.

— Bonjour, madame. Je suis la nièce d'Yvon Mousnier. Nous nous promenons, mon cousin et moi.

— Ah! Ce filou d'Yvon a une nièce, maintenant! s'exclama la femme de sa voix rocailleuse. Et vous n'êtes pas à l'école?

L'adolescente songea que la vieille dame devait avoir la vue faible et qu'elle la croyait plus jeune. Elle décida de vite s'éloigner, son oncle lui ayant recommandé de ne pas bavarder avec les gens de la vallée.

— Cherche minet, moi, balbutia alors Grégoire. Perdu, minet.

— Qu'est-ce qu'il baragouine? Il a perdu son chat?

— Oui, madame, et nous le cherchons, en fait. En même temps, nous profitons du beau temps. Il fait très froid la nuit, mais, le jour, nous avons du soleil.

— C'est rapport à la lune. Il y a eu des gelées, pardi. Je suis venue cueillir des nèfles. Elles sont bonnes seulement après les gelées. Si vous êtes de la ville, vous ne savez point ça, mademoiselle.

— Je m'en souviendrai, madame, répliqua poliment Abigaël. Mais vous n'auriez pas vu un petit chat blanc, ce matin?

— Si, si, dans les bras d'un Boche, un de la centrale. Ils ne se gênent pas, ceux-là! Ils pourraient éviter de traverser le hameau et suivre l'autre route, mais non, ils passent devant chez moi. Je vous dirai, mademoiselle, j'habite chez ma fille, à présent, dans le bourg de Soyaux. Depuis que mon mari est mort, je ne me plais plus ici. J'y viens seulement récolter ce qu'il y a de mangeable. Vu les restrictions, on ne va pas laisser des fruits se gâter au sol.

Abigaël approuva. Elle était attentive aux signes que le destin agitait parfois sous le nez des humains. Certains n'en tenaient pas compte, d'autres décidaient de s'y fier. « Cette dame vit à Soyaux. Peut-être a-t-elle entendu parler du couple et de la fillette enterrés dans la fosse commune? » se demanda-t-elle.

Mais c'était le chat qui la préoccupait, surtout, et elle était étonnée par ce qu'elle venait d'apprendre. Pourquoi et comment un soldat allemand l'avait-il emporté dans ses bras?

— Ce n'était peut-être pas le même chat, dit-elle tout bas. Au revoir, madame. Je vous remercie. Mais… où est passé Grégoire?

— L'idiot, il a filé pendant qu'on causait! constata la vieille femme en guise de réponse. Vous n'avez pas fait attention?

— Comment ça?

— Regardez donc! Il cavale à travers le potager de mon voisin, même qu'il piétine les dernières salades, qui étaient sous bâche. Si c'est pas une calamité, de garder des gosses comme lui à la maison. Ils auraient pu avoir de gros ennuis, les Mousnier, à cause de ça.

— Je suis désolée, madame, je dois le rattraper. Il va sûrement vers la centrale électrique.

— Bah, laissez-le courir, il y a une des sentinelles qui parle bien français. Elle lui rendra sa bestiole, sans doute. Quel âge avez-vous, ma petite demoiselle?

— J'aurai seize ans le 23 décembre, madame, presque la veille de Noël. Mais je voudrais arrêter mon cousin avant qu'il ne soit là-bas.

Un sourire sournois sur ses lèvres minces, la vieille femme fit signe à Abigaël d'approcher. Dès qu'elle le put, elle serra ses doigts maigres autour de son poignet.

— Je parie que, les Mousnier, fiers comme ils sont, ils vous ont pas raconté ce qu'a fait leur gamin, l'idiot.

Abigaël se sentit prise au piège et renonça à dégager son avant-bras. De surcroît, si elle pouvait avoir au moins une réponse à toutes les questions qu'elle se posait, ce serait un vrai soulagement. «Je ne sais plus à quoi m'en tenir! se dit-elle afin de justifier son immobilité, nez à nez avec l'inconnue. Il y a les regards en coin de Patrick, le fiancé de Béatrice qui n'est pas en Allemagne, mais toujours dans la vallée, et les sautes d'humeur de mon oncle, une fois gentil, une fois froid et taciturne.»

— Vous n'irez pas dire à ce filou d'Yvon que je vous ai causé de cette sale affaire, hein? s'enquit son interlocutrice d'un air complice. Ils n'ont pas dû s'en vanter, ça, j'en mettrais ma main au feu. Figurez-vous qu'il y avait un résistant, oh, pas tout jeune, qui se planquait dans les bois avec sa femme et une petite fille. Moi, je n'étais pas là, évidemment, mais le fossoyeur de Soyaux m'a expliqué ce qui était arrivé à ces gens.

— Mon oncle m'a parlé de cette horrible tragédie, madame, affirma Abigaël, envahie par un pénible pressentiment.

— C'est leur gamin qui a dénoncé ces pauvres gens. Pardi, crétin comme il est, il ne pouvait pas tenir sa langue…

— Oh mon Dieu, vous en êtes sûre?

— Comme je vous vois, ma petite!

Abigaël se sentit glacée, atterrée. Elle n'eut plus qu'une envie, s'enfuir à son tour, gênée par le regard sombre et insistant de la vieille dame.

— Excusez-moi, bredouilla-t-elle, je ne veux pas être impolie, mais je dois rejoindre mon cousin. Je vais voir s'il est allé jusqu'à la centrale électrique. Les soldats pourraient le tourmenter.

— Eh bien, repassez, alors! On en causera plus longuement.

— Peut-être!

Abigaël fut infiniment soulagée de pouvoir enfin courir sur les traces de Grégoire. «Je n'ai pas besoin d'en savoir plus, non, je refuse de savoir. Ils sont morts, ils sont en paix et la petite Astrid a retrouvé sa mère. Elle est là où il n'y a plus ni violence, ni sang versé, ni barbarie, ni injustice.»

Elle traversa un pré en friche qui conservait la trace d'anciens sillons. Les buttes dures, semées de chiendent et de cailloux, la faisaient souvent trébucher. Déjà, l'imposant bâtiment en ciment se détachait sur un paysage aux couleurs grises, nuancées de l'or roux des derniers feuillages.

Essoufflée, elle ralentit son allure. Elle apercevait le baraquement des soldats, les barbelés qui entouraient le mur d'enceinte et trois Allemands qui marchaient, le fusil à l'épaule, dans leur uniforme vert-de-gris.

— Mon Dieu, non, je ne vois pas Grégoire, gémit-elle. Où est-il? Ils l'ont peut-être enfermé dans leur baraque.

Les joues rosies par la course et les cheveux au vent, Abigaël continua à avancer, malade d'appréhension. Un nuage cacha le soleil et le changement soudain de lumière lui fit trouver la vallée sinistre, tout en l'angoissant davantage. «Je ne peux pourtant pas reculer, abandonner mon cousin», songea-t-elle, prête à renoncer.

Un des hommes la vit et la désigna d'un geste aux deux autres. Elle s'attendait à entendre un cri rageur qui lui intimerait l'ordre de s'arrêter, mais les soldats semblaient calmes, plus curieux que menaçants. Tête haute, elle traversa la route empierrée et se figea à quelques mètres d'eux.

— Pardon, messieurs, je cherche un garçon roux. Il a douze ans, il s'appelle Grégoire.

Abigaël venait de reconnaître le dénommé Franz, celui qui troquait des cigarettes contre du lait, à la ferme.

— Bonjour, mademoiselle! cria-t-il avec un grand sourire, sans ajouter le salut hitlérien. Je connais Grégoire, il s'est approché d'ici, tout à l'heure, mais il s'est sauvé quand je l'ai appelé. Il a pris le chemin de la colline, par là.

Franz désigna du doigt un sentier pentu qui grimpait à travers les bois.

Elle constata que les autres soldats la regardaient avec intérêt et elle devint toute rouge. Ils étaient très jeunes. S'il n'y avait pas eu la guerre, ils auraient été dans leur pays à étudier ou à travailler.

— Je vous remercie, j'espère que je le retrouverai vite. Mais j'ai une question… Une dame du village m'a dit qu'elle avait vu un soldat qui portait un chaton blanc dans ses bras, ce matin, déclara-t-elle d'un ton ferme. C'était le petit animal de compagnie de mon cousin.

— Nous ne savions pas, mademoiselle, nous sommes désolés, répliqua Franz. Madame Mousnier nous l'a donné pour être mascotte… pardon, être notre mascotte.

Il hésitait, soucieux de s'exprimer en bon français.

— Grégoire n'a pas osé vous parler, mais il voulait reprendre son chat, insista-t-elle. Il l'aime beaucoup. Il pleurait tellement, à midi!

Franz discuta en allemand avec ses acolytes, puis il se dirigea vers le baraquement et y entra. Presque aussitôt, il ressortit, le chaton dans les mains.

—Je vous le redonne. Dommage, c'est un joli chat, clama-t-il dans son accent lourd et traînant. Mais nous n'avons pas vu Grégoire. Il a peur de nous, il ne viendra pas jusqu'ici.

Abigaël reçut l'animal au creux de ses paumes. Il ronronnait, visiblement dérangé en plein sommeil. Elle l'enfouit sous son gilet et le maintint d'un bras.

— Merci, monsieur, murmura-t-elle. C'est très gentil de votre part. Mon cousin était si malheureux!

— Madame Mousnier sera fâchée, hasarda-t-il.

— Tant pis! s'exclama-t-elle.

Il haussa les épaules, amusé par sa détermination, et ajouta:

— Il ne faut pas rester ici trop longtemps, mademoiselle.

— Bien, je m'en vais. Merci, monsieur.

Elle lui tourna le dos et s'éloigna en ayant soin de suivre le chemin qu'avait pris son cousin. Tout en enjambant les sillons du pré en friche, Abigaël scrutait les sous-bois. Une bande de corbeaux tapageurs perchés en haut d'un chêne semblaient se moquer de sa détresse. En leur accordant un coup d'œil résigné, elle nota la forme torturée d'un arbre mort au milieu d'un espace dégagé.

— Grégoire…

Elle distinguait sa silhouette malingre, sa façon irrégulière de mettre un pied devant l'autre et sa tignasse couleur carotte.

— Mais où va-t-il?

Elle pressa l'allure, se glissant entre les châtaigniers et les chênes. Son cousin était dissimulé par les troncs et les fougères racornies, mais elle se souvenait très bien de la direction qu'il avait prise. «Je ne peux pas l'appeler, hélas, ils pourraient m'entendre!»

En tournant le regard vers le creux de la vallée, elle localisa le champ où le fermier, son épouse et sa tante Marie, semblables à des fourmis, arrachaient les betteraves. L'anxiété qui la tenaillait se relâcha. «Je ramènerai Grégoire pour le goûter. Personne ne saura ce qui s'est passé.»

Cependant, une étrange et triste surprise lui était réservée, au bout du sentier qu'elle avait découvert et emprunté, certaine de rattraper son cousin. D'abord, elle devina un toit de tôle et une cheminée en briques rouges à travers les branches dépouillées d'un érable. Une clairière s'ouvrait, tapissée d'une courte végétation jaunie parsemée de mousses, au centre de laquelle se dressait une bicoque. Une pénible impression de déjà-vu lui poigna la gorge.

— Seigneur, c'est la pauvre maison de mon rêve, dit-elle d'une voix enrouée. Grégoire?

Comment s'était-elle retrouvée là? Était-ce le seul fruit du hasard, ou la volonté du garçon de la conduire à cet endroit? Abigaël l'ignorait, mais un flot de larmes la submergea, tant elle éprouvait de pitié et de compassion. Elle contourna à pas prudents la misérable construction. Tout était en place, le fil de fer tendu à l'unique fenêtre et le torchon délavé. Elle ferma les yeux de peur d'être victime d'une vision atroce, car elle foulait le sol où s'étaient écroulés Astrid et le couple qui la gardait. L'air lui parut soudain irrespirable, comme chargé d'une odeur de sang, comme empreint de terreur et de douleur. Ses jambes tremblèrent; elle sanglotait. Un bruit ténu, celui d'une respiration oppressée, la délivra de son malaise.

— Grégoire? appela-t-elle.

Il lui fallut un immense courage pour franchir la porte restée béante. Elle en oublia le chaton qui, lui, en profita pour sauter par terre et gambader à ses pieds.

— Minou, minou, minet, fit une voix rauque.

Abigaël vit son cousin, recroquevillé au fond de la pièce sur un sommier éventré.

— Qu'est-ce que tu fais là? demanda-t-elle, les nerfs à vif. Allons, prends vite ton chat, il faut rentrer à la ferme. C'est mal, ce que tu as fait, Grégoire, te sauver comme ça!

— Maman de minou, ici… Je cherche, moi, minou…

— Tu veux dire que la mère du chaton était là?

— Là, encore… Dodo, apucine, pas bon, dodo.

Déconcertée, l'adolescente s'approcha. Elle poussa une exclamation effarée. Un cadavre de chat adulte complètement décomposé gisait à côté de Grégoire. Il subsistait des lambeaux de pelage sur la pauvre dépouille, du noir, du blanc et du roux.

— Que signifie *apucine*? s'enquit-elle, apitoyée. C'était le nom de cette bête? Une chatte? Capucine?

Son cousin hocha vigoureusement la tête en riant. Songeuse, Abigaël essaya de reconstituer les faits. « La chatte était avec ces gens, mais, si Grégoire a ramené un chaton à la ferme, il est venu tout seul le récupérer. Il connaissait donc l'endroit. Peut-être rendait-il visite au couple. Cette femme, au village, disait bien la vérité. »

— Viens dehors, dit-elle. Nous devons partir, nous allons être en retard pour ton goûter. Prends ton minou.

Grégoire obéit docilement. Le chaton blanc se lova dans le creux de ses bras. Abigaël s'efforça d'examiner les murs de la pièce et le sol de terre battue. Le lieu était vide et lugubre; il ne restait rien de ceux qui s'étaient cachés là et qui y étaient morts. «Rien que toi, Capucine», pensa-t-elle.

Elle allait sortir à son tour quand un éclat doré attira son regard, près d'une caisse en planches qui avait dû faire office de table. Un rayon de soleil venait précisément de l'effleurer. Elle revint sur ses pas et ramassa l'objet, un médaillon bon marché. La bouche sèche et le cœur battant, elle étudia le modeste bijou, sans doute porté au bout d'une chaînette avant d'échouer dans ce taudis.

«Il s'ouvre…»

Une petite photographie découpée pour loger à l'intérieur lui apparut. Elle représentait un visage qu'elle crut reconnaître, celui d'une belle jeune femme blonde. Sur l'autre partie étaient gravés un prénom et un nom: *Janine Casta.*

— Janine… C'est elle, maman Nine, murmura-t-elle.

Marie Monteil n'osait pas se plaindre, mais, peu accoutumée aux travaux des champs, elle avait très mal au dos. Les ongles noirs de terre brune, les doigts meurtris par les menus cailloux et la rugosité des racines qu'elle arrachait, elle n'en pouvait plus.

À quelques mètres de là, Pélagie et Yvon Mousnier se penchaient et se relevaient avec la régularité aisée d'automates. «Comment font-ils?» pensa-t-elle en s'accordant une pause, les mains sur les hanches.

Son regard erra sur la colline voisine, frappée d'une lumière dorée propre aux belles journées d'automne.

Soudain, elle perçut un mouvement et devina une silhouette parmi les arbres, puis une seconde. Malgré la distance, elle identifia sans peine sa nièce et Grégoire. « Pourquoi sont-ils allés aussi loin ? » s'inquiéta-t-elle.

Vite, elle fixa le sol afin de ne pas attirer l'attention du fermier ou de son épouse. Bien que rassurée d'être logée et nourrie, Marie avait le cœur lourd et l'esprit soucieux. Abigaël lui avait paru différente au cours des deux derniers jours, un peu distante et secrète. « Elle ne me dit pas tout ce qui lui passe par la tête ! »

L'idée l'attrista. L'instant suivant, elle s'avoua qu'elle souffrait de ne plus être aussi intime que jadis avec elle. Abigaël était devenue sa raison de vivre, son unique centre d'intérêt. Elle lui avait servi de mère, mais elle venait de comprendre qu'elle faisait une mère trop exclusive, trop possessive. « Seize ans, elle va avoir seize ans ! C'est une jeune fille, bientôt une femme. Un homme me la ravira forcément. Je l'espère, même, car ce n'est pas gai de rester célibataire, même si c'est un choix personnel, dans mon cas », songea-t-elle.

Quand sa sœur Pascaline était morte, Marie avait trente-six ans. Elle avait déjà refusé deux demandes en mariage. Un des prétendants s'était montré têtu lors des obsèques de sa malheureuse sœur. Elle crut réentendre son discours véhément : « Ma chère Marie, vous ne pouvez pas élever seule votre nièce. Laissez-moi une chance d'être à vos côtés, de vous soutenir dans cette cruelle épreuve », disait-il à mi-voix à la sortie du cimetière.

Elle avait hésité, mais Pierre, le père d'Abigaël, était bien vivant, lui. Sa santé n'était pas brillante, mais elle n'aurait pas cru qu'il s'éteindrait lui aussi, deux ans plus tard. « Je ne pouvais pas élever la petite auprès d'un homme qui ne lui était rien, se dit-elle. En outre, j'ignorais si l'enfant avait hérité du don de sa mère. Dieu m'est témoin que je ne pouvais pas prendre de risques, je devais demeurer seule pour veiller sur elle et guetter le moindre signe annonciateur. »

Il était trop tard, désormais, et, au fond, Marie ne regrettait rien. Sa plus grande angoisse était d'imaginer son existence sans sa nièce, mais elle était prête à endurer l'épreuve.

Yvon, qui allumait une cigarette, l'observa un moment. Il fut surpris de la voir murmurer quelque chose du bout des lèvres, paupières mi-closes. Enfin, elle se signa.

— Ohé, Marie! cria-t-il. Vous faites vos prières?

— Oui, j'aime prier Dieu là où je me trouve, répliqua-t-elle.

— Quand même, au milieu d'un champ de betteraves, vous m'en bouchez un coin! s'étonna-t-il, moqueur.

Pélagie haussa les épaules, s'empara d'un seau rempli à ras bord de racines grisâtres et prit la direction de la charrette.

—

Pendant ce temps, Abigaël essayait de faire parler son cousin, certaine qu'il pouvait s'expliquer malgré son retard mental, puisqu'un gamin de quatre ans était en mesure de discuter.

— Venais-tu souvent voir la chatte, la maman de ton minou? lui demanda-t-elle pour la troisième fois.

Il n'avait pas répondu les deux fois précédentes, tellement content de tenir le petit animal contre lui qu'il semblait être sourd et muet.

— Non, pas souvent, dit-il enfin.

— Il y avait des gens? Tu as vu des gens, dans cette maison?

— Non, non, pas vu, moi.

Grégoire se mit brusquement à dévaler la pente en

poussant des clameurs aiguës. Il trébuchait, heurtait des troncs de chêne, piétinait des fougères. Affolé, le chaton tenta de lui échapper. Il dut le tenir plus fort et un miaulement de douleur alarma Abigaël.

Elle s'élança à son tour, désemparée. De toute évidence, elle avait touché un point sensible de l'âme naïve et torturée du pauvre garçon.

— Arrête-toi, je t'en prie! s'écria-t-elle. Grégoire, tu vas tomber et te faire mal!

Plus agile et plus rapide que lui, elle le rattrapa alors qu'il s'était étalé de tout son long, après avoir buté contre une racine. Son corps malingre était secoué de gros sanglots. Le chat avait sauté et, à distance prudente, il remuait la queue nerveusement.

— Ne pleure pas, supplia Abigaël en caressant les cheveux de son cousin. Dis-moi ce qui est arrivé, je suis sûre que ce n'est pas ta faute.

— Ma faute, si, papa colère, Béa méchante, très méchante.

Il se releva et reprit sa course folle. Abigaël prit le chat dans ses bras et courut à nouveau. Bientôt, Grégoire déboula en bas de la colline, dans un champ de son père moissonné en août et hérissé de piques jaunies, vestiges du seigle et de l'orge qui y avaient poussé. Cette fois, Yvon le vit et agita un bras.

— Bon sang de bois, qu'est-ce qu'il fiche si loin, le gamin?

— Il y a ta nièce, aussi, insinua froidement Pélagie.

— Il faut croire que le chaton de Grégoire était parti plus loin que prévu, fit remarquer Marie. Je crois que ma nièce le tient contre elle.

— Fi de loup, vous avez de bons yeux, nota Yvon. Nom d'un chien, ça ne me plaît pas qu'ils traînent dans les bois. Je croyais que la bestiole se cachait autour de la maison ou dans le jardin.

L'air plus inquiet que furieux, il agita encore le bras en appelant de toute sa voix grave et puissante.

— Venez un peu par ici!

La jument, qui patientait sagement sur le chemin, répondit par un hennissement à la clameur poussée par son maître. Marie en aurait souri en d'autres circonstances. Elle n'avait aucune envie d'une scène, ce qui lui paraissait pourtant inévitable, Abigaël et Grégoire s'étant aventurés hors des limites de l'exploitation. Mais ce fut un autre genre de scène encore plus pénible, dont elle dut être le témoin. Dès que sa nièce les rejoignit, le chaton blanc niché sous son gilet, Yvon l'interrogea sèchement.

— Raconte-moi ce que vous avez fait.

Tremblant et les joues en feu, le nez rouge d'avoir fait autant d'effort, Grégoire se réfugia près de Marie.

— Vous le voyez bien, mon oncle, nous avons cherché le chat et nous l'avons retrouvé.

— Ne prends pas ce ton insolent. Une bête aussi jeune n'a pas pu s'égarer dans les bois d'en face.

— Bon, réglez vos histoires, déclara Pélagie. Moi, je rentre à la maison. Je suis éreintée.

Il y avait dans sa subite décision une envie de s'esquiver, Abigaël le perçut. Elle comprit aussi que son oncle n'était pas au courant des agissements de son épouse à propos du chat, mais elle aurait eu honte de la dénoncer et elle préféra se lancer dans le récit détaillé de leur expédition. Le fermier l'interrompit quand elle évoqua la vieille femme du hameau.

— Bon sang, il a fallu que cette langue de vipère soit là, pile aujourd'hui… Paulette Davaud, une commère de premier ordre. Je pensais qu'elle ne reviendrait pas avant le printemps prochain!

— En fait, un des soldats allemands qui gardent la centrale électrique avait ramassé le chaton de Grégoire. C'est celui qui vient chercher du lait qui nous l'a redonné.

— Eh bien, l'affaire est réglée, soupira Marie, pressée de rentrer également se réchauffer au coin du feu.

Abigaël eut pitié de sa tante, décoiffée par le vent frais, les chaussures sales, l'air épuisé.

— Va donc au chaud, tantine, dit-elle gentiment. Emmène Grégoire, il doit avoir faim. Je lui ai promis un goûter.

— Tu ne vas pas te débarrasser de moi comme ça, Abigaël, protesta Marie. L'affaire du chaton disparu est résolue, mais pourquoi êtes-vous allés dans les bois?

Incapable de mentir, Abigaël décida d'obtenir des explications, simplement en les provoquant.

— Grégoire a peur des soldats et il s'est sauvé. Je l'ai suivi pour vite le ramener, dit-elle, ses yeux bleus rivés à ceux de son oncle. J'ai retrouvé mon cousin dans une sorte de masure. Il était assis sur un vieux sommier, près d'un cadavre de chat adulte, la mère de son précieux chaton, selon lui. J'ai été tellement surprise! Quand je lui ai posé des questions, il s'est affolé et s'est encore enfui.

Marie constata que le fermier était livide et qu'il avait le regard fixe. Elle le vit gratter son menton d'un geste nerveux.

— Ah, tu es allée là-bas, marmonna-t-il. Tu sais ce qui s'y est passé, Abigaël. Je t'en ai parlé, le jour de votre arrivée.

— Oui, mon oncle, j'ai supposé que c'était là, le lieu de la tragédie. Enfin, non, pas vraiment, je l'avais vu en rêve, cet horrible endroit.

Yvon ôta sa casquette et alla tapoter l'épaule de Grégoire. Sans rudesse, d'une main paternelle, il le força à avancer vers le chemin et l'attelage.

— Mon petit gars, va t'asseoir sur le siège de la charrette, hein, tu tiendras compagnie à Fanou. Elle s'ennuie, la pauvre bête. Ensuite, on reviendra tous les deux. Je te surveille, va, tu ne risques rien.

Marie et Abigaël échangèrent un coup d'œil sidéré devant l'attitude radoucie du fermier. Lorsqu'il vit son fils à l'écart, il avoua tout bas :

— Il faut se mettre à ma place. J'ai accepté de vous héberger, mais on ne se connaissait pas, ou bien peu. Vous, Marie, je ne vous avais pas revue depuis des années et toi, Abigaël, tu étais toute petite à l'enterrement de Pierre. C'est pourquoi j'avais pris mes précautions pour garder des choses sous silence. Mais j'ai eu tort, car rien n'empêche les gens de causer quand ils croient savoir la vérité. S'ils ne la savent pas, ils brodent autour d'un ragot qu'ils ont récolté à la façon de la vieille Paulette Davaud.

— Elle m'a dit que Grégoire avait dénoncé ces gens, mon oncle. Elle voulait me retenir et m'en raconter davantage, mais je suis vite partie, avoua Abigaël.

— C'est bien, tu as eu raison. Ma version vaudra mieux que la sienne.

Des nuages d'un gris bleuté avaient voilé le soleil. Le vent se faisait plus froid et plus âpre. Marie frissonna dans son manteau élimé.

— Ne pouvons-nous pas aller discuter à la maison ? implora-t-elle.

— Oh non, trancha Yvon. Ici, personne ne peut nous entendre, il faut se méfier de tout et de tous. L'homme qui se planquait dans la bicoque du bois, je vous l'ai dit, c'était un résistant. Son réseau avait été démantelé. Il avait réussi à sauver sa peau et celle de sa femme. Mais, ça, je ne l'ai su qu'après, bien après. Ils étaient venus frapper à notre porte et réclamer du lait pour la gamine. Ils prétendaient être des réfugiés. Je leur en ai donné et ils sont repartis. Seulement, un soir, juste avant la nuit, j'ai vu de la fumée à mi-pente de la colline. Alors, je suis monté voir. Ils s'étaient installés dans cette maison en ruine, à la limite de mes terres. Bon sang, j'étais en rogne, j'avais des doutes. Le type n'était pas un grand malin; il a vite lâché le morceau, qu'il se cachait, qu'on allait lui fournir de faux papiers pour eux trois. Je me suis calmé à cause de la petite fille et, oui, il y avait un chat et j'ai pensé que c'était une drôle d'idée de s'encombrer d'un animal dans ces conditions.

— Sûrement une bête qui vivait dans la nature auparavant, dit Marie. Les chats se débrouillent très bien sans les humains.

— Je ne crois pas, tantine, intervint Abigaël. Grégoire m'a dit que la chatte s'appelait Capucine.

— Ces gens l'avaient surnommée ainsi. Il n'y a là rien d'anormal, répliqua sa tante.

Yvon en profita pour allumer une autre cigarette. Il en roulait une dizaine à l'avance qu'il rangeait dans un étui en carton.

— Enfin, je n'étais pas tranquille. Les Boches de la Gestapo et, pire encore, les miliciens, si on aide des résistants ou des Juifs, ils vous fusillent ou ils vous torturent. Dix jours se sont écoulés. Deux fois l'homme est venu la nuit chercher de la nourriture. Je ne pouvais pas refuser, ça non, je n'allais pas les laisser crever de faim. Et puis, un jeudi matin, Franz, un brave gars, cet Allemand-là, est venu me dire que la milice traquait un résistant qui devait se cacher dans le coin, qu'on nous interrogerait sûrement. Pélagie était au courant, elle a pris peur. J'ai envoyé Patrick à Dirac chez ma belle-sœur et moi j'ai fait la connerie, il n'y a pas d'autre mot, de grimper à Angoulême à vélo pour demander à Béatrice de ne pas rentrer le soir à la ferme.

Abigaël écoutait, le cœur serré, non sans avoir pitié de son cousin, immobile sur le siège de la charrette. Il semblait grelotter, les bras croisés sur sa poitrine, sa tête rousse penchée en avant.

— La Milice n'a pas perdu de temps. Ces satanés policiers, ils sont entrés dans la maison, ils ont questionné

Pélagie et, comme elle n'arrivait pas à parler tellement elle était terrifiée, ils ont dû trouver ça louche et ils l'ont frappée. Des Français comme vous et moi, des traîtres à leur pays, des vendus… Grégoire n'est pas si sot qu'il en a l'air et je dois ajouter qu'à l'époque on ne le tenait pas enfermé. C'était le mois d'août. Il vadrouillait du matin au soir. Il nous rapportait des mûres, parfois des pommes encore vertes. Moi, je ne pouvais pas deviner qu'il était monté là-haut sans se montrer au couple et à la gosse. Il devait les épier, une sorte de jeu idiot. Peut-être même qu'il s'est approché et qu'il a tenté de discuter avec eux, je ne le saurai jamais, pardi!

Marie oubliait le vent glacé et ses pieds gelés. Elle pressentait un dénouement épouvantable, à l'instar d'Abigaël, soulagée et effrayée d'apprendre ce qui s'était réellement passé.

— Pour finir, en voyant sa mère la lèvre en sang, bourrée de coups et étalée sur le plancher, le pauvre crétin a crié qu'il savait, lui, où il y avait des gens cachés. Ce qui compte, chez les ordures de la Milice, c'est le résultat, c'est prouver aux S. S. qu'ils font bien leur sale boulot. Ils ont entouré Grégoire et l'ont interrogé sans le brusquer. Pélagie écoutait. Le gamin répétait : « Maman sait pas, papa sait pas, moi je sais! »

— Mon Dieu, murmura Marie, bouleversée.

— Ouais, je n'aime pas en parler et je n'en parlerai plus jamais à dater d'aujourd'hui. Ils ont emmené Grégoire, en voiture. Il a dû leur indiquer un sentier, celui qui part de la route. Moi, j'étais déjà de retour. J'ai trouvé ma femme en train de gémir et de vomir. Elle m'a tout expliqué. J'ai pensé à courir les prévenir, ces pauvres gens, mais j'ai entendu des coups de feu. Beaucoup de coups de feu. Un massacre, ils les ont massacrés. Et Grégoire a sûrement tout vu. Depuis, il est encore plus idiot qu'avant, il s'est mis à salir ses draps la nuit.

155

— Vous êtes sûr qu'il a vraiment tout vu, mon oncle? interrogea Abigaël, les larmes aux yeux.

— On a attendu jusqu'au soir, Pélagie et moi. Le gamin ne rentrait pas. J'étais inquiet, je me demandais si les miliciens ne l'avaient pas tué, lui aussi. Pourtant, je n'osais pas monter là-haut, parce qu'il y avait des bruits de camion et de voiture qui me parvenaient. J'y suis allé à la tombée de la nuit et je l'ai trouvé à mi-chemin, sous un buisson, tremblant de tout son corps, complètement hébété. Le lendemain, il m'a raconté à sa manière ce fichu massacre. Quand Patrick a su le fin mot de l'histoire, je veux dire le rôle de son frère, il a jugé que c'était le destin, que le gamin n'avait pas compris ce qu'il faisait, mais Béatrice a été bouleversée et furieuse.

— C'est pour ça qu'elle rejette Grégoire, qu'elle le méprise, s'indigna Abigaël. Il n'est pas responsable, ni vous, mon oncle. Les coupables, les monstres, nous les connaissons. Pensez qu'ils ont abattu une fillette de six ans!

— Va savoir pourquoi, soupira le fermier, amer. Peut-être que ça valait mieux pour elle de ne pas se souvenir de ce jour-là, de ne pas grandir avec ce souvenir.

— Mais, si ce petit chat vient de là-bas, si c'est le cadavre de sa mère que j'ai vu, Grégoire y est retourné malgré tout, hasarda Abigaël.

— Non, c'est moi, dit son oncle d'un ton affligé. Je devais y retourner, je n'ai pas pu m'en empêcher. La chatte était en train de crever. J'ai ramené son petit.

— Comment mon cousin a-t-il su que cette bête se nommait Capucine, que c'était la mère de ce chaton?

— Je te l'ai dit, il n'est pas si sot que ça. Je suppose qu'il a entendu ces gens donner ce nom-là à la chatte. Et je lui ai expliqué d'où venait sa bestiole.

Abigaël dut se contenter de l'explication. Apitoyée, elle caressa le chaton.

— Moi, ce qui m'étonne, Yvon, fit judicieusement remarquer Marie, c'est que vous n'ayez pas été davantage inquiété par la Milice. On m'a raconté leurs méthodes atroces et, dans ce drame, ils se seraient contentés de croire un enfant handicapé mental?

De blafard, Yvon devint rouge. Il marcha sur elle, la face terrible.

— Non, mais vous insinuez quoi? Que je les ai dénoncés? Et vous pensez que, si c'était le cas, je serais encore ici à vous causer? J'aurais payé cher le fait de les avoir aidés, ouais. Et c'est pour ce genre de soupçons, que je lis dans vos yeux, que je ne voulais pas vous mettre au courant, que je conseillais à Abigaël de ne pas s'éloigner de chez nous. Si vous aviez le poids que j'ai sur le cœur à cause de ces malheureux tués comme des chiens, et de la gamine, la pauvre gamine…

Sa voix se brisa. Il ramassa un outil et remit sa casquette, prêt à rejoindre le chemin.

— Pardonnez-moi, Yvon, c'était une question, de la curiosité. Je ne vous accusais de rien, affirma Marie.

Abigaël fit mieux. Elle courut vers son oncle et l'embrassa sur la joue. Elle le sentait sincère, très affecté par le récit qu'il avait dû leur faire. Ses doutes s'étaient envolés; elle venait d'acquérir la certitude que le fermier n'était absolument pas du côté des Allemands.

— La fillette est en paix, désormais, chuchota-t-elle à son oreille. Merci de nous avoir dit la vérité. Je vous plains de tout cœur, je plains mon cousin et tante Pélagie. Je les soignerai, mon oncle, si je le peux.

Touché, il la regarda intensément. Il n'avait retenu qu'une chose.

— La fillette est en paix, dis-tu? Pourquoi?

— Je l'ai vue, je l'ai aidée. Elle est dans la lumière de Dieu.

La voix de la jeune fille avait un accent solennel, très doux et apaisant, cependant. Elle recula d'un pas, souriante malgré l'émotion qui l'assaillait.

— Des gendarmes français se sont occupés des corps, ajouta Yvon, direction Soyaux et la fosse commune.

— Si vous pouviez me conduire au cimetière bientôt, je voudrais prier pour ces malheureux, supplia-t-elle. Ils ne sont pas à leur place, ils mériteraient une tombe digne d'eux, de leur courage, de leur martyre. Vraiment, il n'y a aucun moyen de connaître leur identité?

— Non, et à quoi bon! soupira-t-il. Ils sont parmi les justes et tes prières leur feront plus de bien qu'une pierre tombale et une croix. Si je peux, je t'emmènerai samedi, en charrette. Surtout, on ne cause plus de tout ça.

— Rentrons, nous allons tous geler, se plaignit Marie.

Le fermier opina. Songeuse, Abigaël avança sans hâte. D'une main, elle tenait le chaton; de l'autre, enfouie au fond de la poche de sa jupe, elle étreignait le médaillon en métal doré. Si elle était sûre de la loyauté de son oncle, à présent, elle pressentait qu'il lui dissimulait encore quelque chose. «Janine Casta, la maman Nine de la petite Astrid, l'exode, la peur, la terreur, la souffrance. Qui était Janine, cette femme jeune et si belle? La fille de ce couple?»

Ses pensées se bousculaient, tandis qu'elle suivait des yeux les silhouettes d'Yvon et de Marie. Le ciel s'était entièrement obscurci, maintenant. Le paysage en paraissait sinistre, couleur de rouille et de grisaille. Un vol de corbeaux se percha au sommet d'un frêne dans un concert de cris rauques.

Abigaël scruta les pans de falaise qui émergeaient des haies de buis, hiératiques, immuables, pareils à des vagues de pierre figées pour l'éternité. Le même appel étrange, ténu et mystérieux qu'elle avait déjà perçu résonna dans son âme. « Quelqu'un a besoin de moi, mais qui? Qui? » se demanda-t-elle, exaltée, comme en transe.

Le quotidien reprit ses droits; l'appel s'était tu. Le fermier grimpa sur le siège de la charrette et s'empara des rênes. Pâle, le nez rouge de froid, Grégoire se serra contre son père. Marie entoura les épaules de sa nièce d'un bras protecteur et tendre.

Elles rentrèrent silencieusement à pied derrière l'attelage. Les sabots de la jument semblaient rythmer leurs propres pas et le ronronnement du chaton berçait leur tristesse.

6

Entre chien et loup

Ferme des Mousnier, même jour

Secondée de Grégoire, Abigaël aidait son oncle à dételer la jument et à décharger les betteraves. Marie entra la première dans la maison. Elle se sentait lasse et son cœur restait meurtri depuis le récit d'Yvon. Pélagie était assise au coin de la cheminée, les mains croisées sur ses genoux. Son visage ingrat était figé dans une énigmatique songerie. Ce n'était pas fréquent de la trouver ainsi, inoccupée, à prendre le temps de se reposer.

— Madame, lui dit Marie, votre mari vient de nous raconter ce que vous avez enduré, cet été. Je suis désolée pour vous. Quelle épreuve abominable que d'être brutalisée et frappée par des hommes abjects, des miliciens! Vous avez été très courageuse de ne pas trahir ces pauvres gens.

Pélagie lui adressa un regard indéfinissable, teinté de surprise et d'émotion.

— Yvon n'a pas pu tenir sa langue, alors, déplora-t-elle. Vous savez, pour Grégoire…

— Oui, et je crois que votre fils, tout innocent qu'il est, a voulu vous protéger, ce jour-là. Il a su ruser, aussi, en prétendant que vous et Yvon ne saviez rien.

— Je n'ai jamais eu aussi peur de ma vie, confessa Pélagie dans un lourd soupir. Mais, le gamin, il n'a pas rusé du tout, il croyait qu'on n'était pas au courant, son père et moi, qu'il y avait des gens cachés dans les bois. Pauvres gens! Ma fille m'en a voulu, après ça, comme si c'était ma faute. Et elle déteste son frère.

Marie fut désarmée de voir des larmes briller dans les yeux de la fermière.

—Je suis navrée. J'ai remué de très mauvais souvenirs!

— Ah, ça oui, c'est depuis que j'ai pris un coup de pied dans le ventre que je souffre du foie. Je n'avais pas un si vilain teint, avant, et je reste debout du matin au soir avec cette douleur.

— Il faudra demander à Abigaël de vous soigner, madame. Pourquoi vous priver de son secours? Elle vous a soulagée quand vous avez été ruée par le cheval.

— La jambe, ce n'est pas pareil. J'ai ma pudeur.

— Allons donc, entre femmes, on est à l'aise, affirma Marie avec un sourire engageant. En tout cas, je peux vous dire une chose, Grégoire a besoin de votre affection.

— Bah, il a la vôtre, ces temps-ci; il ne fait plus attention à moi.

— Vous êtes si dure à son égard, bien souvent!

— On m'a élevée comme ça. Vous n'avez pas eu d'enfant anormal, vous! Quand j'ai compris qu'il resterait idiot, j'ai eu tellement honte! Pourtant, je l'emmenais en ville avec nous, si mon mari me conduisait aux Halles à Angoulême, les jours de foire. Si vous saviez les regards, les méchants commentaires, les railleries qu'on nous jetait! Peu à peu, je l'ai pris en grippe, Grégoire, et je me suis mise à le garder ici, dans la vallée.

— Je sais à quel point les gens peuvent être stupides devant ce qu'ils ne comprennent pas ou n'admettent pas. Mais c'est un bon garçon, votre petit. Entouré d'amour et de douceur, il pourrait encore progresser.

Grégoire entra au même instant, le chaton dans les bras. Il claquait des dents et grelottait dans son chandail en coton.

— Papa a dit... goûter, moi, Goire goûter.

Vite, Marie se leva de la chaise où elle s'était assise vis-à-vis de Pélagie et y installa l'innocent. Réchauffée, elle enleva son manteau et lui en couvrit les épaules.

— Je te prépare ton goûter, promit-elle de sa voix douce.

Elle lui servit peu après un bol de lait teinté de chicorée et une tartine de pain beurrée agrémentée d'une fine couche de confiture de mûres.

— Viens à table, mon garçon, mets-toi sur le banc. Ensuite, nous monterons chercher ton gilet en laine.

Il croqua avidement dans sa tartine, non sans avoir murmuré une sorte de merci. Marie resta à proximité pour le surveiller. Pélagie se leva comme à regret.

— Je dois éplucher des pommes de terre pour la soupe. Je vais entamer une citrouille, aussi, on en a récolté de bien belles. Ah, on n'est pas les plus malheureux; on a de la bonne terre à cultiver.

En passant à côté de son enfant, elle lui effleura les cheveux d'un geste un peu gauche, presque timide. Il tressaillit, effrayé, mais le geste se fit caresse et, d'un mouvement brusque, il appuya sa tête contre la poitrine maternelle.

— Gentille, ce soir, maman, bredouilla-t-il.

Marie en eut les larmes aux yeux. Elle éprouvait soudain le même sentiment qu'Abigaël. «Nous devions venir ici, oui, Dieu nous a montré la voie à suivre.»

Son cœur plein de bonté et de charité exultait devant le sourire étonné de Grégoire, dont les lèvres tremblaient, mais de joie, à présent.

—

Abigaël était restée en compagnie de son oncle, à l'abri de la vaste grange dont elle appréciait l'ambiance tiède, ainsi que l'odeur du foin et des bêtes au repos. Sur les conseils du fermier, elle frottait avec une poignée de paille l'encolure, les flancs et la poitrine de la jument, qui s'ébrouait, satisfaite du traitement.

— Tu n'as pas peur des chevaux, au moins, constata Yvon d'un ton neutre.

— Ni des vaches ni des moutons, dit-elle. Il faudra me montrer vos épagneuls. Ils aboient souvent, les pauvres. Ils doivent s'ennuyer, toujours enfermés.

— Je les promènerai demain. Tu pourras les voir. Si je les lâchais, ils divagueraient. La chasse leur manque.

L'adolescente se tourna vers lui et le fixa en silence. Il nettoyait dans un baquet d'eau des betteraves qu'il donnerait en quartiers aux deux vaches pendant la traite.

— Je vous remercie, mon oncle, de nous avoir dit la vérité au sujet de Grégoire, dit-elle très vite.

— J'étais bien obligé. À présent, plus un mot là-dessus, ça me remue les tripes d'y repenser. Tiens, tant que tu es là, donne donc du foin aux moutons, ce sera fait.

Elle s'exécuta en essayant de libérer son esprit du chagrin et de toutes les idées et sensations étranges qui l'obsédaient. Sans bien savoir pourquoi, elle taisait certaines choses à sa tante, ce qu'elle n'avait jamais fait auparavant. Pendant qu'elle distribuait le fourrage, assourdie par les bêlements du petit troupeau, l'image de la bête errante aperçue la nuit précédente lui revint.

Comme le fermier s'approchait de la barrière, elle osa une question qui pouvait paraître anodine.

— Dites, mon oncle, il n'y a plus de loups dans la région?

— Des loups! Pourquoi ça?

— Je suis curieuse. Et puis, vous aviez un piège à loups.

— Oui, mais, de nos jours, ces engins servent plutôt à piéger les renards, les chiens ensauvagés ou les blaireaux. Des loups, il y en avait quand j'étais gosse et mon père m'a raconté des histoires, du temps où il était petit. Les châtelains du pays organisaient même des battues pour se débarrasser de ces bêtes malfaisantes. Comprends-tu, ils rôdaient dès la tombée du soir, à l'heure qu'on appelle entre chien et loup, et ils s'en prenaient au bétail.

— Qu'est-ce que ça signifie, entre chien et loup?

— Au crépuscule, à une certaine distance, tu ne peux dire si une bête à l'orée d'un bois est un chien ou un loup.

Abigaël approuva en silence, la mine sérieuse. Yvon alluma une cigarette, content de bavarder tranquillement avec elle.

— Il en est passé, des loups, dans la vallée et vers Puymoyen, parce que ces bêtes aiment bien les brandes et les rochers où ils peuvent se cacher durant le jour. Mais ce n'était plus comme jadis; il s'agissait de quelques animaux poussés par le froid et la faim, qui venaient des contreforts d'Auvergne.

— Vous en savez plus long que monsieur Hitier sur les loups, déclara-t-elle en souriant.

— Parce que tu l'as interrogé, lui aussi? s'étonna-t-il. Dis-moi, Abigaël, aurais-tu vu un animal rôder sur la colline ou sur le chemin? Un animal que tu aurais pris pour un loup?

— Non, mon oncle, non… J'avais envie de discuter un peu pour oublier ce qui s'est passé là-bas, autour de la maisonnette.

— Tu peux dire une bicoque, maugréa-t-il. Tu dois oublier! Je te le conseille, même si ça ne doit pas être facile pour toi, maintenant que tu as vu la fillette. Bon sang, je n'arrive pas à y croire!

Abigaël sortit de l'enclos des moutons et le rejoignit. Elle n'avait pas besoin de précision. D'un air sage et très doux, elle contempla les deux chevaux, la mule et les vaches.

— Comment c'est possible, hein, de voir des morts, de leur parler? s'écria-t-il. Tu es toute jeune, en plus, et tu ne parais pas effrayée. On dirait que tu as l'habitude. Tu veux que je te dise? Quand Pascaline m'a expliqué le don qu'elle avait, je n'ai pas pu la croire non plus. Je l'ai accusée de mentir pour se rendre intéressante. Pourquoi avez-vous ce pouvoir-là, dans votre famille?

— Ce n'est pas un pouvoir, soupira-t-elle, disons que c'est une faculté. Au début, la première fois qu'il se produit quelque chose, on ne comprend pas bien et on a peur.

— As-tu encore peur?

— Non, je suis si heureuse d'aider une âme en peine à s'élever, mon oncle! affirma-t-elle d'une voix basse et feutrée.

Il la dévisagea, troublé, et décocha un léger coup de poing dans la barrière.

— Bon, je préfère qu'on oublie ça aussi, ça me fait drôle. Rentre au chaud et dis à Pélagie de me rejoindre dans une heure pour la traite. Ce soir, tu es en congé, ma nièce.

Elle le remercia d'un sourire et courut vers la grande maison.

Il faisait sombre. Le ciel de plus en plus chargé de nuages prenait des teintes métalliques et, dans cette pénombre au parfum de pluie, la fenêtre éclairée de la cuisine lui fit songer à un fanal guidant à bon port les voyageurs égarés.

—

Dès après le dîner qui consista en deux assiettes de soupe d'une douce couleur orangée, Marie monta coucher Grégoire et ne redescendit pas. La soirée fut paisible. Comme absorbée dans ses pensées, Pélagie avait repris sa place au coin de l'âtre. Elle tricotait. Abigaël raccommodait l'unique paire de bas en laine de sa tante, qui en aurait sûrement l'usage bientôt, le froid étant de plus en plus vif. Patrick anima la calme veillée en racontant son après-midi de travail chez monsieur Hitier.

— Je parie qu'il neigera avant Noël, cette année, dit le fermier, qui cassait des noix sur la table.

— Est-ce qu'il neige beaucoup, dans la région? s'enquit l'adolescente, pleine d'espoir.

— Bah, ça dépend. Parfois oui, parfois non, répondit Patrick.

— Dans ma jeunesse, nous avons eu des hivers neigeux, nota Yvon sur un ton paisible. Pierre et moi, on faisait un bonhomme de neige, quand il y en avait suffisamment. Une fois, pour mettre une dernière touche à notre ouvrage, on a pris en douce le chapeau du dimanche de notre père; quand il s'en est aperçu, on a eu droit à une rude correction.

— S'il neige, je ferai un bonhomme avec Grégoire, dit Abigaël. Mais je ne vous prendrai pas votre casquette, mon oncle.

Il eut un petit rire amusé. Patrick les regarda tour à tour, un peu surpris de leur bonne entente. En une semaine, sa cousine avait fait la conquête de son père. Il en conçut de la jalousie, car l'adolescente l'évitait, à présent, et il n'avait pas réussi à se retrouver seul avec elle.

— Au fait, papa, s'exclama-t-il, tu as une idée à propos de celui qui a volé le piège à loups?

— Non, aucune idée, fiston. Tiens, si on buvait un petit verre de gnole, ce soir? Qu'en dis-tu, Pélagie? Ça te remonterait le moral, tu as une drôle de mine.

— Pourquoi pas, mon homme.

Patrick s'empressa de sortir la bouteille du buffet, ainsi que trois verres minuscules réservés à cet usage. Il versait l'eau-de-vie avec application quand une véritable bourrasque ébranla les volets et souffla dans la cheminée au point d'envoyer un peu de cendre sur les pierres de l'âtre.

— Mon Dieu, gémit Pélagie, voilà que ça recommence!

Chacun s'immobilisa afin d'écouter le grondement terrifiant du vent qui faisait songer aux hurlements déments d'une meute d'animaux en furie.

— Ça souffle encore plus fort que mardi dernier, insista la fermière, les traits tendus par l'angoisse. C'est pas ordinaire, ça!

Elle jeta une œillade méfiante à Abigaël. Marie Monteil lui avait inspiré confiance par sa compassion, mais elle continuait à voir dans la nièce de son mari une menace pour son foyer.

— Nous verrons bien si une autre tempête se déclare mardi prochain, fit la jeune fille. Nous serons le 5 décembre, au début de la période de l'avent. Tu m'aideras à décorer la maison, Patrick?

Son cousin eut une mimique d'incompréhension. Il avala d'un trait son verre d'eau-de-vie et se lécha la lèvre supérieure d'un air gourmand.

— Que veux-tu décorer?

— Au moins la cuisine. Il me semble que vous n'utilisez pas l'autre pièce du rez-de-chaussée. J'y ai jeté un coup d'œil, hier. C'est un salon.

— On l'aère pendant l'été, mais, là, on ne peut pas se permettre de le chauffer, expliqua son oncle. La réserve de bois bon à brûler doit tenir jusqu'au printemps.

— Madame, est-ce que cela vous dérangerait si j'accrochais du gui dans le vestibule et des branches de sapin sur le manteau de la cheminée? Tantine et moi le faisions toujours, chez nous, en Touraine. Nous avions de beaux rubans de satin rouge qui ont, hélas! disparu dans les décombres de la maison.

Yvon fronça les sourcils sans faire de commentaire. Le « madame » dont usait Abigaël à l'égard de son épouse l'agaçait. Mais, une pensée chassant l'autre, il revit Pascaline l'unique soir de Noël où il avait rendu visite à son frère Pierre; le jeune couple habitait à Magnac-sur-Touvre, à l'époque. Leur humble logis, deux pièces et une étroite cuisine, était tout décoré de houx et de guirlandes de sapin enrubannées.

— Tu feras à ton idée, ma nièce, dit-il d'une voix sourde, mais sois gentille, appelle donc Pélagie tata! Nous sommes en famille.

La conversation était ponctuée des mugissements du vent, souvent assortis de craquements sinistres. Abigaël croyait sentir dans son corps la lutte des arbres contre les éléments déchaînés. Comme elle vouait une amitié particulière au grand tilleul du jardin, elle espérait qu'il résisterait aux rafales de plus en plus violentes.

— Je vous remercie, mon oncle, dit-elle doucement. Si madame Pélagie y consent, je serai contente de l'appeler tata, mais je crois qu'elle n'en a pas envie.

— Pas encore, rétorqua la femme.

Patrick se mit à siffloter un air de son invention. Il faisait les cent pas autour de la table, tendait l'oreille à la moindre accalmie, puis reprenait ses déambulations.

— J'ai l'impression qu'il pleut à torrents, papa, hasarda-t-il enfin. Pas de chance, on aura posé des appâts pour rien.

— Ne t'inquiète pas, la sale bête qui a dévasté le poulailler a dû digérer notre oie. Elle va revenir et, affamée, elle aura vite fait de croquer la carcasse de poulet et le poison avec.

Abigaël les dévisagea, révoltée. Ses efforts de la nuit précédente pour faire disparaître le piège ne serviraient donc à rien?

— Vous avez du poison? demanda-t-elle.

— J'en ai toujours en réserve pour me débarrasser des rats et des fouines, précisa son oncle.

La sérénité passagère de l'adolescente céda la place à une poignante détresse. «Je suis sotte! Ils font le nécessaire pour protéger le bétail et la volaille. Ils font au mieux afin de manger à leur faim. C'est une autre sorte de guerre», se dit-elle.

Quelques minutes plus tard, elle leur souhaita une bonne nuit et monta se coucher. Sur le palier du premier étage, elle s'arrêta un instant et se raccrocha à la vision de la belle femme brune qui l'intriguait tant. «Qui êtes-vous, chère dame?» Résignée à rester dans l'ignorance, elle pénétra sans bruit dans le grenier. Sa tante ne dormait pas; elle fixait la flamme de la chandelle que les courants d'air faisaient vaciller.

— Te voilà, ma petite! Je me repose, mais sans pouvoir fermer l'œil, avec ce vacarme dehors. Heureusement, ça ne réveille pas Grégoire. Viens près de moi, tu es toute pâle.

L'adolescente obéit et s'assit au bord du lit. Marie lui prit la main et l'observa, soucieuse.

— Tu es encore bouleversée par le récit de ton oncle, n'est-ce pas? Quelle horreur!

— Oui, tantine, une horreur qui s'ajoute à tant d'autres choses horribles. On dirait que l'univers devient fou, que le chaos règne partout, ainsi que la peur, le mal, le chagrin. De mon côté, je lutte pour glaner de petites joies et apprécier les moments moins sombres.

— Tu ne me caches rien, Abigaël? Nous vivions tellement repliées sur nous-mêmes, en Touraine et pendant nos pérégrinations! Ici, tu es accaparée par tes cousins, ton oncle et les animaux.

— Tantine, c'est moi qui ai enlevé le piège.

Tout bas, Abigaël se confessa à Marie, sans oublier aucun détail, en lui révélant comment monsieur Hitier avait joué les complices. Elle dut rapporter les paroles du vieux professeur au sujet de la femme admirable à qui, par son geste, il rendait hommage.

— Son épouse, évidemment, murmura sa tante.

— Je pense, oui… Tantine, il y a autre chose.

Elle se glissa tout habillée entre les draps et se blottit contre le corps tiède de sa tante. Délicieusement bien dans la chaleur du lit, elle lui fit part des visions fugitives qu'elle avait eues et aussi du mystérieux appel qui semblait sourdre des falaises.

— Tu auras forcément une réponse, une solution un jour ou l'autre, assura Marie. Mais je comprends que tu sois préoccupée. Je n'ai pas souvenir que ta maman ait vécu un phénomène de ce genre. Tu as raison de m'en parler, je m'inquiétais de ton silence. Bon, le vent se calme. Il faut dormir.

Abigaël reçut un tendre baiser sur le front. Le sommeil la terrassa aussitôt, malgré une lointaine musique, tellement gaie et particulière; cela faisait comme des grelots de cuivre agités par une main invisible.

Elle rêva. Il faisait un grand soleil printanier dont la clarté se reflétait sur de hautes falaises d'un gris pâle. Des giroflées sauvages d'un jaune délicat paraissaient naître de la pierre. Elle respirait leur parfum suave et enivrant, tout en riant de joie, car un pittoresque attelage approchait au trot sur un chemin lui aussi ensoleillé. Un âne au poil brun tirait une petite charrette peinte. Le harnais de l'animal portait des grelots. C'était drôle, mais plus drôle encore était le vénérable vieillard qui secouait les rênes. Quelque part, des chèvres bêlaient et elle se retournait pour les chercher des yeux. Tout n'était que bonheur et harmonie.

— Figaro, n'es-tu pas fatigué? s'écriait-elle sans entendre en retour le son de sa voix, car ce n'était pas le son de sa voix.

Soudain, le vieillard à la longue barbe blanche et au regard malicieux pointa vers elle un index accusateur. Le soleil disparut et le ciel devint noir. Une bête hurlait à la mort; elle sanglotait, désespérée.

Abigaël se redressa, affolée. Son cœur cognait follement dans sa poitrine. Elle s'étonna d'être couchée là, près de sa tante, en gilet, robe et tablier. « Oh ce rêve! Mon Dieu, que signifie ce rêve? » Elle s'écarta de Marie pour s'asseoir et écouter les bruits de la nuit. Un profond silence avait succédé au tintamarre de la tempête. « J'étais une autre personne, dans le rêve », se dit-elle.

Un pressentiment impérieux, d'une force singulière, la poussa à se lever. Elle se doutait qu'elle agissait dans un état second, mais cela n'avait pas d'importance.

Il lui fallut cinq minutes pour récupérer ses chaussures dans la pénombre et trouver sa lampe à pile dans le tiroir de la table de nuit. Elle descendit en chaussettes, d'une démarche aérienne. Une fois dans le vestibule, elle enfila son manteau et actionna la clef dans la serrure. Pas une seconde elle ne songea aux autres occupants, qui n'étaient peut-être pas couchés. Toute prudence l'avait quittée, ainsi que toute logique.

La porte s'ouvrit sur un paysage transfiguré. Le jardin était blanc de neige et le sapin en était nappé, comme les branches du tilleul. Des flocons ruisselaient dans un chuintement ténu. Le spectacle inattendu la tira de sa transe.

Une toux résonna dans la cuisine et elle vit un rai de lumière au ras du carrelage. Son oncle et Patrick discutaient. « Mais qu'est-ce qui m'est arrivé? » se demanda-t-elle, sidérée.

Il y eut alors le bruit caractéristique d'une chaise déplacée, suivi du raclement d'une pelle en fer sur l'âtre. Yvon couvrait le feu de cendres pour avoir des braises au petit matin. « Ils vont monter! »

Elle referma la porte et tourna la poignée de celle qui donnait sur le salon glacial. Vite, elle se réfugia là et s'appuya au mur le plus proche. Des pas pesants firent vibrer l'escalier, puis le plancher des chambres. Abigaël soupira de soulagement, indifférente au froid. Elle patienta un long moment avant d'oser regagner le vestibule. « Maintenant que je suis là, habillée et chaussée, autant faire un tour dehors, dans la neige. »

Si elle avait été âgée de quelques années de plus, Abigaël aurait pu s'inquiéter de la sensation de dédoublement dont elle avait été victime ou bien redouter de croiser une patrouille de soldats allemands. Mais elle était impulsive, quoique réfléchie, éprise d'aventure malgré son éducation d'enfant unique.

Il lui sembla merveilleux de poser le pied sur le tapis d'un blanc immaculé qui recouvrait le seuil et l'allée du jardin. La nuit n'était pas vraiment sombre, comme si le manteau nuageux se dissipait et s'apprêtait à révéler un quartier de lune. « Est-ce que je mettrai facilement la main sur la carcasse de poulet empoisonnée? » s'interrogea-t-elle. Elle comprit soudain pourquoi ses pas la conduisaient vers l'enclos du poulailler. En se couchant tout à l'heure, elle n'avait pas pensé à sauver une deuxième fois le coupable, chien errant ou renard, mais il lui apparaissait évident, à présent, que son esprit, lui, en avait la ferme intention.

— J'espère qu'il n'est pas trop tard, que la bête n'est pas déjà venue, chuchota-t-elle, comme si quelqu'un l'accompagnait. Mais je n'ai pas dormi longtemps.

Un instant, son rêve s'imposa à elle, surtout le moment où le soleil avait été balayé par les ténèbres et qu'un hurlement désespéré avait retenti.

Inquiète, elle s'arrêta devant la porte de l'enclos et inspecta le sol enneigé. Il n'y avait aucune trace de l'appât mortel. Lorsqu'elle alluma sa lampe à pile, elle découvrit de larges empreintes, vraiment impressionnantes. Un examen plus attentif lui révéla qu'il y avait aussi des traces de pattes moins grandes.

Au moment même où elle faisait ce constat, l'écho d'une lutte féroce lui parvint, un concert farouche de grognements, d'aboiements et de cris rauques. « Ce sont des chiens. Ils se disputent la carcasse de poulet, sans doute, songea-t-elle. Je ne peux plus rien faire, le vainqueur est condamné. »

Attristée, Abigaël longea le mur de la grange. Soudain, elle perçut des pas derrière elle. Prise de panique, elle voulut courir, mais deux bras robustes l'arrêtèrent.

— Hé, hé, où vas-tu comme ça, ma poulette? fit la voix pâteuse de son cousin.

Son haleine empestait l'alcool. Il la serra de plus près et osa caresser ses seins. Affolée, elle se débattit.

— Tu es saoul. Lâche-moi, sinon j'appelle au secours!

— Papa ronfle, maman aussi. On a un peu forcé sur la gnole, ce soir. Et j'en ai repris un verre avant de te chercher, petite coquine.

Patrick lui planta un baiser gourmand dans le cou, ayant écarté le col de son manteau d'un geste de la tête. Le contact de ses lèvres chaudes révulsa Abigaël, qui n'avait jamais approché un garçon et qui ne connaissait que la tendresse de sa tante. Elle éclata en sanglots, incapable d'échapper à l'étreinte forcenée de son cousin.

— Ne me touche pas, implora-t-elle. Mon Dieu, pitié, pitié!

— Il ne peut pas faire grand-chose pour toi, le bon Dieu, bredouilla-t-il en glissant une main sous son gilet. T'as une jolie poitrine, poulette, on dirait pas, à te voir.

Abigaël se contorsionna et chercha à le mordre au visage, mais il riait et plaquait son bas-ventre contre ses fesses.

— Comment oses-tu me toucher, sale crétin, cracha-t-elle, soudain furieuse. Ton père le saura, cette fois, je t'avais prévenu. Laisse-moi, tu n'as pas le droit.

Il la fit virevolter, la poussa avec rudesse contre le mur et l'embrassa sur la bouche. Il respirait fort, totalement hagard.

— J'ai le droit, t'es même pas ma cousine, je te dis! Je le sais par ma mère. Et j'dois pas être le premier! Les filles comme toi, elles ont chaud où j'pense.

Un grondement terrifiant coupa court aux gesticulations obscènes de Patrick et le fit bégayer:

— Bon sang, c'est quoi, ça?

Un chien de haute taille marchait vers eux. Tous deux devinaient sa silhouette massive sous la faible clarté lunaire, car il ne neigeait plus et le ciel s'était dégagé. Abigaël fixa d'un air ahuri l'animal qui montrait les crocs. Ses yeux brillants au regard oblique étaient rivés sur le garçon.

— Il va t'attaquer! s'écria-t-elle. Va-t'en donc, idiot!

— Et toi?

— Je n'ai pas peur de lui! mentit-elle en contenant ses larmes.

Dégrisé, Patrick prit la fuite, mais, un peu plus loin, il ramassa un piquet appuyé au mur et fonça sur la bête.

— Viens derrière moi, Abi, fais pas l'andouille.

— Ne le frappe pas, s'égosilla-t-elle, je t'en prie!

Le grand chien hésita. En dépit de son épais pelage d'un gris beige, Abigaël discerna nettement le collier qui marquait son cou.

— Sauve-toi, lui cria-t-elle, file, file!

La bête la regarda, toujours hérissée, mais, à la profonde surprise de l'adolescente, elle lui obéit et se fondit dans la nuit en quelques bonds souples et rapides.

— Tu connais ce cabot? demanda Patrick.

— Peut-être. Maintenant, ne m'approche plus! Je te déteste. Tu n'es qu'un malade, un vicieux! Demain matin, je raconterai ce que tu as fait à mon oncle et ce que tu m'as dit!

Patrick haussa les épaules, indécis, encore en pleine confusion. L'alcool avait d'abord exacerbé ses instincts de jeune mâle en proie au désir. Il avait tenu également à assener un coup au moral d'Abigaël, dont l'instruction, le charme rare et la beauté à peine éclose exaspéraient ses nerfs.

— Oh! ça va, tu parles d'une affaire! Aucun type ne t'a serrée de près, avant moi? dit-il sèchement.

— Non, je n'avais pas encore rencontré de mufle ni de brute de ton genre.

— Eh bien, c'est fait. De quoi tu te plains? Les filles que j'ai emmenées dans un coin sombre, les soirs de bal, elles étaient bien contentes.

— Tu n'as pas dû en emmener beaucoup, se moqua-t-elle, reprenant petit à petit son calme.

— Si tu dis à mon père ce que j'ai fait, je lui dirai, moi, que tu sors la nuit, la menaça-t-il, vexé. Peut-être que tu avais rendez-vous avec un des soldats de la centrale!

Abigaël ne daigna pas répondre. Elle passa à prudente distance de lui et marcha d'un pas pressé vers la maison. Le paysage féerique qui l'avait fascinée lui paraissait à présent terne et sinistre. Déjà, là où son cousin avait marché, on voyait le brun de la terre et de l'herbe brûlée par les gelées précédentes.

—

Assise contre les montants en fer peint du lit, Marie Monteil guettait le retour de sa nièce. Elle avait rallumé une chandelle et en fixait la flamme d'un air affligé. Quand Abigaël apparut, pâle, échevelée, en chaussettes et dans ses vêtements de la journée, elle poussa un petit cri de contrariété.

— Mais enfin, où étais-tu? Tu ne m'as pas habituée à de telles extravagances, mon enfant.

— Tu es fâchée?

— Un peu fâchée et très inquiète!

— Je te demande pardon, tantine. Pourtant, l'autre soir, tu es venue me rejoindre dans la cuisine avec de l'encens sans te mettre en colère, alors que je m'étais justement relevée.

— Disons que, moi aussi, j'ai de l'intuition. Je me doutais qu'il ne s'agissait pas d'une visite de l'au-delà, mais d'une de tes virées intrépides. Allons, mets-toi vite en chemise de nuit et viens près de moi, tu sembles gelée.

— Je le suis, admit-elle, des sanglots dans la voix. Je crois qu'il nous faudra partir d'ici, tantine. Je croyais avoir trouvé un refuge, une famille, mais c'était une illusion. Tant pis si je ne peux pas répondre aux appels que j'entends au fond de mon cœur, tant pis si nous devons errer et mendier, je veux partir dès demain.

Abigaël se déshabilla prestement, enfila une longue chemise en cotonnade blanche et se coucha. Aussitôt, elle fondit en larmes en se réfugiant contre l'épaule de sa tante.

— Seigneur, que s'est-il passé? s'affola Marie. Pleure un bon coup et explique-moi pourquoi tu es si malheureuse.

— Non, promets que nous ferons notre valise au réveil et que, le soir même, nous serons à Angoulême. Je trouverai du travail. Nous pourrons loger dans une pension.

— Je ne promettrai rien sans savoir ce qui nécessite un départ si précipité.

N'obtenant pas de réponse, Marie se creusa la tête pour résoudre l'énigme. «Ce n'est pas une peine amoureuse, Abigaël n'est là que depuis une semaine et les garçons ne sont pas sa préoccupation. Elle est plutôt sérieuse autant que pieuse.»

Soudain, elle envisagea autre chose. Sa nièce était sortie pour une raison mystérieuse et elle avait fait une mauvaise rencontre. Elle en eut des frissons de révolte et de dégoût.

— Ma chérie, ma douce et innocente chérie, dit-elle à son oreille en la cajolant, si un homme t'a agressée, tu dois me le dire.

— Tantine, Patrick a encore prétendu que je n'étais pas sa cousine, et il a… Il m'a… Mon Dieu, c'était odieux, il était ivre. Il m'a embrassée et touchée là, et là. Je me sens salie et j'ai honte. J'ai eu tellement peur!

La confession bredouillée mit sa tante hors d'elle. Submergée par l'indignation et une rage légitime, elle voulut se lever.

— Non, tantine, reste avec moi. Je t'en supplie, ne me quitte pas!

— Est-ce qu'il a… enfin, tu comprends, ma pauvre petite.

— Non, non! Quand même, il n'aurait pas été jusque-là, souffla Abigaël, bouleversée. Tantine, il s'est produit une chose inouïe, on est venu à mon secours. Dieu a répondu à ma prière. Il m'a envoyé un ange gardien, un drôle d'ange gardien.

Anxieuse, Marie posa sa main sur le front brûlant de l'adolescente, comme pour vérifier si elle ne délirait pas.

— Un chien m'a défendue, un chien aux allures de loup. Je sentais qu'il ne me ferait aucun mal, mais qu'il allait attaquer Patrick. Quelle bonne bête! Je lui ai dit de filer et il m'a obéi.

— Dieu merci! C'est un petit miracle, en effet. Hélas! ce doit être le chien errant qui a dévasté le poulailler. Tu ne pourras pas le protéger bien longtemps. Une brave bête, oui, qui n'a plus de maître, mais qui n'a pas oublié son existence domestique.

— Il avait neigé et le paysage était magnifique. Je devais sortir, c'était plus fort que moi. On m'envoyait dehors, j'en suis sûre. Demain soir, je serai obligée de sortir à nouveau, car je crains pour ce chien. Ils ont mis un appât avec du poison, le fermier et son fils.

Marie retint un soupir. Dénuées de cohérence, les paroles d'Abigaël lui causaient un malaise.

— Ma chérie, si je suis ton idée, nous ne dormirons pas sous ce toit demain soir. Cesse de croire sans preuve les divagations de Patrick. Un garçon de son âge pris de boisson peut raconter n'importe quoi et se comporter de la pire façon.

— J'ai besoin de savoir. Si tu pouvais interroger mon oncle, mon prétendu oncle Yvon, dès que tu seras levée! Moi, je resterai au lit tant que je n'aurai pas de réponse.

— D'accord, j'exigerai une conversation en privé avec Yvon.

Marie se leva sans bruit et fouilla sa trousse de toilette. Elle revint armée d'un morceau de ouate imbibée d'eau de rose et d'une brosse à cheveux. Elle nettoya le visage et le cou de sa nièce, et arrangea ses mèches folles.

— Te sens-tu mieux?

— Oui, tantine, mais je suis épuisée.

Par souci d'économie, Marie éteignit la chandelle et regagna sa place à tâtons. Elle fut longue à s'endormir, hantée par une foule de suppositions.

Le lendemain, mercredi 1er décembre 1943

À peine réveillée, Abigaël fut assaillie par le souvenir oppressant des événements de la veille. Mais le côté sordide de sa mésaventure perdit de sa force dès que lui revint à l'esprit l'image du grand chien qui l'avait protégée. Elle se tourna vers sa tante, qui cligna les paupières et la regarda. Elles se sourirent comme pour se communiquer mutuellement en silence le bien-être si particulier du petit matin dans un lit chaud, à l'abri des couvertures, le corps et l'esprit reposés.

— Comment te sens-tu? demanda Marie avec tendresse.

— Beaucoup mieux, tantine. J'étais affolée, hier soir. Restons ici, je ferai attention, à l'avenir. Mais c'est compliqué. Si j'avoue à mon oncle la conduite de Patrick, je reconnais en même temps que je quitte la maison la nuit et que j'essaie de les empêcher de tuer le chien, disons le chien-loup.

Marie tressaillit à ces paroles. Elle avait vu dans les rues de Poitiers des S. S. qui tenaient en laisse de grosses bêtes aux oreilles droites pointues, des bergers allemands ou chiens-loups.

— Tu dis vrai. Comment interroger Yvon au sujet de votre parenté si tu refuses de l'informer de la conduite scandaleuse de son rejeton? J'ai une idée, Abigaël. Je vais m'attaquer au problème en questionnant Patrick. Je vais le menacer de tout révéler à son père s'il ne répond pas sincèrement.

— Bien sûr, c'est la meilleure solution. Mon Dieu, que deviendrais-je si tu n'étais pas là, près de moi? Je regrette une chose, sais-tu! Tu n'as jamais voulu que je t'appelle maman, même si tu es la meilleure des tantes.

— Je ne pouvais pas voler ce doux vocable à Pascaline. C'est mieux ainsi. Allez, courage, il faut se lever. Ce sera bientôt l'heure de la traite.

Elles étaient habillées et chaussées quand Grégoire poussa un cri et se redressa, ses cheveux roux ébouriffés. Il semblait terrifié. Il tendit les bras vers Marie.

— Descends la première, Abigaël, soupira-t-elle. Notre grand garçon va se rendormir, une fois rassuré. Il a dû faire un cauchemar.

— Peur, Goire, très peur, dit-il d'une voix tremblante.

Marie s'assit au bord de son lit et le prit dans ses bras en lui chuchotant des paroles réconfortantes à l'oreille. Abigaël dévala l'escalier. «Je ne dois pas me laisser impressionner par Patrick, décida-t-elle. Si je commence à le craindre, il en profitera. Je dois tenir bon.»

Elle aurait tant souhaité se réjouir de l'odeur du café chaud et du feu de bois qui flottait dans le vestibule, humble symbole d'un foyer agréable, même en temps de guerre! Les habitudes se prenaient vite et l'adolescente appréciait la vaste cuisine, ses poutres noircies, la longue table, la cheminée au manteau de chêne sombre, le sol pavé de carreaux rouges.

— Bonjour, dit-elle à Pélagie, occupée à trancher du pain.

— Bonjour.

— Mon oncle est déjà dehors?

— Eh oui, il voulait savoir si l'appât avait été mangé. Je l'espère bien, nous avons eu assez de dégâts.

Un air contrit sur les traits, la fermière remplit un bol de lait qu'elle posa devant Abigaël.

— Dépêche-toi de déjeuner, il faut traire les vaches.

— Je sais. Ma tante a été retardée, Grégoire a fait un mauvais rêve... Madame, pourquoi avoir donné son chat qu'il aime tant à un soldat allemand? Je n'ai rien dit, hier, mais, là, nous sommes seules, nous pouvons en parler.

— Elle est sale, sa bestiole! J'ai dû nettoyer ses cochonneries plusieurs fois. Les chats, je les supporte quand ils sont dans la grange à chasser les souris, pas chez moi. De toute façon, Grégoire, il lui fera du mal un jour ou l'autre, à son chat. Tu ne le vois pas faire? Il le tient si serré qu'il l'étouffe à moitié.

— Il paraît qu'un chat a neuf vies, répliqua Abigaël d'un ton neutre.

— Sottises, ronchonna Pélagie. Enfin, je te remercie de n'avoir rien dit à mon mari. Ce n'était pas malin de ma part, au fond, de priver le gamin de cette petite bête.

— Vous souffrez, madame, déclara tout bas l'adolescente. Si je pouvais vous soigner, vous seriez moins triste et de bonne humeur plus souvent. C'est terrible, ce qui vous est arrivé! Mon oncle nous l'a expliqué.

— Je sais, Yvon n'a pas pu tenir sa langue. On en a causé, une fois couchés. Ah! ça, je n'oublierai pas ces brutes de miliciens. J'ai cru qu'ils allaient me tuer devant Grégoire.

— Mais vous n'avez pas dénoncé ces gens. Vous êtes une bonne personne.

— Non, ne crois pas ça. Si le gamin n'avait pas vendu la mèche, je l'aurais fait. Je crevais de peur, je ne voulais pas mourir pour sauver des inconnus qui ne m'étaient rien du tout.

Abigaël avait terminé sa tartine et son lait. Elle se leva et s'approcha de Pélagie, dont le rictus amer trahissait un profond malaise.

— Madame, une chose m'étonne. Comment la vieille femme du hameau était-elle au courant, pour Grégoire?

— Sûrement que la Milice s'est vantée d'une opération réussie auprès des gendarmes. Et puis, un des miliciens, je l'avais déjà vu dans le pays; je l'ai dit à Yvon, à l'époque. Un beau fumier, ce gars-là!

Elle se tut brusquement, car le fermier entrait, les godillots maculés de boue et de neige. Il les regarda d'un air furibond en brandissant le cadavre d'un renard. Abigaël réprima un frisson de surprise, tout de suite apitoyée à la vue de l'animal au pelage d'un roux flamboyant.

— Je l'ai trouvé au bord du chemin, à cinq cents mètres de là, annonça son oncle. Il est presque raide.

Pélagie examina la dépouille d'un œil curieux. Sa gueule entrouverte était pleine d'une affreuse bouillie blanchâtre et ses yeux étaient vitreux.

— Crois-tu que c'est lui qui a dévasté notre poulailler, mon homme?

— J'en doute. Vois un peu les blessures qu'il a au cou et au ventre. Une bête plus forte et plus féroce lui a fait passer un sale quart d'heure. J'ai relevé des empreintes et...

— Et quoi? s'écria son épouse.

Mortifiée et anxieuse, Abigaël assistait à la scène, le cœur lourd. Elle aurait pu apporter des précisions, ayant entendu des bruits de lutte, la veille, mais c'eût été trahir le chien-loup. Malgré tout, elle déplorait la mort du renard, une créature souple et furtive parée d'une épaisse fourrure couleur de feu qu'elle aurait aimé observer bien vivante.

— Je vais à la traite, dit-elle, la gorge nouée, reprise par une sensation de chagrin qui la déconcertait.

— Seule? Que fabrique ta tante? tonna le fermier. Tu es blanche comme un linge, d'un coup! Et ce fainéant de Patrick, il faudrait le tirer du lit. Hein, ma femme, tu devrais pas le laisser en prendre à son aise.

— C'est ta faute, Yvon, protesta Pélagie. Tu lui as donné à boire, hier soir, de la gnole, en plus. Toi, tu as le sommeil lourd, mais, moi, il m'a réveillée en se couchant. Il se cognait à la porte et jetait ses chaussures par terre de toutes ses forces.

Abigaël sortit précipitamment, en proie à des sentiments contradictoires. Si elle était désolée de la mort du renard, elle était soulagée en songeant que le chien-loup n'avait pas dû manger de la carcasse empoisonnée et que, s'il l'avait abandonnée au renard, c'était pour la défendre. « Je l'ai sauvé et il m'a sauvée, se dit-elle. Nous sommes quittes. J'espère qu'il est loin, maintenant. »

Pourtant, leur histoire ne faisait que commencer.

—

Lorsqu'elle descendit à son tour, Marie trouva la cuisine déserte. Grégoire s'était rendormi, mais elle était restée quelques minutes de plus à son chevet, occupée à préparer le discours et les questions qu'elle tiendrait à Patrick. Morose, elle jeta un regard par la fenêtre. Un jour frileux se levait, gris et sombre. La neige fondait sous une pluie fine et drue. Elle aperçut Pélagie, un seau à la main et un foulard sur la tête, qui se dirigeait vers le petit bâtiment où étaient enfermés une truie et deux cochons.

« Yvon a dû suivre Abigaël dans la grange », pensa-t-elle.

Un pas pesant ébranla l'escalier. Patrick entra dans la pièce, ses cheveux bruns en pagaille, les paupières gonflées. Il bâilla en la saluant.

— Tu devrais vite boire une tasse de café, mon garçon, dit-elle, envahie par une colère froide en l'imaginant en train d'embrasser sa nièce de force et de lui imposer des caresses odieuses.

— Pourquoi ça? grogna-t-il. Fichez-moi la paix, j'ai mal à la tête.

— Tu as eu tort de boire, hier soir, insinua-t-elle d'une voix si dure qu'il la fixa, éberlué. Eh oui, Abigaël m'a raconté ce que tu as osé faire, Patrick. Maintenant, j'ai un marché à te proposer.

Il recula un peu, méfiant, les joues colorées par la gêne. Marie pointa un index menaçant dans sa direction.

— Nous avons peu de temps. Tu vas me dire immédiatement et sans mentir pourquoi tu répètes à ma nièce qu'elle n'est pas ta cousine. Si tu as le cran de t'expliquer, je ne rapporterai pas à ton père ton comportement indigne. Pour cette fois! Ne t'avise plus de manquer de respect à Abigaël. Ne recommence jamais!

Le jeune homme haussa les épaules et se mit à tisonner le feu qui n'en avait pas besoin.

— Vous n'avez qu'à demander à ma mère, plutôt, marmonna-t-il entre ses dents. C'est elle qui m'en a causé quand vous avez écrit à papa pour lui demander d'habiter chez nous. Maman, elle n'était pas d'accord et elle n'arrêtait pas de ronchonner. Un matin qu'on vidait le fumier de la bergerie, elle m'a dit un truc.

— Un truc? Quel langage, récrimina Marie, méprisante.

— Pierre, il ne serait pas le vrai frère de mon père, voilà. Alors, vous n'pouvez pas dire le contraire, Abigaël, c'est pas ma cousine.

— Enfin, c'est ridicule, Pierre s'appelait Mousnier comme Yvon, il a grandi ici et ton père insiste souvent sur l'affection qui les unissait. Ils sont allés à la Grande Guerre, tous les deux.

Patrick s'installa à la table et mordit dans une tranche de pain. Il ajouta, la bouche pleine :

— Mes grands-parents, ils l'ont adopté, Pierre, tout bébé.

— Je compte demander des précisions à ta mère et à ton père, mais, en aucun cas, même si c'est la vérité, ça ne t'autorise à traiter ma nièce de cette façon. C'est une jeune fille pure et sage. Tu l'as outragée.

— Ouais, tellement sage qu'elle se balade la nuit! Vous le direz, ça aussi, à papa?

— S'il le faut, oui, tu ne t'en tireras pas si facilement, s'indigna Marie. Le don de Dieu qu'a reçu Abigaël est précieux. Il peut la pousser à agir de manière surprenante. Tu n'as pas idée, mon pauvre garçon, de qui elle est vraiment.

— Une étrangère, rien qu'une étrangère à la famille, c'est ce qu'elle disait, maman : « Si c'est pas malheureux d'héberger deux étrangères chez nous ! »

— Dans ce cas, pourquoi jouez-vous tous la comédie, ta sœur, ta mère et ton père ? Je n'aurais jamais demandé l'hospitalité à Yvon Mousnier si j'avais su ça.

— Béatrice ne le sait pas. Papa, il ne voulait pas que je le sache non plus et, s'il apprend que je vous ai parlé de ça, je vais passer un sale quart d'heure, maman aussi.

— Je ne te plaindrais pas, ce serait mérité.

Très émue et vivement contrariée, Marie s'équipa pour sortir. Elle ne supportait plus d'être en présence de Patrick. Dehors, un vent glacial soufflait et la neige tombée durant la nuit craquait sous ses pieds. « Seigneur, éclairez-moi sur la voie à suivre ! » implora-t-elle avec ferveur. Abigaël a peut-être raison, il vaudrait mieux partir, mais où irions-nous ? »

Pélagie traversait la cour sur laquelle s'ouvrait la grange. Marie faillit lui faire signe afin d'en finir avec ses doutes. Cependant, elle décida d'attendre une meilleure occasion. Transie, elle erra autour du puits et s'aventura vers le jardin potager. N'eût été le grondement du vent, la vallée aurait été plongée dans le silence, comme si la ferme était perdue dans un monde sans vie.

Un bruit de pas la tira de ses tristes pensées. C'était Pélagie. Elle se pencha et arracha trois poireaux.

— Qu'est-ce que vous fichez là, par ce froid ? s'enquit-elle, surprise. Vous n'aviez pas besoin de vous geler. Et Grégoire, il dort encore ?

— Oui, sûrement. J'ignorais qu'il faisait aussi mauvais. Je vais rentrer, je vous aiderai à préparer le repas de midi.

— Occupez-vous donc du gamin! Ça me soulage.

— Pélagie, je voudrais vous demander quelque chose, dit Marie, en ayant l'impression de se jeter à l'eau sans se soucier des conséquences.

— On bavardera une fois rentrées au chaud.

— Nous ne serons plus seules. Entre femmes, certains points sont moins pénibles à aborder. Pélagie, je garderai le secret si vous y tenez, mais je vous supplie de me répondre franchement. Patrick s'est permis d'importuner ma nièce en prétextant qu'elle n'est pas sa cousine. Est-ce vrai?

La fermière se redressa, les traits crispés par la colère.

— Fichu drôle, il a fallu qu'il cause! maugréa-t-elle. Il m'avait promis de se taire, pourtant. Moi, j'avais juré à mon mari de le dire à personne. Marie, je vous en prie, ça doit rester secret. Venez, vous tremblez comme une feuille.

Elles croisèrent Patrick dans le vestibule. Confronté à sa mère, le jeune homme eut une expression de panique. L'instant d'après, il écopait d'une paire de claques.

— Tu n'as pas honte, crétin? cria Pélagie. Il paraît que tu as ennuyé Abigaël, hein? Dis, ça ne t'a pas suffi, l'histoire avec la fille de Dirac? Figurez-vous que le père est descendu chez nous lui flanquer une raclée. Encore une qu'il n'avait pas volée.

Elle s'adressait à Marie, qui darda un regard navré et offensé sur le prétendu cousin de sa nièce.

— Maman, sois pas fâchée, bredouilla Patrick.

— Si, je suis fâchée, imbécile! Et tu vas être bien puni, crois-moi. Ce soir, c'est toi qui coucheras dans la chambre du grenier. Marie et Abigaël prendront ta chambre avec ton pauvre frère. Au moins, elles auront plus chaud et plus de place. Alors, tu vas monter ranger ton bazar. Et que ce soit propre! Change les draps tant que tu y es. De toute façon, c'était prévu, au début.

Pour Marie, la scène avait une note d'irréalité. Elle voyait le profil ingrat de Pélagie et l'écoutait vociférer en se demandant pourquoi cette famille se fatiguait à faire autant de cachotteries. Furieux, Patrick grimpa les marches en tapant du pied, mais il ne tenta pas de protester.

— Yvon voulait vous installer dans cette pièce. Il y a même un poêle à bois. J'ai refusé parce que ça ne me plaisait pas d'avoir du monde ici, à la ferme. Et puis, je peux bien vous le dire, à vous…

La fermière baissa la voix et s'approcha de Marie pour chuchoter au creux de son oreille.

— Votre sœur, Pascaline, je la détestais, oui. J'en étais jalouse à crever, parce que, mon homme, il en était amoureux, fou amoureux, et ça me brisait le cœur. Alors, recevoir Abigaël, non, je ne pouvais pas m'y faire. Bah, le temps a passé et c'est bien loin, tout ça. Vous êtes gentille, Marie, et votre nièce, au fond, ce n'est pas sa faute si j'ai été malheureuse, à l'époque.

Marie était stupéfaite, consternée. Jamais elle n'aurait pu imaginer une pareille chose. « Yvon, amoureux de Pascaline? Non, c'est impossible, totalement impossible. »

7

Une lumière dans la nuit

Ferme des Mousnier, mercredi 1ᵉʳ décembre 1943

Après la longue discussion avec Pélagie tenue à voix basse au coin de la cheminée, Marie était remontée auprès de Grégoire. Bien que réveillé, l'innocent n'avait pas bougé de son lit. Il semblait totalement absorbé dans la contemplation du plafond, le chaton niché contre lui.

— Il faut te lever et t'habiller, Grégoire, dit-elle d'un ton las, dénué de sa jovialité habituelle.

— Non, non, Goire fatigué, beaucoup…

Elle n'insista pas, trop désemparée pour s'occuper de lui. Les révélations de la fermière la plongeaient dans la confusion la plus totale. Elle s'assit à la petite table bancale sur un tabouret tout aussi bancal et fixa la photographie de sa sœur. Abigaël avait placé le cadre près du bougeoir, prétendant qu'ainsi leur chère disparue les regardait vivre et dormir. « Pascaline, que dois-je faire ? songea-t-elle. Savais-tu, toi, en l'épousant, que Pierre était un enfant de l'Assistance publique confié aux Mousnier ? Je ne peux pas croire qu'il ne t'avait rien dit, vous vous aimiez si fort ! »

Selon Pélagie, Yvon adorait le petit garçon que le destin avait conduit sous le toit de la ferme. Il l'avait toujours protégé, jusqu'à supplier ses parents de l'adopter officiellement. Si cet homme aux abords rudes et au visage dur tenait à garder le secret, c'était pour une raison très simple; à ses yeux, Pierre était son frère par les liens du cœur. De même, il considérait Abigaël comme sa nièce et ne trahirait jamais sa promesse de veiller sur elle. C'était une promesse faite à un mourant et, sans nul doute aussi, à la mémoire de Pascaline, puisqu'il l'aimait également.

« Seigneur, Dieu très bon qui lisez dans nos âmes, venez à mon secours. Dois-je dire la vérité à Abigaël, alors que j'ai promis de me taire il y a un instant? Mon Dieu, je me sens perdue. Je vous rends grâce de m'avoir épargné les affres de l'amour. Et pourtant, je ne suis qu'amour de mon prochain, de vous, mon Dieu, et de mon enfant chérie. »

Elle fondit en larmes. Elle entendait vaguement le chahut que faisait Patrick au premier étage en rangeant sa chambre. Elle pleurait encore quand il grimpa l'escalier menant au grenier et qu'il fit irruption dans la pièce, encombré d'un gros paquet de ses vêtements.

— Vous me revaudrez ça, vous, jeta-t-il méchamment. Pas la peine de pleurnicher, vous êtes vengée.

— Mon pauvre Patrick, j'ignore la rancœur et je me moque d'être vengée ou non. Nous étions à notre aise ici, malgré le froid. Je suppose que ton père va se décider à installer un poêle.

— Non, il n'en fera rien. Il dira que je suis plus solide que vous et que cet imbécile, là.

Il éparpilla ses habits sur le lit inoccupé en désignant Grégoire d'un doigt vindicatif.

— Laisse-le tranquille, ordonna Marie. Pour une fois qu'il est calme!

Elle essuya ses yeux et ses joues à l'aide d'un mouchoir. Patrick la toisa avec mépris.

— Tu n'as rien à me reprocher, mon garçon. Ta mère

a choisi de te punir et elle en a le droit. Mais tu t'en sors bien, tes méfaits resteront sous silence. Si tu respectes ma nièce, sinon…

Il lui tourna le dos et sortit. Une heure plus tard, Marie prenait possession d'une grande chambre lumineuse située au-dessus du salon. Une belle armoire en chêne ouvragé se dressait à droite de la porte, en vis-à-vis de deux lits aux montants de bois sculptés.

— Nous allons dormir là, ce soir, dit-elle à Grégoire qui la suivait comme son ombre. Nous aurons chaud, il y a un petit poêle dans la cheminée.

— Content, Goire. Avant j'étais là, avec Pat'ick…

«Ce n'est que justice, se dit-elle. L'air glacial du grenier viendra peut-être à bout des ardeurs de ce jeune coq boutonneux!»

Abigaël apprit la nouvelle distribution des chambres un peu avant midi. Toute la matinée, elle avait secondé son oncle qui avait commencé à labourer une parcelle de terre jouxtant le poulailler. Elle avait conduit le cheval pendant que le fermier tenait les manchons de la charrue afin d'obtenir des sillons bien droits. Fière de son labeur en plein air, elle était rentrée les joues rosies par le vent et les cheveux humides.

— Que ça sent bon! s'écria-t-elle une fois déchaussée, assise sur la pierre de l'âtre.

— J'ai mis à cuire des confits de canard de l'an dernier, se vanta Pélagie, et je fais sauter des pommes de terre.

— C'est un menu de fête! s'étonna Abigaël.

— Bah, il y a des jours, comme ça, où j'ai envie de régaler la famille.

Elle assortit sa déclaration assez surprenante d'un sourire maladroit et gêné. Marie renchérit à mi-voix:

— Et nous avons déménagé. Pélagie nous a attribué la chambre de Patrick, qui nous succède sous les combles. Un robuste gaillard comme lui, il ne s'en plaindra pas.

— Est-ce que mon oncle sera d'accord? s'inquiéta la jeune fille.

— Mais oui, c'était son idée; moi, j'ai fait ma mauvaise tête, renchérit la fermière.

Satisfaite, Marie mit le couvert. Abigaël devina qu'il s'était passé quelque chose entre les deux femmes. Elle tendit ses mains glacées vers les flammes, sans oser se réjouir.

— Surtout, et ça vaut pour toutes les deux, quand mon homme sera là, laissez-moi causer, ne dites rien. Toi, Abigaël, sois tranquille, Patrick ne te cherchera plus d'embrouilles. Non mais, quand même, s'en prendre à sa cousine!

C'était une façon détournée de signifier à Marie qu'il fallait absolument tenir sa promesse. Elle adressa un regard de consentement à Pélagie, dont l'humeur fut encore plus agréable.

Son mari le remarqua immédiatement lorsqu'il rentra et se mit à table.

— Dis donc, tu es bien souriante, aujourd'hui, ma femme!

— Peut-être bien parce que j'ai la conscience tranquille, Yvon, répliqua-t-elle. Figure-toi que j'ai eu honte, au réveil, d'avoir si mal accueilli Marie et ta nièce. Plus j'y pensais, plus je me disais qu'elles n'étaient pas à leur aise dans la pièce du grenier; alors, je leur ai donné la chambre de Patrick. Un gars de son âge, ça ne craint pas le froid ni les courants d'air.

— Fi de loup, en voilà, une nouvelle! s'étonna le fermier. Je suis soulagé que tu te sois décidée, elles seront mieux logées, en effet. Et tu n'as pas ronchonné, fiston?

— Non, papa, c'est pas moi qui commande, ici.

— Content que tu l'admettes, s'esclaffa Yvon. Bon, ça sent rudement bon. Qu'est-ce que tu nous as préparé, Pélagie, hein, ma petite Pépé?

Le souffle coupé, l'épouse devint rose de plaisir. Elle n'avait pas eu droit à ce surnom depuis des années.

— Les premiers mois après notre mariage, mon homme m'appelait comme ça, précisa-t-elle à la cantonade, tout émue.

Abigaël fut envahie par une douce pitié à l'égard de Pélagie qu'un peu d'attention et de gentillesse désarmait. Yvon, lui, affamé, sembla apprécier autant la bonhomie de sa femme que la cuisse de confit de canard dont il se délecta. Son fils mangeait sans grand appétit, la mine dépitée. Le fermier n'y prêta pas attention. Le repas terminé, il donna ses ordres pour l'après-midi.

— Patrick, tu vas livrer des œufs et du lait caillé à la ferme des Michaud. Quant à toi, ma nièce, tu iras porter une terrine de rillettes de poule à monsieur Hitier. Il a perdu ses lapins, qu'il nous avait payés un bon prix; ça le dédommagera.

— Bien, mon oncle, répondit-elle en essayant de cacher son enthousiasme. Vous n'avez pas besoin de moi, dans les champs?

— Non, tu en as assez fait ce matin.

— Mais Abigaël va chez monsieur Hitier demain matin, Yvon, protesta Marie. Est-ce si urgent de faire cette commission?

— Oui, je le lui ai dit ce matin, trancha-t-il. De quoi avez-vous peur? Ce n'est pas loin et Abigaël ne va pas s'égarer.

— Je le sais bien, soupira-t-elle.

— Monsieur Hitier voulait te prêter des livres, tantine. Je t'en rapporterai un, s'empressa d'ajouter l'adolescente. Je ne serai pas longue.

—

Abigaël éprouvait une telle joie en marchant sur le chemin qu'elle aurait pu chanter. De nature réservée, elle se contenta de rire silencieusement. Ses grands yeux bleus caressaient les pans de falaise qui se dressaient sur sa droite, dans leur toilette végétale, écharpes de clématites, robes de lierre, voiles de genévrier et de buis. « Bientôt, je grimperai là-haut, que ce soit permis ou interdit, se promit-elle. Mon oncle est de plus en plus gentil avec moi ; je pourrai me promener à ma guise. »

Marie avait eu le temps de lui glisser à l'oreille, pendant qu'elle lui arrangeait son foulard en laine autour du cou :

— Ton cousin raconte des sottises, Yvon est vraiment ton oncle.

Le mensonge lui avait coûté. Elle s'en voulait beaucoup de tromper ainsi sa nièce, mais, dans l'immédiat, c'était préférable afin d'établir des relations sereines et surtout de ne pas perdre un refuge aussi précieux. « Plus tard, je le lui dirai. Dans quelques mois ! » se disait-elle pour se consoler.

La jeune fille frappa chez monsieur Hitier, déterminée à s'acquitter de sa livraison et à continuer ensuite sa balade. Au fond de son cœur, elle espérait apercevoir le chien-loup, qui rôdait peut-être encore dans la vallée. De le savoir en vie et de pouvoir l'observer l'aurait déjà comblée.

— Bonjour, Abigaël, s'exclama le vieil homme, ses lunettes sur le bout du nez. Entrez, c'est tellement gentil de m'apporter les délicieuses rillettes de madame Mousnier !

Elle retrouva avec plaisir l'intérieur chaleureux de la maison dans la falaise. Les lampes étaient allumées au beau milieu de la journée et la bouilloire sifflait sur la cuisinière.

— Donnez-moi la terrine, ma chère enfant, je vais la mettre au frais. J'ai un placard en partie creusé dans le rocher, un bon endroit pour conserver la nourriture. Prendrez-vous une tasse de chicorée? L'eau est à point.

— Non, je vous remercie, je ne dois pas m'attarder. En fait, je voudrais revoir la fontaine, un peu plus loin, et profiter de ma liberté.

— Ciel, quels mots étranges dans la bouche d'une jeune fille sérieuse! fit-il remarquer. Profiter de votre liberté! Mais je vous comprends et je ne vous retiendrai pas. C'est un peu dommage, j'aurais pu choisir un livre pour votre tante.

— Je ne suis pas si pressée, monsieur. En plus j'ai dit à tantine que je lui en rapporterais un.

— Patientez, Abigaël, je reviens.

Elle le vit monter sans hâte le court escalier en planches qui donnait accès à un autre niveau du logis. L'ancien professeur eut un geste qui l'intrigua. Il soupçsa la terrine furtivement et hocha la tête d'un air rassuré. Son attitude l'amena à réfléchir. « Pourquoi a-t-il fait ça? En plus, je suis la mieux renseignée sur ce point, mon oncle ne l'a pas vu ce matin, j'étais toujours avec lui. Il ne lui a donc pas annoncé qu'il aurait ces rillettes aujourd'hui! »

Après avoir fermé à clef le placard, Jacques Hitier revint vers elle. Il lui adressa un bon sourire, tout en s'emparant d'un ouvrage à la couverture bleu foncé et au lettrage doré qui était déjà posé au coin du buffet.

— Je pense que ce livre intéressera votre tante. Vous pouvez le lire également. Je l'avoue, ce n'est pas un roman, mais un récit, une sorte de témoignage fort poignant.

Abigaël prit le livre avec précaution et s'empressa de lire à voix basse ce qui était écrit sur la couverture.

— *Les Enfants des colonies pénitentiaires*, par Jean Dumont. Je vous remercie, monsieur, je crois que ma tante sera ravie. Elle se soucie depuis des années des opprimés et des malheureux. Nous y ferons très attention.

Elle se tut brusquement, terrassée par un vertige. Son front se couvrit d'une fine sueur froide, tandis qu'elle s'enfonçait dans un univers cotonneux où les sons devenaient étouffés. Affolé par sa pâleur et son air absent, Jacques Hitier la soutint par la taille et la fit asseoir.

— Qu'est-ce qui vous arrive, Abigaël? s'écria-t-il, très inquiet. Je vais vous donner de l'eau de mélisse des Carmes sur un sucre, un excellent remède.

Elle percevait sa voix comme s'il se trouvait au loin. Elle était emmenée dans une autre dimension où des images défilaient, assorties de bruits, de paroles et de pleurs. Des gens dont elle n'avait jamais vu le visage apparaissaient et disparaissaient, un homme brun au regard d'un bleu intense ourlé de cils noirs et drus, une jeune femme aux boucles noires dont un masque de douleur défigurait les traits ravissants, un homme aux joues tavelées de son et à l'air terrifié. Enfin, elle vit un enfant maigre, qui lui souriait doucement.

De retour avec un flacon et un carré de sucre, Jacques Hitier l'observa. Il ne pouvait pas lui ouvrir la bouche de force; or, elle pinçait les lèvres et agitait la tête, les paupières mi-closes.

— Abigaël! appela-t-il. Ciel! Que dois-je faire?

Il la prit aux épaules et la secoua avec délicatesse. Elle se redressa et ouvrit les yeux en répétant:

— Lucien, le petit Lucien!

— Seigneur, ce n'est pas possible, balbutia l'ancien professeur. Pourquoi citez-vous ce prénom?

Extrêmement pâle, Abigaël le fixa d'un air absent. Il s'empressa de lui donner à l'aide d'une cuillère le sucre imbibé d'eau de mélisse. L'effet ne se fit pas attendre; elle reprit un peu de couleur. Lorsqu'elle se sentit un peu mieux, elle se confondit en excuses.

— Je suis désolée, monsieur Hitier, je n'ai jamais ressenti un malaise aussi violent.

— Pouvez-vous m'en expliquer la cause?

— Je crois que c'est le livre. Dès que je l'ai tenu, je me suis sentie mal.

— Est-ce que cela vous arrive souvent?

— Non. J'éprouve des sensations pénibles si un défunt entre en contact avec moi, mais ce n'est rien de comparable. Là, c'était très différent. Ça me fait peur.

Elle semblait vraiment bouleversée. Jacques Hitier la sentait au bord des larmes, mais il hésitait à l'interroger. Ce fut inutile, elle parla d'elle-même.

— J'ai vu un garçon d'une dizaine d'années. Lucien, c'était son prénom. Il avait beaucoup souffert, mais il était en paix. Je l'ai vu en dernier. C'est à ce moment que vous m'avez ramenée ici. Oh, pardonnez-moi, mes paroles doivent être bien étranges pour vous!

— Le plus étrange, Abigaël, c'est autre chose. Je suis stupéfait, car, dans son ouvrage, Jean Dumont évoque notamment le calvaire odieux qu'a subi son jeune frère Lucien dans la colonie pénitentiaire de l'île d'Hyères. L'enfant en est mort et Dumont a été condamné au bagne pour avoir tué le bourreau de son frère.

— Jean Dumont, le connaissez-vous?

— Non, j'ai lu ses livres sans jamais le rencontrer. Ma pauvre petite, je vous plains autant que je vous envie d'être médium. Je ne me suis guère intéressé aux sciences qu'on dit paranormales, même si j'ai lu les écrits de Carl Gustav Jung[12], un éminent psychiatre. Sa thèse de doctorat portait sur le cas d'une jeune médium.

— Tantine m'a parlé de lui. Depuis des années, elle étudie tout ce qui touche à ce genre de choses, puisque ma mère était médium également. Mais…

_____

12. Carl Gustav Jung (1875-1961), médecin psychiatre suisse, fondateur de la psychologie analytique, qui se pencha sa vie durant sur le paranormal.

— Mais?

— J'ignore ce qui se passe dans cette vallée, au milieu de ces falaises. Depuis mon arrivée, il se produit des phénomènes nouveaux. Le malaise que j'ai ressenti en prenant le livre en est un, mais il y a aussi des appels qui me troublent. Ils me sont destinés, j'en suis sûre.

Profondément intrigué, Jacques Hitier fronça les sourcils. Il finit par marmonner, en se relevant:

— Ce ne doit pas être facile de vous cacher quelque chose.

— Mais si, je ne suis pas une voyante, protesta Abigaël avec un sourire malicieux. J'ai eu l'impression que mon oncle redoutait un don de ce genre et qu'il se montrait très méfiant.

Son interlocuteur eut une légère crispation de tout le corps. Il s'affaira de la cuisinière au buffet et essuya ses lunettes, autant d'actions banales qui dissimulaient sa gêne.

— J'avoue être très intuitive, ajouta-t-elle alors, ayant perçu sa réaction de contrariété.

— Je m'en doute, répliqua-t-il en lui faisant face. Abigaël, je voudrais que vous me fassiez une promesse. C'est très sérieux.

Elle approuva sagement, tandis qu'il revenait vers elle en faisant le tour de la table.

— Si vous avez des questions à poser, si certains agissements vous surprennent, venez me voir; gardez vos intuitions ou vos impressions secrètes. Nous vivons une époque abominable où des hommes usent et abusent de leur pouvoir pour tuer et torturer leurs semblables. Je dirais qu'il vaut mieux être tué sur le coup que torturé. Les résistants font en sorte de taire leurs activités, même à leurs proches, afin de les protéger. Hélas! j'ai entendu des récits épouvantables prouvant que ces précautions s'avèrent parfois vaines.

J'en ai perdu la foi, moi qui étudie avec fièvre l'existence des ermites, par essence de fervents religieux.

— Peut-être que vous êtes fasciné par eux pour cette raison, monsieur Hitier, parce que vous êtes en quête de votre foi perdue.

La remarque était si pertinente qu'il en eut le cœur serré. Il dévisagea la frêle adolescente dont les grands yeux bleus étaient pleins de bonté et d'amitié.

— Vous êtes une personne exceptionnelle, Abigaël, et d'une grande intelligence malgré votre jeunesse. Mais la valeur n'attend pas le nombre des années, disait Corneille dans *Le Cid*.

Il secoua la tête, l'air préoccupé. Abigaël quitta le fauteuil et ajusta son écharpe en laine autour de son cou.

—Je me suis attardée, dit-elle. Je dois rentrer à la ferme.

Il s'aperçut qu'elle avait posé le livre de Jean Dumont. Comme elle avait suivi son regard, elle expliqua tout bas:

—Je le prendrai demain ou ma tante viendra le chercher. Je n'ai pas envie de le toucher, pas déjà.

— Mon cerveau va travailler jusqu'à demain, déplora-t-il. Vous partez en me laissant sur ma faim. Ma curiosité est éveillée, ma chère enfant. Vous parliez d'appels qui vous seraient destinés.

—J'essaierai de vous donner des précisions, mais il ne faut pas m'en vouloir, parfois, je garde mes expériences secrètes.

Jacques Hitier eut un geste résigné. Il lui ouvrit la porte.

— Demain à dix heures? demanda-t-il.

—Je serai là, monsieur.

Elle descendit les marches extérieures, sa main gantée de laine rouge crispée sur la rampe. Le vieil homme éprouva un vide terrible en la voyant s'éloigner sur le chemin, comme si elle était une source de lumière et d'espérance dans un monde agité par la guerre et la haine.

Ferme des Mousnier, vendredi 3 décembre 1943

Abigaël venait d'entendre la pendule de la cuisine sonner les douze coups de minuit. Elle songea avec une joie enfantine que la période de l'avent était commencée. Couchée dans un lit confortable, comparé à celui de la chambre du grenier, elle écoutait le souffle régulier de sa tante qui dormait depuis plus d'une heure. Grégoire ronflait, lui, et le chaton ronronnait.

Rien ne s'était déroulé comme prévu et l'adolescente en était presque soulagée. D'abord, Marie l'avait accompagnée chez monsieur Hitier pour assister aux débuts de sa nièce au dactylographe. L'ancien professeur s'était dit enchanté de sa visite, mais il n'avait pas pu discuter avec Abigaël de ses expériences de médium. « Nous étions bien, quand même. Tantine, qui devait rester cinq minutes, n'a pas bougé du fauteuil et nous sommes reparties ensemble, se souvint-elle, amusée. Nous avons grignoté des biscuits et de la chicorée, et nous avons tenu une conversation édifiante sur le passé d'Angoulême, où un ermite renommé habitait une grotte sous les remparts. Depuis, ma tante rêve d'y aller. »

Jacques Hitier avait proposé de passer une journée en ville en leur compagnie, de jouer les guides et de les inviter ensuite dans un salon de thé réputé qui servait des pâtisseries exquises malgré les restrictions. Cette perspective avait ravi Marie Monteil, tout heureuse de discuter avec un homme bien éduqué et fort instruit, mais Abigaël n'était guère tentée. La vallée de l'Anguienne lui semblait un précieux refuge, malgré le climat de mystère qui y régnait. « Je voudrais surtout revoir le chien-loup, l'amadouer et être son amie », s'avoua-t-elle.

Ses pensées se concentrèrent sur Béatrice. La fille de la famille était arrivée à six heures du soir, à pied. Un employé de la mairie qui obtenait des tickets pour l'essence l'avait déposée à l'entrée du hameau. Yvon l'avait embrassée et serrée contre lui, et Béatrice, Abigaël en était convaincue, en avait profité pour chuchoter quelques mots à l'oreille de son père. Le repas avait été calme et silencieux. Patrick boudait ostensiblement, Grégoire paraissait somnolent. Quant à Pélagie, elle affectait une cordialité déconcertante à l'égard de Marie.

Maintenant, l'adolescente ne pouvait s'empêcher de guetter le moindre bruit insolite dans la maison, certaine que son oncle et Béatrice allaient sortir rencontrer le fameux Lucas. Le fermier avait dit à son futur gendre qu'il aurait ses faux papiers jeudi soir, grâce à la jeune fille. «Même si c'est le cas, je ne dois pas m'en mêler. À quoi bon les suivre?»

Néanmoins, elle avait gardé ses chaussures à proximité et, avant de monter se coucher, elle avait mis une lampe à pile dans la poche de son manteau. Sur le qui-vive, elle patientait, encore indécise quant à la conduite à tenir.

Au bout d'un quart d'heure, elle perçut un léger craquement dans la chambre de Béatrice, auquel répondit un son plus sourd en provenance de la pièce dévolue aux époux Mousnier. Peu après, l'escalier grinça, la sixième marche exactement, un détail qu'Abigaël avait observé. Elle se redressa sur un coude. «Ils sont dehors, ça y est!»

En imagination, elle vit leurs deux silhouettes traverser le jardin, franchir le portail, marcher dans la cour et longer la grange. Soudain, mue par une impulsion plus forte que sa raison et que sa volonté, Abigaël se leva sans bruit.

« J'ai besoin de savoir, de comprendre », se répétait-elle une fois à l'extérieur, sur les traces de son oncle et de sa cousine. La nuit était assez claire et les zones plus sombres lui apparaissaient comme providentielles pour s'y dissimuler. L'exaltation la soutenait et lui donnait du courage. Depuis la grande frayeur de l'exode, la panique générale ponctuée par le fracas des bombes, elle était accoutumée au danger et faisait preuve d'un rare sang-froid.

— Peut-être suis-je ainsi parce que je sais qu'il y a un au-delà, avait-elle déclaré un jour à sa tante. La mort n'est qu'un passage.

— Tu n'es pas obligée de le franchir si jeune ! s'était récriée Marie Monteil, affligée par ces paroles.

Cependant, Abigaël ne pouvait pas oublier ce qui était pour elle une réalité, de même qu'elle se rappelait souvent ses expériences dans ce domaine. N'eût été le malaise annonciateur de la présence d'une âme errante, elle aurait pu croire, parfois, qu'une personne bien réelle, bien vivante, s'approchait afin de discuter avec elle. Si ses débuts comme médium lui avaient causé de profondes émotions, elle se sentait maintenant capable de les dominer. Seules ses récentes visions la tourmentaient. Elle y songeait encore en avançant sur le chemin. « Tout est différent, ici, dans cette vallée, différent et nouveau. »

L'haleine glacée d'une ancienne carrière de pierre la fit frémir. Elle s'écarta un peu et alla trottiner dans l'obscurité que dispensaient les buis centenaires. Loin devant, elle devinait les silhouettes d'Yvon et de Béatrice.

Brusquement, ils obliquèrent dans un pré étroit surplombé par une falaise. Des frênes cachaient la roche, ainsi qu'un épais rideau de lierre, mais Abigaël distingua une tache de lumière comme suspendue en l'air. Elle se demanda s'il s'agissait d'un feu ou d'une lanterne. Elle trouva vite la réponse. La faible clarté provenait d'une grotte ou d'une ouverture dans le rocher. Le temps qu'elle mit à l'observer suffit à gommer du paysage nocturne le fermier et sa fille. Mais l'adolescente crut entendre des voix. Prudente, elle longea la haie, se glissa dans un taillis de noisetiers et les aperçut. Ils étaient trois, à présent. De toute évidence, Lucas, le fiancé de Béatrice, était au rendez-vous. Malgré la pénombre, elle pouvait voir certains de leurs gestes, qui trahissaient la fébrilité et l'anxiété.

Soudain, elle eut honte de jouer les espionnes. Sans penser aux conséquences, elle décida de rejoindre le groupe. «Je leur promettrai de ne jamais révéler ce que j'ai vu. C'est tellement normal de vouloir échapper au STO!» se dit-elle.

Mais, alors qu'elle allait s'élancer, une main se posa sur sa bouche et un bras vigoureux la ceintura. On lui chuchota à l'oreille:

— Ne bougez pas, ne vous débattez pas, je vous en prie!

Elle se tétanisa, révoltée par le contact d'un corps masculin contre le sien.

— Chut, mademoiselle, je me cache, moi aussi. Je ne veux pas que ces gens me découvrent.

Le timbre grave et agréable était sans conteste celui d'un jeune homme. Abigaël fit un signe de tête affirmatif, qui pouvait passer pour un consentement.

— Si j'ôte ma main, vous promettez de ne pas hurler? s'enquit encore l'inconnu d'un ton pressant.

Elle parvint à se retourner un peu, suffisamment pour capter un regard implorant, dont l'éclat la surprit. Lui, de son côté, fut étonné à la vue de ses larges prunelles limpides où se reflétait la lune en quartier. Il la lâcha, bizarrement confiant.

— Je suis désolé de vous avoir traitée ainsi, murmura-t-il, je n'avais pas le choix. Je m'appelle Adrien.

— Abigaël Mousnier. J'habite depuis dix jours la grande ferme, là-bas, près du hameau.

— Venez, ils finiront par nous voir, sinon, soufflat-il. Pendant qu'ils sont occupés, autant mettre de la distance entre eux et moi.

Perplexe, mais bizarrement dénuée de toute crainte, l'adolescente emboîta le pas au jeune homme parmi un fouillis de végétation. Il se glissa bientôt sous une avancée de rocher qui abritait une bande de terre sèche. Abigaël s'agenouilla près de lui.

— Chut! fit-il encore avant même qu'elle l'interroge.

Des pas résonnaient sur le chemin empierré. C'était Yvon qui rentrait chez lui, une cigarette au coin des lèvres. «Eh bien, il a laissé Béatrice seule avec son fiancé!» songea Abigaël, sidérée devant une telle largesse d'esprit.

À la faveur du clair-obscur, elle tenta d'étudier les traits d'Adrien. Il se présentait de profil à son examen. Il était doté d'un grand front, d'un nez droit et d'une bouche charnue pareille à celle d'un enfant boudeur.

— Si vous m'expliquiez votre conduite, dit-elle tout bas. Vous aussi, vous êtes un réfractaire au STO?

— Tout à fait. Ce n'est pas plus compliqué que ça, je n'irai pas en Allemagne trimer pour leur maudit führer. J'ai trouvé une caverne à cinq cents mètres d'ici. Je sors la nuit pour chercher de la nourriture.

— Depuis combien de temps?

— Une quinzaine de jours. Au début, j'étais tranquille. Ensuite, un autre type est arrivé, qui habite une petite grotte, là.

— Là où j'ai vu de la lumière?

— Précisément. J'ignore de qui il s'agit. Sûrement un gars dans mon genre. Enfin, lui, il a de l'aide, on lui apporte à manger.

Abigaël s'assit à même le sol et serra ses bras autour de ses genoux repliés. Elle éprouvait une sensation grisante, savant mélange de liberté infinie et d'aventure imprévue.

— Avez-vous un chien-loup? interrogea-t-elle.

Adrien tressaillit et se raidit. Il la dévisagea d'un air méfiant.

— Non, qu'est-ce que je ferais d'un chien? rétorqua-t-il.

— J'en ai vu un, il n'y a pas longtemps. Il rôdait autour du poulailler de mon oncle et on le soupçonnait d'avoir tué plusieurs volailles.

— Votre oncle?

— Le fermier Yvon Mousnier.

— Eh flûte! je suis sur ses terres. Si vous me dénoncez, je suis fichu!

— Je ne dénoncerai jamais personne, ce n'est pas mon genre, répliqua Abigaël. Au fond, vous n'êtes pas très malin. Pourquoi m'avoir retenue au moment où je voulais courir rejoindre mon oncle et ma cousine? Si vous étiez resté dans votre coin, je n'aurais même pas su qu'il y avait quelqu'un derrière moi, dans les fourrés.

— En fait, j'ai cru que vous m'aviez entendu approcher et que vous alliez appeler au secours. J'ai tellement faim que j'ai du mal à raisonner, par instants. À propos, que fabrique une gamine comme vous dans la campagne, à minuit passé, en chemise de nuit sous son manteau?

— J'aurai seize ans le 23 décembre. Je ne suis plus vraiment une gamine, protesta-t-elle, vexée sans bien savoir pourquoi.

— Excusez-moi, ça ne répond pas à ma question.

Très embarrassée, Abigaël refusa d'avouer qu'elle surveillait des personnes de sa famille. Elle improvisa.

— J'espérais retrouver le chien-loup dont je vous ai parlé. Il a disputé une carcasse empoisonnée à un renard, l'autre soir. J'ai peur qu'il soit malade.

Elle se rendit compte en l'énonçant à mi-voix que ce souci ne la quittait guère. Adrien n'eut aucune réaction particulière. Il dit simplement :

— Et que feriez-vous ? Vous sauriez le soigner ?

— Oui, affirma-t-elle.

Au même moment, son intuition, stimulée par une nuance insolite dans l'intonation du jeune homme, lui soufflait une idée.

— Pourquoi me mentir ? s'étonna-t-elle. Vous connaissez ce chien ! S'il ne vous appartient pas, il vous a adopté ou vice-versa ?

— Chut, répéta-t-il en posant sa main sur la sienne.

Un couple se devinait entre les arbustes. Béatrice et Lucas, tendrement enlacés, marchaient sans hâte. Ils s'arrêtaient souvent pour s'embrasser à pleine bouche. Entre deux baisers, ils échangeaient des promesses d'amoureux.

— Tu reviendras, mais ne prends pas trop de risques, disait-elle.

— Toi aussi, sois prudente. Ne te mêle plus de tout ça, je ferai ma part.

— Lucas, je t'aime tant !

— Moi, je t'adore, Béa !

Ils s'immobilisèrent pour de bon, alternant caresses, murmures et baisers passionnés. Abigaël baissa la tête et fixa une brindille de bois argentée par la lune. Adrien, lui, adossé à la pierre, retenait sa respiration. Enfin, Béatrice s'arracha à l'étreinte de son fiancé et s'éloigna à longues enjambées nerveuses. Lucas recula, alluma une cigarette et fit demi-tour.

— Il voudrait rejoindre le maquis de Bir Hacheim, chuchota l'adolescente.

— Ah ! J'aimerais bien faire comme lui. Et votre oncle vous en a informée ? D'ordinaire, la plus totale discrétion est de mise.

— Je l'ai appris par hasard. Je préfère ne pas en dire plus.

— Très bien, c'est plus sage.

— Qu'est-ce qui vous empêche de l'imiter? Au moins, dans un groupe de résistants, vous auriez à manger et vous ne seriez pas seul!

— C'est bien le problème, mademoiselle, je ne suis pas seul. J'ignore si j'ai eu tort ou raison, mais j'ai entraîné ma petite sœur dans ma fuite. Nous sommes orphelins. Si je partais pour le Service du travail obligatoire, elle serait confiée à un hospice par les soins de la Croix-Rouge. J'avais prévu gagner le maquis et j'aurais pu le faire en l'abandonnant, certes, mais elle pleurait tant, elle s'accrochait à mon cou. J'ai réussi à duper une religieuse et un gendarme, et nous sommes venus ici, dans cette vallée que je connaissais. Mes parents nous y emmenaient avant la guerre, avant l'accident qui leur a coûté la vie. Un triste paradoxe, ils se sont tués en voiture, la première que papa avait réussi à acheter. C'était un mois avant la déclaration de guerre.

— Mon Dieu, je suis navrée. Mais vous faites vivre votre sœur dans une grotte? Pendant que vous me racontez tout ceci, elle est livrée à elle-même, à la nuit et au froid? s'indigna Abigaël. Quel âge a-t-elle?

— Dix ans, et elle est très courageuse. Elle est prête à endurer la faim et le froid pour rester avec moi. Mais je ferais mieux de la rejoindre sans tarder.

Adrien fut secoué par un long frisson. Il ébaucha un mouvement pour se lever.

— Non, ne bougez pas, je vais vous aider, déclara Abigaël. La nourriture ne manque pas, à la ferme. Hélas! puisque mon oncle et ma cousine sont rentrés, je serai enfermée dehors. Mon Dieu, comment me tirer de ce pétrin et vous secourir?

Déterminée à rapporter de quoi manger aux deux fugitifs, elle entrevit une solution. Vite, elle se redressa.

— Je vous en supplie, attendez-moi au bord du chemin. Surtout, cachez-vous bien si par malheur une patrouille allemande arrivait. Je vous promets de revenir.

— Les soldats ne s'aventurent guère de ce côté, affirma-t-il. Tenez, j'ai une sacoche.

— Ayez foi en moi, murmura-t-elle.

— Même si vous échouez, je vous remercie. Ça fait du bien de discuter avec une charmante fille comme vous.

Abigaël ne courait pas, elle volait, certaine que ses pieds effleuraient à peine le sol, tant sa joie était vive de rendre service à plus malheureux qu'elle. Son esprit s'emplissait d'un optimisme sans faille, de la conviction de réussir sa mission, car il lui semblait être chargée d'une mission capitale. « Si Béatrice et mon oncle sont couchés, j'essaierai d'attirer l'attention de tantine. Elle descendra m'ouvrir et je lui dirai ce qui se passe, anticipait-elle. Si j'ai un peu de chance, il y aura encore quelqu'un en bas et, là, je serai obligée de mentir. »

Haletante, l'adolescente traversa la cour et franchit le portail. Les volets de la maison étaient clos. Cependant, un faible rai de lumière filtrait par un interstice. « Je vous demande humblement pardon, Dieu de bonté, si j'use du don que vous m'avez fait comme d'un subterfuge, mais je n'ai pas le choix, c'est pour une bonne cause. Et, je vous en implore, aidez-moi », pensa-t-elle en faisant instinctivement le signe de la croix.

La porte double était fermée à clef. Abigaël frappa deux coups timides, après quoi elle gratta au volet. Elle n'avait jamais senti son cœur battre aussi fort. On lui ouvrit.

— Tantine?

Marie l'attrapa par le bras et l'attira dans le vestibule avec autorité. Sa douceur habituelle avait cédé la place à une colère mêlée d'angoisse.

— Ce n'est plus possible, mon enfant! dit-elle très bas. Viens près du feu et ne fais pas un bruit.

Elles se retrouvèrent dans la grande pièce. Le foyer n'était plus qu'un lit de braises incandescentes. Posée au milieu de la table, une lampe à pétrole éclairait à peine.

— J'ai croisé Yvon et Béatrice dans l'escalier. Ils étaient bien gênés et m'ont encore débité leur histoire de cagouilles, annonça-t-elle d'une voix presque inaudible. Bien sûr, j'ai dû dire un mensonge, prétendre que tu avais soif, que je descendais te chercher de l'eau. Je n'allais pas avouer que tu avais quitté notre chambre! Enfin, Abigaël, tu ne te comportais pas ainsi en Touraine ni à Poitiers. Comment serais-tu rentrée si je n'avais été là à guetter ton retour?

— Je comptais te réveiller en jetant des cailloux sur notre fenêtre, ou bien j'aurais expliqué à mon oncle, s'il m'avait ouvert, que j'ai suivi une âme en peine et que...

— Quelle honte, ma pauvre petite! Tu ne dois pas travestir cette vérité-là ni te servir de ton don pour agir à ta guise, non et non! Jamais Pascaline n'aurait osé se conduire aussi mal. Où étais-tu?

C'était la première fois que Marie faisait preuve d'une telle rudesse d'intonation et qu'elle la sermonnait aussi durement.

— Je suis désolée, tantine, mais j'ai grandi. Tu évoques la Touraine; c'est loin, déjà. Trois ans se sont écoulés, trois ans qui m'ont coupée de mon enfance, justement.

Marie la fixa, l'air inquiet, proche de la méfiance. Les yeux si bleus de sa nièce brillaient d'un éclat singulier. Ses joues arboraient une nuance rose qui la rendait plus jolie.

— Bon, écoute-moi et ne me regarde pas comme ça, je n'ai rien fait de mal. Je t'en prie, je suis pressée.

Elle lui fit un récit concis, précis et efficace. Marie fut sidérée, mais moins apitoyée que prévu.

— Ce garçon surgi de nulle part a pu te berner afin d'obtenir de la nourriture, hasarda-t-elle. Pélagie, elle, surveille le garde-manger et les provisions du cellier. Elle s'en apercevra, si tu dérobes quelque chose.

— Tant pis, une fillette a faim. J'obéis à ma conscience et aux enseignements du Christ, décréta Abigaël.

Il lui fallut moins de cinq minutes pour remplir la sacoche d'un gros morceau de pain, d'un bocal de confiture, d'un bout de fromage et d'un saucisson entamé. Elle ajouta deux pommes et s'estima satisfaite.

— C'est de la folie, soupira sa tante, qui imaginait la fureur de Pélagie le lendemain matin.

— J'oubliais, il faudrait du lait. Aide-moi, trouve une bouteille propre.

— Eh bien! ironisa-t-elle, je devrai prétendre avoir eu une grosse fringale cette nuit. Tu vas nous causer des ennuis.

— Remonte te coucher, tu trembles, répliqua l'adolescente.

— Non, je t'attends au coin du feu, dépêche-toi. Je vais prier pour qu'il ne t'arrive rien de fâcheux. Je devrais même t'accompagner.

— Tantine, pitié, tu ne marches pas assez vite!

Sur ces mots, Abigaël sortit prestement. Elle modéra son allure afin de préserver le pot en verre contenant la confiture de prunes. Le vent s'était levé, glacial, et elle dut se protéger de son écharpe. La distance lui parut considérable, car l'effort précédent l'avait fatiguée. Des nuages se répandaient dans le ciel, voilant le quartier de lune, et elle redouta de ne pas retrouver l'endroit exact où Adrien devait se tenir au bord du chemin. « Ah, il est bien là! » se réjouit-elle à la vue d'une vague silhouette, debout sous le couvert des arbres.

Mais, plus elle approchait, plus le doute l'envahissait. Le jeune réfractaire était plus grand, moins trapu, elle en était sûre. Enfin, elle put constater son erreur.

« Une vieille femme! » songea-t-elle.

Vraiment épuisée, contrariée de croiser une personne à une heure aussi tardive, Abigaël faillit renoncer. Mais une sensation qui lui était familière la poussa en avant, comme si on la traînait de force en tirant sur une corde.

— Que faites-vous là, madame? demanda-t-elle d'une voix changée.

Elle eut le réflexe d'allumer sa lampe et découvrit une dame vêtue de noir, coiffée d'une toque à voilette également noire.

— Mademoiselle! Quand même, quelqu'un qui me répond, dit l'inconnue dont les lèvres demeuraient immobiles. J'espère que vous venez rendre visite à mes petits-enfants. Je ne sais plus où sont leurs parents, mon fils Jules et ma bru Fernande. J'ai dû m'égarer. Je n'habite pas la campagne.

Abigaël avait compris. Une défunte se manifestait, retenue dans le monde des vivants par le souci poignant de sa famille.

— Comment s'appellent vos petits-enfants, madame?

— Adrien et Cécile. Ils sont turbulents. Je ne peux pas les suivre et j'ai peur pour eux, j'ai tellement peur, mademoiselle! Je me demande ce qui m'est arrivé. Je me reposais dans mon fauteuil et, soudain, tout est devenu noir. Après, je ne sais plus bien, enfin, si, je pensais si fort à mes petits qui ont perdu leurs parents que j'ai cru les voir dans un endroit sombre. Je leur ai parlé, mais ils ne faisaient pas attention à moi. Mademoiselle, il faut les aider, je ne peux pas m'occuper d'eux.

— Non, chère dame, vous ne pouvez pas, vous devez partir d'ici et confier votre âme à Dieu et à vos chers disparus, répondit Abigaël. Je vous promets de veiller sur vos petits-enfants autant que je pourrai. Je prierai pour vous, aussi.

Malgré les minutes qui s'égrenaient, la jeune médium ne put sacrifier les précieuses prières à réciter à mi-voix. Elle le fit de tout cœur, les yeux fermés, et plus rien d'autre n'eut de réalité, ni la lourde sacoche calée sous son bras ni le vent froid. Enfin, l'engourdissement douloureux de sa nuque et de son dos s'estompa. Elle perçut à nouveau le contact de la terre sous ses pieds et le souffle de la bise sur ses joues. Il n'y avait plus personne en face d'elle.

— Vite, vite! se dit-elle en avançant d'une démarche hésitante.

Une cinquantaine de mètres plus loin, Adrien surgit du fossé et lui barra le passage.

— Je croyais que vous ne viendriez plus, s'écria-t-il.

— Ce n'était pas simple, on m'a retardée. Tenez, il y a du lait pour votre sœur et de la confiture. J'ai mis deux cuillères. Le sucre vous fera du bien à tous les deux.

Adrien s'empara du sac qu'il serra contre lui, incrédule. Il scruta les traits d'Abigaël, sous la pâle clarté de la lune, réapparue entre les nuages.

— Vous avez la beauté des anges, murmura-t-il.

— Non, ne dites pas ça, protesta-t-elle, tandis que ses joues devenaient brûlantes.

— Je ne vous remercierai jamais assez, mademoiselle. Je dois vous dire aussi que, le chien-loup que vous cherchez, je l'ai vu rôder sur le plateau, au-dessus de la falaise. Une fois, il buvait dans le ruisseau où je recueille de l'eau. Mais, à mon avis, c'est un loup.

— Un loup qui porterait un collier?

— Sûrement une bête échappée d'une ménagerie ambulante, donc accoutumée à l'homme. Il semble s'intéresser de près à ma sœur et à moi, sans se montrer agressif.

— Je peux vous le dire, il m'a défendue contre un garçon qui…, qui…, qui m'importunait. Il ne l'a pas attaqué, juste menacé.

— Dans ce cas, il est mon ami, car je déteste qu'on importune les demoiselles. Pensez-vous pouvoir monter jusqu'à notre cachette, un soir?

— Non, ma tante est furieuse que je sois sortie. Peut-être un matin, si je parviens à la découvrir.

Fébrile, Adrien lui expliqua comment accéder à la caverne, en désignant la masse rocheuse qui se dressait sur leur droite. Ses indications étaient précises. Très émue, Abigaël affirma qu'elle trouverait.

— Je vous guetterai et, dès que je vous verrai, j'irai à votre rencontre, dit-il tout bas.

— Je viendrai. Au revoir. Prenez soin de Cécile.

Le prénom lui avait échappé contre sa volonté. Le charme fut brutalement rompu. Le jeune homme bondit en arrière en s'écriant d'un ton sec:

— Comment savez-vous le prénom de ma sœur? Bon sang, je me suis fait avoir, vous êtes une fille de la Croix-Rouge! Les gendarmes vous ont donné notre identité?

Pris de panique, il regarda autour d'eux, comme si des hommes armés en uniforme allaient apparaître et le capturer.

— Non, non, ne craignez rien, je vous en supplie, ce n'est pas ça, gémit Abigaël. Vous avez dû appeler votre sœur Cécile, tout à l'heure.

— Je m'en souviendrais!

— Vous êtes affamé et à bout de nerfs. Vous disiez vous-même que vous êtes incapable de raisonner. Adrien,

Dieu m'est témoin que je ne suis envoyée par personne. Retournez vite auprès de votre petite sœur, je dois m'en aller. Et vous avez tort de me soupçonner.

Abigaël ne lui laissa pas l'occasion de répondre. Elle prit la fuite, la gorge nouée et les larmes aux yeux. À cet instant, elle regrettait d'avoir reçu un don qui lui compliquait la vie et la mettait dans une position délicate vis-à-vis du commun des mortels. Si elle acceptait d'être différente, elle se révoltait parfois, surtout quand il s'agissait de ses relations avec des gens de son âge. «Je n'avais pas envie de lui expliquer qui je suis vraiment, pas envie et pas le temps», se répétait-elle sur le chemin du retour, le cœur gros.

—

Marie la vit entrer dans la cuisine et sentit aussitôt qu'elle avait du chagrin. Renonçant à la sermonner davantage, elle lui ouvrit les bras et l'étreignit.

— Merci, mon Dieu, tu es là. J'avais du mal à rester éveillée, ma chérie. Montons vite nous coucher.

— Oui, tantine, je suis fatiguée.

Toutes deux savourèrent le confort du grand lit au matelas de laine et l'épaisseur des couvertures.

— Demain, je te raconterai, balbutia l'adolescente, harassée. Demain.

— Dors, ma pauvre enfant. Tu dois être à dix heures chez monsieur Hitier, puisque je vous ai empêchés de travailler, ce matin, enfin, hier matin, vu l'heure qu'il est. Je t'ai fait des reproches, je t'ai parlé durement pour la première fois, sans doute, mais je m'inquiète tant quand tu sors la nuit! Pense à Patrick. S'il te suivait à nouveau et s'en prenait à toi, malgré mes mises en garde!

— Je ne t'en veux pas, c'est normal de vouloir protéger ceux qu'on aime. Sais-tu, cette vallée n'est pas ordinaire et je crains d'attirer beaucoup trop de défunts, d'âmes perdues. En plus, ici, ça devient compliqué de prier de la bonne manière, dans certaines circonstances. Ce soir, j'ai eu l'impression d'être comme l'eau de l'Anguienne, entraînée malgré moi, toujours en mouvement par n'importe quel temps, victime de mon étrange nature.

La voix d'Abigaël s'altéra, entrecoupée de sanglots. Marie fit de son mieux pour l'apaiser.

— Ton étrange nature! Tu devras noter ces mots dans ton cahier, ma chérie. Ne sois pas triste, je t'en conjure, ton rôle sur terre est magnifique, même si je conçois à quel point ce doit être déroutant et effrayant d'en être chargé. Désires-tu que nous disions des prières?

— Non, pas maintenant, j'ai besoin de me reposer.

Abigaël se coucha sur le côté en tournant le dos à sa tante et ferma ses yeux encore embués de larmes. Tout de suite, elle revit le profil énergique d'Adrien et évoqua sa silhouette mince aux épaules carrées. « Il m'a dit que j'avais la beauté des anges, se souvint-elle, troublée. Moi, j'ai tout gâché en lui jetant le prénom de sa petite sœur à la figure. Pourquoi? Je n'oserai jamais le revoir, je ne veux pas qu'il sache la vérité sur moi. »

Elle s'endormit après avoir imaginé qu'elle était devenue une fille comme les autres, au moins pour ce garçon surgi de la nuit et dont elle ignorait tout.

Ferme des Mousnier, vendredi 3 décembre,
huit heures du matin
Yvon avait trait les deux vaches avec l'aide de Béatrice. Le père et la fille s'étaient longuement entretenus dans la tiédeur de la grange, à l'écart des autres membres de la maisonnée. Levés à sept heures, ils s'étaient contentés d'un bol de chicorée, mais, en rentrant dans la cuisine, le fermier se déclara affamé.

— Il pleut des cordes, aujourd'hui, mais, à mon avis, ce soir, ça se changera en neige, car il fait très froid.

— Oui, papa a raison, renchérit la jeune femme.

Pélagie grommela que l'hiver s'annonçait glacial. Les grues étaient passées au début du mois de septembre et les oignons avaient plusieurs couches de peau, autant de signes indéniables, selon elle. Patrick, lui, observait en silence le contenu du garde-manger, suspendu dans le cellier. Attablées, Marie et Abigaël échangèrent un coup d'œil anxieux.

— Boudiou, il n'y a plus de pain, Pélagie? s'étonna Yvon. Si vous vous êtes tous servis sans en laisser, ce n'est guère poli.

— Mon pauvre homme, tu finiras miraud, répliqua son épouse. Ouvre donc le placard d'angle, j'ai emballé dans un torchon une miche cuite hier.

— Ah, je préfère ça, mais le quignon aurait pu se tremper dans la soupe à midi.

Marie croqua dans une pomme fripée à la chair assez juteuse. Abigaël but sa tasse de lait, déterminée à ne rien avaler de consistant. «Le lait, ça ne se verra pas, calculait-elle, ni la confiture, il y en a une vingtaine de pots.»

Patrick referma la porte du cellier et s'assit à son tour. Il darda sur sa cousine des yeux amusés.

— Maman, j'ai eu une sacrée fringale, cette nuit. Je me suis relevé et j'ai fini le pain de seigle, avec du fromage et du saucisson. Pardi, à mon âge, il me faut manger, je suis en pleine croissance.

Yvon Mousnier bomba le torse et tapa du poing sur la table.

— Tu serais déjà mort de faim, toi, en ville! tonna-t-il. Nom d'un chien, as-tu entendu causer des restrictions, des tickets d'alimentation? Ici, on a ce qu'il faut, mais pas question de se permettre des fringales, mon gars. Tiens, pour ta peine, coupe un morceau de lard et fais-le griller pour ton vieux père.

Malgré sa diatribe grondeuse, le fermier souriait. C'était sa fierté d'avoir des provisions de bouche, du tabac et du vin, soigneusement cachées dans un lieu connu de lui seul et de sa femme.

— Tu viendras labourer avec moi, Patrick, histoire de ne pas engraisser, ajouta-t-il d'un ton moqueur.

— D'accord, papa.

Marie soupira de soulagement. Abigaël respira plus à son aise, secrètement ravie d'avoir pu offrir de la nourriture à Adrien et à sa sœur. Après sa nuit de sommeil paisible, elle se sentait plus lucide et moins affligée. Sa bonne humeur fut cependant gâchée par le geste discret de son cousin. En passant derrière elle pour décrocher le lard du plafond, il lui caressa le dos habilement et furtivement. Elle comprit le message. Il avait deviné son larcin et lui avait rendu service, mais il exigerait bientôt une compensation. «Jamais je ne céderai à son chantage, se dit-elle. Je préfère encore me dénoncer et, s'il insiste, je le ferai ce soir.»

Quand, une demi-heure plus tard, Yvon emmena son fils atteler le cheval, Abigaël se chargea de faire bouillir le lait juste tiré. Pélagie lui demanda d'éplucher des navets, tandis que Marie montait s'occuper de Grégoire. Béatrice était plongée dans la lecture d'un journal, apparemment indifférente à ce qui se passait autour d'elle.

Un tranquille silence régnait dans la maison, battue par le vent et la pluie.

8

L'enchantement

Abigaël n'avait passé qu'une heure chez monsieur Hitier. Elle suivait à présent le chemin emprunté durant la nuit. L'ancien professeur s'était inquiété de la voir distraite, comme perdue dans ses pensées. Il lui avait donné une page de livre à recopier à la machine à écrire, toujours pour lui permettre de se familiariser avec la dactylographie. Le texte ne comportait qu'une ou deux fautes de frappe, et il l'avait félicitée.

— Je ferai mieux mardi matin, monsieur! s'était-elle écriée. Je vous en prie, puis-je partir?

Il avait accepté, à la fois intrigué et fasciné par la personnalité de la jeune fille.

— Allez vite, demoiselle. Avez-vous du travail en retard à la ferme?

— Non, ce sont les premiers jours de l'avent. J'ai emporté un canif. Je voudrais couper des branches de sapin et du houx pour décorer la maison de mon oncle.

Tout en marchant le plus rapidement possible, Abigaël repérait les arbustes et les arbres desquels elle pourrait prélever des branchages. Mais, avant toute chose, elle devait revoir Adrien. «Je lui dirai que j'ai vu sa grand-mère, je lui expliquerai que je ne suis pas vraiment quelqu'un de normal. Tant pis s'il ne me croit pas. Au moins, j'aurai essayé! »

Elle se souvenait très bien de ses indications. Après avoir traversé un pré encore tapissé d'une herbe drue et humide, elle s'attaqua à une pente abrupte en s'accrochant à des racines et à de grosses pierres à demi enfoncées dans la terre. Par chance, il ne pleuvait pas. « Oncle Yvon se trompe, il ne neigera pas ce soir, songea-t-elle. Le ciel s'est dégagé grâce au vent du nord. »

L'air était froid, mais il lui paraissait d'une grande pureté. Chaque détail du paysage semblait d'une netteté absolue et, une fois parvenue sur le plateau, elle découvrit une vue qui l'enchanta. Les collines voisines étaient couvertes de sous-bois qui offraient des teintes d'un roux doré. Vers l'ouest, l'antique cité d'Angoulême couronnait de ses toitures ocre, de ses belles maisons de calcaire et de ses clochers l'immense plateau qui surplombait le fleuve Charente.

— Je voudrais m'envoler, aller me poser là-bas et revenir à tire-d'aile, chuchota-t-elle.

Mais elle n'avait pas de temps à perdre en folles rêveries. Il lui fallait longer le bord de la falaise pour découvrir l'amorce du sentier qui rejoignait l'escalier grossièrement creusé dans le rocher dont lui avait parlé Adrien. Elle trouva enfin la première marche, étroite, peu engageante. Avant de monter, Abigaël accorda un regard à la vallée de l'Anguienne, composée de champs labourés et de parcelles réservées au maraîchage, du côté du hameau traversé par la rivière.

Soudain, elle aperçut le fermier qui dirigeait la charrue, tirée par le robuste poulain de Fanou. Patrick le tenait au licol. L'attelage et les deux hommes lui firent penser à des jouets, tant ils paraissaient petits depuis son perchoir. « J'espère qu'ils ne me verront pas, eux », se dit-elle.

L'escalier, vieux de plusieurs siècles, était heureusement protégé par un muret naturel. L'adolescente supposa à juste titre qu'il avait été taillé jadis par les ermites dont l'existence passionnait tant monsieur Hitier. Jamais elle n'aurait imaginé, de la vallée, que ces pans de falaise pouvaient abriter de tels aménagements. Pourtant, elle fut encore plus surprise quand elle déboucha dans une caverne de taille impressionnante, après avoir franchi une ouverture rectangulaire haute et étroite, aménagée dans la pierre calcaire. Sur les parois aux teintes grisâtres, elle remarqua des niches creusées de main d'homme et une fosse ronde, à même le sol, sur sa gauche, au fond de laquelle on avait fait du feu, comme le prouvaient les cendres et les tisons noircis. C'était sûrement le silo à grain qu'avait évoqué le professeur.

— Est-ce qu'il y a quelqu'un? appela-t-elle tout de suite.

— Oui. Qui est là? répondit une voix fluette.

Abigaël avança vers un replat tapissé de fougères sur lequel on devinait une forme menue, dissimulée par une couverture.

— Cécile? N'aie pas peur, dit-elle gentiment.

— Vous connaissez mon nom? s'exclama une fillette en se redressant avec vivacité comme un diablotin sortant d'une boîte.

Elle avait des cheveux noirs bouclés, des yeux verts et un nez très fin. Elle souriait.

— C'est vous, la jeune fille qui nous a donné plein de bonnes choses à manger? demanda-t-elle.

— Oui, c'est moi, Abigaël. Mais où est ton grand frère?

— Il est parti chercher de l'eau et des champignons. Il veut économiser nos provisions. Quand même, ce matin, j'ai bu deux gobelets de lait et j'ai eu une tartine de confiture, grâce à vous.

Cécile resserra sur elle un manteau en drap de laine bleu foncé. Assise en tailleur, la couverture sur ses jambes croisées, elle était adorable et attendrissante dans ce cadre austère où la roche régnait en maîtresse absolue. Les seules notes chaleureuses venaient d'une caisse en planches drapée d'un foulard bariolé sur laquelle trônait une bougie dans son chandelier. Abigaël prit place à ses côtés.

— Tu n'as pas peur, ici, la nuit? s'enquit-elle en fixant l'enfant d'un regard presque maternel.

— Un peu, si Adrien s'en va et que je ne dors pas encore. Mais je lui ai promis d'être courageuse et de ne pas me plaindre, le jour où il m'a emmenée. Vous comprenez, mademoiselle, je ne veux pas être séparée de mon frère. Je n'ai plus que lui.

— Je sais, il me l'a dit. C'est triste. Je voudrais tant vous aider davantage!

— Vous pouvez continuer à nous apporter à manger, affirma Cécile d'un air malicieux.

— Je le ferai, puisque vous êtes obligés de vous cacher dans cette grotte, mais j'ai dérobé la nourriture. Je préférerais l'acheter. Dès que j'aurai un peu d'argent, ce sera sûrement ce que je ferai.

— Mais vous avez droit à des tickets. On en a encore, Adrien et moi.

Toute fière, la fillette sortit de sa poche des feuilles pliées en quatre. Abigaël les examina.

— Avec ça, vous pourriez obtenir du beurre et du sucre, mais pas assez pour tenir tout l'hiver.

Curieusement, le simple mot « hiver » altéra la gaieté de Cécile. Elle fondit en larmes et se frotta vite les yeux, honteuse.

— Je devais rester chez ma grand-mère, la mère de mon papa. On aurait fêté Noël, toutes les deux. Mais elle est morte d'une crise cardiaque une semaine avant les gendarmes, hoqueta l'enfant.

— Comment ça, les gendarmes?

— Oui, ceux qui sont venus prévenir Adrien qu'il devait s'en aller en Allemagne. Je les déteste. On a eu de la veine, quand même, le brigadier connaissait nos parents et il a accordé vingt-quatre heures à mon frère pour se présenter chez eux. On s'est d'abord cachés dans la cave du voisin, puis on est venus ici. Quand il était jeune, papa travaillait chez un maraîcher de la vallée. Il aimait cet endroit. Plus tard, il a eu un meilleur métier en ville, mais, le dimanche, il nous conduisait ici et on se promenait tous les quatre.

Cécile semblait avide de parler, de raconter sa navrante histoire de jeune orpheline. Apitoyée, Abigaël avait envie de la cajoler. Elle se contenta de lui prendre la main.

— Est-ce votre papa qui vous a indiqué la grotte? demanda-t-elle. Si ton frère ne m'avait pas bien expliqué comment y accéder, je ne l'aurais pas découverte.

— Peut-être. Tu n'auras qu'à poser la question à Adrien.

— Je n'ai rien à dire sur ce sujet, fit une voix furibonde, grave et sensuelle.

Le jeune homme apparut, un bidon cabossé à bout de bras. Il portait une canadienne noire et une écharpe marron. Ses cheveux, assez courts, étaient très bruns et ses yeux étaient d'un gris nuancé de vert. Son visage anguleux témoignait d'un caractère intrépide, fort et tenace. Abigaël le regarda intensément un instant avant de détourner la tête. «Je l'aurais reconnu même si nous n'étions pas là, dans cette caverne, se dit-elle, émue. Il faisait très sombre, pourtant, la nuit dernière, mais ses traits sont restés gravés en moi.»

— Mademoiselle, ajouta-t-il, j'ai beaucoup de gratitude pour ce que vous avez fait hier soir, mais je n'arrive pas à croire à un hasard. Qui vous envoie? Une voisine de ma grand-mère?

Abigaël se leva et s'approcha de lui. Elle n'osait pas révéler devant Cécile le don qu'elle possédait.

— Je voudrais vous confier une chose grave, mais je crains de bouleverser votre sœur, souffla-t-elle à son oreille. Pouvez-vous me raccompagner sur le plateau? Je suis pressée.

— Cécile, recouche-toi, le vent est glacial. Je reviens vite.

— Mais vous partez déjà, mademoiselle? déplora l'enfant.

— Je reviendrai, c'est promis. Je t'apporterai un oreiller; tu seras plus à ton aise.

L'enfant remercia d'un petit rire et se pelotonna sous sa couverture. Les jeunes gens descendirent les marches à flanc de falaise, puis gravirent le sentier, mais Abigaël eut soin de s'arrêter avant d'atteindre le plateau. Elle regretta soudain de ne pas avoir visité toute la caverne, dont les parois, sans doute, gardaient des traces d'un très lointain passé.

— Je vous écoute, déclara sèchement Adrien.

— N'ayez pas ce ton dur, presque méprisant. Vous étiez si gentil, hier soir! protesta-t-elle. Voilà, ce n'est pas facile à expliquer. Savez-vous que certaines personnes ont des dons particuliers, comme les médiums.

— Oui, évidemment. Au lycée, nous avons joué à faire tourner les tables, sous prétexte qu'un de nos camarades était médium. Mais ça ne m'a pas convaincu. Il ne s'est rien passé du tout.

— Ce n'est pas un jeu pour moi, hélas! soupira Abigaël. Depuis environ trois ans, je communique avec des défunts, des âmes perdues ou errantes. Petite fille, j'ai dû recevoir ce genre de visites de l'au-delà, mais je ne comprenais pas. Un jour, un garçon de huit ans qui s'était noyé s'est manifesté à moi. Ma tante m'a alors appris ce que j'étais vraiment, l'héritière d'un don étrange, celui dont je vous parle, que ma mère avait elle-même reçu de sa mère. Il en est ainsi depuis des générations.

Adrien la considéra d'un œil perplexe. Il était si proche d'elle que la buée de leurs haleines se mêlait.

— Bientôt, vous allez me raconter que vous avez discuté avec mes pauvres parents? Pourquoi me débiter des idioties pareilles?

— Vous devez me croire, je vous en supplie! Cette nuit, alors que je courais vous apporter la sacoche, une vieille dame m'est apparue. C'était votre grand-mère. Elle se tourmentait tellement pour vous deux qu'elle ne pouvait pas rejoindre la lumière céleste.

— Taisez-vous, à la fin! s'indigna-t-il. Vous n'avez pas honte? Je suis catholique et j'ai la foi, mais je n'apprécie pas les mauvaises plaisanteries.

— C'est elle qui a prononcé le prénom de Cécile. Elle m'a dit aussi qu'elle était dans son fauteuil quand tout est devenu noir. Elle n'a pas compris qu'elle était morte d'une crise cardiaque.

— Là, vous devez sûrement le renseignement à ma sœur, qui est si bavarde!

— Bon, si vous me prenez pour une menteuse, je préfère m'en aller, vous me faites trop de peine. J'aurais beau parler encore une heure, vous ne changeriez pas d'avis. Je ne vous en veux pas, au fond, les gens réagissent le plus souvent comme vous. C'est si invraisemblable, n'est-ce pas, de voir une personne morte et enterrée, d'être accablée par sa présence, de sentir sa détresse, de saisir ses paroles et de lui répondre! Non, sincèrement, ce n'est pas un jeu pour moi. Je n'ai jamais essayé de faire tourner un guéridon. Je ne suis ni une voyante de fête foraine ni votre ennemie.

Abigaël se tut, de peur d'éclater en sanglots. Troublé, Adrien marmonna des excuses :

— Je suis désolé. C'est tellement difficile à admettre!

— Pour moi aussi, au début, c'était difficile à admettre et j'en souffre souvent, surtout quand je dois me justifier et subir le mépris de certains ou même passer pour folle.

Elle le regarda avec intensité, comme pour le convaincre de sa bonne foi et du désarroi que lui causait son incrédulité. Il la fixa également, silencieux, captivé par ce qu'il lisait en elle de pureté et de bonté. Bientôt, ils furent incapables de prononcer un mot, happés l'un par l'autre, pris au piège d'une attirance inouïe, d'une soudaine communion de leurs deux âmes.

Dans les yeux d'Adrien, Abigaël pressentit son destin, qui serait d'aimer cet homme. Elle si sage et pieuse, si peu soucieuse de plaire aux garçons, fut emportée dans un tourbillon de sentiments grisants. Une page se tournait; elle entrait dans sa vie de femme.

Fasciné et le cœur serré, le jeune homme cédait à une infinie tendresse, à un élan de tout son être vers ce doux visage de madone. Certes, à la lumière du jour, la jeune fille n'avait plus la mystérieuse beauté que lui conférait le clair de lune de la nuit précédente. Cependant, il la trouvait très jolie, émouvante avec ses joues rosies par le froid et ses cheveux défaits par le vent.

Ils étaient frappés d'enchantement et osaient à peine respirer. Le cri strident d'un rapace les arracha à leur contemplation.

— Oh! pardon, je dois partir, dit-elle précipitamment, gênée.

— Quand reviendrez-vous? demanda-t-il, anxieux.

— Je ne sais pas. Je voudrais tant améliorer votre quotidien! Mais ma tante et moi ne possédons rien, nous dépendons de la charité de mon oncle. Pourtant, vous êtes bien plus à plaindre que nous, votre petite sœur et vous.

— J'appréhende l'hiver, même si les grottes bénéficient d'une température assez clémente. J'enrage aussi d'être condamné à l'inaction, de ne pas pouvoir me battre auprès des résistants.

— Je vous assure, Adrien, que, si nous avions un petit logement, ma tante et moi, nous accueillerions Cécile avec joie. Peut-être que mon oncle consentirait à l'héberger, mais j'en doute. Autant vous prévenir, un soir, je l'ai entendu tempêter contre un individu qui se cacherait dans une des grottes. Soyez prudent!

— Je le suis, mais je dois sortir pour aller chercher de l'eau et dénicher de la nourriture. C'est une charge terrible de veiller sur ma sœur. S'il lui arrivait quelque chose, je m'en voudrais jusqu'à ma mort.

Sans réfléchir, dans un élan spontané, Abigaël étreignit l'épaule du jeune homme pour le réconforter.

— Je vous aiderai, insista-t-elle. Cécile me paraît une enfant joyeuse et courageuse.

— J'aurais préféré la savoir à l'abri chez notre grand-mère et être libre de mes faits et gestes.

— Ne perdez pas espoir. S'il y a une solution, je la trouverai et, au fond, cela me coûtera, car, dans ce cas, vous irez rejoindre le maquis et vous courrez des risques à chaque instant.

C'était un timide aveu. Touché, Adrien lui caressa la joue.

— La guerre a d'étranges effets, confessa-t-il tout bas. Il y a deux jours à peine, j'ignorais votre existence et vous la mienne. Ce matin, nous avons tout de deux vieux amis.

— C'est vrai, admit-elle.

Ils éclatèrent d'un rire complice. Leur jeunesse balayait ainsi les dangers du lendemain, les deuils et les larmes versées. Adrien reprit son sérieux le premier.

— Je retourne auprès de Cécile. Faites attention à vous, dit-il d'un ton affectueux.

Elle ôta sa main de son épaule, mais, au passage, s'empara de ses doigts, qu'Adrien s'étonna de sentir brûlants et très menus.

— Merci, Abigaël, soupira-t-il en embrassant son poignet.

— Merci à vous aussi, répliqua-t-elle.

— Mais de quoi? De vous avoir sermonnée?

— Non, de croire en moi.

Sur ces mots, elle grimpa les marches creusées dans le rocher des siècles auparavant. Il attendit de la voir atteindre le plateau avant de redescendre vers la caverne.

Ferme des Mousnier, même jour

Abigaël croisa Patrick au moment où elle franchissait le portail du jardin. Son cousin siffla un petit air ironique avant de déclarer, goguenard:

— On m'envoyait te chercher chez monsieur Hitier, chère petite. Il est midi passé. Tout le monde est à table et Béatrice te voue au diable, car elle est affamée.

— Je n'ai pas de montre et aucun clocher ne sonne l'heure, ici.

— Si tu tendais l'oreille, tu pourrais entendre celui de Soyaux, mais tu dois être trop occupée.

Sans daigner lui répondre, elle se dirigea vers la maison d'un pas rapide. Dans le vestibule, elle enleva ses chaussures boueuses. En la voyant penchée en avant, Patrick lui pinça la taille.

— Laisse-moi donc! gronda-t-elle à mi-voix.

— Si tu me confies tes secrets, je te ficherai la paix. À qui as-tu donné la nourriture?

— Au chien-loup qui m'a défendue contre toi, mentit-elle.

Yvon les appela de la pièce voisine, dont la porte était fermée.

— Patrick, Abigaël, dépêchez-vous, bon sang! Dans une demi-heure, on reprend le labourage.

Il faisait chaud dans la grande cuisine. Il y flottait une bonne odeur d'oignons et de légumes rissolés. Marie, qui aidait Grégoire à manger, décocha un regard presque suspicieux à sa nièce. Elle eut aussitôt conscience d'un imperceptible changement chez l'adolescente, à cause de son expression rêveuse, peut-être, ou bien de son air heureux.

— Si monsieur Hitier t'emploie plusieurs jours par semaine, s'écria soudain Béatrice en toisant Abigaël, tu gagneras bientôt plus d'argent que moi à la mairie.

— Non, ça ne se reproduira plus, je n'irai que le mardi et le jeudi, protesta-t-elle. Si j'ai dû y aller ce matin, c'est que, hier, nous n'avons fait que discuter, tous les trois. N'est-ce pas, tantine?

— Je l'avoue, je suis l'unique responsable, trancha Marie.

— Tu ferais mieux d'y aller plus tôt et de revenir avant midi, grommela Pélagie.

Le repas se poursuivit en silence. Ils en étaient au dessert, des flans parfumés à la chicorée, quand une série de détonations résonnèrent dans la vallée.

— Bon sang, ça vient de la centrale électrique, s'exclama Yvon.

— Des maquisards n'attaqueraient quand même pas en plein jour! hasarda Béatrice, très pâle.

— Je vais voir, s'écria Patrick, bondissant de sa chaise.

— Non, reste là, implora Pélagie.

C'était trop tard: son fils était sorti et tous le virent qui passait en courant devant la fenêtre. Abigaël ferma les yeux et se mit à prier. Seuls les soldats allemands et les combattants de l'ombre, comme on surnommait les résistants, possédaient des armes à feu. «Un homme va mourir ou souffrir dans sa chair, peut-être même plusieurs», pensa-t-elle. Elle dit tout haut:

— Mon Dieu, pourquoi le mal règne-t-il sur terre?

Béatrice repoussa son assiette et alluma une cigarette, tout en observant sa cousine.

— Tes prières ne serviront pas à grand-chose, dit-elle d'un ton froid. En ce moment, il vaut mieux avoir un fusil qu'un missel.

— Ne l'embête pas, enfin, intervint Yvon. Un peu de religion ne fait de mal à personne. Bon, avec ça, je n'ai plus qu'à me remettre aux labours. Patrick ne rate pas une occasion de tirer au flanc, ouais!

— Je le remplacerai, papa, affirma sa fille. Mais il va vite revenir.

Marie se signa, inquiète. Elle ne s'habituait guère au voisinage des Allemands et l'écho des détonations la hantait.

— Bah, ça ne doit pas être bien grave, ajouta le fermier, sinon on aurait eu droit à d'autres coups de feu.

— Peur, Goire, beaucoup peur, balbutia alors Grégoire en appuyant sa main droite sur sa poitrine.

— Tu ne risques rien, ici, mon garçon, dit gentiment Marie en le prenant par l'épaule dans un geste protecteur.

Mais la panique submergea l'innocent qui commença à s'agiter, à trembler et à sangloter. Excédée, Béatrice se leva de sa chaise.

— Je monte me changer. Je viendrai avec toi aux champs, papa. Tant que ce sale gosse sera sous notre toit, je ne me sentirai pas chez moi…

— Allons, Béa, ne dis pas de sottises, protesta son père sans conviction.

Abigaël suivit sa cousine à l'étage. Elles n'avaient pas eu l'occasion de discuter depuis la semaine précédente.

— Béatrice, est-ce que je peux entrer? demanda-t-elle après avoir toqué à la porte de sa chambre.

— Oui, ne te gêne pas.

L'intonation était arrogante et hargneuse. En soutien-gorge et culotte de satin, la jeune femme lui adressa un regard noir.

— J'espère que ça ne te choque pas. Tu m'as déjà vue en petite tenue. Tu as eu raison de monter, toi aussi, on va pouvoir s'expliquer. Si tu me disais comment tu as manœuvré pour chasser mon frère de sa chambre et l'expédier au grenier? Et papa prend ta défense, maintenant. Ma parole, tu l'as ensorcelé!

— Je n'ai rien à t'expliquer, rétorqua Abigaël, révoltée d'être accusée à tort. Si tu veux savoir ce qui s'est passé, interroge ta mère. C'est elle qui a décidé de l'échange. Il paraît même que c'était prévu. Quant à ton père, c'est aussi mon oncle; c'est normal qu'il ait un peu d'affection pour moi.

— Pauvre idiotc! soupira Béatrice en enfilant un pantalon de son frère et une chemise à carreaux usée.

— Pourquoi dis-tu ça? Qu'ai-je fait pour être traitée d'idiote?

— Rien, tu es godiche, c'est tout. Je n'ai pas d'autre mot en tête. Ta manière de prier à table, paupières closes comme une statue de sainte, tes sourires dans le vague…

— Eh bien, quand je me souviens de la façon dont tu m'as accueillie jeudi dernier, j'en perds mon latin. Tu prétendais être contente d'avoir quelqu'un avec qui bavarder; tu semblais m'apprécier.

Béatrice sembla ébranlée. Après avoir mis un gros gilet en laine grise, elle s'assit au bord de son lit où elle noua et dénoua ses doigts.

— Je reconnais que je suis de mauvaise humeur. Tout le monde m'agace, maman, toi, ta tante…, et je ne supporte plus la vue de Grégoire.

— Il n'est pas responsable de ce qui est arrivé à ce couple et à la fillette, déclara l'adolescente d'une voix nette. Comment peux-tu lui en vouloir? Je suis au courant, mon oncle m'a tout raconté. Imagines-tu que ton frère a assisté à ce massacre? C'est assez pour devenir fou!

— Il n'était pas plus malin avant, maugréa Béatrice. Enfin, si les parents l'avaient placé à l'asile, ces gens seraient encore vivants.

— Ce n'est pas sûr. Ta mère aurait peut-être parlé, puisque les miliciens la brutalisaient. Béatrice, je suis allée là-bas en suivant Grégoire qui s'était enfui à cause de son chaton.

— Papa me l'a dit, ne te fatigue pas.

— Regarde ce que j'ai trouvé, grâce à un rayon de soleil.

Elle prit dans la poche de sa jupe le médaillon en métal doré qui ne la quittait plus. Pendant quelques secondes, elle s'étonna de tendre sans hésiter le modeste pendentif à sa cousine, alors qu'elle ne l'avait montré ni à sa tante ni au fermier.

L'air surpris, Béatrice fixa d'abord le bijou, puis elle l'ouvrit et en examina le contenu, la minuscule photographie découpée en cercle et l'inscription. Abigaël la vit rougir, pâlir, refermer le médaillon et le garder serré entre ses mains, les larmes aux yeux. L'instant d'après, elle pleurait sans bruit.

— Pardonne-moi, s'écria l'adolescente, je ne croyais pas que cela te ferait tant de peine. Est-ce que tu connaissais Janine Casta? C'était une amie?

— Mais non, arrête d'inventer des histoires, bredouilla Béatrice qui se dominait pour ne pas sangloter. C'est émouvant, ce genre de trouvaille, voilà tout.

— Elle est morte et tu le sais.

— Je ne sais même pas qui c'est. Sors de ma chambre!

— Béatrice, quand cesserez-vous, ton père et toi, de me prendre pour une gamine incapable de tenir sa langue ou de vous aider? J'en ai assez de me taire. Pour l'enfant morte que j'ai vue dans le grenier, Janine

Casta était comme une seconde maman. Elle l'appelait maman Nine. Je suppose qu'elle avait un lien avec le couple qui a été tué. Et puis, je sais que ton fiancé se cache dans la vallée, qu'il n'est pas en Allemagne. Tu lui as fourni de faux papiers et il compte intégrer le maquis.

— Seigneur! fit Béatrice en la dévisageant avec stupeur. Mais tu nous espionnes! On aurait dû se méfier, et surtout ne pas répondre aux lettres de ta tante.

— Je n'ai pas voulu ça, tu dois me croire. Je dors mal. Sans faire exprès, j'ai entendu oncle Yvon et ta mère discuter. Elle lui disait que les Allemands devaient savoir qu'il était de leur côté. J'étais horrifiée, je devais savoir la vérité. Petit à petit, j'ai cru comprendre que je me trompais.

— Oh! oui, tu te trompais. Papa est un homme bien. Mais attention! Je te préviens, ne fais pas de gaffe, maman ignore absolument tout de nos activités. Ce n'est pas un jeu. Il vaut mieux que tu restes à l'écart, que tu n'en apprennes pas davantage.

— Vous êtes dans la Résistance? interrogea-t-elle cependant.

— Chut, ne prononce pas ce mot.

— Ton frère aussi?

— Parfois, il nous rend des services. Puisque tu es au courant pour Lucas, je te donne un exemple. Il lui portait des provisions quand il montait Grison, soi-disant pour le débourrer…

Béatrice s'approcha de la fenêtre et contempla le jardin. La cime du sapin lui dissimulait une partie du paysage.

— Tu n'as pas d'amoureux, toi! murmura-t-elle d'une voix radoucie. Je suis désespérée, aujourd'hui, car j'ai vu partir mon fiancé. J'ignore quand je le reverrai, si je le revois un jour. Nous allons lutter chacun de notre côté, mais j'ai tellement peur de le perdre.

— Comme tu as perdu Janine, une amie? Je suis sûre que tu la connaissais.

— Je ne peux rien te dire, pas encore.

Des pas rapides dans l'escalier coupèrent court à leur discussion. La porte de la pièce s'ouvrit à la volée et Patrick fit irruption. Il parut satisfait en voyant Abigaël.

— Fausse alerte, les filles, les Boches n'ont pas été attaqués par des terroristes et ils n'ont tué personne. Franz a tiré quatre balles sur un chien errant, sûrement celui qui a dévasté le poulailler. Bon débarras!

— Tu peux le dire, bon débarras, répéta sa sœur. Je suis rassurée que ce ne soit pas une action des résistants. Nous serions les premiers à être pris comme otages, si ça se produisait dans le coin.

Patrick observait Abigaël. Elle soutint son regard, mais son cœur lui faisait mal à l'idée de l'animal abattu. Son cousin rectifia alors, sur un ton où transpirait la déception :

— Franz n'est pas bon tireur, pour un soldat. La bête est blessée et elle a filé dans les bois. Elle ira crever quelque part. Bon, papa nous attend, Béa. Viens vite.

Abigaël se retrouva seule dans la chambre. D'un coup d'œil, sa cousine lui avait rappelé qu'elle devait faire preuve de la plus grande discrétion. Elle s'en souciait peu. Dans son esprit, le chien-loup était lié à Adrien; tous deux étaient venus à sa rencontre au cœur de la nuit. «Il ne doit pas mourir, se dit-elle. C'est très important qu'il survive. Je dois le soigner.»

Elle voulut sortir à son tour mais un malaise l'arrêta. C'était une sensation violente d'oppression, doublée d'une douleur au plexus. Elle s'appuya d'une main au mur et, malgré le vertige qui cherchait à la terrasser, elle s'efforça de respirer profondément, les yeux fermés. La même femme brune au beau visage à peine fané lui apparut alors, derrière le voile rouge de ses paupières closes. Cette fois, son regard de velours noir semblait rivé à celui d'Abigaël.

— Oui, je vais le sauver, s'entendit-elle murmurer. N'ayez pas peur, il vivra!

Vallée de l'Anguienne, même jour

Abigaël se sentait guidée par une force supérieure et elle était persuadée que des esprits célestes la poussaient en avant, eux-mêmes inspirés par d'autres personnalités de l'au-delà. Si on lui avait dit qu'elle était victime d'une sorte de transe inexplicable, elle aurait été incrédule et bien étonnée. Il lui semblait seulement jouer le rôle dont elle était investie, qui était de soigner et d'apaiser la souffrance.

Sa tante se reposait en faisant la lecture à Grégoire; monsieur Hitier lui avait prêté un livre pour la jeunesse, *L'auberge de l'ange gardien*, de la comtesse de Ségur. Quant à Pélagie et Patrick, ils avaient décidé de sortir les moutons et de les emmener brouter dans une parcelle en friche. Personne n'avait donc besoin d'elle à la ferme. Se sentant libre et chargée d'une mission presque sacrée, elle était partie en quête du chien-loup blessé.

Entraînée par l'élan qui la dominait tout entière, elle marchait d'un pas rapide vers la centrale électrique, sans aucune crainte. Franz, le soldat allemand, ne lui faisait plus peur depuis qu'il avait redonné le chaton à Grégoire, sans abuser de son statut de militaire, ennemi de surcroît. «Nous sommes tous des êtres humains soumis à l'autorité de quelques chefs avides de pouvoir et de destruction», songeait-elle en s'approchant d'une sentinelle en faction devant la guérite en bois.

— Bonjour, monsieur, dit-elle d'un ton poli. Vous vous souvenez de moi? Je suis la nièce de monsieur Mousnier.

Le jeune homme hocha la tête affirmativement et lui fit signe de passer.

— Je voudrais parler à Franz. Il vient chercher du lait, le lundi.

Au même moment, Franz sortit du baraquement. Abigaël le vit d'un geste vif remettre son casque et boutonner sa veste. Ses chaussures n'étaient pas lacées et ce petit détail acheva de la rassurer.

— Bonjour, mademoiselle Mousnier, s'écria-t-il. Est-ce que je peux vous rendre un service?

— Oui, mon cousin Patrick m'a appris que vous aviez tiré sur un chien errant, vers midi. Si vous pouviez me le décrire! J'en connais un qui porte un collier. J'espère que ce n'est pas lui que vous avez tué.

— Pas tué, non, non, il s'est enfui en courant, là-bas, dans les bois.

Le soldat désigna de l'index un chemin à flanc de colline à l'opposé des falaises, qui grimpait vers des taillis de chênes nains et de genévriers.

— Je suis désolé, mademoiselle, mais le chien a volé… nos provisions, ce matin, très tôt.

Franz cherchait ses mots. Il s'appliquait pour ne pas faire de fautes de français.

— Vous savez à qui il est?

— Non, mais je voulais l'adopter.

— L'adopter? On adopte les animaux, en France? plaisanta-t-il.

— Excusez-moi, je ne sais pas comment vous expliquer. Je crois que c'est un bon chien. Je voulais le prendre et m'occuper de lui. Il n'aurait plus fait de dégâts, ainsi.

Les autres soldats, au nombre de trois, entouraient Abigaël, à présent. Ils assistaient à sa conversation avec Franz avec un air curieux. D'une voix rude et puissante, l'un d'eux interrogea le jeune homme en allemand, mais il n'obtint pas de réponse.

— Mademoiselle Mousnier, dans mon pays, j'habite un village de la Forêt noire. Je crois que ce n'est pas un chien, mais un loup, *ein wolf,* on dit chez nous.

Aussitôt, les autres approuvèrent d'un signe de tête énergique. Ce fut un concert étourdissant de « *Ja, Ja, ein wolf* ».

— D'accord, murmura-t-elle, impressionnée par leur virulence. Je vous remercie, messieurs, je vais essayer de le retrouver.

— Faites attention, une bête blessée, c'est souvent dangereux, recommanda Franz qui la couvait d'un regard admiratif.

— Décidément, vous parlez très bien le français, dit-elle en guise de réponse. Merci beaucoup.

— J'ai appris votre langue au lycée.

Cet aveu si simple attrista Abigaël. Elle se représenta Franz adolescent, assis dans une classe parmi ses camarades, bien peu préparé à être mobilisé un jour. Elle le salua d'un sourire dont elle ignorait le charme rare et s'éloigna, laissant dans le cœur du jeune soldat une fragile note de bonheur mélancolique.

———

Abigaël suivait toujours le chemin. Le sol était rocailleux et de couleur ocre jaune là où il subsistait des plaques de terre sablonneuse, très différente de celle du creux de la vallée. Le soleil pointait, puis se voilait derrière des nuages de passage d'un blanc lumineux. Seul le vent donnait une sensation de froid sec, ce qui ne dérangeait pas la marcheuse, ivre de grand air et d'espace.

Son enfance auprès de Marie Monteil s'était déroulée dans un village à quelques kilomètres de Tours, au bord du Cher. Elle gardait de précieux souvenirs des promenades du dimanche, la meilleure occasion pour cueillir des fleurs en été ou découvrir des plantes médicinales au printemps. « C'était la science secrète des guérisseuses de jadis, pensait-elle, ces femmes riches d'un savoir unique qu'on envoyait sur le bûcher, comme pour les punir de vivre différemment, d'avoir reçu un don divin. »

Le parfum ténu des herbes sèches et des genévriers ainsi que la couleur des grosses pierres à fleur de sol lui semblaient familiers et elle éprouva une singulière sensation de déjà-vécu, tant sa tante lui avait décrit ces sensations avec précision.

— Je suis moi et une autre personne, énonça-t-elle tout haut. Et si on m'écoutait à l'instant, on me prendrait pour une folle, encore une fois.

Elle n'avait relevé aucune empreinte ni vu une goutte de sang. Pourtant, son intuition qui lui paraissait décuplée lui assurait qu'elle était toute proche de l'animal. Jamais elle n'avait accepté sa condition de médium comme cet après-midi-là. Le terme en lui-même la gênait un peu, elle le trouvait pauvre, inadapté à la dimension extraordinaire de ses mystérieuses capacités.

Marie Monteil, experte en la matière pour avoir assisté sa sœur Pascaline, s'était évertuée à lui enseigner la signification exacte du mot médium, issu de la langue anglaise et passé dans le langage courant grâce à Allan Kardec[13], qui avait publié en 1861 *Le Livre des médiums*.

— Ma chère petite, je ne connais pas d'autre façon de désigner ton don et ceux de tes aïeules. En latin, *medium* se traduit par milieu intermédiaire. Tu es donc une très jeune messagère entre les esprits et les hommes.

Ses pensées revinrent à Adrien; elle décida, quand elle le reverrait, de se définir ainsi, comme une messa-

---

13. Allan Kardec (1804-1869), pédagogue français, fondateur du spiritisme.

gère. Son cœur se serra brusquement à l'idée de l'hiver imminent. Elle revit le doux minois de Cécile, privée de tout dans une grotte sombre.

— Je les aiderai, murmura-t-elle pour s'en convaincre.

Peu après, à sa grande surprise, elle devina un pan de toit derrière la frondaison rousse d'un vieux chêne au tronc court.

— Oh non! je ne voulais surtout pas revenir ici, soupira-t-elle en reconnaissant la misérable maison où avaient été massacrés le couple et la petite Astrid.

Malgré sa répulsion, elle avança encore, longea le mur nord en foulant des orties brûlées par le gel et déboucha sur l'étroite clairière. Ses jambes se mirent à trembler et son souffle se fit moins régulier.

— Je vais prier, je dois prier, dit-elle, la gorge nouée.

Vite, elle s'agenouilla et, les mains jointes, récita le *Notre Père* à plusieurs reprises. Elle invoqua la Vierge Marie, puis entonna à mi-voix les prières particulières que sa mère avait consignées dans un cahier.

Peu à peu, elle se sentit baignée dans une douce lumière, une apaisante euphorie. Son corps se faisait léger et presque insensible, tandis que son âme vibrait de gratitude et de ferveur religieuse.

— Merci, Dieu très bon, merci, très sainte Vierge, mère de Notre-Seigneur Jésus!

Un son étouffé insolite lui parvint alors, comme en écho à son acte de foi. Elle en était sûre, cela provenait de la maison. En se relevant, elle eut le courage de franchir le seuil.

— Oh! tu es là! chuchota-t-elle.

Le chien-loup était couché dans un coin, haletant. Ses yeux d'ambre étaient fiévreux. Ils exprimaient une immense incompréhension. Abigaël resta à distance, mais la pièce était petite et, en faisant deux pas, elle aurait pu se pencher et toucher l'animal.

— Ne crains rien, on se connaît, tous les deux. C'est vrai que tu as l'air d'un loup! Je n'en ai jamais vu en vrai, des loups, seulement en images et en photos, mais tu leur ressembles.

La bête la fixait sans grogner ni tenter de fuir. L'adolescente aperçut une plaie sanglante sur sa cuisse, là où la fourrure d'un gris beige était souillée de traînées rouges.

— Je voudrais te soigner, dit-elle encore. Me laisserais-tu te toucher?

Elle lui parla comme à un enfant, en adoptant une intonation chantante et câline.

— D'où viens-tu? Pourquoi es-tu perdu, puisque tu as un collier? Es-tu redevenu sauvage? C'est comme ça que je pensais à toi, comme à un pauvre sauvageon.

Il se passa alors quelque chose d'étrange. L'animal voulut se lever, mais il renonça en inclinant cependant sa belle tête sur le côté. Abigaël s'enhardit, rassurée par son attitude.

— Dis, ça te plaît, ce nom de sauvageon? C'est peut-être ton nom, si tu es un loup apprivoisé.

Cette fois, il poussa un bref gémissement, une plainte de joie, il n'y avait pas à s'y tromper. Tout son comportement témoignait d'une confiance insolite en l'humain et elle fut persuadée qu'il ne lui ferait aucun mal. Mais elle hésitait encore à le caresser.

— N'aie pas peur, je veux examiner ta blessure. Là, là, sois sage, hein, Sauvageon?

Il tressaillit lorsqu'elle posa la main sur le sommet de son crâne, entre ses oreilles. Il s'abandonna ensuite et ferma les yeux. Abigaël le caressa, sidérée. Il n'avait ni grogné ni montré les crocs et cela tenait du prodige, pour elle. Sans cesser de parler, d'une voix égale, toujours douce, elle observa sa plaie. «La balle a dû pénétrer la chair, se dit-elle. Comment la lui retirer? Il souffrira et, là, il risque de devenir agressif.»

Elle recula afin de s'accorder un temps de réflexion et décida d'aménager plus confortablement les lieux. C'était un besoin inné de voir l'animal blessé dans un cadre moins sinistre. Vive, discrète et efficace, elle alla cueillir des fougères qui, même fanées, feraient une litière agréable. Puis elle entreprit, en dépit de sa répugnance, d'ôter le cadavre de la chatte, qu'elle enveloppa dans le torchon toujours suspendu à un fil en travers de la fenêtre. Ainsi, elle brisait en quelque sorte le décor du rêve épouvantable où le carré de coton s'agitait au vent, dérisoire, pathétique vestige d'un semblant de vie ordinaire à jamais détruite.

— Pauvre Capucine, chuchota-t-elle en portant le triste paquet dans les bois. Tu mérites de reposer en plein air, au sein de la nature.

Abigaël creusa la terre de ses mains non loin d'un jeune sapin et y déposa la dépouille. Elle la recouvrit d'humus et de feuilles mortes, après quoi elle ramassa des cailloux pour former un petit tumulus. Toutes ces activités repoussaient le moment angoissant où elle devrait se décider à approcher à nouveau le loup pour essayer de le soigner.

— Il me faudrait de l'eau fraîche, l'eau d'une source. Je ne peux pas laver la plaie, autrement, déplora-t-elle en revenant vers la maisonnette.

Bien que capricieux ce jour-là, le soleil éclairait de son or timide le mur exposé au sud. Abigaël considéra soudain différemment l'humble bâtisse. « Si le loup est venu se réfugier ici, est-ce vraiment un hasard? se demanda-t-elle. Et s'il connaissait les gens cachés là? »

Elle se souvint des propos de son oncle, qui avait situé le crime des miliciens à la fin du mois d'août. Songeuse, elle inspecta les broussailles qui envahissaient la clairière, en quête du moindre indice capable d'étayer sa théorie. Mais il n'y avait rien. Déçue, elle retourna auprès de l'animal. Il semblait dormir, sa belle tête posée sur ses pattes avant.

— Sauvageon? appela-t-elle.

Il entrouvrit ses yeux dorés et les referma. Abigaël éparpilla les fougères. Elle en dispersa aussi sur le sommier. Elle projetait de courir jusqu'à la ferme pour en rapporter de l'eau bouillie, des linges propres et un baume de sa composition qu'elle avait réussi à préparer au mois de juin, à Poitiers.

— Sauvageon, dit-elle en se penchant sur le loup, je dois te laisser, mais je reviens très vite. J'essaierai de te trouver à manger et à boire.

Attendrie par son attitude confiante et pleine de compassion, elle tendit la main et recommença à caresser sa tête, en descendant progressivement le long de son échine. Il ne réagit pas, en apparence docile, si bien qu'elle osa effleurer sa cuisse. «Pourquoi ai-je encore peur? se reprocha-t-elle. Il est habitué aux humains, il m'a même défendue. Il aimait sûrement son maître ou sa maîtresse.»

La chair autour de la plaie était chaude sous ses doigts. Cependant, l'adolescente eut la conviction que la lésion n'était pas profonde. Elle voulait s'en assurer quand le loup se redressa brusquement et parut se jeter sur elle.

— Non, Sauvageon! s'écria-t-elle. Non, je t'en prie!

Mais il se contenta de lécher sa blessure avec application, pareil à un brave chien en train de se nettoyer.

— Que je suis sotte! dit-elle. Tu ne me feras pas de mal. Comment ai-je pu croire le contraire?

Tout à fait rassurée, elle s'assit près de lui et en profita pour observer son collier. C'était du cuir, bruni par la crasse et l'humidité. Un anneau métallique devait servir à accrocher une laisse, mais elle ne vit aucune trace de plaque ou de médaille qui aurait indiqué le nom de ses maîtres.

— Peut-être que c'est volontaire, soupira-t-elle à mi-voix. Question de discrétion!

Bientôt, elle put constater que la balle avait entaillé le muscle de la cuisse sans y pénétrer. Infiniment soulagée, elle n'eut plus qu'un but, nourrir le loup. Il ne devait plus rôder autour de la ferme ni voler.

— Il faudrait que je t'attache ou que je t'enferme quelque part, mon pauvre Sauvageon, mais ça ne te plaira pas. Pourtant, je n'ai pas d'autre solution.

L'animal se redressa et, en se tenant assis, la fixa avec attention. Abigaël multiplia les caresses, de plus en plus confiante, éblouie de pouvoir se permettre une telle familiarité avec un loup qui, lorsqu'elle était enfant, représentait pour elle la créature féroce par excellence, la bête menaçante et sanguinaire qui hantait les sombres forêts de l'imaginaire.

Comme bercée par les paroles qu'elle chuchotait, la grosse bête lui décocha un coup de patte sur le genou et se recoucha en posant sa tête sur ses cuisses. Subjuguée, Abigaël perdit la notion du temps, le dos appuyé au mur, perdue dans une douce rêverie. Dehors la lumière déclinait; les nuages avaient définitivement chassé le soleil.

—

Dans la vallée, Yvon contemplait d'un œil satisfait le champ labouré et l'alignement régulier des sillons. Il respira avec une joie farouche l'odeur de la terre fraîchement retournée, dont les exhalaisons minérales si singulières le ramenaient à tant de jours enfuis, où il se consacrait de toutes ses jeunes forces au même ouvrage.

— Je vais semer du blé d'hiver. Il donne encore mieux que le blé de printemps, dit-il à Béatrice, qui flattait l'encolure du cheval. J'ai été bien avisé de cacher des semences à chaque moisson. Hé, fifille, on ne manque de rien, chez nous.

— On manque de tranquillité d'esprit, papa, rétorqua-t-elle d'un air morose.

— Oh, bon sang, tu vas encore te plaindre de Grégoire. Avoue que Marie Monteil s'en occupe avec soin et qu'il progresse.

— Non, il ne progresse pas. Il pleure moins, d'accord, parce que maman lui fiche la paix, maintenant.

— Pélagie m'a expliqué. Marie lui a conseillé de témoigner un peu d'affection à Grégoire. J'ai l'impression que ça donne des résultats. Béa, écoute-moi! Que tu le veuilles ou non, c'est ton frère, c'est mon fils, et je ne le placerai jamais à l'asile.

— De toute façon, une fois mariée, j'irai habiter chez Lucas, à Dirac.

— Eh bien, voilà, tu n'auras plus à le voir.

— S'il n'y avait que lui, papa! Je n'ai pas voulu t'en parler pendant que tu labourais, mais, avant de rentrer à la maison, comme nous sommes seuls, autant te le dire. Sous ses allures de petit ange naïf, Abigaël ne fait que nous surveiller. Figure-toi qu'elle est au courant, pour Lucas, pour nos sorties nocturnes. Elle a trouvé un pendentif qui appartenait à Janine, oui, là-haut, dans cette maudite bicoque.

— Non!

— Si!

— Nom d'un chien, qu'est-ce que tu lui as dit? J'espère que tu as tenu ta langue.

— Mais oui, papa. Seulement, j'ai été émue quand elle me l'a remis. J'avais envie de pleurer, parce que j'aimais beaucoup Janine, tu le sais.

Le fermier détela Grison et tritura sa crinière jaunâtre. Il était stupéfait par ce qu'il venait d'apprendre, sans être vraiment contrarié.

— Il n'y a qu'une solution, Béa. Abigaël a du cran, elle pourrait nous aider.

— Papa, elle est bien trop jeune. Si cela tournait mal, elle parlerait sous la torture.

— Toi aussi, ma fille, tu parlerais. Au début, j'étais furieux que tu entres dans la Résistance, souviens-toi. En plus, c'est toi qui as envoyé ta cousine chez monsieur Hitier, une drôle d'idée… Mais je ne te blâme pas.

— Je voulais qu'il la connaisse et qu'il nous dise si elle met notre réseau en danger. Papa, j'ai essayé d'être gentille avec Abigaël, surtout le premier jour, mais je n'y arrive plus. Pour moi, c'est une gamine curieuse et indiscrète. Par-dessus le marché, elle serait médium.

— Elle l'est, Béa, comme l'était sa mère. Qui sait, ça pourrait nous être utile!

— De quelle manière? Tu crois qu'elle va discuter avec les fantômes du réseau Sirius? Ils sont tous morts, à présent, aucun n'a pu être pris vivant. Si nous sommes dénoncés, ce ne sera pas par l'un d'eux.

Sur ces mots, Béatrice sortit le médaillon de sa poche et le tendit à son père. Il l'examina respectueusement en le tournant dans ses mains noueuses maculées de terre.

— Une fille bien, Janine Casta, déclara-t-il d'une voix rauque.

— Oui, elle n'a guère eu de bonheur dans la vie. J'ai été son amie pendant un an seulement, mais j'avais l'impression d'avoir une grande sœur.

Les yeux pleins de larmes contenues, Béatrice se réfugia dans les bras de son père. Il lui redonna le pendentif et l'étreignit en posant des baisers sur ses cheveux et son front.

— Il faut garder espoir, petite, murmura-t-il. Nous

avons des alliés de poids. Les Américains sont avec nous. La guerre finira, ça ne peut pas durer, et nous la gagnerons, pardi.

— Abigaël a surpris une discussion entre maman et toi. Elle pensait que tu étais du côté des Boches. C'est alors qu'elle a tenté de savoir la vérité. Toi, papa, te prendre pour un sale collabo? Elle est stupide!

Béatrice renifla, frileuse. Comme elle tremblait un peu, Yvon lui frictionna le dos.

— On ne peut pas lui en vouloir, à cette gosse, puisque maman ignore tout de mes opinions. Je suis obligé de jouer les types qui pactisent avec l'ennemi.

Sa fille recula, soudain furieuse. Elle darda un regard noir sur son père.

— Pourquoi défends-tu toujours Abigaël? Ce n'est même pas ta vraie nièce!

— Pas de ça, Béatrice. Pierre était mon frère par le cœur, à défaut de l'être par le sang. Sa fille est ma nièce. Ne révèle ça à personne, c'est bien compris? Surtout pas à Patrick. Il serait capable de lui tourner autour.

— N'empêche, ça m'agace d'entendre Abigaël allonger des «mon oncle» à longueur de journée.

— Je veux qu'elle le croie, comme sa tante. Sinon, elles seraient gênées d'être hébergées ici. Ne boude pas, fifille, tu sais la valeur d'une promesse, quand même?

Béatrice approuva en haussant les épaules. Yvon eut un petit rire moqueur et la reprit par le bras.

— Au fond, tu es jalouse. Tu voudrais ton vieux père pour toi toute seule, hein?

Elle lui dédia un regard attendri avant de demander:

— Papa, tu m'aides à monter sur Grison? Tu te rappelles, quand j'étais petite, tu me mettais sur le dos de Fanou et on rentrait à la ferme comme ça.

— Allez, hop, grimpe, fifille, et ne te fais pas de souci, ta cousine ne nous causera pas d'ennuis.

Béatrice retint un soupir exaspéré. Cependant, une fois perchée sur le large dos du cheval, elle s'efforça d'oublier tout ce qui la tourmentait, le départ de son fiancé pour le maquis de Bir Hacheim, le joli visage de sa prétendue cousine et la périlleuse mission qui l'attendait dimanche.

9

Le temps des aveux

Ferme des Mousnier, vallée de l'Anguienne,
vendredi 3 décembre 1943, six heures trente du soir
Abigaël respira profondément avant d'entrer dans
la cuisine. Il faisait déjà nuit et elle était consciente qu'on
ne l'accueillerait pas avec le sourire. Le plus inquiétant,
c'était le silence qui régnait de l'autre côté de la porte.
Elle anticipa la scène et imagina par avance la mine réprobatrice et anxieuse de sa tante, le regard noir et soupçonneux de son oncle Yvon ainsi que les coups d'œil
ironiques de Patrick et de Béatrice. Pélagie hocherait la
tête d'un air dédaigneux. Seul Grégoire serait peut-être
tranquille, indifférent. « Allons, courage! » se dit-elle.

Elle se retrouva confrontée aux personnages prévus
et, à peu de chose près, ils arboraient l'expression attendue, excepté Marie Monteil, résolument furieuse.

— Te voilà quand même, s'écria-t-elle. Sais-tu l'heure
qu'il est? J'ai dû retenir ici ton oncle et ton cousin qui
voulaient partir à ta recherche. Viens, suis-moi, nous
montons. Tu dois apprendre à respecter ta famille et la
bienséance.

— Est-ce que nous vous attendons pour dîner? demanda Béatrice d'un ton moqueur.

— Non, ne prenez pas cette peine, je serais incapable
d'avaler quoi que ce soit et Abigaël est privée de repas.

— Voyons, Marie, ce n'est plus une fillette, pour être punie ainsi, protesta Yvon. Elle a peut-être des excuses valables, même si je ne parviens pas à lui en trouver une seule.

Le fermier avait parlé d'une voix froide et hostile. Patrick se mit à rire tout bas. Pélagie déclara, une casserole à la main comme une arme prête à servir :

— Si Béatrice m'avait joué des tours pareils à cet âge-là, elle aurait tâté du martinet, ouais!

— Je ne suis plus une enfant, protesta soudain Abigaël, agacée d'être le point de mire général. J'aurai seize ans dans trois semaines; je serais en droit de me marier, de travailler et d'aller où bon me semble sans être jugée.

— Ah! ça, c'est trop fort! s'offusqua sa tante en la giflant. Tu me déçois, Abigaël, là tu me déçois beaucoup.

La malheureuse Marie fondit en larmes; elle regrettait déjà son geste. Vite, elle entraîna sa nièce dans le vestibule, puis dans l'escalier.

— Maintenant, j'exige des explications, gronda-t-elle, tremblante, à bout de nerfs, après avoir poussé la targette qui les enfermait dans la chambre.

— Tantine, je suis navrée. Tu as eu peur?

— Bien sûr, tu avais disparu. Le pire, c'est que Pélagie et Patrick m'ont dit qu'ils t'avaient vue discuter avec les soldats allemands qui gardent la centrale électrique. Ces hommes t'entouraient et tu leur souriais, paraît-il.

— Ce n'est pas vrai! Enfin, je leur ai peut-être souri, je ne m'en souviens plus, lâcha l'adolescente en s'asseyant sur un des lits afin d'ôter ses chaussures. Tantine, on dirait que tu n'as plus confiance en moi.

— Tu n'es plus ma petite Abigaël studieuse, sérieuse, toujours à mes côtés. Mon Dieu, je voudrais revenir en arrière, que tu n'aies que huit ou dix ans! Où étais-tu?

— Patrick devait être content de te raconter ce genre de choses, mais je pense qu'il ne t'a pas dit pourquoi je me suis précipitée là-bas. Tu te rappelles, à midi, les détonations? Franz avait tiré sur le chien-loup, celui qui m'a défendue. Je ne pouvais pas admettre que cet animal soit mort. Je l'ai cherché, rien d'autre, et je l'ai trouvé, Dieu merci!

Désemparée, Marie prit place près de sa nièce. Elle lui caressa la joue où se devinait la trace de ses doigts.

— Patrick a menti, alors, murmura-t-elle. Quand il est revenu, nous étions encore à table. Il nous a dit que les soldats vérifiaient leurs fusils. Ensuite, il est monté vous rassurer, Béatrice et toi.

— Quel imbécile, celui-là! pesta Abigaël. Tantine, en vérité, il s'est empressé d'annoncer, en me fixant bien dans les yeux, que le loup était blessé, grièvement blessé.

— Ciel, il s'agirait d'un loup, à présent. Oh, je vais finir par perdre la raison, ici. Nous n'aurions jamais dû écrire à Yvon. C'était une erreur, une grave erreur.

Abigaël ne répondit pas. Elle s'était déshabillée et ne portait plus que sa combinaison en pilou bleu. Le tissu, souple et élimé, moulait ses jeunes formes gracieuses, ce qui démoralisa Marie. Avec ses cheveux châtain blond, souples et légèrement ondulés, répandus sur ses épaules, de même que son profil exquis, sa nièce lui parut bel et bien sortie de l'enfance, même de l'adolescence.

— Au fond, ma petite chérie, je redoute l'avenir, le temps où tu seras une femme, admit-elle.

— Pourtant, c'est inévitable, tantine. Je t'en supplie, écoute-moi. Je n'ai rien fait de mal et je suis toujours sérieuse. Je dois te parler de Sauvageon.

— Tu as donné un nom à cette bête?

— Je crois que c'est son nom. Il a un collier; il a donc été apprivoisé ou élevé tout petit par les hommes, enfin, une femme, plutôt.

Exaltée, Abigaël raconta en détail son expédition de l'après-midi en lui conférant l'aura d'une mission importante, que lui auraient inspirée des esprits bienveillants. Au fil du récit, Marie ouvrait de grands yeux effarés en retenant des soupirs. Enfin, la jeune fille en arriva à ce qu'elle estimait le plus étonnant.

— Je me suis endormie, tantine, une main sur sa tête, sa belle tête posée sur mes genoux. Je me sentais merveilleusement bien, comme si je n'avais jamais eu de meilleur ami au monde.

— Seigneur, c'est ridicule, tu ne sais rien de ce chien, de ce soi-disant loup.

— Il n'y a pas de hasard. Souviens-toi, j'appréhendais de venir en Charente, d'habiter chez des gens qui étaient des étrangers pour moi et, le premier soir, je me suis sentie méprisée et rejetée. Je considère cela comme une épreuve, avec le recul, et je sais que je devais vivre dans la vallée, car on m'y avait appelée. Essaie de comprendre, je t'en prie. On me tend un fil invisible. Je ne dois pas le lâcher. Tout se tient, j'en ai la conviction.

Marie passa une main lasse sur son front, l'air perplexe. Abigaël lui semblait dans un état second. Elle était fébrile; son regard brillait et ses joues étaient rouges.

— Toi, tu as pris froid, soupira-t-elle.

— Non, tantine. J'ai vécu une expérience peu ordinaire, qui n'a rien de commun avec les manifestations d'âmes égarées. Tu m'as aidée à accepter ma condition de médium, de messagère, tu m'as souvent répété que je ne pouvais pas y échapper, que c'était un don divin, à toi d'admettre à ton tour que je ne peux pas me conduire de façon banale.

— Je ne te reproche rien, ma pauvre petite. J'étais seulement très anxieuse. Je ne savais plus à quel saint me vouer. Tu courais la campagne sans avoir demandé la permission ni avoir indiqué où tu allais.

— Peu importe! Je te disais que je me suis endormie. J'ai rêvé. J'ai fait des rêves surprenants qu'on m'a envoyés, j'en ai la certitude, ou bien l'esprit du loup s'est lié au mien. Je me suis promenée dans sa mémoire.

Marie agita les mains dans un geste spontané de refus. Elle était accoutumée à entendre Abigaël lui détailler ses rencontres avec des défunts, un prodige en lui-même, mais devenu pour elle, grâce à sa sœur Pascaline, un fait établi, presque structuré. L'âme perdue se matérialisait, révélait son identité et confiait son désarroi, puis, une fois éclairée sur sa condition et apaisée, elle s'élevait vers la lumière céleste. Il suffisait de prier pour elle, de faire brûler de l'encens et de prononcer les prières ancestrales pour se protéger et purifier le lieu.

— Sauvageon cherche quelqu'un, une belle dame au cœur meurtri, entre la vie et la mort, qui a besoin de moi, poursuivit Abigaël sans tenir compte de la répugnance de sa tante. Cette dame, je veux la trouver. Mon Dieu, comme elle a besoin de moi! Je l'ai vue en rêve avec le loup, dans un décor qui ressemble à celui de cette vallée. Il y avait aussi une enfant brune, si gaie! Je rêvais et pourtant je sentais le parfum des giroflées jaunes qui poussent sur le rocher. J'ai revu le vieil homme à la barbe blanche, aussi, dans sa petite charrette tirée par un âne, et les grelots tintaient. C'était charmant. Il me souriait, il m'encourageait d'un regard très bleu, si doux, si gentil!

Abigaël pleurait sans s'en apercevoir. Marie essuya ses larmes et s'aperçut ainsi que la jeune fille était brûlante.

— Mets-toi vite au lit, tu es malade, ordonna-t-elle. Je vais descendre te préparer une tisane de tilleul. Pélagie en a deux bocaux pleins de fleurs. Ma chérie, pardonne-moi, je me sens dépassée par ce que tu me racontes.

Elle aida sa nièce à se coucher, la borda et arrangea son oreiller.

— Je voudrais du lait, demanda-t-elle sur un ton puéril, juste du lait chaud. J'espère que le loup restera là-haut. Je lui ai dit de ne pas bouger. Demain matin, je lui apporterai de l'eau et de la viande.

— Demain matin, tu ne bougeras pas de ce lit, trancha Marie. Tu ne devrais pas être si sûre de toi. Peut-être que cet animal t'emmène vers le chaos et le chagrin. Il s'est réfugié à l'endroit où a eu lieu un massacre odieux. C'est étrange, non?

— Parce qu'il connaissait ces gens, la petite fille blonde, notamment. Il n'y a aucun sortilège là-dedans. Laisse-moi un peu, je voudrais prier, oui, je dois prier très longtemps.

Inquiète, Marie lui apporta son missel et un chapelet en buis qui avait appartenu à Pascaline. Abigaël les serra contre sa poitrine en exhalant un soupir de soulagement.

— Merci, je me sens mieux. Je ne risque plus rien.

———

Marie estimait qu'elle n'était pas bien, au contraire. Elle dévala l'escalier et fit irruption dans la cuisine où la famille Mousnier avait presque fini de dîner.

— Il reste de la soupe de citrouille, lui dit Pélagie, bien que surprise par ses traits défaits et ses yeux affolés.

— Je n'ai pas faim, je viens faire chauffer du lait pour Abigaël. Elle a la fièvre. Elle n'est pas bien du tout.

— Eh, voilà le résultat, quand on se balade jusqu'à la nuit! fit remarquer Béatrice. Il faisait très froid, aujourd'hui.

— Ouais, renchérit Patrick, et mademoiselle a couru partout ce matin et cet après-midi. Il y a de quoi s'enrhumer.

— Oh! Toi, je me passe de tes commentaires, le coupa Marie. Si tu ne lui avais pas jeté à la figure une certaine chose, Abigaël ne serait pas dans cet état. Elle claque des dents; elle grelotte.

— Ma pauvre Marie, calmez-vous donc! protesta Yvon. Patrick dit vrai, elle est restée dehors toute la journée tête nue et avec son manteau qui ne tient pas chaud. Disons que ça lui servira de leçon.

— Ce n'est pas ça, ce n'est pas ça, répéta Marie, qui remplissait une petite casserole de lait au-dessus de la cuisinière.

Mais elle était si nerveuse qu'une partie du liquide coula sur la plaque en fonte en grésillant. Le bruit amusa Grégoire qui éclata d'un rire strident. L'innocent avait le menton souillé de fromage blanc et gigotait sur sa chaise.

— Tais-toi, crétin, hurla Béatrice.

Yvon tapa si fort sur la table de son poing fermé que les verres tressautèrent. Il toisa sa fille et posa un regard navré sur son benjamin, hilare.

— J'aimerais pouvoir causer tranquille avec Marie, annonça-t-il. J'ai le droit de savoir où est allée ma nièce. Alors, silence!

— Abigaël a commis une imprudence, Yvon, rétorqua la tante. Je n'ai pas le courage de tout vous expliquer. Elle le fera elle-même demain si elle va mieux.

— Bon sang, elle n'a pas rencontré un garçon, au moins?

— Ben, papa, Franz lui ferait bien la cour! marmonna Patrick. Et ma chère cousine n'a pas l'air farouche, marmonna Patrick.

C'en était trop pour Marie. Furibonde, ulcérée, elle pointa un index menaçant en direction du garçon et débita d'un trait ce qu'elle savait, mais qu'elle devait garder secret.

— Ose encore calomnier Abigaël, toi qui lui as manqué de respect, qui l'a embrassée et brutalisée, l'autre soir, après avoir bu à outrance! Je t'avais prévenu que, si tu continuais à lui nuire, je dirais la vérité à ton père. C'est fait! Vous êtes au courant, Yvon. Je suis navrée, Pélagie, mais Patrick n'est qu'un voyou sans moralité. Il serait grand temps de lui enseigner la discipline et les bonnes manières!

Un silence de plomb s'imposa. Livide, Marie s'empressa de quitter la pièce, un bol de lait fumant à la main.

L'orage familial éclata aussitôt après, sans éclats de voix, en sourdine, mais dévastateur. D'abord, le fermier se leva et attrapa son fils par le col de sa chemise et le mit debout pour le fixer de très près. Ils étaient de la même taille, mais le père paraissait plus grand à cause de son corps musculeux et épais.

— Tu vas comprendre, toi, dit-il en assénant un premier coup, suivi d'un deuxième et d'un troisième.

— Mais, papa, j'ai rien fait!

— Ah oui? Et, la gamine de Dirac, tu lui avais rien fait non plus, pour que son père vienne ici me demander des comptes?

Yvon lui asséna encore deux grandes gifles. Il le prit ensuite par une oreille comme si c'était un bambin désobéissant et l'entraîna ainsi jusqu'au cellier, dont la porte basse claqua sur les deux hommes.

Pélagie et Béatrice avaient assisté à la correction sans dire un mot ni pousser un cri, mais elles étaient pâles et tendues. Grégoire, lui, s'était réfugié dans la soupente où dormait son chaton, niché en boule au creux de la paillasse.

— Quel bazar! maugréa enfin Pélagie. J'aurais dû me taire. Ton frère n'est qu'un bon à rien. Il ne tient jamais ses promesses et il a le vice dans la peau.

— Bah, ça lui passera quand il aura mûri et qu'il

aura une femme dans son lit, répliqua Béatrice sèchement. Sur quel sujet tu aurais dû te taire, maman?

Le ronronnement d'une âpre discussion leur parvenait de la petite pièce voisine, froide et sombre. Pélagie haussa les épaules, une moue chagrine sur le visage.

— J'étais en rogne, parce que ton père faisait venir chez nous Marie Monteil et sa nièce. Alors, j'ai raconté à Patrick la vérité sur Pierre et, bien sûr, ça a changé sa façon de considérer les choses. Je ne pensais pas que ton frère en profiterait pour se conduire aussi mal vis-à-vis de la gosse. Il l'a serrée de près, embrassée et autre chose. Enfin, pas le pire, heureusement!

Béatrice fut sidérée, car elle croyait être la seule dans la confidence.

— Tu savais que Pierre avait été adopté officiellement juste avant la guerre, au mois de juin 1914? s'étonna-t-elle.

— Yvon me l'avait confié, un soir qu'il avait un peu bu. On était jeunes mariés. J'avais promis de ne jamais en parler. Alors, il te l'a dit à toi aussi, Béa?

— Oui, maman. Au fond, j'admets que, pour papa, ça n'a aucune importance, puisqu'il adorait Pierre. Mais j'ai vraiment du mal à supporter Abigaël. J'ai essayé de jouer les gentilles cousines, du genre grande sœur, mais je n'ai pas pu tricher longtemps. Cela dit, Patrick me fait honte. S'en prendre à elle, qui est tellement innocente et pieuse! Une future religieuse, à mon avis.

La jeune femme se tut; son père et son frère sortaient du cellier. Le visage tuméfié par les claques reçues, Patrick avait piètre allure. Il semblait même au bord des larmes, malgré sa nature frondeuse et vaniteuse.

— Ce vaurien se tiendra à carreau, maintenant, annonça le fermier d'un ton froid. Il avait besoin qu'on lui remonte les bretelles et que je lui mette un peu de plomb dans la cervelle. Tu as retenu la leçon, fils?

— Oui, papa.

— Si, par malheur, tu approches encore ta cousine, je t'envoie au diable! Tu iras traîner tes galoches loin de chez nous. Nous deux, Pélagie, on s'expliquera plus tard. Tu es vraiment incapable de tenir une promesse. Tu as failli causer de sacrés dégâts, avec ta méchanceté, ta connerie, même. Je ne veux plus de ça sous mon toit. Pierre, mon Pierrot, c'était mon frère et j'ai eu envie de crever le jour où je l'ai tenu dans mes bras, sans vie. Lui, un si beau gars, réduit à un corps squelettique, plus de couleur sur ses joues, plus rien! Vous avez tous intérêt à changer d'attitude, à respecter Abigaël, qui aurait encore son père sans cette maudite phtisie.

— Très bien, papa, répondit calmement Béatrice en allumant une cigarette. Je ferai des efforts.

— Moi aussi, je t'assure, papa, murmura Patrick.

Pélagie soupira, les traits ravagés par l'angoisse. Son ancienne jalousie à l'égard de Pascaline se ranimait. C'était plus fort qu'elle, plus impérieux que tous les raisonnements possibles.

— Dis ce que tu veux, Yvon, jeta-t-elle avec amertume, c'est plutôt en souvenir de sa mère que tu t'es entiché d'Abigaël, pas forcément de Pierre.

Le fermier se figea, crispé et soudain blême. Béatrice crut qu'il allait fondre sur Pélagie pour la frapper et elle bondit de sa chaise pour l'arrêter.

— Ne t'inquiète pas, fifille, je ne suis pas le genre d'homme à cogner son épouse, même quand elle dépasse les bornes. Mais j'en ai assez entendu pour ce soir. Je m'en vais faire un tour, ça me rafraîchira les idées.

Il prit son tabac à rouler, vida son verre de vin et passa dans le vestibule où il s'équipa pour une virée nocturne. Peu après, la porte double claqua. Pélagie éclata en sanglots, si pitoyable que Béatrice lui caressa les cheveux.

— C'est quoi, cette histoire, maman? interrogea Patrick. Papa, il en pinçait vraiment pour la femme de son frère?

— J'avais jamais osé le lui reprocher, hoqueta sa mère, jamais! C'est la première fois que je lui dis ce que j'en pense. Mon Dieu, si vous aviez vu comment il la regardait, la Pascaline! On aurait dit qu'il contemplait la Sainte Vierge. Même Pierre lui en a fait la remarque en blaguant, un jour. Ensuite, Yvon s'est dépêché de la critiquer et de me rabâcher des sottises sur elle.

— Quelles sottises? demanda Béatrice, intriguée.

— Il débitait le contraire de ce qu'il ressentait au fond de son cœur, pardi. Il prétendait que ce n'était pas très catholique, de causer avec les défunts, et qu'elle avait l'air d'une sorcière. Mais je n'étais pas dupe, oh non! Elle était bien belle, Pascaline, alors que, moi…

— Quand même, maman, tu as dû te faire des idées, papa t'avait choisie, il t'avait épousée, argumenta Béatrice, exaspérée par ce qu'elle venait d'apprendre.

Pélagie ferma les yeux et frotta ses joues humides d'un coin de serviette. Elle se revoyait jeune fiancée, follement amoureuse d'Yvon Mousnier, de ses traits virils taillés au couteau, de sa haute stature, de son regard ardent. Il aurait pu avoir une jolie fille, mais il s'était intéressé à elle, un soir de bal à Puymoyen. C'était l'été, elle dansait, petite et très mince, svelte et le teint vif, ses longs cheveux bruns dénoués.

— Il m'a choisie? Pas tant que ça, déclara-t-elle tout bas à ses enfants. Il n'a pas eu le choix, en fait. On se fréquentait depuis deux mois quand je suis tombée enceinte de toi, Béa. Yvon, il n'y a pas plus honnête. Dès qu'il a su que j'attendais un petit, il a fait sa demande à mon père et il m'a offert une bague. J'ai eu mon temps de bonheur, ça oui! Puis, Pierre nous a présenté Pascaline. C'en était fini de moi.

— Peut-être bien que, Abigaël, c'est sa fille, à papa, hasarda Patrick, l'œil brillant et l'air mauvais.

— Idiot, veux-tu te taire! s'indigna Béatrice.

— Mais non, fallait les voir, Pierre et Pascaline. Ils s'aimaient vraiment, ces deux-là, ce n'était pas du cinéma. Et Yvon s'est toujours montré un bon mari. Il a toujours été fidèle et, en plus, il n'aurait jamais causé de chagrin à son frère. Bah, je suis bien bête de remuer le passé, j'en ai le cœur à l'envers.

Béatrice alla s'asseoir au coin de la cheminée et, rêveuse, fixa le feu. Elle songeait à son amoureux, Lucas, et revivait dans la douleur et l'exaltation leur dernière étreinte, rapide et farouche. Il partait rejoindre le maquis et elle s'était cramponnée à lui, avide. «Papa était à peine hors de notre champ de vision que j'ai ôté mon manteau; je l'ai étendu sur l'herbe et Lucas, lui, s'est couché sur moi», se remémora-t-elle.

La jeune femme croyait sentir encore les gestes précis et un peu rudes de son fiancé. Elle gisait à nouveau dans le petit pré sous les falaises, les jambes nouées autour des reins de son amant qui la pénétrait, la prenait d'assaut avec désespoir en lui soufflant à l'oreille des mots audacieux, en lui avouant sa passion, son plaisir, sa peur de la perdre.

Le pays était occupé, et par quels ennemis redoutables! Les dangers permanents qui planaient sur eux balayaient les interdits, exacerbant les sentiments et les désirs. S'il n'y avait pas eu la guerre, Béatrice aurait sagement attendu le mariage pour se donner à Lucas. Mais, durant les trois semaines où il s'était caché dans une grotte de la vallée, elle ne lui avait rien refusé et elle s'en glorifiait. «L'amour, le grand amour, est un don du ciel, un miracle, et je ne regretterai jamais ce qui s'est passé entre lui et moi. Mon chéri, mon homme, c'était si bon! Nous avons été si heureux ensemble!» se disait-elle.

Pélagie s'était levée, courbée sous le poids de ses aveux, et elle commençait à débarrasser la table. Soucieux de se faire pardonner, Patrick décida d'extirper Grégoire de sa cachette.

— Maman, Béa, venez voir, murmura-t-il. En voilà un que nos histoires ont bercé.

L'innocent dormait, son chat dans les bras. Béatrice daigna venir l'observer. Elle détailla son profil au nez court et au menton fuyant, ainsi que l'éclat orangé de sa tignasse ébouriffée. Elle fut surprise de son expression béate. Le chaton blanc ajoutait une note de douceur au tableau.

— Pauvre gamin! soupira-t-elle.

— Ce serait dommage de le réveiller, ajouta Pélagie. Patrick, monte donc chercher une couverture dans l'armoire du palier, qu'il n'ait pas froid.

— D'accord, maman.

Patrick Mousnier avait des défauts. Cependant, il chérissait sa mère. Secrètement pétri de rancune à l'égard de son père qui l'avait frappé, humilié et menacé, il conçut ce soir-là une haine perverse à l'égard d'Abigaël et de sa tante. En passant devant la porte de leur chambre, son ancien domaine d'où elles l'avaient chassé, il montra le poing et chuchota entre ses dents:

— Vous le paierez cher, vous deux!

Ferme des Mousnier, samedi 4 décembre 1943

Marie venait d'entrer dans la cuisine. L'horloge avait égrené neuf coups sonores, rompant le silence qui pesait sur la maison. Occupée à garnir l'âtre d'une grosse bûche de chêne, Pélagie lui décocha une œillade rancunière.

— Bonjour, Pélagie, dit la tante. Je me doute que vous m'en voulez pour hier soir, mais il y a des moments où on ne peut plus se taire.

— C'est facile à dire pour vous. Mon mari m'a passé un savon quand on s'est retrouvés au lit. Il était furieux contre moi. Du coup, il a fallu causer jusqu'à minuit pour arranger les choses.

— Je vous demande pardon, je n'avais pas l'intention de vous mettre dans un tel embarras. Admettez que j'avais de quoi perdre patience. Votre fils se conduit en goujat.

— Goujat?

— En malappris, en mufle, vous comprenez?

— Il est vif, notre Patrick, et il a le sang chaud, ça oui!

La réponse arracha un soupir navré à Marie. Ce n'était pas ce qu'elle espérait entendre de la part de Pélagie. Elle chercha des yeux la cafetière, mais la table était vide : ni bols, ni tartines, ni la fameuse cafetière fumante.

— Votre mari et vos enfants ont déjà déjeuné? demanda-t-elle.

— Eh oui, on n'est pas du genre à paresser. La traite est faite depuis longtemps, Yvon et Béatrice sont dehors, Patrick a dû partir chez un voisin emprunter un outil. Et il n'y a plus de café. Faudra vous contenter de chicorée.

— Très bien, mais je prendrai du lait pour Abigaël. Elle a eu de la fièvre toute la nuit. Je voudrais qu'elle puisse se reposer aujourd'hui.

— Pardi, quand on bat la campagne jusqu'à la nuit tombée, on est fatigué, ensuite! insinua Pélagie d'un ton plein de sous-entendus.

— Je vous en prie, ne vous abaissez pas à calomnier ma nièce. Votre fils en a suffisamment fait.

Les deux femmes auraient été bien étonnées si elles avaient vu Abigaël au même instant. Malgré ses nerfs malades et quelques courbatures dues à la fièvre, elle se sentait capable de passer la journée dehors et surtout de retourner auprès du loup. Le plus difficile, ce serait de lui trouver de la nourriture. Elle se leva et commença à s'habiller, sans se soucier des recommandations de sa tante qui tenait à la garder alitée jusqu'au soir. «Dès qu'il sera guéri et qu'il me connaîtra bien, j'aimerais le ramener ici, à la ferme. Oncle Yvon acceptera peut-être. Au fond, il n'a aucune raison de refuser.»

Sa nuit avait été agitée; ses pensées étaient allées d'Adrien au loup apprivoisé, sans oublier la petite Cécile au minois malicieux. Elle voulait de toute son âme les aider, mais cela signifiait leur procurer à manger en priorité.

— Mon Dieu, comment puis-je faire? interrogea-t-elle à mi-voix. Il me faudrait des tickets d'alimentation ou de l'argent. Il me faudrait un moyen de me rendre en ville, aussi.

Elle se souvint brusquement d'une parole de son oncle. Il lui avait dit qu'il la conduirait au cimetière de Soyaux samedi. Or, on était samedi. «Je pourrais prier sur la tombe de ces martyrs, même si c'est une fosse commune, et peut-être pourrais-je acheter du pain et du lard, s'il y a une épicerie», se dit-elle, prompte à espérer en dépit de toute logique.

Une fois chaudement vêtue, elle alla se poster près de la fenêtre. De son observatoire, elle aperçut le fermier et sa fille, le long de l'enclos du poulailler. Elle descendit en courant presque, malgré ses jambes douloureuses. Dans le vestibule, elle mit son manteau et son écharpe, et sortit vite, sans faire aucun bruit afin d'éviter d'alarmer sa tante. Le ciel était d'un gris dense uni. De petits flocons durs de neige voltigeaient dans le vent du nord.

— Regarde qui vient, murmura Béatrice à son père. Je la croyais malade!

— Elle n'a pas l'air en grande forme, commenta Yvon. Sois gentille, Béa, traite-la bien, fais-moi plaisir. Ta mère s'est pour ainsi dire confessée, cette nuit. Je sais qu'elle vous a raconté des sottises au sujet de Pascaline. De toute façon, Abigaël n'a rien à voir dans ces vieilles histoires.

— De quelles histoires parlez-vous, mon oncle? demanda l'adolescente en les rejoignant.

Elle n'avait entendu que ces derniers mots et leur souriait, attendrissante, pâlotte, les yeux agrandis par la fatigue.

— Oh, des fables du pays, dit-il. As-tu vu? Il commence à neiger.

— Mais nous irons quand même à Soyaux, au cimetière? s'enquit Abigaël, comme si elle était certaine qu'il n'avait pas oublié sa promesse.

— Papa, qu'iriez-vous faire là-bas? protesta Béatrice, non sans décocher un regard furibond à sa cousine.

— Je dois prier pour le couple qui a été tué par les miliciens et pour Astrid, la fillette, expliqua Abigaël. Elle pensait s'appeler Marie, mais, son vrai prénom, c'était Astrid. Je l'ai su par sa mère, celle qui l'a mise au monde, pas Janine, qu'elle surnommait maman Nine.

Cette précision fit trembler Béatrice, violemment émue. Elle demanda tout bas:

— Tu as vu Janine, n'est-ce pas? Elle s'est manifestée, comme tu dis?

— Oui, quelques secondes, dans une douce lumière de paix et d'amour. J'ai eu la certitude qu'elle faisait un effort pour se montrer, pour m'aider à confier Astrid à sa vraie maman, Paula.

Yvon eut un frisson et remonta le col de sa veste. Le froid ne l'atteignait pas, mais les propos de sa nièce l'impressionnaient au plus haut point.

— Béa, que veux-tu cacher à une fille qui a un don aussi extraordinaire? s'enflamma-t-il. Nous devons lui causer, et pas demain ni après-demain, aujourd'hui.

— Non, papa, ce n'est pas possible. Tu connais les consignes, on ne doit rien dire, rien, ne citer aucun nom ni aucune adresse. Ce ne serait pas rendre service à Abigaël de faire en sorte qu'elle en sache autant que nous, si jamais nous étions tous arrêtés.

La voix de Béatrice avait des accents de sincérité absolue. Même si elle n'éprouvait pas une grande affection pour la jeune fille, n'ayant pas eu le temps ni l'occasion de se lier avec elle, il lui était insupportable de l'imaginer soumise à la brutalité des policiers de la Gestapo ou de la Milice. Elle préféra jouer franc jeu, quitte à fournir à son père une nouvelle raison de se tourmenter.

— Papa, Abigaël, je peux vous dire ce que je sais, sur Janine, justement. Tant pis si je vous choque tous les deux, mais, ce que lui ont fait les monstres de la Milice, quand on me l'a raconté, j'en ai perdu le sommeil et l'appétit pendant plusieurs jours. Ils l'ont violée, torturée, mutilée… Non, je n'ose pas entrer dans les détails!

Suffoquée par les larmes, Béatrice se réfugia dans les bras de son père. Elle frottait ses joues contre la laine rugueuse de son veston en sanglotant et en reniflant.

Livide, Abigaël avait fermé les yeux. Des mots résonnaient dans son esprit et il lui venait des images d'un beau corps de femme supplicié, des images heureusement floues. On ne lui avait épargné aucune humiliation.

— Elle a parlé, c'est ça? questionna-t-elle dans un souffle.

— Sans doute, nous l'ignorons, balbutia Béatrice en lui faisant face. Qui lui en voudrait, si c'était le cas? Au fond, ce serait rassurant, puisque le contraire signifierait qu'un type encore vivant, hélas, a dénoncé le réseau.

Il neigeait vraiment, maintenant. Yvon prit sa fille par la taille et Abigaël par l'épaule.

— Venez à l'abri dans la grange. J'aurais préféré ne pas entendre de telles horreurs, Béa. Je croyais que Janine était morte avec les autres. Maudite guerre, maudits fachos!

Abigaël eut la sagesse de ne poser aucune question. Elle avait compris l'essentiel; son oncle et sa cousine étaient des résistants, tenus à des lois dont elle saisissait l'importance vitale. Bientôt, ils lui feraient suffisamment confiance pour l'informer de certaines choses, mais elle devrait respecter les règles.

Le fermier les entraîna à l'intérieur du grand bâtiment où il faisait bon, où tout était paisible. Les deux vaches étaient couchées et ruminaient le foin servi à l'aube. Les chevaux et la mule somnolaient, tandis que, derrière leur palissade, les moutons déambulaient en poussant de brefs bêlements ou venaient se cogner aux planches afin d'attirer l'attention d'Yvon.

— Bon sang, écoutez-les, ils réclament encore! Pourtant, il faut bien que j'économise le fourrage. Chaque matin, j'ai peur qu'on vienne les récupérer pour la kommandantur. Les Boches se serrent aussi la ceinture, ces temps-ci.

Béatrice approuva, l'air soucieux. Soudain, elle prit la main d'Abigaël dans les siennes et la fixa avec insistance:

— Où étais-tu, hier après-midi?

— Là où j'ai trouvé le pendentif de Janine. Je voulais prier et purifier l'endroit où des innocents ont été abattus. Il ne faut pas m'en vouloir. Je suis mes intuitions, je réponds à des sortes d'appels et j'ai besoin de liberté pour donner suite aux messages que je reçois... Mon oncle, ne vous souciez pas de me conduire jusqu'à Soyaux. Enfin, ça peut attendre. Vous allez me juger futile, tous les deux, mais j'avais un peu d'argent de monsieur Hitier, aussi. J'aurais profité de l'occasion pour acheter de la nourriture. Comme ça, on aurait moins été à votre charge, ma tante et moi.

— Quoi? s'indigna Yvon. Dis donc, Abigaël, si je vous ai hébergées ici, Marie et toi, c'était de bon cœur. Je n'y ai mis qu'une seule condition, que vous aidiez aux travaux de la ferme ou du ménage. J'ai de quoi nourrir ma famille; je trime dur, pour ça. Garde tes sous. De toute façon, sans tickets, tu n'achèteras rien du tout, sauf au marché noir. Vous en recevrez la semaine prochaine, puisque Béatrice vous a inscrites sur les listes de la commune.

— Ah! Je l'ignorais, répliqua la jeune fille.

Elle hésitait à leur avouer la présence d'Adrien et de sa petite sœur dans la grotte, celle du loup dans le bois sur la colline. «S'ils sont dans la Résistance, pourquoi refuseraient-ils de secourir un réfractaire au STO et une enfant? Ce serait le meilleur moyen d'assurer la sécurité de Cécile. Mais, mon Sauvageon, ce n'est pas la peine d'en parler, ils ne comprendraient pas.»

L'arrivée de sa tante, apparemment malade d'inquiétude, l'empêcha de prendre une décision.

— Abigaël, enfin, tu as eu de la fièvre toute la nuit! Es-tu folle d'être sortie par ce froid, et en cachette, en plus, sans me prévenir! Tu n'as même pas bu un lait chaud. Yvon, vous auriez dû la gronder et la renvoyer à la maison.

— Je me sens très bien, tantine, affirma-t-elle.

— Peu importe, rentre immédiatement avec moi.

D'un geste autoritaire, Marie l'emmena en lui tenant le bras. Béatrice les regarda s'éloigner, puis se blottit à nouveau contre son père. Il l'étreignit et embrassa ses cheveux bruns.

— N'aie pas peur, papa, je suis très prudente.

— Où est le rendez-vous, demain matin?

— Devant le logis de la Tourgarnier. Un fourgon appartenant à une blanchisserie viendra me chercher.

— Je t'y conduirai en charrette.

— Non, ça pourrait étonner les soldats de la centrale, surtout un dimanche. J'ai caché mon vélo dans les ruines du petit moulin; je le prendrai au passage.

— Je compte que tu vas revenir perchée sur ton engin, jeudi. On dira à ta mère que, finalement, tu l'as retrouvé dans une rue proche de la mairie. Je vais me ronger les sangs, d'ici là.

— Si je peux, j'enverrai quelqu'un te rassurer, papa. Tout devrait bien se passer. L'aviateur anglais que nous convoyons sera caché sous des piles de linge et nous ne faisons qu'un relais. Une fois à Libourne, quelqu'un le prendra en charge jusqu'à Bordeaux.

Yvon hocha la tête, un vague sourire sur les lèvres.

— Je suis fier de toi, fifille, mais, souvent, je préférerais que tu sois mariée et que, ton seul devoir, ce soit de préparer la soupe du soir pour ton homme.

— Papa, si nous gagnons la guerre, ce temps viendra bien assez vite, rétorqua Béatrice avec une gaieté qui sonnait un peu faux.

—

Abigaël passa la matinée à décorer la grande cuisine de la ferme. La veille, elle avait réussi à rapporter des branches de sapin, du fragon épineux[14] et du houx. Sous le regard perplexe de Pélagie et celui de Marie encore lourd d'inquiétude, elle s'amusa réellement à donner un air de fête à la pièce.

— Tout sera fané avant Noël, commenta la fermière.

— Je ne crois pas, mais il me faudrait du ruban rouge.

---

14. Plante aux feuilles pointues, piquantes, d'un vert foncé et portant des baies rouges, utilisée comme le houx à la période de Noël.

— Je n'en ai pas et, si j'en avais, je ne le gaspillerais pas de cette manière.

Béatrice entra au même moment et surprit la réplique acerbe de sa mère. L'assemblage de feuillages au-dessus du manteau de la cheminée et le gros bouquet sur le buffet lui parurent du plus bel effet. Jamais dans son enfance ni plus tard elle n'avait vu sa maison ornée à l'occasion des fêtes de fin d'année.

— De quoi as-tu besoin, Abigaël? demanda-t-elle d'un ton aimable.

— Du ruban rouge ou du tissu de cette couleur que je pourrais découper.

— J'ai une idée. Viens.

Les deux filles grimpèrent en courant jusqu'au premier étage. Amusée, Béatrice se rua dans sa chambre. Elle avait envie d'une trêve dans sa jeune existence partagée entre un travail fastidieux et ses activités clandestines.

— Je suis désolée, Abigaël, de t'avoir ignorée, avoua-t-elle. Tu as payé pour le chagrin que j'avais en songeant au départ de mon fiancé. Tant qu'il était là, proche de moi, j'étais joyeuse, mais, dès que je lui ai remis de faux papiers, je suis devenue amère, furieuse contre le monde entier.

— Je ne t'en veux pas, je comprends.

L'adolescente assortit sa réponse d'un sourire d'une telle douceur et une si belle lumière dans les yeux que Béatrice tressaillit.

— Tu es une drôle de petite personne! Et très jolie! s'écria-t-elle en embrassant Abigaël sur la joue. Désormais, nous serons amies, de vraies amies.

— Nous sommes cousines, déjà. Si nous devenons amies, je serai encore plus heureuse. La première fois que je t'ai vue, près du champ de betteraves, j'étais toute contente. En plus, tu étais si gentille!

— Oui, et j'ai vite changé.

— N'en parlons plus, j'ai des torts, moi aussi. Je n'aurais pas dû vous surveiller, ton père et toi. Ce n'était pas de la curiosité, je devais savoir ce que vous faisiez.

— Chut, plus un mot, trancha Béatrice en ouvrant son armoire et en fouillant dans une pile de linge. Regarde, j'ai gardé un foulard rouge en satin. Nous pouvons tailler des lanières dedans.

— En es-tu sûre? C'est dommage!

— Pas tant que ça, je l'ai brûlé avec une cigarette sans le faire exprès. Tiens, voilà le trou. Découpons-le ici, j'ai une paire de ciseaux quelque part.

Elles s'installèrent sur le lit. Abigaël roulait soigneusement les bandes de tissu que taillait sa cousine, ce qui ne les empêchait pas de discuter.

— Je suis troublée que Janine te soit apparue, dit Béatrice d'une voix sourde. Pourquoi ne puis-je pas la voir? Il faut être médium, pour ça? Tu communiques avec des fantômes?

— Les gens appellent ainsi des formes évanescentes qu'ils disent bleuâtres ou blanches. Moi, je suis confrontée à des apparitions colorées qui semblent faites de chair et d'os, comme des vivants. Parfois, elles sont nimbées de clarté et c'est très beau, j'en demeure bouleversée, épuisée, mais avec une sensation de paix et d'émerveillement. Enfin, pas toujours…

— Que veux-tu dire?

— Je n'aime pas en parler. Certaines âmes égarées sont plongées dans une immense détresse et elles tentent de s'attacher à nous. Elles refusent de s'éloigner. C'est angoissant.

Béatrice considéra alors Abigaël avec une sincère admiration doublée de respect. Elle se disait qu'il fallait des nerfs solides et un courage à toute épreuve pour supporter ce genre de rencontres et les décrire d'un ton serein.

— Que fais-tu, dans ces cas-là?

— Je prie, je prie aussi longtemps que nécessaire, je brûle beaucoup d'encens et j'implore des esprits supérieurs de m'aider. Mais ce n'est arrivé qu'une fois.

En fixant sans les voir les rouleaux de satin rouge qu'elle tenait entre ses doigts, elle répéta :

— Je n'aime pas en parler.

— D'accord, je ne t'y oblige pas. Un autre jour, sans doute. Ces âmes, enfin, ces fantômes, te disent-ils leur nom?

Abigaël retrouva sa bonne humeur, consciente que sa cousine ne posait pas la question par simple curiosité.

— Pas vraiment, ils me font savoir à quels vivants ils sont liés et, comme, souvent, je l'ai deviné, je demande confirmation. Ou bien le destin s'en mêle, comme ça a été le cas pour le pendentif de ton amie Janine. C'était inouï, les nuages couraient dans le ciel, voilant le soleil de plus en plus souvent; à l'instant où j'allais sortir, un rayon providentiel s'est reflété sur le médaillon doré.

Songeuse, Béatrice posa les ciseaux et tritura un dernier bout du foulard, réduit à la taille d'une enveloppe. Les révélations d'Abigaël l'impressionnaient fortement. Sa foi battait de l'aile depuis le début de la guerre et, soudain, elle entrevoyait avec étonnement des promesses d'éternité.

— Crois-tu que Dieu a voulu te montrer le pendentif? s'écria-t-elle.

— J'ignore si c'est Dieu. Ce serait un trop grand honneur, plaisanta Abigaël. Ce sont plutôt d'autres âmes pleines de bonté qui ont souhaité m'envoyer un signe.

— Je ne sais plus si je t'envie ou si je te plains, petite cousine.

Les mots « petite cousine » retentirent comme une douce musique dans le cœur d'Abigaël. Elle s'empara des mains de Béatrice et les étreignit avec tendresse.

— Nous devrions descendre, à présent, dit-elle. J'espère que, toi aussi, un jour, tu pourras me parler de Janine. Janine Casta. Il n'est pas interdit de citer son nom, puisqu'elle est morte et dans la lumière, je te le garantis.

— Hélas, oui, on peut prononcer son nom, ça ne mettra plus personne en danger.

Béatrice retenait ses larmes. Vite, elle se leva et observa son reflet dans le miroir de l'armoire.

— Lucas prétend que je suis belle. Qu'en penses-tu, cousine?

— Tu es ravissante. Tes cheveux sont superbes. Ils sont bouclés et d'un brun doré. Je voudrais les mêmes. Et tes yeux sont très beaux, de la couleur exacte des noisettes en automne. Tu es très jolie, oui.

— Janine était tellement plus belle que moi! soupira la jeune femme. Elle aurait pu faire du cinéma; c'était un de ses rêves, elle me l'a avoué, un soir. Bon, si nous allions terminer ton décor de Noël.

Elle partit en trombe, selon son habitude. Elle était née vive et hardie. Son énergie conférait à son corps une allure racée qui séduisait. Avant de la suivre, Abigaël l'imita et se posta devant le meuble, presque intimidée à la perspective de se voir de la tête aux pieds; leur nouvelle chambre ne disposait pas d'une glace aussi grande. « Seigneur, de quoi ai-je l'air? » se dit-elle, circonspecte.

Elle peinait à se reconnaître dans cette fille très mince aux longs cheveux d'un châtain doré noués à la hâte sur la nuque. Ses traits lui semblaient ordinaires, son teint, trop pâle, ses yeux, dénués d'éclat. « Adrien me voit-il ainsi? Il m'a menti en disant que j'avais la beauté des anges. Les garçons sont des flatteurs, tantine m'a prévenue. »

Pourtant, elle oublia son apparence dès qu'elle fut de retour dans la cuisine. Marie brassait de la pâte dans un récipient, sous l'œil réjoui de Grégoire.

— J'ai proposé de faire des crêpes et Pélagie s'est dite d'accord, annonça sa tante. Rien de mieux pour garder le moral que des crêpes un jour de neige!

Abigaël et Béatrice approuvèrent en souriant. Elles se lancèrent dans la mise en place des rubans rouges, tout en échangeant des commentaires complices et des clins d'œil. Le feu pétillait dans l'âtre, la cuisinière ronronnait, il faisait chaud et l'air embaumait le parfum balsamique des branches de sapin. Grégoire n'osait pas s'approcher des jeunes femmes, par crainte de sa sœur, surtout, mais il suivait des yeux le moindre de leurs gestes d'un regard vif, plus précis, moins absent.

— Où est maman? s'enquit Béatrice quand elle eut terminé son ouvrage.

— Elle est dehors avec ton père, répondit Marie. Ils devaient nettoyer la soue des cochons. Mais ils auront fini à temps pour le déjeuner. Voilà, ma pâte est prête, je n'ai plus qu'à la laisser reposer jusqu'à l'heure du goûter.

Abigaël couvrit le récipient d'un torchon propre et contempla ses décorations.

— Il manque du lierre. Le soir du 24 décembre, il faudrait allumer des bougies sur le bord de la fenêtre, dit-elle tout bas.

— Du lierre, quelle drôle d'idée! s'écria Béatrice. Et je doute que maman te laisse gaspiller des chandelles.

— Je les achèterai moi-même, répliqua l'adolescente, saisie d'un vertige, le cœur serré.

Elle s'empressa de s'asseoir sur le premier siège venu et respira profondément, blême et les lèvres pincées, les mains jointes sur ses genoux. Son attitude alarma Marie.

— Seigneur, aurais-tu un malaise, Abigaël?

— Non, ce n'est rien, je suis seulement affamée.

Elle devait souvent mentir ou du moins dissimuler pour ne pas avoir à se justifier ni à dépeindre les visions fulgurantes qui lui venaient et la plongeaient avec brusquerie dans une autre dimension, celle des souvenirs, des rêves éveillés. «Dieu de bonté, pardonnez-moi de conserver pour moi seule ces précieuses images que vos anges m'adressent. Elles ont tant de prix! Ce sont mes trésors», se disait-elle, terrassée par une fatigue anormale ainsi que par des successions de froid intense et de chaleur intolérable.

Une vaste pièce aux murs peints en ocre rose lui était apparue, où trônait une haute horloge ancienne dont le bois était paré de fleurs aux couleurs harmonieuses. Il y avait aussi une grande cheminée, une cuisinière en fonte noire à la barre de cuivre et des buffets cirés imposants sur lesquels étaient disposés des vases garnis de houx. Des guirlandes de lierre, égayées de rubans rouges, couraient le long des poutres noircies du plafond. Près d'une des fenêtres se dressait un sapin illuminé grâce à de petites bougies. La belle femme brune qui la hantait cousait sous la lampe en opaline rose suspendue au-dessus de la longue table. Jamais Abigaël n'avait vu une personne dotée d'une beauté intérieure aussi évidente; c'était le reflet de son âme douce et généreuse qui la rendait aussi fascinante. Une bête grise, assise près de sa chaise, semblait la guetter ou veiller sur elle, un loup, oui, un loup comme Sauvageon, mais ce n'était pas Sauvageon.

Béatrice l'observait attentivement, sans oser l'interroger. De plus, Marie Monteil lui avait fait signe de ne pas s'approcher d'Abigaël qui répétait:

— Mon Dieu, mon Dieu, merci, merci!

Cet état dura quelque trente secondes qui parurent une éternité

— Mais qu'est-ce que tu as, mon enfant chérie? demanda tout bas sa tante.

— Rien de grave, j'ai fait un petit tour au paradis. Seigneur, je dois sortir me promener. J'ai besoin d'être seule.

Abigaël suppliait Marie et Béatrice en leur lançant tour à tour des regards insistants, pareils à des éclats d'azur volés au ciel d'été.

— Mais où veux-tu aller? dit sa cousine, sidérée. Il sera bientôt midi, Patrick et nos parents vont rentrer. Et il neige.

— Si j'emportais quelque chose à manger? Je vous assure, ça me ferait tellement plaisir de marcher sur le chemin et d'admirer la campagne toute blanche! Tantine, je t'en prie, dis oui.

— Fais ce que tu as envie de faire, l'encouragea Béatrice. J'ai oublié de te parler de mon frère, j'ignorais qu'il t'avait agressée. Je suis vraiment désolée pour toi. Crois-le ou non, ça me fait beaucoup de peine. Hélas! dès qu'il boit un peu trop, ce jeune idiot a le sang en ébullition. Tu préfères sans doute ne pas déjeuner en face de lui.

Abigaël sauta sur l'occasion et affirma qu'en effet il lui était pénible de côtoyer Patrick. Dix minutes plus tard, elle quittait la ferme en longeant le jardin potager, un sac à bandoulière sur l'épaule. Marie y avait mis l'équivalent d'un repas, une tranche de pain, un morceau de fromage et un bout de pâté de lapin enveloppé dans du papier, ainsi qu'une pomme.

— La pomme me suffira, murmurait-elle en avançant d'un bon pas. J'espère que Sauvageon sera là-haut, bien à l'abri, qu'il m'a attendue.

Elle empruntait une bande de terre ferme entre deux champs labourés. Ses chaussures à lacets s'enfonçaient dans la neige encore vierge, épaisse et craquante, en y laissant des traces peu marquées. Le paysage la ravissait. La moindre brindille comme la moindre branche se parait d'une ouate blanche délicate. Les bois sur la colline évoquaient un tableau hivernal digne d'une carte postale de Noël.

— Merci, mon Dieu! s'exclama-t-elle, une fois loin de la ferme. Merci pour chaque flocon, pour les arbres et les plantes, les fleurs et les oiseaux… et les loups plus gentils que des chiens.

Abigaël grimpa avec ardeur la pente parsemée de chênes. Elle était soutenue par la magnifique vision du sapin de Noël, dans la pièce rose et dorée où il devait faire si bon vivre. Exaltée, elle pensa, les larmes aux yeux : « C'est cette femme, on dirait une reine en habits de bergère. C'est elle qui m'appelle, j'en suis sûre. »

—

Une angoisse insupportable accabla Abigaël quand, essoufflée et réchauffée par l'effort, elle s'approcha de la misérable maison, ouverte au vent et à des nuées neigeuses. Elle s'arrêta sur le seuil, son cœur cognant à grands coups irréguliers. « Pourvu qu'il soit encore là! Comme il fait sombre, là-dedans! » songea-t-elle.

Elle n'osait même pas appeler, dire tout haut le nom de Sauvageon qu'elle avait donné au loup. Mais une sorte d'étrange aboiement résonna et l'animal bondit vers elle depuis le sommier où il avait dû se coucher. Elle n'eut pas le temps d'avoir peur. Déjà, il frottait sa tête contre ses jambes et tournait autour d'elle en poussant des plaintes dignes d'un chiot. N'eût été sa blessure à une patte arrière, il se serait dressé de toute sa taille pour lui lécher le visage, l'adolescente le devinait.

— Toi, alors, que tu es brave! dit-elle en riant de joie. Sauvageon, tu entends, tu es mon Sauvageon. Je t'ai apporté à manger.

Abigaël avait aussi pris une petite boîte d'allumettes et une bougie en partie consumée qu'elle posa sur la caisse qui gisait dans un angle; l'étroite flamme capricieuse jeta un peu de gaieté sur le triste décor.

Elle s'installa sur le sol de terre battue et déballa la nourriture. Assis près d'elle, le loup huma avec avidité le fumet du pâté. Elle le lui distribua par petites bouchées, qu'il prit entre ses dents très délicatement. Il en fut de même du fromage. Elle partagea le pain et grignota la pomme. Elle examina ensuite la blessure de l'animal, d'une docilité surprenante.

— Tu seras vite rétabli, la plaie commence à cicatriser. J'ignore si tu t'appelles vraiment Sauvageon, mais, moi, je te nommerai ainsi. Si seulement tu pouvais parler, me dire à qui tu appartenais!

Tout en caressant le loup, Abigaël s'intéressa à son collier en cuir brun et passa son doigt dans l'anneau en fer qui servait à attacher une laisse ou une chaîne. Mais elle chercha en vain une plaque où aurait figuré l'identité d'un éventuel propriétaire. En glissant l'index sur l'envers du collier, elle crut sentir du métal.

— Sauvageon, sois sage, je voudrais voir quelque chose.

Un instant, elle imagina les moqueries que lui serviraient sa cousine, son cousin et même sa tante s'ils l'entendaient discuter avec une bête, mais, au fond, cela lui importait peu.

— Et saint François d'Assise, alors! déclara-t-elle à mi-voix. Lui aussi parlait aux oiseaux et il avait apprivoisé un loup.

Elle détacha le collier qu'elle retourna. Il fallait frotter la crasse accumulée, faite de poils collés par l'humidité et la sueur. Un rectangle grisâtre lui apparut enfin. Les battements de son cœur s'accélérèrent; elle distinguait une inscription gravée.

— M... O... Ï... S... E, épela-t-elle lentement, car il était difficile de reconnaître les lettres. Moïse! Pourquoi Moïse?

Elle se tourna vers le loup pour guetter sa réaction, mais il avait disparu. Elle était seule. Dépitée, elle bondit sur ses pieds et se rua à l'extérieur. Le bel animal se faufilait entre les troncs d'arbres et les fougères ployant sous la neige. Il évita un rocher et dévala la pente. Abigaël n'osa pas crier pour le rappeler.

— Tu reviendras, dis? chuchota-t-elle.

Son timbre musical ressemblait au souffle du vent du nord qui déverserait de la neige sur la vallée tout le jour et la nuit durant.

10

Vers Puymoyen

Vallée de l'Anguienne, jeudi 16 décembre 1943

Douze jours s'étaient écoulés, douze jours que Marie Monteil qualifiait d'agréables et paisibles. Elle avait établi de bonnes relations avec Pélagie qui, amadouée, se montrait plus gentille avec Grégoire. Traité avec bonté et douceur, le malheureux garçon faisait des progrès. Il ne souillait plus jamais ses draps, mangeait assez proprement et aidait de son mieux aux travaux ménagers.

Abigaël menait une vie somme toute parallèle. Sous le couvert des mardis et des jeudis matins chez monsieur Hitier, par trois fois elle avait réussi à rendre visite à Adrien et à sa petite sœur. Elle avait trouvé la solution pour ne pas voler de provisions à sa famille. Elle prétextait qu'elle allait déjeuner chez l'ancien professeur et Marie lui confectionnait un repas froid sans se douter que sa nièce n'en avalerait pas une seule bouchée.

Elle ne se privait guère, Jacques Hitier insistant pour lui offrir soit des biscuits, soit de la brioche que lui envoyait sa sœur depuis Angoulême. Dégustées avec un bol de lait chaud teinté de chicorée, ces denrées suffisaient à calmer son appétit.

Ce jeudi-là, Abigaël quitta la maison dans la falaise vers onze heures afin de courir vers la grotte où l'attendaient Cécile et Adrien. Il y avait eu d'autres chutes de neige au fil des nuits et la vallée de l'Anguienne semblait somnoler, nappée de blanc et, à l'aube, pailletée de givre. On aurait pu compter sur les doigts des deux mains les cheminées qui fumaient. Le hameau du Lion de Saint-Marc semblait désert, mais plusieurs maisons étaient encore habitées, comme le prouvaient de maigres panaches grisâtres, à peine discernables sur le ciel nuageux.

Quant au loup, maintenant sans son collier, Abigaël ne l'avait pas revu de près, juste aperçu certains soirs quand elle scrutait le paysage depuis la fenêtre de sa chambre. Elle priait pour sa sauvegarde, même si, bizarrement, l'animal n'avait commis aucun nouveau méfait.

Elle pensait à lui chaque fois qu'elle s'éloignait de la ferme, intriguée par son comportement. « On dirait que je l'ai libéré de quelque chose en lui ôtant son collier, peut-être du dernier lien qui l'attachait à ses maîtres. »

Cependant, certaine qu'il était toujours vivant, elle se prépara à retrouver Adrien. Elle ne restait pas longtemps en sa compagnie, surtout que Cécile l'accaparait dès qu'elle arrivait. Mais le jeune homme l'escortait fidèlement jusqu'en bas de l'escalier taillé dans le rocher et, là, ils discutaient à mi-voix, proches l'un de l'autre.

— Mon Dieu, il fait de plus en plus froid, murmura-t-elle en réprimant un frisson. Ils ne peuvent pas passer l'hiver dans une caverne!

Elle traversa le pré étroit afin d'atteindre le sentier qui grimpait vers le plateau. La neige gelée craquait sous ses pas et le vent fouettait son visage. Elle se remémora le soir de la semaine précédente où elle avait apporté à ses protégés l'oreiller promis et une couverture supplémentaire. « C'était mardi dernier. Oncle Yvon était de bonne humeur, parce qu'il avait eu des nouvelles de Béatrice, sûrement d'excellentes nouvelles. Il paraissait tellement soulagé! Et, miracle, Pélagie et Patrick sont partis en fin d'après-midi chez une parente, à Dirac, où ils ont dormi à cause du couvre-feu... »

La parente en question était la sœur de la fermière, Flavie Desclides, veuve depuis 1917, qui sollicitait souvent son neveu pour fendre du bois ou accomplir d'autres tâches nécessitant jeunesse et force physique.

Bouleversée par une réminiscence particulièrement douce à son cœur, Abigaël s'arrêta un instant et ferma les yeux. Elle caressa l'image d'Adrien, ses traits énergiques dorés par la flamme d'une chandelle. Cécile dormait. Ils avaient dû chuchoter, assis autour de la fosse ronde où rougeoyaient des braises. « J'ai appris à Adrien qu'il faisait du feu dans un ancien silo à grain datant de plusieurs siècles. Il m'a souri. Oh, ce sourire! Je ne pourrai jamais l'oublier. Il m'a pris la main et l'a portée à ses lèvres pour y poser un baiser et il a dit que j'étais une étoile parmi les ténèbres. »

Rougissante, Abigaël se remit en marche. Peu après, elle s'engageait avec prudence dans l'escalier constamment tapissé de verglas. Il fallait s'appuyer à la falaise en s'accrochant à la moindre aspérité pour ne pas glisser. Or, ce matin-là, l'exploit lui parut presque impossible. Elle s'immobilisa, apeurée, en équilibre précaire.

— Il me faudrait des crampons, dit-elle tout bas, affolée.

Adrien sortit au même moment de son repaire. Il lui fit signe de ne pas bouger et se précipita à son secours en silence, tel un jeune fauve habile et rapide.

— Tenez-vous à moi, souffla-t-il en arrivant près d'elle.

Abigaël s'élança, cramponnée d'une main à son bras. Ils furent bientôt à l'entrée de la grotte. Cécile accourut, adorable dans la couverture dont elle s'enveloppait, ses joues creusées de fossettes, ses yeux verts pleins de malice.

— J'étais sûre que tu viendrais, triompha-t-elle en dansant sur place.

— Je tiens mes promesses, quitte à me casser une jambe, affirma Abigaël en riant.

— Tu apportes à manger? s'impatienta la fillette. J'ai tellement faim.

— Mais oui, j'aurais honte de venir sans rien de bon à vous offrir.

— Montre, montre vite, renchérit Cécile, affamée du matin au soir en dépit des efforts de son frère.

— J'ai ramassé beaucoup de châtaignes, cette nuit, précisa-t-il. Je les ai cuites sous les braises. C'est nourrissant. Ne réclame pas ainsi, Cécile.

— Mais j'en ai assez, des châtaignes, des pommes pourries et des noisettes, se plaignit l'enfant.

Abigaël déballa les victuailles en les présentant comme si elle était serveuse dans un restaurant :

— Des rillettes de poule, du jambon sec, deux tranches de pain et des crêpes. Ma tante en a refait hier. C'est la deuxième fois, car mon oncle les apprécie. J'en ai pris quatre. Elles sont sucrées.

— Il faudra faire durer toutes ces merveilles, commenta Adrien. Tu as compris, Cécile?

— Oui, gémit-elle en fixant le papier qui entourait les fameuses crêpes.

La graisse avait imbibé l'emballage et on devinait le rouleau de pâte grillée, si appétissant.

— Prends-en une tout de suite, proposa Abigaël. Adrien, je m'inquiète tant pour vous deux! J'admets qu'il fait moins froid dans votre caverne que dehors, mais c'est dur pour Cécile, de vivre ici.

Le jeune homme haussa les épaules en exprimant son impuissance de ses paumes tendues. Il avait maigri, car il se privait pour sa sœur et, la nuit, il parcourait de grandes distances au hasard en quête de fruits abîmés et de châtaignes.

— C'est ça ou un orphelinat, Abigaël. Cécile tiendra le coup.

C'était la deuxième fois qu'il l'appelait par son prénom et elle en fut secrètement comblée.

— Tant pis, je vais parler de vous à mon oncle. Il voudra bien accueillir Cécile, il ne peut pas refuser.

Elle respectait la loi du silence imposée par Yvon et Béatrice. Pourtant, elle pensait avec justesse qu'Adrien aurait été rassuré s'il avait su que le fermier était un résistant, de même que sa fille.

— Non, c'est trop dangereux. Je serai franc avec vous, car nous vous devons beaucoup. Vous nous donnez à manger, mais, surtout, nous avons une amie, maintenant, et il n'y a rien de plus précieux. Voilà, notre grand-mère maternelle était juive, ainsi que notre mère.

— Mais vous ne l'êtes pas, Cécile et vous?

— Non, nous avons reçu une éducation catholique; mon père y tenait, étant lui-même très croyant. Hélas! Ça ne change rien, selon les consignes des S. S., nous sommes bons pour porter l'étoile jaune. J'ai réussi à tromper un fonctionnaire, mais je n'ai pas confiance, on pourrait nous arrêter.

La nouvelle consterna Abigaël, tout en la confortant dans sa volonté de les sauver. Cécile, qui avait dévoré sa crêpe, se léchait les doigts, l'air ravi; cependant, une lueur de panique brillait dans ses yeux.

— Il faut vous organiser, Adrien, s'enflamma la jeune fille. Je viens d'avoir une idée. Si vous coupiez des branchages, vous pourriez dresser une sorte de haie naturelle devant l'entrée de la grotte et, en plus, ça vous protégerait du vent. On risquerait moins de voir la fumée de votre feu...

— Mon feu, parlons-en, je fais attention, j'obtiens vite des braises que je garde sous la cendre, au fond de la fosse, là.

— Du silo, rectifia-t-elle pour plaisanter un peu.

— Bon sang, si votre silo pouvait se remplir de grain comme jadis, je retrouverais la foi, dit-il amèrement. Mais les miracles n'existent plus. Ils n'ont même jamais existé.

— Je vous en prie, ne dites pas ça. Je sais qu'un autre monde nous attend. Dieu n'est pas responsable de la folie des hommes et Jésus a fait des miracles.

Adrien secoua la tête, l'air pessimiste. Abigaël renonça à prêcher et annonça d'un ton enthousiaste :

— Ah, j'oubliais, monsieur Hitier m'a prêté des livres. J'ai pu les choisir. Pour toi, Cécile, j'ai pris *Les Aventures de Tom Sawyer*, de Mark Twain, et pour vous, Adrien, *Vol de nuit*, d'Antoine de Saint-Exupéry.

Le jeune homme la remercia, néanmoins inquiet. Il demanda tout bas :

— Comment justifiez-vous auprès de ce monsieur Hitier le choix d'un livre pour enfants ?

— Grâce à mon cousin Grégoire. Il est innocent, enfin, attardé. Ma tante lui fait la lecture. Je vous ai un peu parlé de lui.

— En effet, excusez-moi.

Adrien paraissait toujours très grave et soucieux. Abigaël se promit d'avouer le soir même à son oncle ce qu'elle savait de lui et de sa sœur, certaine qu'il serait touché par autant de détresse et de courage.

— Qu'est-ce qu'il y a dans le bidon en fer ? interrogea alors Cécile en s'emparant de l'ustensile. Oh, mais c'est tiède.

— Je l'ai rempli de lait avec de la chicorée. Il n'y a plus de café, à la ferme.

— Quelle bénédiction ! s'extasia Adrien, réconforté.

— J'ai ajouté des moignons de chandelle qui ont encore une mèche, et ça aussi.

Elle tendit deux cigarettes américaines, que le garçon prit avec stupeur et gratitude.

— Ma cousine avait oublié un paquet presque vide dans sa chambre. Comme j'y fais le ménage, je me suis servie.

— Ce sera la fête, aujourd'hui, dit-il en lui souriant.

— J'aimerais rester avec vous, mais, si je veux éviter un sermon, j'ai intérêt à filer. Je crains toujours que tantine vienne me chercher plus tôt chez monsieur Hitier.

— Je vous raccompagne. Cécile, range nos provisions dans la niche, là-bas, et ne touche à rien, surtout, petite gourmande!

Abigaël en profita pour mieux observer l'intérieur de la grotte. Des traits gravés dans le roc l'intriguèrent et elle alla les étudier de près. «Une croix et, là, une balance... La balance pour peser les âmes! Monsieur Hitier en a fait des croquis. Que les saints hommes du temps passé veillent sur Adrien et Cécile!»

Elle ferma les yeux un instant, mais les rouvrit aussitôt, saisie de vertige et l'esprit confus. Elle aperçut alors dans une brume lumineuse la silhouette d'un homme âgé en bure marron, une corde à la taille. Il priait devant la croix gravée sur la paroi.

— Abigaël, qu'avez-vous? s'écria Adrien. Vous êtes toute pâle!

— Rien, je n'ai rien de grave, un étourdissement, plaida-t-elle en reculant. Vite, je me sauve.

Elle embrassa Cécile, lui caressa les cheveux et sortit, suivie du jeune homme. Mais, à la vue de l'escalier verglacé, elle hésita.

— Je vous tiens, n'ayez pas peur. Sinon, la meilleure solution est de descendre sur les fesses. Au moins, on ne craint plus de tomber.

Abigaël ne s'offusqua pas de son conseil. Il la devança en lui tenant la main, mais malgré son soutien, elle glissa brusquement, perdit l'équilibre et le poussa en avant, l'entraînant dans sa chute. Ils atterrirent sur un étroit replat d'où partait le sentier et, là, étroitement enlacés et les jambes emmêlées, ils furent pris d'un fou rire nerveux où éclatait leur jeunesse, mise à si rude épreuve par la guerre, ses privations, et ses menaces.

Avant de se relever, Adrien étreignit quelques secondes l'épaule d'Abigaël, comme s'il regrettait de devoir la lâcher. Elle demeura plaquée contre lui, éblouie d'éprouver à son contact une délicieuse sensation de bien-être, de langueur et de sécurité.

— Je suis désolée, dit-elle dans un souffle, d'un ton très doux qui exprimait le contraire.

— Vous ne vous êtes pas fait mal?

— Non, grâce à vous.

Ils se regardèrent, saisis du même trouble, tous deux hantés par le désir de s'embrasser, d'être bouche contre bouche comme des amoureux. Leurs visages se rapprochèrent, mais Adrien déposa son baiser sur la joue d'Abigaël, qui s'était vite détournée. Déjà rattrapée par le regret, elle lui fit face de nouveau et lui offrit ses lèvres qu'il effleura des siennes avec délicatesse.

— Allons, vous devez rentrer, déplora-t-il. Je ne voudrais pas vous causer d'ennuis avec votre famille.

— Je n'en aurai pas et, même si j'en ai, ces ennuis ne pèseront pas lourd comparés à la minute présente, avoua-t-elle, le cœur en fête.

Ils se redressèrent prudemment; Adrien la soutint par la taille. Il s'en voulait d'avoir cédé à une pulsion et exprimé sa tendresse, son respectueux désir, certain que son propre avenir était une voie semée d'épines, que peut-être, même, il n'avait aucun avenir.

— Je prierai pour votre sœur et vous, dimanche, murmura-t-elle. Nous allons enfin assister à une messe, à Puymoyen. Si vous saviez comme je me languis de pouvoir prier dans une église, d'être dans la maison du Seigneur! Mon oncle nous y conduira en charrette, tantine et moi.

— Vous êtes décidément très pieuse, s'inquiéta-t-il. Voulez-vous devenir religieuse, plus tard?

— Oh! non, pas du tout! affirma Abigaël. J'ai l'intention de mener une vie normale, d'avoir des enfants, surtout, et un mari avant, bien sûr. Mais rien ne me fera perdre la foi, rien.

— Vous avez de la chance, soupira-t-il. Eh bien, d'accord, priez pour nous, je crois que nous en avons grand besoin.

Il étreignit ses mains; elle en trembla de joie.

— Au revoir. Je reviendrai mardi ou jeudi, je vous le promets, dit-elle dans un sourire radieux.

Elle s'élança à l'assaut du sentier abrupt où la terre et la neige formaient une sorte de boue grisâtre. Adrien s'empressa de rejoindre Cécile. Aucun des deux jeunes gens n'avait remarqué une silhouette sombre, tapie derrière un genévrier, au bord du plateau. Patrick les épiait depuis un moment et, une cigarette éteinte entre les dents, il savourait sa découverte, conscient des avantages qu'il pourrait en tirer.

—

Abigaël parvenait à la croisée des chemins quand elle aperçut Jacques Hitier en manteau et chapeau, un cartable en cuir noir à bout de bras et une canne à la main droite. Il lui était impossible de l'éviter et elle s'avança, déterminée à mentir, encore une fois.

— Que faites-vous là, demoiselle? demanda-t-il en

lui adressant un coup d'œil surpris, presque inquisiteur. Je vous croyais à la ferme depuis une bonne heure.

— J'ai eu envie de me promener, monsieur. Je n'ai jamais vu autant de neige en Touraine.

— Et vous êtes tombée, si j'en juge à l'état de vos vêtements.

— Oui, les sentiers sont glissants. La neige gèle, la nuit.

— J'espère que vous ne prenez pas de risques inconsidérés. Je vous parle tellement des grottes aménagées en ermitage que vous essayez peut-être de les visiter?

Le ton de l'ancien professeur était bienveillant, presque paternel. Abigaël aurait aimé lui expliquer la terrible situation de la petite Cécile et de son frère, mais elle n'osait pas. Béatrice l'avait mise en garde, il valait mieux ne faire confiance à personne.

— Peut-être, hasarda-t-elle en faisant mine de poursuivre sa route.

— Abigaël, je m'absente jusqu'à lundi, dit-il sans tenir compte de sa réponse évasive. Ma sœur me réclame. Elle a pris froid. J'ai aussi des choses à régler en ville. J'allais passer à la ferme vous remettre la clef de chez moi, pour le cas où vous désireriez vous entraîner à taper à la machine. Ce serait souhaitable, car vous progressez vite. Il ne fera pas très chaud, mais je suppose que vous êtes capable d'allumer la cuisinière.

— Monsieur, c'est gentil. Seulement, je serai gênée, si vous n'êtes pas là.

Le vieil homme retint un soupir. Il percevait un changement dans le comportement de son élève et ne savait à quoi l'attribuer.

— Abigaël, je serai franc, vous me paraissez différente, depuis quelques jours. Au début, lors de nos premières rencontres, vous me parliez sans crainte. Nous avons discuté de votre don de médium, des loups, de mes recherches… Maintenant, vous êtes silencieuse, distraite et toujours pressée de partir. Votre tante est-elle vraiment au courant de l'heure que vous passez dehors, au lieu de travailler avec moi?

— Non, monsieur Hitier, elle l'ignore. Et, je l'admets, je préfère garder secrètes mes expéditions. Mais je ne veux pas vous retarder.

— Marchons ensemble en camarades, demoiselle, plaisanta-t-il sans réelle gaieté.

— Il y a une chose que je peux vous avouer, déclara-t-elle soudain. J'ai soigné un loup apprivoisé il y a dix jours environ, la bête errante qui a tué vos lapins et dévasté le poulailler de mon oncle. C'est un soldat allemand de la centrale électrique qui m'a dit qu'il s'agissait d'un vrai loup et non d'un chien-loup. Il l'avait blessé d'une balle à la cuisse. Je ne peux pas supporter l'idée qu'une créature vivante souffre. J'ai retrouvé l'animal. Seigneur, qu'il était amical, docile, affectueux! Mais j'ai commis une erreur. Je lui ai enlevé son collier et il a filé dans les bois. C'est étrange, j'ai l'impression de l'avoir rendu pour de bon à sa nature sauvage.

Jacques Hitier avait ralenti l'allure, les yeux dans le vague derrière ses lunettes. Abigaël guetta en vain une réponse de sa part. Le croyant fatigué, elle rythma son pas sur le sien.

— Monsieur, je vous ennuie avec mes histoires de loup. Dites, comment allez-vous à Angoulême?

— Mais à pied, Abigaël, ainsi que le faisaient nos lointains ancêtres. C'est un sport très sain pour l'organisme qui se pratique sans réfléchir. Je m'accorde des pauses, évidemment, d'autant plus que les rampes qui montent jusqu'au plateau sont parfois raides.

Dotée d'une vive intuition, la jeune fille sentit une altération dans la voix grave du professeur Hitier. Il était bouleversé, elle en fut persuadée.

— Ce prétendu loup, l'avez-vous revu? s'enquit-il sur un ton neutre. Est-ce qu'il y avait un nom, sur le collier?

— Oui, à l'intérieur, sur une plaque en fer. Moïse! Mais je crois que ce n'est pas le nom du loup. Il aurait réagi, dans ce cas-là, ou il ne se serait pas sauvé. Moi, je l'appelais Sauvageon parce qu'il vivait comme un sauvage et que je le prenais pour un chien abandonné.

— Sauvageon, ah! balbutia-t-il. Mon Dieu, c'est bien trouvé, en effet. Abigaël, écoutez-moi, prenez ma clef et, si cette bête revient vers vous, faites l'impossible pour la retenir. Je vous autorise à l'enfermer dans le cabanon que j'ai au bord du chemin ou dans la maison.

Sidérée, Abigaël ne vit qu'une raison à cette singulière injonction.

— Alors, vous connaissez ses maîtres?

— Cela se pourrait, mais je n'en suis pas sûr. Je garde mes secrets, moi aussi.

Elle n'insista pas, douchée par les derniers mots du vieil homme. Elle prit la clef et la mit dans la poche de son manteau. Ils étaient à quelques mètres de la ferme. Jacques Hitier la salua en soulevant à peine son chapeau.

— Je suis votre ami, chuchota-t-il. Je vous conseille de me faire vos confidences sans aucune crainte.

Il s'éloigna, le teint blême, le dos un peu voûté.

— Monsieur, êtes-vous fâché? lui cria-t-elle.

— Non, mon enfant, non.

Ce n'était qu'un murmure. Abigaël éprouva une angoisse singulière en le suivant des yeux. Il paraissait si seul, comme accablé par un poids mystérieux. De plus, à l'idée de la longue marche qu'il s'apprêtait à s'imposer, elle céda à la compassion.

«Que Dieu vous protège, cher monsieur!» songea-t-elle.

Bourg de Puymoyen, dimanche 19 décembre 1943

Il y avait peu de fidèles dans l'église Saint-Vincent, dont le clocher carré de style roman venait de sonner la fin de l'office. Assises au premier rang, Marie et Abigaël avaient pu communier, sous les œillades intriguées des paroissiennes réunies là, la plupart vêtues de noir et la mine suspicieuse.

Le modeste sanctuaire résonnait des tonalités solennelles d'un vieil harmonium, ce qui ravissait Marie, pleine de ferveur. Elle contemplait la statue de la Vierge à l'enfant aux couleurs pastel et le Christ en croix. Dès leur arrivée, elle avait admiré les fonts baptismaux, d'une facture quasiment médiévale, ainsi que la voûte blanche et la pureté de ligne de l'édifice.

— Si nous pouvions venir chaque dimanche, quel bonheur ce serait! chuchota-t-elle à l'oreille de sa nièce.

— Au printemps, tantine.

Abigaël était préoccupée, mais le dissimulait de son mieux. D'une part, Béatrice n'était pas rentrée le jeudi soir, ce qui tracassait son oncle Yvon; d'autre part, son cousin Patrick lui semblait d'une humeur trop conciliante. « Il se tient à distance et j'en suis soulagée, mais, justement, il est si poli et aimable que ça m'inquiète. »

Au petit matin, le fermier avait chargé son fils de les conduire jusqu'à Puymoyen, alors qu'il s'était engagé à les accompagner la veille. Sans protester, Patrick avait attelé la jument et préparé la charrette, allant jusqu'à prendre des couvertures pour elles deux. Il ajoutait à cette cordialité insolite des regards fuyants, quand ce n'était pas des coups d'œil insistants où se devinaient des arrière-pensées énigmatiques. Pourtant, il avait lui aussi suivi l'office sur un des bancs les plus proches de la grande porte ronde de l'église.

« Il tente simplement de ne plus déplaire à son père, se dit Abigaël, tandis que la musique de l'harmonium s'arrêtait. Tantine m'a raconté qu'oncle Yvon l'a giflé et encore malmené dans le cellier à cause de moi! »

— Il est temps de se lever et de sortir, ma chérie, dit Marie en lui tapotant la main. Quand j'imagine le trajet du retour, je suis découragée. Nous allons devoir supporter une bise glacée.

Mais Abigaël ne bougeait pas, fascinée par la statue de la Vierge à l'enfant. Plus elle la fixait, plus elle sentait monter un malaise familier.

— Laisse-moi, tantine, je t'en supplie, murmura-t-elle. Va m'attendre près du baptistère, à l'abri du vent.

Marie obtempéra en voyant la pâleur anormale de sa nièce et son expression tendue. Elle remonta l'allée parmi les gens de Puymoyen qui avaient daigné venir assister à la messe. Abigaël serra son missel entre ses doigts et cligna les paupières. Une clarté dorée la baigna soudain, si merveilleuse qu'elle en oublia l'oppression qui comprimait sa poitrine et le poids sur sa nuque. Une vision lui fut offerte, très brève, mais d'une netteté absolue. Janine Casta se tenait devant la statue de la Sainte Vierge en robe d'été, une toute petite fille dans ses bras. Le doux prénom de Marie se faisait entendre, comme un chant rituel d'une infinie tendresse. La beauté de la jeune femme était éblouissante, sublimée par l'amour qu'elle témoignait à l'enfant blonde pendue à son cou.

De grosses larmes coulèrent sur les joues d'Abigaël, car la vision s'était effacée pour céder la place à celle d'un vieux curé en longue soutane noire, le haut du crâne chauve entouré de rares cheveux blancs, qui s'approcha d'un pas glissant de sa chaise et la dévisagea. Ses lèvres s'agitèrent, mais les paroles qu'il prononça depuis l'au-delà semblèrent ne rien signifier de précis.

— Ne quittez pas notre paroisse sans la visiter, mademoiselle.

— Qui êtes-vous?

— Le père Jacques. J'ai veillé sur les âmes de la vallée durant des années. Le malheur n'en finit pas de frapper, ici, de frapper les innocents, les justes parmi les justes.

— De qui parlez-vous, mon père?

Le prêtre allait répondre quand une main rude secoua l'épaule d'Abigaël. La voix de Patrick brisa le cercle invisible à l'intérieur duquel la jeune médium se trouvait confrontée à un défunt aux traits sereins, néanmoins marqués par le chagrin.

— Qu'est-ce que tu fabriques? disait son cousin. Il neige. On doit se mettre en route.

Le choc fut terrible pour Abigaël, brusquement ramenée dans la dimension ordinaire des vivants. Elle fut secouée de tremblements aussi violents qu'incoercibles.

— Seigneur, que se passe-t-il donc? s'exclama le curé qui avait officié, en se précipitant vers les jeunes gens. Je ne connais pas cette demoiselle, mais, toi, tu es le fils Mousnier, n'est-ce pas? Tu as fait ta communion solennelle ici même.

— Oui, mon père, c'est ma cousine. Elle se sent mal, on dirait.

— On le dirait tout à fait. Serait-elle atteinte d'épilepsie?

— Je n'en sais rien, maugréa Patrick, qui cherchait des yeux Marie Monteil afin de pouvoir se décharger du problème sur elle.

— Sa tante était là, tout à l'heure. Je crois qu'elle est sortie de l'église. Je vais voir dehors.

Il était manifestement soulagé de filer. Le père André osait à peine toucher Abigaël, dont les frissons s'atténuaient déjà. Il la vit se redresser et passer une main sur son front.

— Mademoiselle, est-ce que vous allez mieux? s'inquiéta-t-il.

— Je crois que oui, mon père. Pardonnez-moi, j'ai eu un malaise dû à ma nervosité.

Marie accourait, affolée. Vite, elle prit sa nièce dans ses bras et lui frictionna le dos.

— Excusez-nous, mon père, dit-elle en observant Abigaël avec attention. Nous sommes désolées.

Réconfortée par la présence et les gestes affectueux de sa tante, Abigaël plongea son regard bleu dans celui du curé.

— Mon père, j'ai une question à vous poser, si vous acceptez de me renseigner.

— Je vous écoute, mon enfant, répliqua-t-il, de plus en plus étonné devant la conduite de cette jeune fille mise pauvrement, mais au visage de madone.

— Un prêtre appelé père Jacques a-t-il été responsable de votre paroisse, par le passé?

— En effet, mais il y a une quinzaine d'années de ça. C'était un prêtre grandement apprécié de ses paroissiens. Je crois qu'il était très âgé quand il a renoncé à son rôle de berger des âmes pour se retirer à l'abbaye de Montmoreau. Le père Georges lui a succédé et j'ai été moi-même nommé à la place de ce martyr en juillet 1942.

— Un martyr? chuchota Marie, intriguée.

— Fidèle à ses convictions chrétiennes, le père Georges aidait des Juifs à franchir la ligne de démarcation, qui passait à quelques kilomètres de cette commune. Il a été fusillé.

— Mon Dieu! gémit Abigaël en se signant. Ils ont fusillé un homme d'Église?

Elle était horrifiée, mais également stupéfaite, car le curé de Puymoyen s'exprimait sans détour, à mi-voix, n'ayant pas peur, de toute évidence, de faire état de ses opinions.

— Le père Jacques est mort, hasarda-t-elle.

— Je l'ignore, mademoiselle. Maintenant, je ne saurais trop vous conseiller de prendre une boisson chaude. Vous trouverez un Café sur la place, à côté de l'épicerie. Je dois fermer l'église.

Marie le remercia et aida sa nièce à rejoindre l'allée centrale. Apitoyé et intrigué, le père André leur fit signe de patienter. Il traça du pouce le signe de la croix sur le front pur d'Abigaël.

— J'espère que je vous reverrai à la messe de Noël, mon enfant, dit-il d'une voix feutrée. Au revoir, madame, que Dieu vous ait en sa sainte garde!

L'air froid fit du bien à Abigaël. Blottie contre sa tante, elle considéra avec perplexité les maisons voisines et les tilleuls à la ramure dénudée. Le cadre lui paraissait étrangement familier, comme si elle était souvent venue à Puymoyen.

— J'aime ce village, avoua-t-elle. C'est joli, les toits couverts de neige et l'école là-bas.

— Tu as vu quelqu'un? L'ancien curé? interrogea Marie en se penchant à son oreille.

— Oui, mais Patrick a tout gâché. On dirait qu'il l'a fait exprès. J'ai cru m'évanouir et je n'ai pas pu prier. Tantine, que faisait maman dans un cas pareil? On ne peut pas toujours prier. En outre, le père Jacques n'est pas une âme égarée. Il est venu vers moi; il devait me livrer un message, j'en suis sûre. Oh, une patrouille!

Elles s'immobilisèrent, effrayées, devant l'arrivée d'une voiture découverte dans laquelle étaient installés des officiers de la Wehrmacht. Deux camions bâchés suivaient d'où émergeaient, entre des pans de toile verte, des canons de mitrailleuses.

Debout près de la charrette à une cinquantaine de mètres de là, Patrick grimpa sur le siège, la face crispée par l'appréhension. Mais les véhicules disparurent après un virage, sur une route en pente. Marie adressa un signe de la main au garçon, qui se décida à les rejoindre.

— Nous comptons entrer dans le Café. Abigaël a besoin de se reposer. Nous avons de quoi te payer quelque chose à boire. En fait, je préfère que tu nous accompagnes, je n'ai pas l'habitude de ce genre d'établissement.

— Moi non plus, jeta-t-il entre ses dents. Je n'irai pas. En plus, j'ai eu honte de toi, Abigaël. On aurait cru que tu souffrais du haut mal. Débrouillez-vous sans moi. De toute façon, je dois surveiller la jument. On ne sait jamais, si les Boches l'ont vue, ils vont se demander pourquoi elle n'a pas été réquisitionnée. Ils risquent de faire demi-tour.

— Mais non, mon pauvre Patrick, nous ne sommes plus au début de la guerre et je pense que les soldats allemands, ce matin, ont d'autres chats à fouetter.

— Tu as bien laissé Fanou sans surveillance pendant la messe! fit remarquer Abigaël, qui n'avait cependant aucune envie de se retrouver dans un débit de boissons avec son cousin. Tantine, je me passerai volontiers d'aller dans ce Café. Si nous allions à l'épicerie, plutôt?

— C'est ça, va dépenser les sous de monsieur Hitier, chère cousine, ironisa Patrick. Et dépêchez-vous, sinon on ne sera pas à la ferme pour midi.

Il leur tourna le dos et courut vers la charrette. Abigaël et Marie longèrent les maisons bien closes, sans une lumière derrière les rideaux, en direction de l'épicerie. Elles ralentirent en découvrant une boutique fermée à la devanture vert clair.

— C'était un salon de coiffure, s'étonna Marie. Tout est démoli, dedans.

Le cœur serré, elles collèrent le nez à la vitrine, qu'un pan de rideau en dentelle voilait à demi. Les deux fauteuils réservés aux clientes gisaient sur le linoléum vert foncé, des chaises étaient brisées ainsi que des flacons parmi les éclats d'un grand miroir, dérisoires vestiges d'un temps paisible.

— *Chez Thérèse, coiffure pour dames*, déchiffra alors Marie après avoir reculé un peu et examiné le panneau qui surplombait l'entrée.

— C'est écrit aussi en plus petit sur la porte vitrée, constata Abigaël. Qu'est devenue cette Thérèse?

— Peut-être était-elle juive, hélas! la malheureuse. Viens vite, cela fait trop de peine.

Un peu plus loin, Marie poussa la porte de l'épicerie. Un carillon tinta et elles se retrouvèrent à l'étroit entre des étagères et une vitrine abritant des fromages et des charcuteries. Une vieille femme en noir, un foulard sur la tête, tenait son cabas sous le bras.

— Alors c'est ben sûr, madame Boutin, vous refusez d'me vendre un camembert, geignit-elle. J'vous dis que ma bru vous donnera les tickets demain.

— Madame Gilbert, pas de tickets, pas de camembert!

La commerçante, une plantureuse quinquagénaire aux boucles blondes, toisa les nouvelles venues d'un œil curieux. Elle leur accorda même un sourire d'encouragement.

— Boudiou, qué misère! se lamenta la vieille femme. Du temps de madame Rigordin, ça se serait passé autrement.

— Ma belle-mère vous aurait dit la même chose, trancha l'épicière. Si vous croyez que ça m'amuse, leur système de tickets…

La femme sortit du magasin en ronchonnant. Abigaël extirpa de sa poche de manteau une plaque de tickets, ceux qu'Adrien lui avait remis une semaine auparavant.

— Du beurre et de la farine, il m'en reste, déclara fièrement la commerçante. Dites, je ne vous ai jamais vues dans le bourg.

— Nous habitons chez des parents, les Mousnier, dans la vallée de l'Anguienne, expliqua Marie gentiment. Nous avons dû nous réfugier là. Nous vivions en Touraine, au début de la guerre.

— Ah, ça en a brassé, du monde, la guerre. Il y a trois ans, j'ai repris l'épicerie de ma belle-mère, paix à son âme! Avant, c'était mon mari qui s'en occupait avec un commis. Moi, je travaillais à Saint-Cybard, un quartier d'Angoulême. Il n'y a guère de distractions, à la campagne, hélas!

La femme emballa un quart de beurre et pesa un sachet de farine. Elle semblait ravie de pouvoir bavarder, surtout avec des inconnues.

— Les Boches n'étaient pas loin, quand je suis arrivée. Ils avaient établi une feldkommandantur dans un domaine du pays. Depuis, ils ont déménagé. Ils sont au château d'Ortebise[15]. Il faut vous dire, mesdames, que j'ai épousé le fils Rigordin la veille de prendre ma place derrière ce comptoir.

Marie approuvait poliment, mais Abigaël en profitait pour regarder les boîtes de conserve ainsi que les bocaux de sucre et de chicorée. Elle avança un peu, soudain, comme irrésistiblement attirée par un tableau accroché sous une pendule, là où les rayons des étagères se terminaient, laissant un pan de mur libre. La peinture, d'une finesse exquise, représentait une jolie femme aux longs cheveux blond vénitien, croulant en ondulations charmantes sur ses épaules rondes. Elle était assise au bord d'un muret en robe grise et tablier noir, sur un fond d'eau calme d'un vert scintillant assorti à la végétation d'un saule, irisée de

---

15. Fait authentique. Une kommandantur occupait le manoir d'Hurtebise. L'auteure emploie ici l'ancien nom d'Ortebise.

soleil. « Mais ça pourrait être Janine! pensa-t-elle, effarée par la coïncidence. Non, ce n'est pas vraiment
elle. »

L'épicière hocha la tête en dissimulant sa gêne sous
un large sourire.

— La demoiselle admire le tableau? Il est réussi, hein!
Je l'ai récupéré dans le salon de coiffure. Il était par terre
comme le reste. J'ai trouvé ça dommage. Mon époux m'a
dit que c'était sûrement la mère de Thérèse.

— Si ce n'est pas indiscret, pouvez-vous nous dire ce
qui est arrivé à cette dame, la coiffeuse? demanda Marie.

— Elle a été arrêtée par la Gestapo au mois de mai
et on ne l'a pas revue. Les miliciens ont tout fouillé un
peu plus tard. Mon homme a fermé la boutique pour
éviter des vols, au cas où Thérèse reviendrait, mais ça
m'étonnerait.

L'épicière avait chuchoté prudemment en jetant des
coups d'œil dehors.

— Il y avait un réseau de résistants dans la vallée. On
suppose que le mari de Thérèse en faisait partie. Il y a
eu du vilain, du très vilain, cet été. Attention, on se tait!

Un couple entrait, lui en costume, un chapeau à la
main, elle en manteau de fourrure. Ils décochèrent des
coups d'œil méfiants à Marie et à la jeune fille.

— Tantine, donne aussi nos tickets pour les bougies
et le savon, dit Abigaël.

La commerçante les servit en toute hâte et leur cria
un au revoir retentissant, qu'elles reçurent comme une
exhortation à vite sortir.

— J'ai hâte de retrouver la ferme et le coin de la cheminée, soupira Marie. Ma chérie, quand nous serons
de retour, il faudra me raconter ce qui s'est passé dans
l'église. Vraiment, tu ne me fais plus de confidences.

— J'écris le nécessaire dans le cahier de maman. Il
reste tant de pages à remplir! Tu peux le lire.

Marie prit sa nièce par l'épaule. Patrick étouffa un juron en les voyant approcher. Il jeta son mégot et s'empara des rênes.

— Vous en avez mis, du temps, bon sang! enragea-t-il. Je suis gelé.

— Excuse-nous, Patrick, s'écria Marie d'un ton sec. L'épicière est très bavarde.

Abigaël les écoutait à peine. Une fois assise dans la charrette, enveloppée d'une couverture, elle se remémora la peinture qu'elle avait contemplée dans la boutique. «La signature en bas du tableau était minuscule, mais j'ai pu la lire. Angéla de Martignac.»

Ce patronyme, qu'elle estimait élégant et romanesque, lui resta à l'esprit durant presque un quart d'heure. La jument avançait d'un pas régulier sur un chemin de terre tapissé de neige. Assise près d'elle, la tête encapuchonnée d'un châle de laine que lui avait prêté Pélagie, Marie ne faisait aucun effort pour attiser la conversation.

Patrick était silencieux lui aussi. Il se contentait d'émettre des claquements de langue à l'adresse de Fanou quand la bête faisait mine de ralentir, comme si le vent du nord la décourageait d'accomplir le trajet du retour. «C'est une rusée, la petite Abigaël, pensait-il, satisfait d'avoir une arme contre elle. La prochaine fois qu'elle va chez le vieux Hitier, je la suivrai encore. Je dois savoir qui c'est, ce type qui l'embrassait. Elle cache bien son jeu, bah, comme toutes les nanas.»

Le mot entendu un jour à la foire lui plaisait; il était réducteur et méprisant à l'égard des femmes. Il se promit à nouveau de faire payer à Abigaël les coups qu'il lui devait. Chez lui, la rancune se manifestait sans éclats de colère, mais elle n'en grandissait pas moins en sourdine et confinait à la haine. Il y avait déjà deux ans qu'il en voulait à son père pour la terrible correction qu'il avait reçue après l'histoire de Dirac. Outré d'apprendre que son fils avait causé du tort à la fille cadette du forgeron, Yvon s'était mis dans un état de rage tel qu'il aurait pu tuer le garçon.

— Si tu l'avais déshonorée pour de bon, on vous mariait, alors que le lait te coule du nez, crétin! avait hurlé le fermier.

Le dos légèrement voûté, une moue amère sur les lèvres, Patrick anticipait la joie qu'il tirerait de sa vengeance. «Ils ne la prendront plus pour une petite sainte, ma fausse cousine, quand je raconterai ce qu'elle manigance! Papa tombera de haut, parole!»

Abigaël, de son côté, ruminait sa déconvenue. Par la faute de son cousin, l'ancien curé de Puymoyen qui s'était matérialisé pour lui parler n'avait pas pu délivrer son message. «Tout est lié, j'en suis sûre, se disait-elle. Les forces du bien et les puissances du mal se heurtent. Elles brouillent les pistes à la manière d'un orage. On m'envoie de la clarté fugitive, souvent insuffisante, puis c'est l'obscurité et le mystère.»

Cependant, agacée par l'attitude de Patrick dans l'église, elle décida de lui exposer ses griefs. Elle se releva, enjamba le rebord de la charrette et s'installa sur le siège avant.

— Qu'est-ce que tu fiches? aboya-t-il. Je n'ai pas besoin de compagnie.

— Je veux te parler à propos de ce qui s'est passé ce matin. Pourquoi es-tu venu me secouer ainsi, sans raison? Ma tante était sortie. Tu te doutais bien que je ne tarderais pas.

— Tu mettais trop longtemps.

— C'est faux. En plus, j'ai cru perdre connaissance. Un ancien prêtre du village m'était apparu. J'étais dans une autre dimension avec lui.

— Oh! Pardon, je ne pouvais pas deviner. Il faudrait prévenir, allumer une lanterne au-dessus de ta tête ou bien t'équiper d'un drapeau blanc. Je n'y crois guère, à tes sornettes. Si tu racontais tout ça pour te rendre intéressante, hein? Tu peux duper mon père et ma sœur, mais, avec moi, ça ne marche pas.

Il lui opposa un profil fermé et boudeur. Abigaël n'avait aucun moyen de prouver sa sincérité et sa bonne foi. Aussi ne daigna-t-elle pas se répandre en explications ou en protestations.

— J'aimerais faire la paix, murmura-t-elle. Nous habitons sous le même toit; c'est dommage d'être fâchés. Ma tante m'a dit que ton père t'avait battu à cause de ce que tu sais, enfin, ta conduite immorale vis-à-vis de moi. Je suis désolée, mais, au fond, c'était inévitable.

— Si tu n'avais pas cafardé, on aurait pu rester amis. J'avais trop bu. Je me souviens à peine de ce que j'ai fait. En réalité, peut-être que tu ne fais pas autant ta fière avec d'autres gars, hasarda-t-il dans le seul but de lui attirer des ennuis.

Marie sortit de son apathie et s'exclama, choquée :

— Qu'est-ce que tu insinues, Patrick?

— Rien du tout, rétorqua-t-il. Mais Abigaël se balade autant qu'elle veut, maintenant qu'elle a mis papa dans sa poche.

— Tu as décidément envie de semer la zizanie, mon pauvre garçon, soupira Marie, nerveuse.

— C'est quoi, la zizanie? Encore un de vos mots savants?

— La discorde, précisa Abigaël d'un ton froid, agacée par son allusion pernicieuse. Enfin, continue à bouder si ça t'amuse. Sinon, peux-tu me renseigner, malgré tout?

— Te renseigner sur quoi? Les fantômes?

— Mais non, je me débrouille très bien seule, se moqua-t-elle. Le nom Angéla de Martignac, est-ce que ça te dit quelque chose?

— Les Martignac, j'en ai entendu parler. C'était une famille de nobles qui habitait le château de Torsac. Ce n'est pas très loin de Dirac.

— Et la châtelaine s'appelait Angéla?

— J'en sais fichtre rien. Tu ferais mieux d'en causer à mon père.

Abigaël retourna à l'arrière, sous le regard un peu anxieux de sa tante. Le silence retomba entre les trois voyageurs, sous de légères averses de flocons. La jument suivait le même chemin qu'à l'aller, surnommé dans le pays le chemin de Peusec. La campagne s'étendait à l'infini, toute blanche, excepté les taches sombres qu'y mettaient les troncs des arbres rabougris qui se dressaient au milieu de vastes zones presque dépourvues de végétation. La roche affleurait parfois en larges plaques grisâtres, nappées d'une fine couche de glace.

— Quel paysage désolant! commenta Marie. On se croirait en plein désert.

— Pas vraiment, j'aperçois des maisons au loin et de la fumée. Là-bas, on voit Angoulême avec ses clochers.

Patrick aurait pu leur expliquer la topographie des lieux, mais il ne comptait pas desserrer les dents avant d'arriver à la ferme. En fait, le chemin traversait un plateau aride qui reliait la vallée des Eaux-Claires à la vallée de l'Anguienne, une sorte de vaste calotte calcaire dont les profondeurs abritaient un réseau de grottes et de galeries souterraines, parfois sur des kilomètres. Les falaises, percées de cavernes et de cavités, bordaient cet immense à-plat où poussaient surtout de maigres genévriers, des bruyères et, en été, une herbe rase et fine.

Une heure plus tard environ, Fanou émit un long hennissement joyeux. Elle sentait l'approche de l'écurie et Abigaël distingua malgré le vent qui sifflait la réponse de Grison, son robuste rejeton. Patrick dirigea la jument sur une piste qui descendait vers l'Anguienne, bordée par des sous-bois. Soudain, Marie saisit le poignet de sa nièce et lui désigna d'un mouvement de la tête une forme grise qui trottait derrière le véhicule.

Abigaël reconnut le loup. Il lui parut efflanqué, en dépit de son allure souple et rapide, et de son regard étincelant. Il avait le poil sale.

— Sauvageon, c'est lui, chuchota-t-elle à l'oreille de sa tante. Mon Dieu, pourquoi revient-il aujourd'hui?

— Je l'ignore, mais il est effrayant. Je t'interdis de l'approcher, ma chérie.

— Qu'est-ce que vous marmonnez? hurla Patrick.

Forte des recommandations de monsieur Hitier, Abigaël refusa de mentir. Elle en avait assez, également, de subir la mauvaise humeur de son cousin.

— Je descends là. Continuez sans moi, s'écria-t-elle en sautant de l'habitacle.

— Holà, Fanou, stop, brailla le garçon en pivotant sur son siège, surpris.

Abigaël vint se poster à côté de lui. Une volonté implacable s'exprimait par ses yeux.

— Tu te souviens, l'autre jour, tu as couru m'annoncer que les soldats allemands avaient tiré sur le chien errant, celui qui m'avait défendu contre toi. Il a survécu. Il suivait la charrette et je dois aller l'enfermer chez monsieur Hitier. Oui, il est sûr de connaître ses maîtres.

— Quoi? s'exclamèrent en chœur Marie et Patrick.

— Je dis la vérité. En partant pour Angoulême, monsieur Hitier m'a confié sa clef, au cas où je retrouverais le loup.

Pendant ce bref dialogue, l'animal s'était arrêté et ne bougeait plus, à prudente distance de l'attelage et des humains. Patrick tendit un doigt soupçonneux dans sa direction.

— Tu prétends que c'est un loup? demanda-t-il tout bas. Ouais, ça m'en a tout l'air, mais un loup dressé, alors!

— Abigaël, je ne peux pas croire que monsieur Hitier est d'accord pour enfermer une bête chez lui. Elle fera des saletés, voyons! Remonte tout de suite, tu dépasses les bornes, là!

La voix de Marie Monteil se brisa sur un sanglot sec. Le lien qu'elle avait tissé au fil des années avec sa nièce lui semblait tendu à se rompre. Elle dévisagea la jeune fille comme si elle ne l'avait jamais bien vue.

— Tu étais si sage, avant, si obéissante! Toujours à lire, à étudier ou à coudre! Je vais finir par douter de toi, ma chère petite.

— Douter de moi? répéta Abigaël, rose de confusion.

— Oui et, si tu ne redeviens pas raisonnable, nous partirons d'ici. Depuis que nous sommes arrivées, tu te comportes en dépit du bon sens.

Patrick suivait la querelle en riant sous cape, ravi de l'aubaine. Il imagina avec jubilation une autre scène à venir, dont il déciderait le jour et l'heure et où il raconterait à son père et à la prude Marie les escapades amoureuses de sa prétendue cousine.

— Je n'ai pas l'intention de quitter la région, tantine, répliqua la jeune fille. Tu sais très bien que je dois rester. Je te le prouverai. Sache que je ne fais rien de mal, rien. Mangez sans moi à midi, monsieur Hitier rentre demain, lundi. Je vais allumer le feu et lui préparer une soupe.

Sur ces mots, elle s'enfonça dans le bois, certaine que le loup lui emboîterait le pas.

— Laissez-la donc faire à sa tête! dit Patrick en secouant les rênes. J'ai faim, moi. On rentre vite. Ils doivent nous attendre pour déjeuner, à la ferme.

Marie pleurait sans bruit, le cœur lourd. Elle ne daigna pas lui répondre.

—

Abigaël foulait la neige qui recouvrait un épais tapis de feuilles mortes. Elle marchait vite, à grandes foulées nerveuses, vexée et humiliée par les paroles de sa tante. Pourtant, une fois calmée, elle considéra sous un autre angle les reproches qu'elle jugeait injustifiés. «Au fond, je ne lui confie plus grand-chose, songeait-elle, attristée. Surtout, je ne lui dis rien au sujet d'Adrien. Je prétends l'avoir rencontré deux fois seulement, et en bas des falaises, mais comment avouer ce que je ressens?»

Il lui paraissait impossible de dépeindre à celle qui l'avait élevée dans une pieuse austérité les sensations nouvelles qui l'agitaient au moment de revoir le jeune homme. Il lui semblait qu'elle ne pouvait ni les décrire ni même les dévoiler, qu'elles en perdraient instantanément de leur magie et de leur douce puissance.

Cet épineux problème la préoccupait tant qu'elle prêtait à peine attention au loup. Cependant, il était sur ses traces, discret compagnon dont le souffle ténu lui parvenait, mêlé aux appels rauques des corbeaux et au cri strident d'une buse en chasse.

Bientôt, Abigaël fut obligée de sortir du couvert des arbres et d'avancer sur le chemin.

— Viens, Sauvageon. Je n'ai pas le choix, je dois passer par là.

Mais l'animal fila sur la pente neigeuse et grimpa vers un pan de falaise.

— Je t'en prie, ne te sauve pas, supplia-t-elle. Sauvageon, viens! Moïse! Moïse!

Le nom biblique inscrit à l'envers du collier ne donna aucun résultat. Dépitée, Abigaël se mit à courir pour rejoindre au plus vite la maison de monsieur Hitier. Depuis qu'elle avait la clef, elle n'avait pas osé y aller afin de résister à une idée qui lui était venue peu de temps après le départ du professeur. «C'était facile, quand même, de proposer à Adrien et à Cécile de profiter d'un logement plus confortable pendant trois jours, se remémora-t-elle. Ils auraient eu bien chaud, ils auraient dormi dans un bon lit et j'aurais pu leur rendre visite souvent. »

Cependant, elle avait abandonné son projet extravagant, par crainte d'éveiller les soupçons de la famille Mousnier.

— C'était vraiment trop risqué, murmura-t-elle, essoufflée, une fois arrivée devant la porte. Et j'aurais encore dû mentir à tout le monde.

Elle était sur le point de l'ouvrir, perdue dans ses pensées, lorsque deux pattes griffues se posèrent sur ses épaules et qu'une grosse tête velue s'appuya contre la sienne.

— Sauvageon? Mon Dieu, tu me suivais. Tu me fais la fête?

Elle se rappela comment un chien de berger, dans son village de Touraine, accueillait son maître après une séparation, même très courte. Le loup lui témoignait son affection avec autant d'exubérance qu'un chiot. Elle lui fit face et le caressa.

— Tu es là! Je suis si contente! dit-elle, émue aux larmes. Viens vite à l'abri.

Elle se glissa dans la maison des falaises, une ombre grise et majestueuse sur ses talons.

11

Monsieur Hitier

Chez monsieur Hitier, lundi 20 décembre 1943

Abigaël fixait sans la voir la cuisinière, d'où s'échappait le réconfortant ronronnement des flammes qui s'attaquaient à des bûchettes de chêne bien sèches. La veille, elle ne s'était pas occupée du feu, plus bouleversée qu'elle ne voulait l'admettre par les soupçons de sa tante. Elle avait grignoté des biscuits et donné à manger au loup, un reste de soupe avec du pain dur. Elle l'avait ensuite enfermé dans la cabane en planches du jardinet. « Il était épuisé. Il s'est couché aussitôt, comme décidé à dormir des heures, se souvint-elle. Mais, ce matin, il était content de sortir et de se dégourdir les pattes. J'ai l'impression qu'il ne veut plus me quitter. »

Elle s'était assise à la table, devant la machine à écrire. Comme elle ignorait quand monsieur Hitier rentrerait, elle laissait son esprit vagabonder, sans s'entraîner à taper, sans non plus lire le texte inscrit sur la feuille en place.

— Nous sommes bien tranquilles, ici, Sauvageon, dit-elle soudain à l'animal étendu à ses pieds, car elle l'avait fait entrer dans la maison. Je t'ai brossé avec ma propre brosse à cheveux; tu as eu du lard et du pain sec. Parfois, je voudrais habiter seule, loin de tout le monde.

Le dimanche après-midi et la soirée lui avaient paru sinistres. Marie et Pélagie tricotaient au coin de la cheminée, Yvon avait emmené Patrick sur la colline, dans un bois qui appartenait à la ferme. Les deux hommes devaient abattre un vieux chêne et le débiter.

— Tantine m'adressait à peine la parole, malgré mes efforts pour être serviable, continua-t-elle, ressassant sa déception à mi-voix. Mais il y a bien pire, pendant le dîner, mon oncle a admis tout haut qu'il était très inquiet au sujet de Béatrice…

Abigaël soupira et jeta un coup d'œil sur la pendule. Il était presque midi. Vite, elle se leva pour surveiller la cuisson du potage qu'elle avait préparé. On frappa au même instant.

— Entrez, s'écria-t-elle, certaine de ne pas avoir fermé à clef.

Marie Monteil lui apparut, très pâle, un foulard noué sur ses cheveux blonds presque argentés. Elle portait un panier rempli de noix. En voyant le loup couché près de la table, elle eut un mouvement de recul.

— Seigneur, je ne peux pas le croire! gémit-elle. La seule vue de cette bête me fait froid dans le dos.

— Je t'assure qu'il est gentil, tantine. Viens, approche-toi, qu'il fasse ta connaissance.

Elle voulait démontrer à Marie que Sauvageon était vraiment inoffensif et amical envers les humains.

— Non, ne me demande pas ça. J'ai toujours craint les gros chiens.

— Mais essaie, au moins, je t'en prie.

Le loup se redressa un peu et darda ses yeux dorés sur la nouvelle venue. Soudain, il se leva et avança vers la douce femme, de plus en plus effrayée.

— Abigaël, qu'est-ce qu'il me veut? Il sent que j'ai peur. Les chiens le sentent, paraît-il. On me l'a expliqué jadis.

Apitoyée, la jeune fille se plaça entre sa tante et l'animal. Sauvageon lui lécha la main dès qu'elle le caressa.

— Tu vois bien, tantine. Caresse-le. Rien qu'une fois.

Maîtrisant un tremblement involontaire, Marie se résigna. Elle effleura du bout des doigts la tête du loup, qui se recoucha à leurs pieds.

— Il est encore fatigué. Je crois qu'il ne mange pas à sa faim, commenta Abigaël.

— D'accord, j'avoue qu'il n'a pas l'air méchant, mais je préfère le croiser le moins souvent possible... Abigaël, Yvon m'a demandé de venir ici. Il veut que monsieur Hitier trouve ça à son retour.

— Des noix? Autant de noix! s'étonna la jeune fille. Pélagie disait qu'elle comptait en faire de l'huile.

— Oh! Ça m'est bien égal, s'impatienta sa tante. Je me moque de tout ceci, mais pas de toi. Mon enfant chérie, je juge très peu convenable que tu t'improvises femme de ménage et cuisinière de monsieur Hitier, malgré la confiance et le respect qu'il m'inspire. Tu vas revenir à la ferme avec moi et, à l'avenir, je te prie de ne plus t'absenter. J'ai un mauvais pressentiment.

— Lequel, tantine?

— C'est très vague, mais j'ai la certitude qu'il va se produire des événements fâcheux. Le comportement de ton oncle m'intrigue, celui de Béatrice aussi. Abigaël, je te l'ai dit hier et je te le redis aujourd'hui, nous ferions mieux de partir.

— Non, non et non, je ne m'en irai pas.

— Mon Dieu, j'ai peur qu'il t'arrive malheur. Bon, comment te convaincre? De ton côté, n'as-tu rien remarqué d'anormal, dans la conduite de Jacques Hitier, notamment? Ces échanges de nourriture, deux grosses terrines de rillettes en dix jours et des kilos de noix! Comment un homme de cet âge pourrait-il manger autant?

Abigaël se rappela soudain la manière dont le professeur avait soupesé la première terrine qu'elle lui avait apportée. Le geste pouvait sembler anodin, mais il l'avait surprise.

— Que crois-tu, tantine?

— Autant être franche, si cela peut te pousser à fuir la ferme. Je pense qu'Yvon et monsieur Hitier sont des résistants.

La jeune fille se retint *in extremis* de protester. Si elle avait cherché à disculper monsieur Hitier, elle aurait du même coup démasqué son oncle.

— Même si c'était des résistants, pourquoi nous en aller? J'en serais fière, car les combattants de l'ombre luttent pour la France.

Affolée, Marie ôta son foulard et secoua ses cheveux. Elle cherchait manifestement une réponse pertinente, mais n'en trouvait pas.

— Abigaël, tu es bien placée pour savoir ce que font les miliciens à ces gens-là. Tu tiens à finir comme la fillette blonde dont l'âme terrifiée errait autour de la ferme? Si ce que je crois est vrai, nous pouvons tous être exécutés ou pris en otage et torturés. J'admire les maquisards, les hommes qui ne baissent pas les bras devant l'ennemi, mais je tiens à te préserver. Tu es si précieuse! Pour moi et pour les puissances du ciel qui t'ont chargée d'une mission quasiment divine, celle de guider les âmes perdues, de les aider à s'élever vers la lumière et la paix. Les médiums sont rares, sur terre. Tu dois vivre et, puisque c'est la guerre, je ferai l'impossible pour te protéger.

— Est-ce que tu prévois m'enfermer dans un couvent? Il n'y a pas d'autre solution, à t'écouter.

— Seigneur, mais qu'est-ce qui te prend? Jamais tu ne m'aurais parlé ainsi avant, ça, jamais!

Marie s'assit sur une chaise et fondit en larmes. Abigaël tomba à genoux devant elle, pleine de compassion.

— Je t'en supplie, ne pleure pas, tantine. Cesse de t'inquiéter, je ne suis plus une enfant. J'aurai seize ans jeudi.

— Et alors? Est-ce que ça fait de toi une femme? Seize ans, la belle affaire! Abigaël, sois sincère. Fréquentes-tu un garçon? Je ne suis pas stupide et encore moins naïve. Tu peux rencontrer en cachette le jeune réfractaire au STO pour qui tu as dérobé de la nourriture à ton oncle.

Les joues d'Abigaël se colorèrent instantanément, à son grand désarroi. Elle s'en voulut d'être aussi émotive et renonça à nier.

— Oui, je les revois, sa sœur et lui. Ils ont besoin de mon aide, mais je ne fais rien de mal, je pratique la charité chrétienne, celle que tu m'as enseignée. Tu as tort de t'inquiéter. Si j'avais le moyen d'héberger Cécile, Adrien rejoindrait le maquis.

— Adrien, tu l'appelles Adrien!

— Je l'appelle par son prénom. Ce n'est pas un crime, que je sache! Aie confiance en moi, je t'en prie. Maman, elle, si elle était encore avec nous, ne douterait pas de ma sagesse. Au fond, tu as surtout peur de ça, que je sois amoureuse.

Marie haussa les épaules et tamponna ses joues d'un coin de son mouchoir.

— Peut-être, marmonna-t-elle.

Le loup, très calme jusque-là, se redressa d'un bond. De son pas souple, il alla flairer sous la porte d'entrée. Abigaël se rua à la fenêtre, croyant au retour de Jacques Hitier, mais elle ne vit personne dans l'escalier ni sur le seuil.

— Seigneur, je serais incapable de cohabiter avec cet animal, soupira Marie. En plus de sentir fort, il pourrait céder à ses instincts sauvages et nous attaquer.

— Mais non, il a menacé Patrick, quand il… enfin, tu sais… Sauvageon a été longtemps en contact avec des humains, d'une femme ou d'une fille de mon âge. J'en ai la conviction et je n'ai plus peur de lui.

— Sauvageon! Où es-tu allée chercher un nom pareil?

— Chut, j'ai cru entendre marcher dehors. Monsieur Hitier, si c'était lui, serait déjà entré.

Comme pour confirmer la crainte d'Abigaël, le loup se hérissa et se mit à gronder sourdement, la gueule entrouverte.

— J'aurais dû laisser les volets fermés, chuchota-t-elle. Tantine, tu n'as rien vu d'anormal, en venant ici?

— Non, mais pourquoi te mettre dans cet état? Nous n'avons rien à cacher, nous.

Malgré l'affirmation de Marie, une profonde angoisse envahit Abigaël. Prise d'une impulsion subite, elle courut cacher le panier de noix dans la chambre en le poussant le plus loin possible sous le lit du professeur. Elle s'empara ensuite du foulard de sa tante, qu'elle mit autour du cou du loup afin de l'entraîner, lui aussi, dans la pièce voisine.

— Sois sage, ne bouge pas, ne fais pas de bruit, murmura-t-elle en refermant la porte.

— Crois-tu vraiment que cette bête comprend tes ordres? souffla Marie, pâle de nervosité.

— J'en ai l'impression. Oh! Ce sont des gendarmes.

En passant devant la fenêtre, Abigaël avait aperçu deux hommes en uniforme et képi sur le chemin.

— Mon Dieu, que font-ils dans la vallée? demanda Marie.

— Ils n'ont aucune raison de frapper chez monsieur Hitier. Ils doivent patrouiller. S'ils viennent quand même, ayons l'air naturelles et occupons-nous. Enlève ton manteau et prends le balai, moi, je m'occupe de la cuisinière.

Elles n'eurent pas à attendre. Trois coups secs retentirent après quelques minutes. Abigaël alla ouvrir en affectant la mine la plus angélique du monde.

— Bonjour, messieurs.

— Bonjour, mademoiselle et madame, dit un des gendarmes, qui arborait les galons de brigadier. Monsieur Jacques Hitier ne loge plus ici?

— Si, tout à fait, mais il s'est absenté. Ma tante et moi, nous venons chauffer la maison et veiller au ménage. Je suis la nièce d'Yvon Mousnier, le fermier.

Les deux hommes approuvèrent en silence, ce qui prouvait qu'ils étaient au courant de leur arrivée dans le pays. Ils inspectèrent la pièce du regard, la mine circonspecte, sans rien toucher, cependant.

— Une drôle de construction, hein? nota le brigadier.

Un grognement répondit à son commentaire. Tout de suite, il posa la main sur l'étui de son revolver.

— Nous enfermons le chien de monsieur Hitier pendant que nous sommes là, nous en avons peur, déclara Abigaël, dont l'aplomb sidérait Marie. Est-ce qu'il y a un problème?

— Vous n'avez rien remarqué de particulier, ces dernières semaines? Des vols de nourriture durant la nuit, des allées et venues suspectes? On nous a signalé qu'un individu errait dans les bois.

— Nous nous couchons très tôt, affirma la jeune fille, souvent avant le couvre-feu et, pour ma part, je ne m'éloigne pas de la ferme, sauf pour venir chez monsieur Hitier, qui m'enseigne la dactylographie.

Tout concordait, la machine à écrire sur la table, la jeune fille aux grands yeux bleus et à l'air innocent qui faisait tout à fait étudiante sage.

— Et vous, madame? insista le gendarme.

— Non, je vous assure, je sors très peu, plaida Marie.

Un bruit de pas se fit entendre sur l'escalier extérieur et Jacques Hitier entra, digne et élégant, en pardessus bleu marine et chapeau de feutre, son cartable à la main.

— Messieurs, madame Monteil, Abigaël, bonjour, dit-il à la manière d'un orateur. Brigadier, que puis-je pour votre service? Dites donc, votre dernière visite remonte à l'an dernier, en juin, il me semble.

— En effet. Bonjour, professeur.

L'air gêné, le gendarme recula vers la porte restée grande ouverte. Le froid s'y engouffrait, faisant frissonner Marie.

— Monsieur Hitier, s'écria Abigaël en lui prenant d'autorité son cartable et sa canne, j'ai enfermé votre chien dans la chambre. Décidément, il ne nous apprécie pas, tantine et moi. Si vous voulez que nous continuions à faire le ménage, il faudra l'attacher dehors.

— Excusez-moi, j'y penserai la prochaine fois, répliqua le vieil homme sans se troubler. Eh bien, brigadier, que se passe-t-il?

Plus détendu, l'homme se montra explicite.

— La traque aux jeunes idiots qui veulent échapper au STO, ça devient sérieux. Nous avons six gars perdus dans la nature. Le préfet ne décolère pas.

— Ah! la jeunesse, soupira le professeur. Ce serait pourtant dans leur intérêt de partir travailler en Allemagne, mais, malgré la propagande si encourageante, ils ne le comprennent pas. Enfin, je n'ai plus l'âge de songer à l'actualité. Mademoiselle Mousnier m'aide à mener à bien l'ouvrage de ma vie, mon étude sur les ermites de la vallée de l'Anguienne, des émules du vénéré saint Cybard, qui s'est retiré sous les remparts d'Angoulême pour y mener une existence de prières. Hélas! On peut encore entrevoir l'abri de ce saint sous les roches, mais, dans la vallée, la seule grotte que j'ai pu étudier jadis a été détruite au moment de l'ouverture de la carrière. Pour me consoler, je lis et relis les textes datant du Moyen Âge, où il est fait état d'un ermitage.

Le brigadier, sans doute déjà las d'écouter le discours du vieux professeur, acquiesça et salua en portant la main à son képi.

— Bonne continuation, dans ce cas, monsieur Hitier, dit-il assez gentiment.

Les gendarmes sortirent enfin. Abigaël ferma derrière eux et, d'instinct, donna un tour de clef. Marie dut s'asseoir, fortement troublée. Depuis le début de la guerre, la vue d'un uniforme, français ou allemand, la terrorisait. Jacques Hitier, lui, jeta son chapeau sur la table et poussa un long soupir en murmurant :

— Quand donc tout ceci finira-t-il ?

— Monsieur, reposez-vous, conseilla Abigaël avec douceur. Vous semblez exténué.

— Je le suis, ma chère enfant.

Marie Monteil eut alors la nette impression de gêner le vieil homme. Elle remit vite son manteau et le salua.

— Nous partons, monsieur. J'étais justement venue chercher ma nièce.

— Je dois lui parler, madame. Si vous me permettiez de déjeuner en sa compagnie, je vous en serais reconnaissant.

— Ah, bien sûr, vous devez discuter de la bête enfermée dans votre chambre ! J'avoue ne rien comprendre à tout ceci et, quand Abigaël a prétendu suivre vos recommandations en gardant un loup chez vous, je ne l'ai pas crue.

— C'était pourtant la vérité, madame. Mais je vous sens rongée par l'inquiétude, il ne faut pas, vous pouvez me faire confiance.

— Je vous fais confiance, sinon Abigaël n'aurait jamais mis les pieds ici. Au revoir, monsieur.

Marie sortit, triste et profondément désemparée. Tout en marchant, elle songeait à sa sœur disparue bien trop tôt. «Pascaline, pourquoi nous as-tu laissées ? La lumière dont tu m'as toujours éblouie s'est éteinte. Notre petite chérie se détache de moi et, si je ne l'ai plus à mes côtés, je serai condamnée aux plus sombres ténèbres, car, sais-tu, je pressens en elle une flamme ardente, si vive qu'elle m'effraie. »

Pendant ce temps, de la fenêtre, Abigaël regardait sa tante s'éloigner. Son jeune cœur souffrait de la chagriner, mais elle savait néanmoins qu'elle ne pouvait agir autrement.

— Monsieur Hitier, dit-elle tout bas, mon oncle vous a fait porter un panier de noix. Je l'ai caché sous votre lit, parce que Sauvageon grognait et se hérissait. Peu après, j'ai aperçu les gendarmes. Alors j'ai enfermé notre protégé, par prudence.

— Mon Dieu, quelle présence d'esprit vous avez eue! Je vous remercie, Abigaël. Vraiment, je vous félicite.

Il lui dédia un coup d'œil surpris et admiratif. Puis il ôta son pardessus, d'une coupe soignée et d'aspect impeccable.

— J'ai obéi à une intuition, répondit-elle.

— C'était fort judicieux de votre part, concéda-t-il.

— Dites-moi, je vois que vous avez changé de manteau chez votre sœur. Vous êtes très élégant!

Abigaël avait volontairement orienté la conversation sur une banalité, car elle venait d'admettre que sa tante avait vu juste. Si Jacques Hitier la félicitait, cela signifiait qu'il avait bel et bien quelque chose à cacher.

Le professeur eut une mimique amusée, sans réelle gaieté. Il se dirigea vers sa chambre et en ouvrit la porte avec précaution.

— Sauvageon! appela-t-il.

Le loup se dirigea vers lui sans hâte, renifla son pantalon et accepta une caresse sur le haut du crâne. Ensuite, d'un pas plus rapide, il rejoignit Abigaël. Elle lui enleva délicatement le foulard de Marie, qu'il avait encore autour du cou.

— Je crois qu'il m'a adoptée, dit-elle en riant.

— Oui, je le pense aussi. Il apprécie les femmes courageuses et intelligentes.

Sur ce compliment énigmatique, le vieil homme secoua la tête, l'air désespéré. Il semblait soucieux et accablé.

— Qu'est-ce qui ne va pas, monsieur? La visite des gendarmes vous tracasse?

— Le brigadier est un brave type. Je l'ai eu comme élève en classe de sixième il y a une trentaine d'années. Il fait son métier, mais je le déplore. Trop de gens font ainsi; ils obéissent à l'ordre établi par peur des représailles. Abigaël, vous feriez bien de prévenir le garçon qui se cache dans la grotte de l'ermite saint Marc.

— J'ignore à qui vous faites allusion, monsieur Hitier, rétorqua t elle. Je ne sais même pas où se trouve cette grotte.

— Mademoiselle, cessons de feindre, vous et moi. Je suis persuadé à présent que vous avez du cran et la capacité de mentir en affichant un visage innocent. Je viens de vous faire passer une sorte d'examen et vous vous en sortez haut la main. Croyez-vous que je n'ai pas remarqué vos allées et venues, de même que votre volonté d'abréger d'une heure nos séances matinales? Je connais très bien l'emplacement des grottes de la vallée; une clarté, la nuit, dans l'une d'entre elles, ne peut pas m'échapper. De plus, vous avez commis une petite erreur. Quand on emporte un repas froid pour déjeuner chez moi, il vaut mieux le consommer et non se sauver avec.

— J'aime bien manger seule, près de la fontaine sous la falaise, dit-elle tout bas sans se troubler.

— Il s'agit d'un jeune homme qui refuse de partir en Allemagne, n'est-ce pas? Beaucoup d'entre eux deviennent de précieuses recrues pour le maquis de Chasseneuil, surnommé le maquis de Bir Hacheim. Cependant, s'ils sont pris avant d'intégrer ce réseau bien organisé, certains, sous la menace, peuvent se retrouver dans les rangs de la Milice. Je n'ai qu'un conseil à lui donner, il doit quitter sa planque.

Le cœur d'Abigaël cognait dans sa poitrine. Elle hésitait sur la conduite à tenir, voulant à la fois secourir Adrien et Cécile et redoutant de leur attirer des ennuis.

— Je vous répète ce que j'ai dit à votre tante, vous pouvez me faire confiance, décréta Jacques Hitier d'une voix nette et chaleureuse.

Elle le fixa intensément, ses prunelles d'azur, limpides et ardentes, plongées dans les yeux d'un bleu pâle du vieil homme. Il crut qu'elle allait capituler, mais il se trompait.

— Je voudrais une preuve que vous êtes sincère, monsieur. Prenons un exemple. Si vous me disiez ce qui a tant d'importance dans le panier de noix?

— Soit, je prends le risque, demoiselle, ironisa-t-il. Il y a un revolver, celui de votre oncle, qu'il a récupéré sur le corps d'un parachutiste britannique lors d'une opération manquée, dans la forêt de Bois-Blanc.

— Il est strictement interdit de détenir une arme. Pourquoi vous la donne-t-il, dans ce cas? Et surtout, pourquoi me faire de telles révélations? Imaginez que vous parveniez à me soutirer des renseignements pour ensuite livrer une personne à la Gestapo ou aux gendarmes? Je ne me le pardonnerais pas.

Abigaël ne montrait aucune émotion. Le professeur s'étonna de sa maturité, de sa beauté aussi, ses traits purs étant comme magnifiés par une farouche détermination.

Il se rapprocha d'elle en souriant tristement et caressa Sauvageon, qui lui lécha la main.

— Vous êtes surprenante, ma chère enfant. Je pense que vous pourriez nous rendre quelques services. Je vais jouer cartes sur table. Je suis le chef d'un réseau de résistance. Mais, là, nous perdons du temps. Qui nous dit que les gendarmes n'étaient que deux, qu'ils ne sont pas plus nombreux et occupés à chercher des sentiers menant aux grottes?

— D'accord, je vous fais confiance, parce que vous savez qui était le maître de Sauvageon et que le loup ne vous a pas oublié.

— Pour cette unique raison?

— Non, j'ai la certitude que vous êtes bon et épris de justice. En plus, je cherchais de l'aide pour ce garçon et sa sœur.

— Sa sœur? Il n'est pas seul?

— Il se cache pour protéger Cécile, sa petite sœur de dix ans. Ils sont orphelins et d'origine juive. Je leur ai apporté à manger chaque fois que j'ai pu. La fillette est très courageuse; elle se plaint rarement. Mais j'ai le cœur gros quand je la vois dans cette grotte, toujours enveloppée d'une couverture, couchée sur un replat de rocher tapissé de fougères. La nuit, Adrien court les bois en quête de nourriture. Elle a peur, dans le noir, car souvent il éteint la bougie. Je voulais supplier mon oncle de l'héberger, elle, du moins, mais je n'ai pas osé. Adrien s'y est opposé. Il redoute d'être dénoncé. Si, par malheur, il était arrêté et emmené sous la contrainte en Allemagne, Cécile échouerait dans un orphelinat.

— Ou dans un camp d'internement, à Drancy, ajouta monsieur Hitier sur un ton grave. Abigaël, ce soir, dès la nuit tombée, vous irez les chercher. Je peux accueillir l'enfant; je lui ferai faire de faux papiers. Quant à son frère, je dois savoir ce qu'il projette.

— Il veut entrer dans la Résistance, monsieur, évidemment.

Le vieil homme comprit à sa voix altérée, que cette perspective la peinait. Il crut deviner autre chose, d'après les joues plus colorées d'Abigaël.

— Adrien consentira-t-il à me rencontrer? s'inquiéta-t-il.

— Je crois que oui. Je saurai le convaincre. Merci, monsieur, je suis tellement soulagée pour Cécile! Elle espérait fêter Noël avec sa grand-mère; hélas, la pauvre dame est morte d'une crise cardiaque il n'y a pas long-temps. Je l'ai vue, un soir. Enfin, elle m'est apparue, une âme tendre égarée, tourmentée par le sort de ses petits-enfants. J'ai pu la réconforter et lui dire qu'elle pouvait rejoindre la lumière, mais, depuis, je me sens investie d'une mission, celle de veiller sur Adrien et Cécile. Ils n'ont plus personne au monde pour prendre soin d'eux.

— Hormis vous, Abigaël. Seigneur, j'ai du mal à con-cevoir la réalité de votre don. De plus, vous évoquez une rencontre avec un défunt, un revenant, comme disent les livres, avec la simplicité que confère l'habitude de ces manifestations. Enfin, nous aurons l'occasion d'en reparler. Soyez rassurée, maintenant que je suis dans la confidence, nous ferons au mieux, vous et moi.

Jacques Hitier alla inspecter le contenu de la mar-mite. Dès qu'il souleva le couvercle, une délicieuse odeur de légumes mijotés s'éleva dans la pièce.

— Si nous goûtions votre potage, Abigaël! La terre entière peut s'écrouler, nous devons continuer à nous alimenter, Sauvageon également. Avez-vous trouvé de la nourriture pour lui?

— Des restes et du pain dur. Il est maigre et affaibli.

— Je vois ça. Eh bien, cet après-midi, vous achèterez un poulet à votre oncle, enfin, à son épouse. Je le ser-virai à nos invités et Sauvageon aura la carcasse. Je lui ferai cuire du riz; j'en ai une provision considérable.

— Alors, c'est vous qui le garderez? J'aimerais tant l'adopter!

— Pour le moment, nous en prenons soin, Abigaël. Il ne doit plus divaguer et courir le risque d'être abattu, au cas où il pourrait retrouver ses maîtres, disons sa maî-tresse. Mais le mot ne convient guère; il déplairait à la femme qui a su l'apprivoiser.

— A-t-elle disparu?

— Je préfère en discuter plus tard.

La jeune fille s'exhorta à la patience, consciente qu'il s'agissait d'un sujet douloureux. Elle mit le couvert et servit la soupe. Ils mangèrent en silence sous le regard intéressé du loup. Après s'être réparti un morceau de fromage, ils burent chacun une tasse de chicorée. Abigaël débarrassa la table, après quoi elle s'empressa de nourrir Sauvageon avec le reste du potage et du pain rassis.

— Monsieur, dit-elle enfin, vous pensiez tout à l'heure que je pourrais vous rendre quelques services. Je suis prête à vous aider, mais ma tante ne doit pas être au courant. Elle vous soupçonne, mon oncle et vous, d'être des résistants, et elle veut que nous partions d'ici.

— Madame Monteil serait-elle aussi intuitive que vous?

— Oui, elle perçoit des choses, même des présences de l'au-delà, mais sans les voir ni communiquer avec elles. Mais, s'il le faut, je la détromperai.

— Il le faut, en effet. Laissez-la douter, c'est plus prudent. Yvon et Béatrice Mousnier se sont engagés dans notre combat il y a un an. Je ne vous donnerai pas d'autres noms. Quant à vous, je n'ai pas l'intention de vous mettre en danger. En fait, c'est votre don de médium qui pourrait m'être utile.

— Mais comment? s'étonna Abigaël, un peu déçue.

Le front soucieux, Jacques Hitier se leva et prit un livre sur une étagère. La reliure devait dissimuler une cachette, car il en extirpa des photographies.

— En prenant dans leurs mains un cliché de ce genre, certains médiums peuvent déterminer si la personne est vivante ou morte. En seriez-vous capable?

— Je ne l'ai jamais fait, monsieur. Comme maman, je suis ce qu'elle nommait une passeuse d'âmes. Dans le cahier que ma tante a pieusement conservé, ma chère petite maman se désignait ainsi. L'expression me plaît, mais je ne l'emploie pas. Par la grâce divine, je peux guider un défunt vers la lumière, mais je n'ai pas le don de clairvoyance ni celui de prévoir l'avenir.

— Voudriez-vous tenter l'expérience, Abigaël? Je ne vous demande rien d'autre.

— Bien sûr, je vais essayer, monsieur, mais j'ai peur de faire une erreur et de vous donner de faux espoirs.

— Le scrupule vous honore. Néanmoins, le résultat pourrait vous surprendre. Asseyez-vous, je vous prie.

La jeune fille prit place à la table, qu'elle avait soigneusement nettoyée auparavant. Malgré sa bonne volonté, une angoisse indicible lui étreignit le cœur. Elle se souvenait trop bien des malaises dont elle avait été victime depuis son arrivée dans la vallée de l'Anguienne, comme si ses aptitudes à capter l'invisible s'étaient accrues, stimulées par de mystérieuses présences. «J'ai eu des visions très brèves, toujours de cette femme brune, et des rêves très précis de ce qui s'est passé pendant l'exode. Il y a eu aussi les terribles images qui se sont imposées à moi quand j'ai touché le livre sur les colonies pénitentiaires», se dit-elle, effarée.

Monsieur Hitier dut s'apercevoir de son anxiété, car il soupira d'une voix inquiète :

— Vous n'êtes pas obligée de le faire, ma chère enfant, si c'est pénible pour vous.

— Je ne peux pas prévoir ce qui va se produire, expliqua-t-elle dans un sourire embarrassé. J'ai l'impression de me jeter dans le vide, à l'aveuglette.

Le professeur hocha la tête d'un air résigné et fit mine de ranger les photographies.

— Je ne suis qu'un vieil égoïste. Excusez-moi, je voulais vous imposer une épreuve qui peut s'avérer difficile, en effet. Mais c'était trop tentant d'apprendre ce qu'étaient devenues certaines personnes afin d'arrêter d'espérer et de faire son deuil.

— Je vous comprends. Je veux vous aider.

Il lui confia un premier cliché, qui représentait un homme aux cheveux gris et au regard sombre. Abigaël garda le carré de papier glacé entre ses paumes. Tout de suite, elle ferma les yeux, en quête d'une sensation nouvelle. Il lui sembla logique, en dépit de son inexpérience, d'attribuer la froideur à la mort et la chaleur à la vie. Cependant, elle ne ressentit ni l'un ni l'autre.

— Je suis désolée, ça ne marche pas, déplora-t-elle tout bas.

Mais elle insista. Elle prit la photographie entre ses doigts, en la regardant attentivement, cette fois. Sa vue se brouilla tout à coup et elle fut en proie à un vertige d'une rare intensité. Paupières mi-closes, elle vit pendant quelques secondes à peine une scène d'une grande précision. Un homme en partie nu gisait sur une table, le corps et le visage ensanglantés, observé avec mépris par des officiers allemands.

— Il est mort, cria-t-elle dans un sanglot convulsif. Mon Dieu, le malheureux! J'ai eu une vision. Il a été torturé et tué.

Elle tremblait, transie, violemment émue. Bouleversé, Hitier hésita à lui tendre un deuxième cliché.

— Continuons, dit-elle en reprenant son calme. J'ai déjà vu des cadavres, pendant l'exode.

La remarque, énoncée sur un timbre vibrant de compassion, déconcerta le professeur. Tout en se reprochant d'utiliser l'adolescente pour satisfaire sa douloureuse curiosité, il lui tendit le cliché suivant. Abigaël étudia un instant les traits agréables d'un homme blond, dont le regard rêveur la troubla. « Mon Dieu, faites qu'il soit encore vivant, je vous en prie! » supplia-t-elle en silence.

Elle éprouva alors au contact du papier une fugace sensation de tiédeur. Les yeux fermés, elle insista et se concentra avec ferveur. Peu après, elle murmura :

— Il est vivant, mais en enfer, un enfer conçu par les S.S. Je ne peux pas vous décrire ce que j'ai entrevu, c'est épouvantable. Des gens décharnés, réduits à l'état de squelettes, des baraques grises, de la neige, des barbelés, des soldats!

— Il a été déporté, c'est-à-dire envoyé dans un camp, hasarda Hitier d'une voix rauque. Des renseignements ont filtré depuis l'Allemagne et la Pologne. On fait état de camps d'internement où les conditions d'existence sont si rudes que les prisonniers meurent très vite.

Désespérée, Abigaël fondit en larmes. Le loup, qui s'était couché sous la table, se releva et vint poser sa belle tête sur ses genoux.

— Je vous demande pardon, marmonna le vieil homme. Je suis sans pitié. Mais ces deux hommes ont lutté pour la justice et la liberté. Ils ont aussi conduit des Juifs en zone libre avant que la ligne de démarcation ne soit rayée de la carte.

— Je n'ai pas le droit de connaître leur identité? protesta la jeune fille. Quelle importance cela aurait-il, maintenant?

— Ils ont chacun une famille qui pourrait payer le prix de leur dévouement à la France libre, Abigaël.

— Mais je ne répéterai jamais leurs noms. De plus, il faut garder espoir. Le prisonnier peut s'évader et revenir auprès des siens. Donnez-moi au moins son prénom.

— Louis.

— Je vous remercie, monsieur. Je prierai pour son salut de toute mon âme.

Jacques Hitier poussa un long soupir, puis il considéra avec tendresse la dernière photographie.

— Avez-vous la force de poursuivre l'expérience? débita-t-il sourdement. Vous aviez tort de douter de votre don, ma chère petite.

— Donnez, je n'ai presque pas eu de malaise, pour Louis, dit-elle d'un ton farouche.

Il lui confia le cliché comme à regret et, vite, il tourna le dos pour aller ajouter une bûche dans le fourneau. Mais le cri étouffé que poussa Abigaël l'obligea à la regarder de nouveau.

— Qu'avez-vous? demanda-t-il.

— Oh! Cette femme, j'ai déjà vu son visage, avoua-t-elle, plusieurs fois, dans des rêves éveillés et au cours de très courtes visions. Mon Dieu, vous la connaissez? Je crois avoir été envoyée ici, chez mon oncle, pour la rencontrer.

Le vieil homme se précipita vers la table et s'assit. Il posa une main tremblante sur le poignet délicat de l'adolescente.

— Alors, elle est vivante! s'écria-t-il. Si vous dites une chose pareille, c'est qu'elle a survécu.

— Non, je l'ignore, monsieur. Ne vous réjouissez pas trop vite. Il s'agissait de visions.

— Mais la photographie peut vous transmettre un message, insista-t-il, fébrile.

Abigaël haussa les épaules pour exprimer ses doutes. Elle était encore choquée par l'apparition sur un simple carré de papier du beau visage de l'inconnue qui semblait l'appeler depuis son arrivée dans la vallée. Elle contempla avec respect et passion ses traits harmonieux, son front haut, ses cheveux bruns réunis en un chignon natté, son nez droit et sa bouche aux lèvres charnues d'un dessin exquis. Ses yeux sombres paraissaient la fixer, ardents, mais tendres et maternels.

— Qui est-elle? murmura-t-elle avant de plaquer ses paumes sur le cliché.

Sa voix était ténue, presque inaudible. Soudain, ses paupières se fermèrent contre son gré et elle se sentit baignée d'une douce chaleur, tandis que résonnait dans son esprit le tintement joyeux des grelots. Emportée dans une dimension lumineuse ouatée, Abigaël ne fut guère surprise de revoir le singulier personnage à la longue barbe blanche, dans sa charrette peinte en jaune et tirée par un âne. Il la salua avec un sourire un peu triste, chuchota quatre mots et disparut, cédant la place à la femme brune qui serrait un loup sur son cœur.

— Sauvageon, c'est lui, Sauvageon! dit-elle sur un ton haletant.

— Abigaël, je vous en prie, revenez à vous, suppliait Jacques Hitier, affolé par sa pâleur.

Elle tressaillit, rouvrit ses grands yeux bleus et le considéra avec un air étonné.

— Ni vivante ni morte, déclara-t-elle d'une voix affligée. Voilà ce que j'ai appris.

— Mais c'est absurde, enfin!

— Je n'ai pas d'autre réponse à vous donner, monsieur Hitier. Seigneur, je suis fatiguée, tellement fatiguée! Et j'ai froid!

— Ne bougez pas, je vais vous apporter du sucre et de l'eau de mélisse, ça vous remettra d'aplomb.

Confus, le professeur couvrit la jeune fille de son pardessus bleu marine en épais drap de laine. Il lui fit avaler un morceau de sucre blanc imbibé d'un liquide qui sentait la menthe et le citron.

— Je vous remercie, soupira-t-elle. Je ne le fais pas exprès.

— Pauvre petite, je suis le seul coupable. Est-ce que cela vous arrive souvent, quand vous êtes en contact avec des défunts ou que vous avez des visions?

— L'un ne va pas sans l'autre, précisa Abigaël. Je commence à m'habituer, mais il n'y a rien à faire pour empêcher ça. Tantine m'a raconté que maman s'évanouissait, parfois. En tout cas, je n'ai pas le don de savoir si une personne est morte ou vivante en touchant une photographie. J'ai reçu de l'aide, puisque j'ai eu des images en guise de renseignements, mais c'est différent.

— J'avais lu le récit d'une expérience de ce genre. C'est ce qui m'a fait penser à vous solliciter. Je vous suis très reconnaissant, Abigaël, mais nous ne recommencerons pas. J'ai eu peur pour vous.

Le loup les écoutait, les oreilles bien droites, assis près de la table. Il avait ôté sa tête des genoux d'Abigaël au moment où elle avait prononcé son nom.

— Pourquoi avoir parlé de Sauvageon? s'enquit Jacques Hitier.

— Je l'ai vu dans les bras de cette femme, cette grande dame, oui, c'est ainsi que j'ai envie de l'appeler. Monsieur, vous savez qui elle est. Ce serait gentil de me le dire.

— Une chose est sûre, le loup était son ami. Mais elle n'aurait pas apprécié d'être désignée comme sa maîtresse. Abigaël, soyez patiente, je ne peux rien vous dire. Les mots terribles que vous avez prononcés me brisent le cœur. Que peuvent-ils suggérer? Ni vivante ni morte! Est-elle dans une prison dont elle ne sortira jamais? Je dois comprendre avant tout, avant de vous dire qui elle est.

Soudain exaspérée, Abigaël se leva et se débarrassa du manteau qui couvrait ses épaules. Elle jeta un coup d'œil navré sur les étagères garnies de livres et sur la machine à écrire, sans daigner implorer davantage le professeur.

— Je m'en vais, monsieur Hitier. Je ne suis peut-être qu'une gamine de seize ans, mais je croyais avoir droit à votre entière confiance. Je n'ai pas le moyen de vous aider si vous me cachez la vérité sur la femme que nous cherchons tous les deux. Ce soir, j'accompagnerai jusqu'ici Cécile et Adrien, mais je ne reviendrai pas, ensuite. Je déteste l'injustice.

Elle le toisait, belle d'indignation et de colère. Un peu de couleur était revenue sur ses joues, et son regard brillait de volonté. Ayant remis son propre manteau et ses gants, elle recula vers la porte. Aussitôt, Sauvageon s'apprêta à la suivre.

— Non, reste là, trancha-t-elle. Je n'ai même pas le droit de t'emmener, je n'ai aucun droit sauf celui de rendre service sans contrepartie. Et c'est une injustice!

De telles paroles, dites avec véhémence, ne lui ressemblaient pas et elle fut la première surprise de réagir aussi violemment. Devant la consternation effarée du vieil homme, elle fut envahie de remords.

— Veuillez me pardonner. Je n'étais plus moi-même, je crois. J'ai déjà eu cette impression depuis que je suis dans la vallée, une sorte de dédoublement, comme si quelqu'un se manifestait à travers moi.

— Ciel, c'est assez particulier! Ne vous inquiétez pas, je ne vous en veux pas, ma chère enfant, parce que, au fond, vous avez raison. De surcroît, vous êtes à bout de nerfs et je suis un idiot de me servir de vous ainsi. Sachez que j'aimerais vous faire un récit précis et circonstancié, mais je me l'interdis par prudence. Si vous aviez vu que cette grande dame était morte, j'aurais pu vous parler d'elle. Si elle vit encore, je ferais courir un danger à ses enfants et elle ne me le pardonnerait pas.

— Très bien, je ne vous ennuierai plus, capitula Abigaël.

— Je vous en remercie. Je vous ferai un petit cadeau, néanmoins, en vous disant que la personne qui nous intéresse ne tolérait pas l'injustice, elle non plus, et que vous me faites souvent penser à elle. Sauvageon doit être de mon avis. Resterons-nous amis?

— Bien sûr! J'ai eu tort de m'emporter.

— Non, non, vous avez eu raison, n'en parlons plus. Bon, si nous songions à nos invités de ce soir, à présent! La fillette et son frère pourraient s'installer là-haut.

Il lui montra l'espace équipé d'un divan qui surplombait la pièce, auquel on accédait par l'escalier intérieur de six marches.

— Vous trouverez des rideaux en velours dans l'armoire de ma chambre. Accrochés au-dessus de la rampe, ils feront une cloison.

— Et si les gendarmes reviennent avant que Cécile ait de faux papiers?

— J'ai plus d'un tour dans mon sac. Enfin, c'est surtout cette étrange maison bâtie dans la falaise, qui vous réserve une surprise.

—

Une heure plus tard, Abigaël marchait sans hâte vers la ferme. Elle avait laissé Sauvageon enfermé dans le cabanon du jardinet chez monsieur Hitier et elle se demandait avec angoisse si le loup ne s'échapperait pas. Elle appréhendait aussi de retrouver sa tante, qui devait pourtant l'attendre avec impatience.

Heureusement, la soirée à venir lui paraissait riche de promesses. Elle se rendrait à la grotte et annoncerait à Adrien la bonne nouvelle. Cécile bénéficierait d'une vraie maison et d'un lit confortable. Elle mangerait à sa faim.

— Lui, il partira, admit-elle tout bas. Demain ou plus tard.

Comme bien des jeunes filles amoureuses, Abigaël éluda vite l'idée de ce départ. Chaque instant passé avec Adrien comptait double et ils auraient l'occasion de se voir plus facilement sous la protection du professeur. « Un chef de la Résistance! s'étonna-t-elle en son for intérieur. Tante Marie avait deviné. On ne le croirait pas, en le voyant chez lui, penché sur ses anciens documents en robe de chambre. »

Pendant qu'ils travaillaient ensemble à aménager l'étage de la maison dans la falaise, Jacques Hitier lui avait dévoilé un secret d'une haute importance.

— S'il m'arrivait malheur, autant que vous soyez au courant, avait-il concédé.

Stupéfaite, Abigaël avait assisté à l'ouverture d'un panneau situé presque au ras du sol, toujours sur le niveau supérieur où dormiraient Cécile et Adrien. On remarquait à peine le battant en bois, peint comme les murs plâtrés en vert clair. Situé en dessous du véritable placard où le maître des lieux rangeait ses provisions, il s'ouvrait sur une sorte de niche remplie de linges.

— Quand nous avons découvert après maintes recherches le passage souterrain qui aboutit ici, Yvon et moi, nous nous sommes empressés d'aménager un accès insoupçonnable. Il suffit de pousser et on peut filer dans les profondeurs de la terre.

Il lui avait fait une démonstration en pesant d'une main sur le fond de la petite cavité, qui était en fait une caisse en planches tapissée de papier fleuri qui pivotait sur un axe. Abigaël avait aperçu un couloir creusé dans le rocher d'où s'élevait une fraîche odeur d'argile humide.

— Si un jour vous êtes seule chez moi et que vous entendez toquer au fond de ce faux placard, ne dites rien, attendez qu'on vous livre le mot de passe. Ce sera forcément quelqu'un du réseau.

— Est-ce que Béatrice connaît elle aussi le souterrain? avait-elle demandé.

— Oui, ça lui a évité d'être arrêtée, en octobre.

La discussion, instructive et passionnante, trottait dans l'esprit d'Abigaël, même lorsqu'elle franchit le grand portail séparant la cour du jardin de la ferme. Elle se répéta avec gravité le fameux mot de passe, fière d'être désormais intégrée au réseau de résistance de Jacques Hitier.

L'accueil que lui réservaient Marie et Pélagie la ramena à la réalité, en l'occurrence sa modeste condition de nièce rebelle et d'adolescente indésirable.

— Monsieur Hitier exagère, se plaignait sa tante d'une voix sèche. Tu ne peux pas rester aussi longtemps chez lui, quand même.

— Oui, je suis bien d'accord avec Marie. Faudrait pas oublier qu'il y a du boulot, ici. Tu finiras par loger chez ce vieux, bientôt, aboya Pélagie, un tablier sale sanglé sur ses hanches.

Elle avait les mains rouges de sang ainsi que les poignets. Deux poulets gisaient au milieu de la longue table, le cou tranché et le bas du ventre ouvert.

— Tiens, en voilà, de l'ouvrage, tu n'as qu'à les plumer, ces bestioles, ajouta la fermière.

— Je vais t'aider, Abigaël, s'écria Marie, tout de suite apitoyée devant l'expression chagrine de sa nièce. Que veux-tu, nous avons la chance d'être bien nourries, chez ton oncle, mais il faut mettre la main à la pâte. Nous étions prévenues.

— Je n'ai rien dit, tantine, je voudrais juste me changer.

— Dans ce cas, je t'accompagne. Dépêchons-nous.

Assis au coin de la cheminée, son chaton sur les genoux, Grégoire se mit à chantonner « dépêchons-nous » avec la même intonation sérieuse. Amusée, Abigaël courut l'embrasser sur la joue et ébouriffer sa tignasse rousse.

— Oh! enfin, moi qui ai tant de mal à le coiffer, s'indigna sa tante.

— Veux une aut' bise, clama l'innocent en riant. Gentille cousine, gentille.

— Tais-toi donc! gronda Pélagie. C'est le monde à l'envers, ici. Il ne peut pas s'arrêter de rigoler, ce drôle, depuis que son père l'a fait monter sur le dos de la Fanou.

— Oncle Yvon a fait ça? s'étonna Abigaël, ravie pour le garçon.

— Si tu passais plus de temps dans la famille, la sermonna Marie d'un air pincé, tu aurais vu la scène ce matin même. Yvon voulait consoler son fils et ça n'a pas manqué. Grégoire était tellement content d'être sur un cheval!

— Ouais, Goire content, papa gentil, vilain, Patrick…

Gênée, Marie expliqua à mi-voix:

— Patrick l'a effrayé en disant des sottises. Il a prétendu qu'un loup allait le manger s'il n'était pas sage; il a imité une vilaine bête qui grogne très fort et montre les crocs. Grégoire en a mouillé son pantalon.

— Bah, il s'amusait, son frère, ce n'était pas méchant, protesta Pélagie. Aussi, il comprend tout de travers, le pauvre gosse. C'est ta faute, Abigaël. Hier soir, il a fallu que tu causes de ce maudit loup, celui que monsieur Hitier veut garder. Paraît qu'il est dressé, cet animal? Là-dessus, Yvon dit que c'est une bonne chose. Boudiou, on me l'a changé, mon homme. Et, à mon avis, Grégoire avait déjà peur rien qu'à t'écouter.

Abigaël sortit de la pièce, furieuse contre Patrick. Elle grimpa l'escalier, suivie de Marie. Dès qu'elles furent dans la chambre, la querelle éclata.

— Pourquoi Patrick a-t-il terrorisé Grégoire? Décidément, il est mauvais, envieux et vicieux, ce chenapan! Sauvageon est aussi docile et doux qu'un gros chien de berger. Moi qui espérais l'amener ici, à la ferme!

— C'était stupide de la part de Patrick, mais ce que tu viens de dire l'est encore plus. Je t'en prie, ne compare pas un loup à un chien. Je pense comme Pélagie, ton oncle a eu une réaction bizarre. Je m'attendais à ce qu'il soit fou de rage, quand tu as parlé de ton Sauvageon au dîner, mais non. Apparemment, tant qu'il s'agit de monsieur Hitier, tout est normal, tout est acceptable.

Découragée, Abigaël s'assit au bord du lit. Sans répondre, elle enleva ses chaussures et ses bas. Le fossé se creusait entre sa tante et elle, au point qu'une peine immense la fit trembler.

— Tu prétends que je ne suis plus la même, mais toi aussi tu es différente. J'aimerais bien tout te confier comme avant. Je t'assure que je le voudrais. Si seulement, depuis que je suis petite, j'avais pu t'appeler maman, nous n'en serions pas là, car je n'ai eu que toi pour mère. Là, tu me juges, tu me soupçonnes de je ne sais quel méfait.

Elle éclata en sanglots, épuisée par la tension nerveuse qu'elle subissait depuis la veille.

— Voyons, ma petite chérie! s'affola Marie. Tu me fais de la peine, là, beaucoup de peine.

Marie l'obligea à se lever et la serra dans ses bras, en couvrant ses joues et son front de légers baisers attendris.

— C'est par respect pour Pascaline que j'ai refusé d'être appelée maman, je te l'ai dit et répété. Au fond, ça me ferait plaisir, maintenant.

— Il est trop tard, hoqueta Abigaël, aussitôt apaisée par les caresses de Marie. Je n'y arriverai plus, tu es ma tantine, ma précieuse tantine.

— Mais oui, mais oui. Rien ne nous séparera, mon enfant chérie. Calme-toi. Tu dois me comprendre, aussi. Nous sommes là depuis bientôt un mois et il n'y a pas eu un jour de répit, entre les apparitions de la fillette blonde, les crises de Grégoire, les actes odieux de Patrick à ton égard et quoi encore? Nous avons des soldats allemands pour voisins et, toi, tu apprivoises un loup, tu vas presque chaque matin chez ton professeur qui ne semble guère se soucier de tes études. Je me sens mise à l'écart, un peu abandonnée.

Du coup, Marie pleura à son tour, sans cesser de câliner sa nièce. Elles puisèrent toutes deux dans leurs larmes et leur réconciliation un infini soulagement. Ce fut de courte durée.

— J'ai un aveu à te faire, murmura Abigaël. Ne sois pas fâchée, je t'en supplie. Ce soir, je devrai sortir à la nuit tombée. C'est très important, crois-moi. J'ai parlé à monsieur Hitier du garçon et de sa sœur qui se sont réfugiés dans l'une des grottes de la vallée. Il va les héberger le temps nécessaire et leur fournir de faux papiers. J'irai les chercher et je les conduirai chez lui.

— Mais c'est de la folie! S'il fallait que les gendarmes reviennent? Tu ne dois pas être mêlée à ça.

— Ils ne les trouveront pas, il n'y a aucun risque. Monsieur Hitier est un homme juste et généreux. Ne crains rien.

— Eh bien, soit, fais ce que te dicte ton cœur et ta conscience, ma chérie. Que Dieu te garde. Tu es si courageuse, si charitable! Pardonne-moi de me montrer sévère et de perdre patience. Mais j'ai peur, j'ai tellement peur de te perdre, que tu meures toi aussi en pleine jeunesse, comme ma Pascaline! J'en deviens idiote, jusqu'à oublier les valeurs que je t'ai enseignées et que tu mets en pratique, toi, au moins.

Marie se tut, la gorge nouée par de nouveaux sanglots. Elle étreignit sa nièce une dernière fois, puis recula un peu pour la contempler de ses yeux noyés de larmes.

— N'aie pas peur, tantine, chuchota Abigaël en lui souriant. On me protège, je le sais, je le sens. Des anges veillent sur nous tous. Le mal ne peut pas toujours triompher et l'amour est plus fort que la mort, c'est toi qui me l'as appris.

— L'amour, oui, bien sûr, mais l'amour divin ou l'amour de son prochain, répondit Marie, résignée. L'amour qui unissait tes parents n'a sauvé ni l'un ni l'autre.

— Comment en es-tu certaine? Je pense, moi, qu'ils sont ensemble pour l'éternité, et j'en suis heureuse.

Abigaël retint un soupir exalté. Dans quelques heures, elle pourrait courir vers Adrien et plus rien d'autre ne comptait.

12

Le souterrain

Vallée de l'Anguienne, lundi 20 décembre 1943, le soir

Abigaël s'apprêtait à quitter la ferme pour la troisième fois ce jour-là. Pélagie le lui fit remarquer d'une voix aigre.

— Tu n'as pas arrêté de courir chez le professeur, aujourd'hui. Enfin, je ne vais pas me plaindre, il m'a acheté un beau poulet. Pense donc, presque deux kilos! Tu as bien de la chance qu'il t'invite à souper, en plus. Fais à ta guise, mais ton oncle ne sera pas trop content, en rentrant, de savoir que tu en prends à ton aise.

— Il comprendra que je passe du temps avec monsieur Hitier, répondit Abigaël, ce dont elle était sûre, maintenant, puisque les deux hommes œuvraient dans l'ombre pour la libération de leur pays.

Yvon Mousnier était parti pour Angoulême au début de l'après-midi, pendant son absence. D'après Marie, il espérait avoir des nouvelles de Béatrice. Le silence de sa fille inquiétait tant le fermier qu'il avait préféré agir et non se ronger les sangs en imaginant le pire. Quant à Patrick, il était allé à Dirac porter des œufs et un lapin à sa tante Flavie.

Lorsqu'elles furent seules dans le vestibule, Marie serra sa nièce dans ses bras.

— Je t'en conjure, sois prudente, mon enfant chérie. Ne reviens pas trop tard.

— Je te le promets.

En refermant la porte derrière elle, Abigaël éprouva un grisant sentiment de liberté. Elle traversa la cour au pas de course et marcha à vive allure sur le chemin. «Pourvu qu'Adrien accepte! se disait-elle. Mais il acceptera. Pourquoi refuserait-il notre aide?»

Elle tenait à la main le collier de Sauvageon et un bout de corde qui lui servirait de laisse, car elle voulait amener le loup afin de l'accoutumer immédiatement à l'odeur de Cécile et de son frère. De plus, elle se doutait qu'il avait besoin d'une promenade, notamment pour satisfaire ses besoins naturels.

— S'il s'échappait encore une fois, j'ai pris mes précautions, murmura-t-elle à la nuit froide.

Il lui avait fallu une demi-heure pour inscrire à l'encre violette à l'envers du cuir du collier: *Abigaël Mousnier, ferme d'Yvon Mousnier au Lion de Saint-Marc*. Elle pensait que c'était un moyen de prouver que l'animal appartenait à quelqu'un et peut-être aussi une façon d'entrer en contact avec une personne proche de la femme brune, si Sauvageon, au gré de ses pérégrinations, retrouvait son ancien foyer.

Dès qu'elle approcha de la maison dans la falaise, une plainte joyeuse s'éleva du cabanon où elle avait enfermé le loup deux heures auparavant.

— Je suis là, mon beau, mon tout beau, dit-elle à mi-voix. Je vais te libérer.

Abigaël posa un regard amical sur la fenêtre éclairée. Elle vit la silhouette de Jacques Hitier se dessiner derrière les rideaux. Peu après, le professeur entrouvrait sa porte.

— C'est vous, Abigaël? s'enquit-il. Il était temps. Sauvageon n'a pas cessé de japper, de gémir et de gratter les planches de ma pauvre cabane.

— Ne vous inquiétez pas, il vient avec moi. Je vais l'attacher.

— Bien, soyez vigilante. Si vous voyez les volets fermés à votre retour, restez cachée avec vos amis. Ça signifiera que j'ai de la visite. On ne sait jamais.

— Oui, monsieur, j'ai compris.

— Je vous attends. Faites vite, lui dit-il gentiment en rentrant chez lui.

La jeune fille retint un soupir de confusion. Elle s'interrogeait encore sur la colère qui l'avait envahie en début d'après-midi. Très respectueuse et polie, elle déplorait d'avoir osé parler ainsi à un homme qui aurait pu être son grand-père. «J'ai laissé un esprit plein d'amertume s'exprimer à travers moi, j'en suis certaine», songea-t-elle.

Elle en gardait une pénible impression de gêne, même si Jacques Hitier avait relégué l'incident aux oubliettes. Mais un autre souci l'accabla à la minute où elle entrebâilla la porte du cabanon. Le loup se rua dehors, ombre grise parmi les ombres bleuâtres du soir, et fila telle une flèche en la bousculant au passage.

Abigaël le rappela en vain. Elle tenait à la main le collier et la corde. Dépitée, elle les suspendit à un clou et se mit en route.

— Il n'ira pas loin, dit-elle tout bas. Il va revenir.

Sa contrariété fut vite chassée par la joie de revoir Cécile et Adrien et de dîner avec eux d'un poulet cuit au four dans une vraie maison. Elle se répétait le discours qu'elle tiendrait au jeune homme en se représentant sa réaction étonnée et le bonheur de la fillette.

Jamais elle n'était parvenue aussi rapidement à destination. Elle grimpa avec impatience l'étroit sentier menant à la grotte de l'ermite Saint-Marc. Sa lampe à pile éclairait la bande de terre boueuse qui serpentait à flanc de falaise. Il ne gelait plus, mais le terrain était encore glissant et la neige subsistait sur les talus et les arbustes.

Bientôt, Abigaël s'engagea dans l'escalier, le cœur battant à grands coups. Elle perçut la voix grave d'Adrien, à laquelle faisaient écho des sanglots enfantins. Arrivée près de la porte que barrait un fouillis de branchages, elle s'immobilisa et observa quelques instants l'intérieur de la caverne. Une chandelle à demi consumée jetait des reflets capricieux sur les parois sombres en soulignant le relief de la pierre. Enveloppée dans sa couverture, Cécile était assise près de la caisse en planches qui leur servait de table et elle pleurait, son petit visage ravagé levé vers son frère. Lui déambulait, les mains dans les poches, emmitouflé dans sa veste et un bonnet sur la tête.

— Tu m'avais promis d'être courageuse, Cécile. Alors ne me complique pas les choses, je dois sortir et rapporter de l'eau et des racines, n'importe quoi de comestible.

— Mais Abigaël viendra sûrement demain. Je t'en prie, j'ai trop peur, moi, quand tu t'en vas!

Abigaël ne voulut pas les épier plus longtemps. Elle entra après les avoir appelés à mi-voix d'un discret:

— Cécile! Adrien!

La fillette poussa un cri de joie. Le jeune homme se retourna et la fixa, l'air incrédule.

— Quelle bonne surprise! dit-il en cherchant des yeux la sacoche qu'elle avait en bandoulière à chacune de ses visites, garnie de nourriture.

— Bonsoir, Adrien, bonsoir, Cécile. Je n'ai pas pu venir plus tôt, mais j'ai une grande nouvelle.

— Asseyez-vous, on vous écoute, lâcha-t-il sans pouvoir cacher sa déception, car sa sœur et lui étaient affamés.

— Ce soir, vous êtes invités à dîner chez le professeur Hitier, le monsieur dont je vous ai dit tant de bien. Il accepte d'héberger Cécile. Il lui procurera vite de faux papiers et la fera passer pour sa petite-fille ou une proche parente. Vous, Adrien, il vous aidera à rejoindre le maquis.

Cécile demeura bouche bée, ses yeux verts embués de larmes. Attendrie, Abigaël s'assit près d'elle et lui entoura les épaules d'un bras protecteur.

— Vous avez naïvement révélé notre cachette à cet homme! s'indigna Adrien. Il nous tend peut-être un piège. Vous avez eu tort de lui parler de nous. Si nous vous suivons, les gendarmes ne tarderont pas à débouler et à nous emmener. Ils sont venus rôder dans la vallée; je les ai aperçus d'ici.

— Je le sais, ils nous ont questionnées, ma tante et moi, répliqua Abigaël. D'après monsieur Hitier, ils auraient du mal à localiser les grottes. Adrien, je ne suis pas naïve, et vous pouvez avoir une entière confiance en monsieur Hitier.

— Monsieur Hitier, monsieur Hitier! Vous rabâchez son nom comme si c'était le Bon Dieu, mais, plus les gens semblent animés de bonnes intentions, plus ils vous trahissent ensuite.

— Je ne vois pas à qui vous faites allusion. Pas à moi, j'espère? Puisque vous concevez des idées ridicules, j'ajouterai que le professeur Hitier est le chef d'un réseau de résistance, et donc bien placé pour contacter des maquisards. Vous rêviez de vous battre contre l'occupant? C'est une occasion.

— Chef d'un réseau à son âge? ironisa Adrien, empêtré dans sa mauvaise humeur.

— Oh, il n'est pas si vieux, protesta-t-elle. Il a soixante-douze ans et, lui, au moins, il ne se complaît pas en jérémiades.

— Moi, je veux habiter chez le monsieur, s'exclama alors Cécile. J'en ai assez de la grotte. Il y a des bruits partout, la nuit.

Comme submergée par une somme de terreurs nocturnes refoulées, l'enfant éclata de nouveau en sanglots en se réfugiant contre Abigaël.

— On y va, chez le docteur. J'ai faim, j'ai si faim!

— Ce n'est pas un docteur, mais un ancien professeur. Il te fera l'école, j'en suis sûre, et je pourrai te voir tous les jours. Adrien, il faut vite s'en aller. Si les gendarmes ont idée de fouiller la vallée la nuit, en quête de la moindre lumière au niveau des falaises, nous avons intérêt à décamper.

Elle avait gagné. Il jeta des regards affolés vers la porte, puis commença à rassembler leurs maigres affaires.

— Cécile, tu prends l'oreiller et ta couverture, il faut la plier ou la rouler.

— D'accord, Adrien! claironna sa sœur, ivre de soulagement et de bonheur anticipé.

Abigaël se pencha au-dessus du silo à grain et admira malgré l'urgence la régularité de la fosse ronde, creusée dans le rocher des siècles auparavant. Il restait des braises au fond. Elle gratta un peu de terre éparse sur le sol ainsi que des cailloux et en couvrit le foyer.

— La caisse, qu'est-ce que j'en fais? demanda Adrien.

— Allez la cacher plus loin, elle peut être dans la grotte depuis des années.

Il approuva et posa sur un replat de la paroi le moignon de chandelle.

— On l'éteindra au dernier moment, dit-il.

— J'ai une lampe à pile, soufflez la bougie et mettez-la dans votre poche.

Abigaël dispersa les fougères sèches qui constituaient le matelas de Cécile, Adrien s'occupa de sa propre paillasse. Ils lancèrent le tout dans le vide, du haut de l'escalier.

— On n'était pas si mal logés, quand même, nota le jeune homme après un ultime regard dans la grotte. C'est bizarre, mais je m'y sentais en sécurité, à l'aube surtout.

— Pas moi, marmonna sa sœur.

— De saints personnages ont vécu là, dit doucement Abigaël. Ils ont beaucoup prié et médité, Cécile, surtout l'ermite saint Marc. Monsieur Hitier te racontera comment il s'est installé dans la vallée. Venez, maintenant. Adrien, passez devant et éclairez-nous.

Ils s'engagèrent dans les marches, où subsistaient des plaques de verglas. Cécile se cramponnait à la main de son frère, effrayée par les ténèbres qui les entouraient.

— L'obscurité a un petit avantage, nota Abigaël, on ne voit pas le ravin.

— Pourtant, il est bien là, répliqua Adrien. Faites attention, ne glissez pas comme l'autre jour.

Il y avait une note de tendre moquerie dans sa voix et elle songea au baiser furtif qu'il lui avait donné après l'avoir relevée.

— Je fais attention, dit-elle en riant. Adrien, je crois que nous gagnerions du temps en essayant de descendre directement en bas de la falaise, sans remonter sur le plateau par le sentier.

Elle visualisa en esprit l'itinéraire compliqué qu'il lui avait conseillé le soir de leur rencontre et qu'elle empruntait jusqu'à présent. C'était le plus sûr, mais le plus long.

— Ce serait dangereux pour Cécile, rétorqua-t-il. Si elle tombait et se blessait?

— Mais une lumière qui brillerait là-haut pourrait nous faire repérer, insista-t-elle.

— De toute façon, quelqu'un approche, chuchota-t-il. J'en suis certain, j'ai vu le point rouge d'une cigarette, là-bas, sur le sentier.

— Alors il faut tenter le coup, descendre la pente, en se tenant aux arbustes, supplia Abigaël. Cécile, donne-moi l'oreiller et la couverture. Suis ton frère. Ne le lâche pas.

Affolés, ils s'élancèrent parmi les éboulis tapissés de neige. La fillette retenait des gémissements de terreur.

Adrien la prit à son cou. Aussitôt, ils entendirent derrière eux une cavalcade et des craquements de branches.

— Oh, halte-là! hurla-t-on.

— Courez, je vous rejoindrai, chuchota vivement Abigaël. Une fois devant l'entrée de la carrière, continuez un peu. Au carrefour, tournez à gauche. La maison de monsieur Hitier sera sur la droite. Si les volets sont fermés, cachez-vous quelque part.

— Non, je ne vous abandonne pas. Ce type est peut-être armé.

Adrien posa Cécile et prit Abigaël par la taille en se plaçant devant elle.

— Mais je crois avoir reconnu la voix, on aurait dit mon cousin.

— Eh oui, ton cousin, brailla Patrick en allumant une lampe dont il braqua le faisceau sur eux. Je rentrais de Dirac par les bois et je me suis dit : «Tiens, si j'allais surveiller l'amoureux de ma chère cousine, un planqué qui a sûrement des choses à se reprocher!» J'ai bien fait, je te trouve collée à lui. C'est ta tantine, qui va être contente! Et mon père, je t'en cause pas!

Patrick, qui les aveuglait, constata enfin qu'ils étaient trois, Cécile se faisant la plus petite possible derrière son frère et la jeune fille.

— D'où elle sort, cette mioche? s'étonna-t-il.

— Patrick, tu ferais mieux de rentrer à la ferme, dit calmement Abigaël. Ma tante est au courant et ton père le sera dès son retour d'Angoulême. Ce sont de proches parents de monsieur Hitier. Je les conduis chez lui. Ne t'en mêle pas, je t'en prie.

— Et tu les connais depuis quand? Je vous ai vus, un matin de la semaine dernière. Il t'a embrassée, ce jean-foutre!

— Dites donc, ce n'est pas la peine de m'insulter, s'enflamma Adrien, outré par la grossièreté de Patrick.

— Tu veux te battre, crétin? Méfie-toi, tu vas te retrouver vite fait en bas de la pente.

— Arrête, Patrick, cria Abigaël, furieuse et désolée. Toi aussi, tu as aidé ton futur beau-frère Lucas quand il se planquait, comme tu dis si bien, dans une autre grotte. Je le savais, eh oui! Toi, tu obéissais à ton père et tu rendais service à ta sœur. Ce soir, je fais la même chose pour monsieur Hitier. Alors, laisse-nous tranquilles.

Douché par ce bref discours, le garçon se renfrogna. Il s'était vu triomphant quand il aurait révélé à Marie Monteil et à ses parents la mauvaise conduite d'Abigaël; maintenant, il doutait.

— N'empêche, il t'a embrassée, et sur la bouche! Je n'ai pas eu la berlue, renchérit-il.

— Et alors? Lui au moins il ne m'a pas embrassée de force ni manqué de respect.

— Quoi? C'est votre cousin, le sale type qui vous a importunée, Abigaël? J'emploie vos mots afin de rester poli. Vous feriez bien de filer, espèce d'abruti, sinon je me ferai un plaisir de vous donner un bon direct du droit. J'ai pratiqué la boxe. Alors, si ça vous tente, c'est n'importe quand.

Adrien menaçait, les poings serrés. Depuis un moment, Patrick avait baissé sa lampe. Il cracha une insulte entre ses dents et dévala la pente enneigée à longues enjambées. Tremblante de nervosité, Abigaël consola Cécile qui pleurait toujours, malade de peur.

— Tout va bien, c'est fini, lui dit-elle à l'oreille. Au fond, nous avons eu de la chance que ce soit mon cousin.

— Je ne suis pas de votre avis, soupira Adrien. Il peut raconter partout que nous sommes chez votre professeur.

— Il n'y a pas grand monde au Lion de Saint-Marc et mon oncle saura le raisonner. Dépêchons-nous, monsieur Hitier doit s'inquiéter.

Ils parvinrent sans encombre dans la vallée, sur le chemin de la carrière. Calmée, Cécile leur tenait la main, osant à peine croire qu'elle allait se retrouver dans une maison et manger à sa faim.

Abigaël se forçait à paraître gaie et rassurante. L'irruption de Patrick la tracassait plus qu'elle ne l'avait dit et, de surcroît, elle se reprochait la fuite de Sauvageon. « Mon Dieu, je vous en supplie, guidez le loup vers moi, faites qu'il revienne, c'est tellement important ! » Jacques Hitier serait déçu, lui qui tenait tant à veiller sur l'animal.

— Vous êtes bien songeuse, Abigaël, fit remarquer Adrien.

— J'ai passé une journée particulière. Je vous expliquerai plus tard. Et j'ai commis une erreur.

Très vite, elle lui parla du loup, qui était bien un animal apprivoisé et qui avait réussi à lui fausser compagnie.

— Il m'a surprise. Je n'ai pas pu lui remettre son collier, encore moins l'attacher. Il finira par être tué, et il ne faut pas, non.

Elle soupira, anxieuse et oppressée, sans pouvoir dire un mot de plus. Ils approchaient de la maison dans la falaise quand elle dut s'arrêter, prise d'un vertige.

— Tu es malade ? demanda Cécile.

— Un petit malaise. Ça va passer.

Adrien lui saisit les mains ; elles étaient glacées. Il éclaira un instant son visage. Elle ferma les yeux pour éviter la lumière.

— Vous êtes blanche à faire peur, murmura-t-il.

Mais Abigaël n'entendit pas. Elle était comme aspirée dans un autre monde, au cœur d'un tourbillon d'images et de bruits où régnaient le chagrin et la douleur. Une enfant sanglotait et criait près de la belle femme brune de ses visions. Un jeune loup, de la taille d'un chiot de six mois, gisait au milieu d'un lit. Des soldats allemands discutaient dans leur rude langue natale. Un homme en blouse grise se penchait sur le petit animal inerte.

— Il ne mourra pas, il ne doit pas mourir, répétait une voix douce, fervente, passionnée.

Abigaël étouffa un cri en se réfugiant dans les bras d'Adrien. Il crut qu'elle perdait connaissance et s'efforça de la soutenir. Sans réfléchir, il déposa un baiser sur son front.

— Qu'avez-vous? chuchota-t-il, sincèrement inquiet.

— Je me sens mieux, merci, dit-elle. Est-ce que monsieur Hitier a fermé ses volets?

— J'aperçois de la clarté entre les arbres.

— Alors, tout ira bien. J'ai eu un étourdissement. Je suis affamée, moi aussi, et épuisée.

Elle refusait de lui dire la vérité en présence de Cécile. Mais la fillette se jeta brusquement contre son frère en poussant une plainte horrifiée.

— Là-bas, des yeux qui brillent, c'est une bête! gémit-elle.

Dans la faible luminosité dispensée par la fenêtre de la maison dans la falaise, ils devinèrent la silhouette d'un animal, posté au bord du chemin, dont les prunelles d'ambre semblaient phosphorescentes.

— Sauvageon, appela Abigaël. Il est revenu, Adrien. Sauvageon a juste fait un petit tour. Il m'attendait.

Le loup bondit en avant pour se ruer vers elle. Il lui fit la fête à la manière d'un brave chien, sous le regard ébahi de Cécile et d'Adrien.

— Ne craignez rien, leur dit-elle, il ne vous fera aucun mal. Il a été apprivoisé très jeune et bien dressé. Vite, entrons chez monsieur Hitier.

Dans son euphorie, elle n'avait pas conscience de l'embarras teinté de timidité qui s'était emparé d'Adrien. Elle remonta la petite allée jusqu'à l'escalier extérieur en ciment et frappa. Le professeur devait guetter leur arrivée, car il ouvrit aussitôt.

— Venez à l'abri, jeunes gens, dit-il simplement, d'une bonne voix paternelle. Je commençais à m'inquiéter, mais j'ai mis le couvert.

À peine entrée, Cécile reçut avec émerveillement une bouffée d'air chaud, chargé d'un alléchant fumet de poulet rôti. La fillette eut un rire silencieux en voyant la table ornée d'une toile cirée jaune, les assiettes en porcelaine et les verres étincelants. Puis elle découvrit les livres sur les étagères, les cadres accrochés aux murs, l'abat-jour en opaline rose et l'ampoule électrique qui lui sembla un objet presque fabuleux; elle n'en avait pas vu depuis bientôt un mois.

— Bonsoir, mademoiselle, la salua Jacques Hitier, penché sur elle. Vous me paraissez contente de retrouver un peu de confort!

— Oh oui, monsieur, merci, monsieur, vous êtes très gentil! répondit Cécile, charmée par la physionomie de leur hôte.

Adrien s'avança à son tour. Il tendit la main au professeur qui répondit à son invite en lui tapotant aussi l'épaule.

— J'admire ceux qui ont le courage de désobéir aux lois iniques d'un régime fasciste, jeune homme, déclarat-il. Nous avons besoin de garçons intrépides et endurants, animés par un idéal.

Accoutumé à déchiffrer le caractère d'une personne d'après son regard et l'expression de son visage, Jacques Hitier fut satisfait de l'examen que venait de passer Adrien en quelques secondes. Il avait lu sur ses traits la volonté, l'énergie et la loyauté.

— Je ferai en sorte de me montrer à la hauteur, monsieur, répliqua le jeune homme. Je n'ai aucun entraînement, mais je veux lutter à vos côtés.

— Le fait de vivre caché dans une grotte à flanc de falaise en protégeant votre petite sœur, sans oublier l'exploit d'échapper à la police et à la milice, c'est un sérieux entraînement, à mon avis. Maintenant, installez-vous, le poulet est prêt, les pommes de terre également.

Comblée, Abigaël avait suivi la scène sans intervenir, en se tenant à l'écart, Sauvageon couché à ses pieds. Elle enleva le manteau de Cécile et rangea la couverture et l'oreiller dans la chambre voisine. Adrien lui remit sa veste et son bonnet, qu'elle suspendit à une patère.

— C'est un soir de fête, murmura-t-elle en souriant.

— Oui, mais quelle maison pittoresque! répondit-il, intrigué par l'escalier intérieur et la configuration singulière du logement.

— Derrière les grands rideaux, là-haut, il y a un divan et un matclas sur le sol.

— Le grand luxe! plaisanta-t-il.

Cécile fut la première assise, son joli minois figé dans l'attente presque douloureuse de la nourriture. Adrien prit place à côté d'elle, l'air grave, comme avant une cérémonie. Pour tous les deux, de se retrouver à une table, baignés d'une douce chaleur, tenait du prodige. Abigaël le devina en les observant et elle remercia Dieu dans le secret de son cœur par une courte prière pleine de ferveur.

Jacques Hitier avait préparé un vrai festin. Ils eurent d'abord de la soupe au vermicelle. La fillette la dégusta sans lever le nez de son assiette. Elle semblait s'appliquer à prendre chaque cuillérée, comme de peur d'en perdre une goutte.

— Je crois que je n'oublierai jamais la saveur de ce potage, dit Adrien, l'air ravi.

— Il faut avoir souffert du manque des aliments les plus simples pour les apprécier ensuite à leur juste valeur, fit remarquer le professeur.

Abigaël apporta le poulet. La volaille était énorme, dorée à point sur un lit de pommes de terre sautées. Cécile ne put s'empêcher de battre des mains.

— C'est comme à Noël! s'extasia-t-elle.

— Mais oui, sœurette, murmura Adrien en lui caressant la joue.

Il adressa un sourire de gratitude à Jacques Hitier, puis à Abigaël. Elle le reçut comme une bénédiction, tandis que ses joues se teintaient d'une rougeur charmante. Sous la vive lumière électrique, le jeune homme lui semblait encore plus beau.

Le professeur fit mine de ne rien voir et découpa le poulet avec habileté. Cécile mangea sa part de viande les yeux mi-clos. Elle dit tout bas à la troisième bouchée:

— Que c'est bon, monsieur!

Ce simple aveu bouleversa le vieil homme. Il imaginait à quel point l'enfant avait dû souffrir de la faim, ces derniers jours, et cela l'amena à penser à d'autres enfants, ceux qu'on enfermait dans des camps, comme celui de Drancy en France. Parfois séparés de leurs parents, de petits innocents subissaient le froid, les plus cruelles angoisses et le pire des maux, la faim chaque jour accrue, chaque jour plus poignante, qui les affaiblissait et les désespérait.

— Merci pour ce repas, merci pour ma sœur, murmura Adrien.

Il contenait son appétit par politesse, mais Abigaël le resservit en le couvant d'un regard apitoyé.

— En dessert, grâce au bon lait de la ferme Mousnier, j'ai fait des flans à la vanille, annonça le professeur avec bonhomie.

Mais Cécile eut du mal à terminer sa part du dessert.

— J'ai déjà sommeil, dit-elle en bâillant. Est-ce que je peux aller au lit, Abigaël?

— Bien sûr. Je m'occupe de toi.

Adrien embrassa sa sœur, ému par l'évidence de sa joie et son air d'enfant apaisée. La petite fille avait hâte de s'endormir bien au chaud, bercée par les conversations qui parviendraient à son perchoir. Le maître de maison semblait touché, lui aussi, de voir une fillette sous son toit et de lui offrir l'asile. Ses doux yeux bleus s'embuèrent derrière ses lunettes quand Cécile le prit par le cou et lui donna un baiser sur la joue.

— Merci, monsieur, chuchota-t-elle.

— Il faudra me dire grand-oncle à partir de demain, dit-il avec un sourire.

Peu après, Abigaël la bordait avant de lui caresser les cheveux et de l'embrasser à son tour.

— Dors bien, petite chérie.

— Oh, je vais très bien dormir grâce à toi, balbutia-t-elle en bâillant. Ton loup, il reste là, chez le monsieur?

— Je vais l'enfermer dans le cabanon. Il va croquer les os de poulet; il n'attend que ça. Je reviens demain matin. J'apporterai du lait frais.

Cécile cligna les paupières, se coucha sur le côté et s'assoupit immédiatement. Abigaël descendit sur la pointe des pieds. Adrien et le professeur discutaient à voix basse du maquis de Bir-Hakeim.

— C'est Claude Bonnier[16] qui a baptisé ainsi le regroupement des maquis charentais, en hommage à la bataille de Bir-Hakeim, en Libye. Les forces françaises libres ont pu soutenir les troupes anglaises, leur permettant de vaincre les Allemands. C'était au mois de mai, l'année dernière. Le maquis de Bir Hacheim compte plus d'une centaine d'hommes. Nous avons reçu des armes en avril par voie aérienne, mais je préfère ne pas en dire davantage, vous serez informé une fois intégré au réseau.

---

16. Grand nom de la Résistance française.

Avant de sortir avec Sauvageon, Abigaël observa Adrien. Le jeune homme avait une expression passionnée, déterminée, et elle le trouva infiniment séduisant.

— Monsieur Hitier, excusez-moi de vous interrompre, je vais nourrir Sauvageon et l'enfermer. J'ai promis à ma tante de ne pas m'attarder.

— Faites, ma chère petite, mais vous prendrez bien une infusion de tilleul avant de nous quitter! Adrien, accompagnez-la donc! Elle vous montrera les commodités.

Malgré la recommandation dénuée de romantisme, Abigaël exulta. Ils seraient seuls dehors, tous les deux, enfin. Le jeune homme s'empressa de la suivre, apparemment aussi content qu'elle de cette occasion.

— Il fait moins froid qu'hier, nota-t-il une fois dans le jardinet, mais vous auriez dû enfiler un manteau.

— Je suis tellement heureuse que je ne sens pas la différence de température.

Il avait pris la lampe à pile. Il l'éclaira pendant qu'elle donnait une gamelle de déchets et d'os au loup, après lui avoir remis son collier.

— Qu'est-ce qui vous rend si heureuse? demanda-t-il. Mon prochain départ?

— Oh! ne plaisantez pas, lui reprocha-t-elle. La vallée va me sembler triste et vide, sans vous.

— Je vous confie Cécile, surtout au cas où je ne reviendrais pas. Elle vous aime déjà beaucoup.

— Je vous en prie, ne dites pas ça, vous reviendrez. Nous nous reverrons. Mais n'ayez crainte, je veillerai sur votre sœur.

Tremblante, Abigaël enferma Sauvageon. Elle s'approcha d'Adrien, son ravissant visage levé vers lui. Il tendit les bras pour l'enlacer et l'attirer contre sa poitrine. Elle savoura l'instant, éblouie de percevoir les battements rapides de son cœur à lui et grisée par le contact de son corps vigoureux. Ils n'avaient pas envie de parler, aucun mot ne pouvant transcrire la ferveur amoureuse qui les unissait. Enfin, il chercha ses lèvres tièdes et satinées pour un long baiser, plus audacieux que le premier.

— Je t'aime, Abigaël, souffla-t-il ensuite à son oreille.

Du haut de ses vingt et un ans, Adrien s'exhorta au calme. Il était d'une nature ardente et sensuelle. Terrassé par le désir, il s'écarta de la jeune fille.

— Je t'aime, moi aussi, avoua-t-elle, bouleversée, envahie par une délicieuse langueur. Je n'aimerai jamais que toi.

— Chut, ne dis pas des choses pareilles en temps de guerre. Nous ignorons tout de l'avenir. Promets-moi d'être prudente, d'éviter ton affreux cousin, surtout.

Abigaël eut un frisson de dégoût et se jeta au cou d'Adrien.

— Tu vas prendre froid. Rentrons vite.

— Non, serre-moi encore dans tes bras, je t'en prie.

Il obtempéra et la câlina sans oser l'embrasser à nouveau. Elle effleura sa bouche et le contour de son front du bout des doigts, comme une aveugle qui aurait voulu apprendre le moindre détail d'un visage aimé.

— Rentrons, insista-t-il. J'ai cru entendre du bruit à l'intérieur de la maison.

Abigaël approuva, sans soupçonner une seconde la surprise qu'elle allait avoir en franchissant le seuil de la maison dans la falaise. Jacques Hitier faisait asseoir Béatrice, échevelée, hagarde, des ecchymoses au menton, un œil à demi fermé et l'arcade sourcilière en sang.

— Elle a emprunté le souterrain. Il relie une cave de la ville à cette maison, expliqua très vite le professeur, la mine défaite. On l'a frappée. Elle était retenue prisonnière depuis deux jours. Des gars du réseau ont réussi à la libérer pendant son transfert vers la kommandantur. C'est une chance, sinon, une fois entre les mains de la Gestapo, elle aurait été torturée.

Béatrice jeta un coup d'œil hébété à Abigaël, puis elle examina sans intérêt l'inconnu qui se tenait près d'elle.

— Je n'ai pas parlé, monsieur Jacques, j'ai maintenu ma version. Mais c'était terrible, mon Dieu, vraiment épouvantable!

Elle demeurait recroquevillée sur elle-même, la bouche crispée sur des sanglots que sa fierté contenait.

— Abigaël, donnez-lui un verre d'eau, conseilla Hitier, qui n'osait pas s'éloigner de Béatrice. Elle est épuisée.

— Oui, tout de suite.

Adrien ne pouvait détacher ses yeux de la nouvelle venue. Il avait compris qu'elle était arrivée par un passage secret, sans y attacher d'importance. Dans sa robe de laine marron qui moulait ses formes arrogantes, malgré son visage tuméfié, la jolie Béatrice Mousnier lui apparaissait comme une héroïne digne de toute son admiration et de tout son respect.

— Je me présente, dit-il d'une voix chaude, Adrien Grammont, futur maquisard.

— Vous aurez le temps de faire connaissance, dit Jacques Hitier. Béatrice ne peut plus rester dans la vallée. Vous irez tous les deux rejoindre René Chabasse[17] à Chasseneuil. Il faudra prévenir Yvon.

— Je vais courir jusqu'à la ferme, s'écria Abigaël. Cécile ne s'est pas réveillée?

— Non, elle dort à poings fermés, assura le professeur.

Cette fois, Abigaël mit son manteau et son écharpe. Adrien ne lui prêtait plus aucune attention, toujours fasciné par Béatrice. « Pourquoi la fixe-t-il ainsi? se

---

17. Personnage réel, résistant et chef des opérations aériennes en Charente, tué à 22 ans dans une rue d'Angoulême.

demanda-t-elle, étonnée, vexée sans vouloir se l'avouer. Il doit la trouver belle et courageuse. En plus, ils vont partir ensemble. »

Elle découvrit, affolée, un des sentiments les plus pénibles qui soit, pareil à une épine vénéneuse dont elle ignorait tout, la jalousie.

Rien ne l'empêcha, cependant, de se fondre dans la nuit afin de ramener son oncle. Ses pensées se bousculaient. Elle passait de la résignation à l'espoir. « C'est bien normal qu'Adrien la regarde de cette façon. Il ne l'a jamais vue et elle est blessée. De toute façon, Béatrice adore Lucas. Ils doivent se marier. Moi, je n'en suis pas là. Pourtant j'ai la certitude que j'ai rencontré mon futur époux devant Dieu et que c'est lui, Adrien. »

Avant d'entrer dans la maison des Mousnier, Abigaël reprit son souffle et chercha comment présenter son irruption. Pélagie ignorait les agissements d'Yvon, Patrick était tenu à l'écart de certains secrets d'une haute importance, notamment de l'existence du souterrain. Elle devait inventer une histoire et mentir encore, mais pour la bonne cause. Une autre pensée lui vint à l'esprit; le fermier était-il seulement de retour?

— J'aviserai, se dit-elle tout bas.

Le destin lui fut favorable. La première personne qu'elle vit dans la cuisine, ce fut son oncle, attablé. Il ouvrait des noix à l'aide de son canif, l'air sombre. Grégoire jouait aux osselets, assis devant la cheminée, son chaton sur les genoux, fort intrigué par la danse des petits os bien secs. Perché sur l'appui d'une fenêtre, Patrick fumait une cigarette. Pélagie et Marie tricotaient de concert, silencieuses.

— Ah, tu rentres tôt, la félicita sa tante avec un sourire ravi.

— Est-ce qu'il était bon, le poulet? interrogea la fermière, sans lever le nez de son ouvrage.

— Excellent, répondit la jeune fille. Tantine, je retourne chez monsieur Hitier, mais pas longtemps, sois tranquille. Mais il faut que vous m'accompagniez, oncle Yvon.

— Je ne fréquente pas trop le vieux prof, gronda-t-il avec un bel aplomb. S'il veut payer son loyer, il n'a qu'à te donner les sous.

— C'est au sujet du loup apprivoisé, affirma Abigaël. Il voudrait vous convaincre de le prendre ici, à la ferme. Pour l'occasion, monsieur Hitier a même débouché une bouteille de cidre.

— Du cidre? Ça change tout, s'écria Yvon d'une voix faussement joviale en se levant aussitôt. Au fond, ça ne me fera pas de mal de me dégourdir les jambes.

— Tu ne les as pas assez dégourdies en allant à Angoulême et en revenant à pied? s'offusqua Pélagie.

— Faut croire que non, ma femme.

— Mais tu pourrais aller discuter demain matin. En voilà, une drôle de combine!

Marie adressa un regard intrigué à sa nièce. Abigaël lui fit un léger sourire, de l'air le plus innocent possible. Yvon remit ses godillots boueux et sa canadienne.

— On ne traînera pas, la gamine et moi, dit-il.

— Je peux venir, papa? demanda Patrick.

— Non, va plutôt te coucher. Demain tu te lèveras tôt. J'ai prévu défricher une parcelle près des ruines du moulin.

Le garçon ne comprenait rien à ce qui se passait et il aurait aimé obtenir des éclaircissements. Si son père se rendait chez le vieux professeur alors qu'Abigaël venait d'y conduire de prétendus parents de Hitier, il perdait sa chance de faire des révélations retentissantes.

— D'accord, à tes ordres, papa, ironisa-t-il, se décidant quand même à semer la discorde. Comme ça, tu vas faire la connaissance de l'amoureux de ma chère cousine. Il se planquait dans une des grottes avec une gosse. Enfin, il paraît qu'ils sont de la famille de monsieur Hitier.

— Qu'est-ce que tu racontes? s'exclama Yvon. Le professeur a du monde chez lui?

— Je répète les fables d'Abigaël.

— Tu inventerais n'importe quoi pour te rendre intéressant, protesta la jeune fille en foudroyant son cousin d'un œil furibond. Mon oncle, une chose est vraie, ce sont de proches parents de monsieur Hitier, mais ça ne change rien à l'invitation. Dépêchons-nous, cc sera bientôt l'heure du couvre-feu.

Le fermier scruta le regard bleu ciel de sa nièce et il pressentit que l'affaire était urgente. Sans plus tergiverser, il l'entraîna dehors, tandis que Patrick ruminait sa déconvenue.

———

À peine franchie l'enceinte de la cour, Yvon s'empressa de questionner Abigaël.

— Bon sang, comment connais-tu le mot de passe? Tu n'as pas dit ça par hasard, une bouteille de cidre!

— Non, bien sûr. Je l'ai dit exprès pour vous convaincre de venir. Monsieur Hitier m'a révélé votre mot de passe cet après-midi. Il fallait que vous m'écoutiez. Mon oncle, Béatrice a emprunté le souterrain, elle a été arrêtée et frappée, je ne sais pas par qui, peut-être par des miliciens. Elle vous expliquera.

La nouvelle terrassa le fermier. Il poussa un juron bien senti et, violemment ému, s'immobilisa quelques secondes.

— Ma Béa! Je me doutais qu'il y avait eu du grabuge, marmonna-t-il. Chienne de vie, si on me l'avait tuée, ma gosse! Et toi, tu seras bientôt dans le même bain, hein ? Je suppose que le prof n'a pas eu le choix. C'est comme ça qu'on l'appelle, dans notre réseau.

Sans attendre de réponse, il repartit au pas de course, suivi d'Abigaël. Ils n'échangèrent plus une seule parole, perdus chacun dans ses pensées. « Il faut que Béa se fasse oublier, qu'elle ne prenne plus de risques, se disait le père, le cœur meurtri. Même si ça lui coûte gros de se cacher, elle le fera, j'y veillerai. »

La jeune fille songeait de son côté : « Les masques sont tombés. Monsieur Hitier et mon oncle ont vraiment réussi à me duper, à jouer leur rôle à la perfection. Je n'avais rien deviné, je considérais mon oncle comme un homme un peu rustre, borné, capable d'être un collaborateur, alors qu'il était résistant, et je voyais en monsieur Hitier un ancien professeur à la retraite, un érudit uniquement passionné par le passé de la vallée. »

Mais, en arrivant sur le seuil de la maison dans la falaise, Abigaël ne songea plus qu'à Adrien. Yvon toqua quatre petits coups rapides à la porte et entra immédiatement. Assise à la table, Béatrice poussa un cri de détresse.

— Papa ! Oh, papa ! J'ai eu tellement peur !

Le fermier l'étreignit en couvrant ses cheveux de baisers, puis il lui fit face pour examiner son visage, dont les plaies avaient été nettoyées. Jacques Hitier tenait encore à la main une compresse imbibée de liquide de Dakin.

— Il n'y a rien de méchant, Yvon, affirma le vieil homme d'un air las. Mais, sans nos gars du quartier de Saint-Ausone, ta fille se retrouvait aux prises avec la Gestapo.

— Vous étiez au courant, pour Béatrice, c'est ça ? hasarda Yvon.

— Oui, on m'a prévenu vendredi de son arrestation, d'où mon expédition jusqu'à Angoulême pour monter une opération.

Jacques Hitier tourna le regard du côté d'Adrien, attablé lui aussi et qui assistait à la scène sans broncher.

— Maintenant, mon garçon, tu n'as plus du tout le choix, lui dit-il. J'espère que tu le comprends.

— En effet, monsieur, et je suis encore plus déterminé à me battre.

— Je vais faire au plus vite pour te procurer de faux papiers. Ensuite, on viendra vous chercher, Béatrice et toi.

— Une minute, le coupa le fermier en fixant le jeune homme. Lui, c'est une nouvelle recrue, un réfractaire au STO, sans doute. Je vous laisse vous en occuper, prof, mais, Béa, elle reste chez moi, en lieu sûr.

— Qu'est-ce que tu veux dire, papa?

— Tu mets fin à tes activités. Tu as été embauchée à la mairie sous un faux nom. Ton adresse en ville est grillée, mais personne ne te trouvera à la ferme.

— Je n'ai pas d'ordre à recevoir de toi dans ce domaine précis, s'enflamma Béatrice. Je ne peux plus travailler à la mairie, ça, je suis d'accord, mais je me rendrai utile ailleurs, à Chasseneuil ou à Cognac. Des parachutages sont imminents.

— Ils se feront sans toi, trancha son père.

— Je crois que c'est préférable, renchérit le professeur. Yvon a raison.

Debout près de la cuisinière, Abigaël ne se mêlait pas du débat. Cependant, elle étudiait chaque protagoniste de la scène avec acuité, sensible aux vibrations des voix, aux expressions des visages, à l'éclat des regards.

— J'accepte de rester à la maison jusqu'au Premier de l'an, papa, concéda soudain Béatrice. Ensuite, je rejoindrai le maquis.

— C'est déjà ça, fifille, murmura le fermier, heureux de ce sursis.

Il se promettait d'ici là de fléchir la décision de la jeune femme.

— Et moi, quand pourrai-je partir? s'enquit Adrien.

— Après Noël, car il te faut des photos d'identité, précisa Jacques Hitier en usant tout à coup du tutoiement, ce qui réconforta le futur résistant.

Adrien avait besoin de familiarité, de se sentir épaulé, admis parmi ces hommes qu'il admirait. Béatrice lui proposa une cigarette en souriant de son mieux, gênée dans ses expressions par son menton endolori.

— Bienvenue, dit-elle d'une voix amicale. Profite de tes derniers jours à l'abri.

— Merci bien. Je peux t'appeler Béa?

— On ne se reverra pas, mais oui.

Abigaël eut l'impression soudaine d'être invisible, reléguée au rang de brave gamine. Pourtant, ce soir-là, elle était devenue une femme. Son corps s'était éveillé au plaisir par la magie d'un long baiser plein de sensualité et de tendresse. «Je suis sotte, se dit-elle. Béatrice ne quittera plus la ferme pendant des jours, Adrien s'en ira, mais après Noël. Moi, je viendrai chez monsieur Hitier le plus souvent possible.»

— Je crois qu'il est l'heure de se séparer, déclara le professeur en jetant un coup d'œil à la pendule. Yvon, une dernière chose, j'ai communiqué le mot de passe à ta nièce. Je lui ai montré l'entrée du souterrain, au cas où quelqu'un viendrait de la ville en mon absence. J'ai entière confiance en Abigaël. Elle portait des provisions à Adrien et à sa petite sœur depuis deux semaines. Tu n'avais rien remarqué, preuve qu'elle est futée et discrète. La fillette, je la ferai passer pour ma petite-nièce et elle sera en sécurité chez moi. Le plus ennuyeux, c'est le loup. Il a adopté Abigaël; il se tiendrait plus tranquille à la ferme.

— Entendu, prof! Alors, c'est lui, Sauvageon. Bon sang, je croyais vraiment qu'il s'agissait d'un chien errant. J'aurais pu le prendre au piège, misère!

— Les soldats de la centrale ont failli l'abattre, osa dire Abigaël. Mon oncle, il ne vous causera aucun tort ni aucun souci. Je m'en occuperai.

— Bah, si j'avais su que c'était le fameux Sauvageon, je lui aurais donné moi-même la moitié de mon poulailler à croquer, répliqua le fermier. Rien que pour honorer la mémoire de ses maîtres.

— Tais-toi donc! le houspilla Jacques Hitier.

Adrien regarda enfin Abigaël en l'interrogeant d'un signe de tête. Elle répondit d'un léger haussement d'épaules afin de lui indiquer qu'elle n'en savait pas davantage.

Béatrice se leva. Yvon l'aida à remettre son manteau maculé de boue au col taché de sang. Abigaël s'apprêta à sortir. Elle comptait revenir dès le lendemain matin, mais elle aurait voulu se retrouver seule avec Adrien au moins un court instant.

— Eh bien, bonne nuit, murmura-t-elle.

— Puis-je les accompagner un bout de chemin, monsieur? demanda le jeune réfractaire.

— Jusqu'au carrefour, pas plus loin, et reviens vite.

Soulagée, Abigaël salua Jacques Hitier d'un grand sourire et se rua à l'extérieur. Elle libéra le loup au moment où Yvon et sa fille descendaient l'étroite allée du jardinet. Sauvageon ne tenta pas de fuir; il se figea, sur le qui-vive, inquiet de découvrir deux inconnus tout près de lui.

— Attache-le, surtout, ordonna le fermier.

— Oui, ça vaudrait mieux, il me fait peur, gémit Béatrice.

L'animal se mit à grogner, le poil hérissé. Abigaël le saisit par son collier pour le retenir, car il paraissait prêt à bondir sur la jeune femme.

— Sois sage, enfin, Sauvageon, lui ordonna-t-elle d'une voix ferme. Ce sont des amis.

— Tu crois qu'il comprend un seul mot de ce que tu dis? s'indigna Béatrice. Papa, pourquoi prendre cette bête chez nous? Il va faire des dégâts, peut-être tuer nos moutons.

— Mais non, bien nourri, il ne causera aucun ennui.

— Il sent que tu as peur, expliqua Abigaël à sa cousine. Ou bien l'odeur de tes vêtements l'inquiète.

— Ne dis pas de sottises, protesta Béatrice.

— Je t'en prie, parle-lui toi aussi, caresse-le!

— Sûrement pas! Pour qu'il me morde?

Adrien suivait la scène avec intérêt. Il nota alors les intonations un peu vulgaires de la jeune résistante et la rudesse de sa voix. Le timbre musical d'Abigaël, sensuel et apaisant, était d'une douceur sans comparaison, à côté.

— Ne vous fâchez pas, les filles, trancha Yvon. Béa, fais un effort, écoute ta cousine. Quand tu sauras à qui appartenait ce loup, tu comprendras qu'il ne peut pas te faire de mal.

— Si tu le dis, papa!

Béatrice respira profondément. Malgré ses dents pointues et son regard de fauve, l'animal était sans doute moins féroce que les miliciens.

— Sauvageon, il paraît que tu es gentil, hein, Sauvageon? Si mon odeur te déplaît, je n'y peux rien. J'ai marché des kilomètres sous la terre. Il y avait de la boue et des chauves-souris, et ma lampe éclairait à peine. Et je suis fatiguée, tellement fatiguée! On m'a frappée. C'est pour ça que j'ai peur de toi, comme j'ai encore peur des salauds qui m'ont cognée et menacée.

Soudain, elle éclata en sanglots convulsifs, penchée en avant, haletante. Yvon voulut la soutenir, mais elle le repoussa en faisant un pas vers le loup.

— Dis, tu comprends ça, Sauvageon? hoqueta-t-elle.

Abigaël et Adrien échangèrent un regard navré, tous deux pleins de compassion pour Béatrice qui avouait enfin à quel point elle avait été terrifiée. Sauvageon ne grognait plus. Son corps puissant se détendit et il s'approcha, circonspect, de la jeune femme en larmes. Il renifla la main qu'elle lui tendait dans un geste irréfléchi et huma son manteau.

— Tu peux le caresser, maintenant, chuchota Abigaël. Je crois qu'il a compris.

— Oui, oui, bien sûr, bredouilla sa cousine.

Yvon retint son souffle, comme Adrien. Ils poussèrent presque aussitôt un soupir de soulagement. Sauvageon appuyait sa tête contre la cuisse de Béatrice, qui lissait la fourrure de son dos du bout des doigts. Le contact des poils épais, laineux et soyeux la ramenait à son enfance paisible, quand elle jouait avec les chiens de la ferme.

— C'est vrai que tu es gentil, Sauvageon, dit-elle, sans cesser de pleurer. On sera bons amis, toi et moi.

Le tableau était émouvant. Abigaël aurait voulu l'apprécier, mais, pour la seconde fois de la soirée, la jalousie la tourmenta. Elle en eut honte et, mortifiée, elle attacha le loup avec la corde.

— Il nous suivrait de toute façon, mais c'est plus prudent, précisa-t-elle à l'adresse de son oncle.

— Tu fais bien, on ne sait jamais. À présent, rentrons vite. Au revoir, mon garçon.

Il donna à Adrien une poignée de main.

— Au revoir, monsieur, bonsoir, Béatrice.

La jeune femme marmonna un «bonne nuit» en s'éloignant. Son père la rattrapa et la prit par la taille. À la faveur du ciel nocturne constellé d'étoiles, Abigaël scruta le visage de son amoureux. Elle aurait donné cher pour rester encore quelques minutes près de lui. Il demeurait silencieux, sans tenter de l'embrasser.

— Adrien, êtes-vous content?

— Je serais un ingrat si je ne l'étais pas. Et vous… non, et toi?

Le tutoiement enchanta Abigaël, comme si une barrière se brisait devant elle, lui conférant une liberté nouvelle.

— Je suis heureuse, parce que, ta sœur et toi, vous êtes là, près de la ferme, en sécurité. Même si les gendarmes revenaient, tu pourrais te cacher dans le souterrain.

Elle tourna son regard vers le chemin, sans pouvoir discerner les silhouettes de son oncle et de sa cousine. D'un élan de tout son être, elle se blottit contre Adrien, le visage tendu vers lui, en quête d'un nouveau baiser. Il ne résista pas à cet appel éternel. Leurs bouches s'unirent, tendres et complices. Mais Sauvageon les obligea à se séparer, en tirant sur sa corde.

— Au revoir, à demain, chuchota-t-elle.

— Au revoir, mon petit ange, répondit-il.

Abigaël s'en alla en courant, portée par des ailes de joie pure. Son âme et son cœur étaient en accord parfait. Elle avait l'esprit en fête, grâce à ces trois adorables mots qui résonnaient en elle, gage d'amour, promesse de bonheur.

Mais Yvon et Béatrice l'attendaient à une trentaine de mètres. On les aurait dit soudés l'un à l'autre pour composer un bloc hostile, une statue de la réprobation.

— Alors, Patrick disait vrai, tu fréquentes ce gars-là, tonna le fermier en sourdine. Je te croyais sérieuse, Abigaël. On t'a vue l'embrasser, Béa et moi.

— Tu as tort de t'attacher, déplora sans hargne la jeune femme. Il va partir et tu ne le reverras peut-être pas. Je ne voudrais pas qu'il profite de ta naïveté.

— J'en causerai à Marie tout à l'heure, ajouta Yvon. Il vaudrait mieux que tu évites de retourner chez le prof trop souvent, tant que ton Adrien y sera.

Révoltée, Abigaël secoua la tête. Sans daigner se justifier, elle les dépassa et continua sa route, mais, deux ou trois pas plus loin, elle se retourna, droite et fière, le loup debout à ses côtés.

— Désolée, je ferai à mon idée. Monsieur Hitier a besoin de moi, Cécile aussi. Par pitié, ne salissez pas l'amour que j'éprouve. Je suis assez grande pour m'imposer des limites toute seule, ce qui n'a pas été le cas de Patrick.

En évoquant la conduite scandaleuse du fils d'Yvon, Abigaël fit mouche. Son oncle eut un geste d'agacement. Mais Béatrice accorda un sourire compatissant à sa cousine.

— Elle a raison, papa, admit-elle. Et puis, je suis là, avec vous. Le reste, on s'en fiche.

— C'est bien vrai, ça, soupira le fermier.

Triomphante, Abigaël marcha d'un pas rapide devant eux. Rien n'aurait pu altérer sa joie, en cette froide nuit de décembre, dans la vallée de l'Anguienne, à l'aube de ses seize ans.

13

Béatrice

Ferme des Mousnier, lundi 20 décembre, le soir

Sur les conseils de son oncle, Abigaël venait d'enfermer Sauvageon dans un toit à cochon désaffecté, muni d'une porte solide et d'un loquet. Elle avait veillé à lui laisser un récipient rempli d'eau et Yvon s'était chargé d'étaler sur le sol la moitié d'une botte de paille. Béatrice, qui les avait attendus, grelottait près du bâtiment.

— Avez-vous fini? Je n'en peux plus, déplora-t-elle. Je n'ai qu'une idée, me coucher.

— Ouais, on a terminé, fifille, répondit le fermier. Ce soir, pas un mot à la famille sur le loup. On en causera demain matin.

Ils se hâtèrent vers la maison, mais, au moment d'entrer dans le vestibule, Béatrice marqua un temps d'hésitation.

— Il ne faut pas que maman me voie comme ça, papa, dit-elle d'une voix faible et dolente. Fais en sorte que je puisse monter dans ma chambre sans la croiser, si elle n'est pas déjà couchée. Tu diras que je suis malade.

— Très bien, tu as raison, dit-il tout bas. On n'aurait pas d'explication valable à lui donner. On voit bien que tu as été frappée!

— Mais comment expliquer que tu arrives si tard à pied? s'inquiéta Abigaël.

— Papa se débrouillera. Tu pourras me monter une bouillotte, cousine, je suis gelée.

— Bien sûr. Je t'apporterai une tisane, chuchota la jeune fille, toujours prête à rendre service.

Béatrice ôta ses chaussures et se rua dans l'escalier. L'étage était silencieux. Quelques secondes plus tard, elle fermait la porte de sa chambre avec un profond soulagement.

Ayant perçu l'écho d'un conciliabule en provenance de la cuisine, Yvon fit signe à Abigaël de passer la première. Marie et Pélagie tricotaient encore, assises près de la cheminée où vivotait un lit de braises.

— Ah, vous voilà enfin, ronchonna la fermière. Patrick ronfle déjà, Grégoire aussi. Dis donc, mon homme, heureusement qu'on n'habite pas en ville!

— Pourquoi donc, ma femme? se moqua son mari.

— Pardi, ici, c'est facile de se balader après l'heure du couvre-feu, mais je suis sûre qu'à Angoulême, il n'y a pas intérêt à prendre autant de libertés que vous deux.

Pélagie décocha une œillade accusatrice à Abigaël, qu'elle jugeait responsable de tout ce qui allait de travers à la ferme.

— On avait à discuter, le professeur et moi, trancha Yvon. Au fait, Béa est rentrée. Un collègue l'a raccompagnée à moto. Elle était vannée, mal fichue, et vous souhaite le bonsoir à tous.

Marie rangea son ouvrage dans un cabas en tissu et suivit sa nièce des yeux. Abigaël affichait un air rêveur; un fin sourire errait sur ses lèvres, plus colorées que d'ordinaire. Sans rien dire à sa tante, elle prépara une bouillotte en grès et une infusion de tilleul.

— Je parie que c'est pour Béatrice, hasarda Pélagie. Je la lui monterai, moi, histoire de l'embrasser. Quand même, six jours qu'on était sans nouvelles!

— Laisse faire Abigaël, les filles pourront bavarder un peu, intervint Yvon. Nous aussi, tout compte fait. Vous pouvez rester, Marie.

La tante s'apprêtait à quitter la pièce. Elle reprit place sur sa chaise, sans cacher sa contrariété.

— Nous avons veillé tard, votre épouse et moi; je suis fatiguée, avoua-t-elle.

— Je ne serai pas long.

Abigaël devina que son oncle voulait parler d'Adrien à sa tante. Elle ne s'alarma pas, déterminée à défendre farouchement son amour pour lui. Cependant, elle préféra s'éclipser le plus vite possible.

Béatrice était couchée, en chemise de nuit et liseuse rose. Ses cheveux étaient répandus sur l'oreiller et elle semblait dormir, mais, en entendant un bruit de pas, elle se redressa.

— Oh, merci, dit-elle en prenant la bouillotte. Je n'arrive pas à me réchauffer. Abigaël, j'avais besoin d'être seule avec toi. Il faut que tu m'aides.

— Je veux bien, mais comment? demanda-t-elle en posant le bol de tisane sur la table de chevet.

— Si tu savais, j'étais à bout. De faire tous ces kilomètres dans le souterrain alors que j'avais si mal au ventre, ça a été un vrai calvaire. Regarde!

Béatrice repoussa le drap et les couvertures. D'un geste lent, elle releva sa chemise de nuit jusqu'à sa poitrine. Abigaël vit sur son ventre une large ecchymose violacée marbrée de rouge.

— Ils m'ont donné des coups de pied, j'ai vraiment cru qu'ils allaient me tuer, chuchota-t-elle. Tu peux me soigner, comme tu as soigné maman quand elle souffrait de son genou?

Abigaël oublia la jalousie qu'elle avait éprouvée et ne songea plus qu'à soulager sa cousine. Elle aimait utiliser son don de guérison, moins étonnant que ses capacités de médium, mais aussi précieux, à son avis.

— Je suis désolée, Béatrice, dit-elle en appuyant délicatement ses paumes au niveau des marques pourpres qui striaient la peau satinée de la jeune femme. Tu aurais dû m'avertir tout de suite.

— C'était gênant. J'ignorais que monsieur Hitier hébergeait des inconnus. Après j'ai tenu bon, je ne voulais pas que papa le sache. Il vit dans la peur depuis que j'ai intégré le réseau.

— Chut, détends-toi, nous parlerons plus tard.

Abigaël fit le vide dans son esprit et se concentra sur ses mains, soucieuse de vaincre la douleur. Des ondes singulières se propagèrent de la chair de Béatrice à ses doigts, des vibrations désagréables qu'elle absorba peu à peu.

— Je me sens mieux, murmura sa patiente, vraiment mieux. Mon Dieu, tu es formidable!

— Pas du tout, protesta Abigaël. Apaiser ta souffrance est une chose, mais je dois savoir si tu as quelque lésion interne. Je t'en prie, ne dis plus rien pendant quelques instants.

Béatrice ferma les yeux, s'abandonnant aux légères pressions que sa cousine imposait à son ventre tuméfié. Malgré la sensation de bien-être qui l'envahissait, elle revit les trois hommes en uniforme noir acharnés à l'interroger, à lui soutirer des aveux. Elle avait lu dans leur regard et sur leurs traits une joie sadique; ils ressentaient du plaisir à brutaliser une femme terrorisée. Pourtant elle avait continué à nier, à prétendre qu'elle n'avait jamais fabriqué de faux papiers ni convoyé de parachutistes britanniques jusqu'à Cognac. Paradoxalement, c'était un officier allemand qui l'avait sauvée des griffes des miliciens en ordonnant son transfert à la kommandantur.

— Béa, chuchota soudain Abigaël, je perçois quelque chose en toi. Seigneur, je n'ai jamais ressenti ça auparavant, j'en pleurerais. C'est de la douceur, de l'amour, du bonheur!

Béatrice rabaissa brusquement sa chemise et se tourna sur le côté. Elle fixa sa cousine avec stupeur.

— Toi, alors! Abigaël, je suis enceinte. Tu as senti que j'étais enceinte, c'est ça?

Ce fut au tour de la jeune fille d'être sidérée. Elle secoua la tête en signe de dénégation.

— Non, non, je n'y pensais pas. C'était merveilleux, je t'assure, mais je ne comprenais pas. Mon Dieu, tu attends un bébé. Je devrais te féliciter. Seulement, c'est la guerre et...

— Et mon fiancé ne pourra pas m'épouser. Je n'ai aucune nouvelle de lui, en plus. Je t'en supplie, garde le secret. Si papa l'apprenait, il m'empêcherait de rejoindre le maquis. Or, je n'ai pas d'autre moyen de retrouver Lucas, de lui parler de notre enfant. Je voudrais savoir ce qu'il en pense, ce qu'il me conseillerait.

Abigaël devint livide. Sur certains sujets, elle était loin d'être aussi innocente que le croyait Marie.

— Tu n'oserais pas avorter? s'indigna-t-elle à mi-voix.

— Je n'ai rien décidé. Je m'en suis aperçue la semaine dernière. J'avais du retard et j'étais saisie de nausées.

— Béa, il te suffit de rester tranquille chez tes parents et de mettre le bébé au monde. Tant pis pour le mariage!

— Tant que personne ne s'en rendra compte, je donnerai le change. Rien ne m'empêchera de reprendre la lutte. Je n'ai aucun regret, crois-moi. Si je m'étais refusée à Lucas, là, j'en aurais. J'ai cru que j'allais mourir, aujourd'hui, je te l'ai dit. Alors je me suis consolée en pensant que je m'étais offerte à l'homme que j'aimais de tout mon cœur, que j'avais bien fait de n'être ni sage ni prudente. J'avais eu au moins le temps de connaître le plaisir, le véritable amour. Nous avons été si heureux, ensemble!

Les paroles directes de Béatrice et son expression extatique troublèrent Abigaël. Elle se vit dans les bras d'Adrien, livrée à ses baisers, à sa fougue virile. Elle s'empourpra.

— Ce garçon que tu embrassais, tu l'aimes? s'enquit sa cousine tout bas. Ciel, tu as rougi! J'ai raison. Eh bien, si tu l'aimes, ne joue pas les prudes avec lui, va au bout de tes sentiments. Couche avec lui tant qu'il est là, tant que tu es libre et vivante.

— Quelle drôle de recommandation! s'étonna Abigaël sans paraître choquée. Je le connais à peine et je n'ai pas l'intention de brûler les étapes.

— Si nous étions en paix, je trouverais ta réponse convenable, mais ce n'est pas le cas. Jacques Hitier considère que tu es entrée dans notre réseau. Tu es devenue une résistante et, à partir de ce soir, tu es en danger. Tu en sais déjà beaucoup trop, ma pauvre petite cousine. Tu veux un exemple? Sous la torture, tu pourrais révéler le nom de mon père, celui du professeur, le mien, enfin, mon vrai nom. Sur mes papiers d'identité, que la Milice a conservés, j'ai un autre prénom et un autre patronyme.

Abigaël demeura impassible. Elle songeait surtout à l'être minuscule, presque un grain de blé, qui s'était manifesté depuis le ventre de sa mère pour lui communiquer un message ineffable, celui de toute promesse de vie, l'émanation d'une âme prête à éclore et à grandir, pareille à un souffle divin.

Béatrice l'observait en silence, maintenant allongée, très jolie sous la clarté d'une petite lampe à abat-jour rose.

— Demain, je passerai du baume de consoude sur ton visage, annonça Abigaël sur un ton sérieux. Mais si tante Pélagie te voit dans cet état, on ne pourra pas lui mentir.

— Invente n'importe quoi, une maladie contagieuse. Maman est trop fragile, elle doit ignorer ce que nous faisons. Dis-lui que j'ai la rougeole ou les oreillons.

— Et tu ne seras pas avec nous pour fêter Noël!

— Toi et ta volonté de célébrer Noël, répliqua Béatrice. C'est à la fin de la semaine. D'ici là, on ne peut pas prévoir ce qui va se produire.

— Peut-être, mais je vais prier pour obtenir une trêve. La vallée est paisible, de toute façon. Même les soldats de la centrale ne sont guère belliqueux.

— Belliqueux! Tu as de ces mots, cousine!

On frappa discrètement à la porte. Abigaël supposa à juste titre qu'il s'agissait de sa tante. Marie entra sans attendre une réponse. Très digne et la mine grave, elle fit signe à sa nièce de sortir.

— Tantine, Béa est souffrante. Va te coucher, je viendrai plus tard.

— Ou tu dors avec moi, proposa la jeune femme.

— Abigaël, je souhaiterais que tu obéisses, parfois, dit Marie.

— Je ne quitterai pas Béatrice. Je sais de quoi tu veux me parler. Discutons-en devant ma cousine, ça ne m'embarrasse pas.

— Très bien. Si tu estimes ta conduite honorable, parlons-en ici. Ton oncle a jugé normal de me prévenir. Tu fréquentes un garçon, cet Adrien qui, selon toi, t'était indifférent. Tu m'as assuré que tu ne faisais rien de mal. Pourtant, ce soir tu l'as embrassé, Yvon t'a vue. Il est aussi déçu que moi, ma pauvre enfant.

Béatrice écoutait, blottie sous ses couvertures, un peu gênée d'être témoin d'un tel sermon, elle qui avait encouragé Abigaël à commettre l'irréparable, selon le terme consacré.

— Tantine, ce n'était qu'un baiser, se défendit la jeune fille. Je suis amoureuse d'Adrien, mais tu n'as pas à te tracasser, je saurai rester sage.

Marie Monteil détestait se donner en spectacle. Elle haussa les épaules. Après un dernier regard plein de détresse, elle recula et tourna la poignée, encore indécise, cependant. Jamais un garçon ne lui avait donné un baiser quand elle avait l'âge d'Abigaël, ni aucun homme les années suivantes. Les émois du corps et du cœur lui étaient inconnus et elle constatait soudain, effarée, qu'elle en éprouvait une vive amertume, au point de mépriser sa nièce.

— Nous en reparlerons demain matin, déclara-t-elle. Au fond, je préfère que tu dormes avec Béatrice plutôt qu'avec moi.

C'en était trop pour Abigaël. L'allusion sans équivoque, qui trahissait la répulsion de Marie, la blessa cruellement, mais elle s'efforça de ne pas fondre en larmes.

— Où s'est envolée ta foi chrétienne, tantine? demanda-t-elle d'une voix tremblante. Pourquoi me traites-tu ainsi?

— Je n'y peux rien, sanglota la malheureuse femme, déchirée par le chagrin d'Abigaël et la pertinence de sa question.

Elle sortit, voûtée, confuse, en proie au remords, mais incapable de tenter une réconciliation.

— Emprunte une de mes chemises de nuit, cousine, intervint alors Béatrice. Dis, crois-tu que ta tante a remarqué les traces de coups sur ma figure?

— Non, même pas, elle me fixait comme si j'étais le diable en personne, déplora Abigaël. Je suis navrée, tu n'avais pas besoin d'assister à une scène aussi épouvantable, après ce que tu as subi. Béa, pourquoi tantine réagit-elle ainsi? Il y a des filles de seize ans qui se marient. On dirait que je la dégoûte. Sais-tu, elle m'a souvent suggéré d'entrer au couvent, de me faire religieuse. J'ai refusé, bien sûr, j'ai mieux à faire sur terre.

Béatrice approuva, somnolente. Quand Abigaël se glissa à ses côtés, elle dormait déjà profondément.

—

Abigaël se réveilla en sursaut au milieu de la nuit. D'abord surprise de ne pas se retrouver dans la chambre où elle dormait d'habitude avec sa tante et Grégoire, elle se demanda pourquoi son cœur battait aussi vite. « C'est le rêve que je faisais, se dit-elle, tout de suite investie par le souvenir très précis du rêve en question. J'ai revu le vieillard à la barbe blanche, toujours dans sa petite charrette jaune, mais il n'y avait aucun bruit de grelots. Seigneur, je dois me rappeler. Ah oui, il me parlait. Il avait l'air triste et il pointait l'index sur ma poitrine. Oui, il m'a dit ça : c'était un adieu. »

— Un adieu, mais de qui ? s'interrogea-t-elle tout bas.

Une plainte de Béatrice fit écho à ces mots chuchotés. Surprise, Abigaël toucha le front de sa cousine, mais elle n'avait pas de fièvre. Pourtant, elle s'agitait dans son sommeil, peut-être en proie à un cauchemar.

— Là, là, calme-toi, dit l'adolescente de sa voix douce.

Elle lui caressa la joue et s'aperçut ainsi que Béatrice pleurait en dormant. « La pauvre, elle revit sûrement les heures abominables qu'elle a passées entre les mains des miliciens », songea Abigaël, apitoyée. Mais Béatrice, tout à coup, se tourna vers elle, haletante.

— J'ai mal au ventre, très mal au ventre. Ça me lance comme quand je suis indisposée. Allume la lampe, s'il te plaît.

— Oui, j'allume, reste tranquille. Je vais essayer de te soulager encore une fois.

— Je crois que tu ne pourras rien faire. Ma chemise est trempée, sous mes fesses.

— Oh ! mon Dieu, non ! implora Abigaël.

À peine la lampe de chevet allumée, Béatrice avait effleuré d'un doigt l'intérieur de ses cuisses et elle le tendait à présent, souillé de sang, en dehors du drap.

— Je perds le bébé, gémit-elle. Ces salauds de miliciens ont tué mon bébé! Pourtant, tu as senti qu'il était vivant, tout à l'heure, enfin, hier soir, je ne sais plus.

Elle pleurait doucement, le regard hébété, toute pâle dans la clarté rose.

— Je pense qu'il vivait encore, oui. J'ai eu une merveilleuse impression d'amour et de bonheur, mais… c'était un adieu.

— Un adieu? Qu'est-ce que tu racontes?

— On me l'a dit en rêve, Béa. Je suis désolée, tellement désolée!

— C'est mieux comme ça, va, soupira Béatrice. En reprenant la lutte, je le mettais en danger lui aussi, ce petit être innocent.

Survoltée, Abigaël se leva et trottina pieds nus jusqu'à la commode où elle disposait chaque matin un broc d'eau au centre d'une cuvette en émail.

— Je vais te nettoyer, dit-elle, désemparée. Dis-moi où sont tes garnitures.

— Je préfère que tu m'examines, enfin que tu me soulages, comme tu l'as déjà fait. Peut-être que je perds du sang, mais pas le bébé!

Il y avait une poignante note d'espoir dans la voix de Béatrice. Abigaël comprit à quel point l'enfant comptait pour sa cousine. Elle feignait la résignation, mais, au fond, elle était désespérée.

— Béa, tu as le droit d'être malheureuse. Ce qui t'arrive est injuste, odieux.

— Oui, mais moi, au moins, j'ai échappé au pire. Pendant deux jours, on m'a affamée, assoiffée, battue, humiliée. La nuit, dans ma cellule, et entre les interrogatoires, je pensais à Janine et aux horreurs qu'elle avait subies jusqu'à en mourir. Je me répétais que je devais être courageuse, ne pas flancher, pour ne pas trahir mon engagement dans la Résistance et aussi pour sauver mon enfant. J'ai refusé de te parler de Janine, mais maintenant j'en ai envie. Elle s'était confiée à moi, un jour, et...

— Tu me raconteras ce que tu veux demain. Je dois te soigner, te panser et changer les draps.

— Je t'en prie, écoute, c'est important. Janine couchait avec le patron de l'usine de chaussures où elle travaillait comme secrétaire. Elle l'aimait, elle croyait qu'il divorcerait et qu'il l'épouserait. Mais, quand elle lui a annoncé qu'elle attendait un bébé, il l'a rejetée. Il a prétendu qu'elle avait dû avoir des aventures avec d'autres hommes. Désespérée, elle a voulu avorter, seule, avec les moyens du bord, une aiguille à tricoter. Je ne vais pas entrer dans les détails, mais il y a eu des complications. L'infection s'est mise de la partie et, quand elle a été admise en clinique, ils l'ont opérée. Un vrai massacre! Ils lui ont tout enlevé. Elle était condamnée à ne plus jamais avoir d'enfants.

— C'est à cause de ce drame qu'elle a recueilli la petite Astrid, une parmi les innombrables orphelins de l'exode, et qu'elle est devenue maman Nine?

— Sûrement, mais, pour elle, c'était sa petite Marie. Janine l'avait prénommée ainsi, parce que, au début, la fillette demeurait muette, en état de choc malgré de bons soins et des jouets. Et puis, une fois, Janine est entrée prier dans l'église de Puymoyen et, devant la statue de la Sainte Vierge, l'enfant a dit « maman ».

Bouleversée, Abigaël ferma les yeux. Le récit de Béatrice correspondait à la vision qu'elle avait eue la veille, à Puymoyen.

— Janine habitait dans le bourg? demanda-t-elle d'un ton neutre.

— Non, mais sa sœur y tenait un salon de coiffure, répondit Béatrice en grimaçant de douleur. Thérèse.

— Où est-elle? Le salon était fermé.

— Je n'en sais rien.

— Vraiment? Ou bien tu préfères me cacher la vérité?

— Vraiment, Abigaël, elle a disparu. Soit elle se cache quelque part, soit elle a été déportée.

Abigaël hocha la tête. Cela répondait à plusieurs de ses questions. Elle se souciait surtout de Béatrice, qui semblait beaucoup souffrir. Avec des gestes précis et habiles ainsi que des conseils brefs et efficaces, elle fit sa toilette et l'aida à se changer, puis à s'asseoir sur une chaise. Enfin, elle put la recoucher dans un lit propre, après avoir mis les draps souillés dans la cuvette.

— Je vais te masser le ventre, annonça-t-elle gentiment. Tu étais au tout début de ta grossesse; il n'y aura pas de complications, sauf dans ton cœur de femme.

— Ne t'inquiète pas. La guerre finie, j'aurai d'autres enfants et Lucas sera leur père. Je n'aimerai jamais un autre homme.

— Tu as raison de voir l'avenir en rose. Je prierai Dieu de toute mon âme pour que tu sois exaucée, Béa.

— Ne m'accable pas de bonnes paroles sur Dieu après ce que j'ai subi, après la mort atroce de Janine et celles de tant d'autres gens de par le monde. Où est-il, ton Dieu si bon, pour laisser des monstres à face humaine torturer des femmes, détruire la vie et, ce qu'il y a de plus sacré au monde, une promesse de vie?

— Dieu a laissé aux hommes leur libre arbitre, ne l'oublie pas. De plus, il faut tenir compte des puissances néfastes, du mal à l'état pur qui, jadis, était représenté par le diable. Pendant l'exode, tantine et moi avons été jetées sur les routes comme des milliers de gens et j'ai eu des moments de doute. Ma foi a été mise à l'épreuve, je ne vais pas le nier. Mais, parmi le chaos, la panique et la folie de certains, j'ai pu assister à des actes héroïques, à des gestes de compassion formidables. S'il reste des êtres justes sur la terre, ça me suffit pour croire en Dieu et en sa bonté.

Béatrice considéra Abigaël d'un œil perplexe, étonnée par l'expression mature de la jeune fille, sa voix nette et la beauté angélique de son visage. Elle en fut étrangement réconfortée.

— De toute façon, je suis responsable, moi aussi, lui dit-elle. Si je voulais préserver mon bébé, je devais quitter le réseau, venir me réfugier ici et ne plus en bouger. Comment aurait-il pu survivre à ces trois jours de cauchemar, ce petit innocent? Quand les gars de Bassau, de très jeunes résistants, ont pu me libérer, ça tirait de partout, les soldats allemands comme les maquisards. J'ai dû me jeter au sol en sortant de la voiture et, tout de suite, j'ai couru comme une folle. Je suis tombée deux fois. Après, c'était le souterrain, des kilomètres sous terre, le ventre en feu.

— Où débouche-t-il, en ville, le souterrain? s'enquit Abigaël par simple curiosité, en dissimulant son émotion.

— Monsieur Hitier te le dira si c'est nécessaire. Je n'ai pas le droit de te communiquer le moindre renseignement. Tu peux imaginer comme ce passage est important pour la Résistance. Il nous a permis de sauver des Juifs et des soldats anglais, et de filer loin d'Angoulême au nez et à la barbe de la Gestapo[18]. Mais ce n'est pas une partie de plaisir de l'emprunter, crois-moi.

Abigaël approuva, occupée à masser sa cousine du nombril au bas-ventre, en multipliant de lents mouvements circulaires suivis d'effleurements légers.

— J'aurais passé une nuit terrible si tu n'avais pas été là, près de moi, constata Béatrice. Je te demande par-

18. Un témoin digne de foi a évoqué ce souterrain reliant une des grottes de la vallée de l'Anguienne à Angoulême, que les résistants utilisaient. Il serait aujourd'hui hors d'usage, comblé par des éboulements.

don. Je n'ai pas toujours été aimable, je me suis même montrée carrément désagréable et pourtant tu es d'une telle générosité, d'une telle douceur, Abigaël! Nous sommes amies, maintenant, n'est-ce pas?

— Je l'espère, car il me vient parfois des pensées dont j'ai honte. Cela dit, je te pardonne volontiers. Je veux que nous soyons de véritables amies. Pour des cousines, c'est encore plus naturel, il y a les liens de la famille.

Le visage de Béatrice s'assombrit. Soudain silencieuse, elle fixa longuement Abigaël.

— Nous serons avant toute chose des amies, insista-t-elle sur un ton sec. Franchement, je ne comprends pas pourquoi tout le monde s'acharne à te mentir.

— Qui me ment?

— Mon père, ma mère, ta tante Marie, Patrick et moi.

Une chape glacée pesa sur les épaules de l'adolescente. La gorge nouée, elle dit très bas :

— Eh bien, parle donc, qu'on en finisse!

— Tu n'es pas ma vraie cousine. Ton père, Pierre, a été recueilli tout bébé par mes grands-parents Mousnier. Ils l'ont ensuite adopté, quand il était déjà jeune homme. Pour papa qui l'adorait, ça ne fait aucune différence. C'était son frère chéri et il estime que tu es sa nièce par le cœur. Mais, quand j'ai su la vérité à ce sujet, je n'ai pas pu éprouver de l'affection pour toi. Disons pas autant que si tu avais été ma cousine par les liens du sang. Et Patrick en a profité; il n'a vu en toi qu'une fille ordinaire qu'il avait le droit de plier à sa volonté. Méfie-toi de lui, il est un peu déréglé. Enfin, il est vicieux, quoi! C'est mon frère, je l'aime beaucoup, mais il me fait honte, parfois.

Abigaël demeura silencieuse, pas tellement étonnée, au fond. Béatrice confirmait le vague soupçon né des allusions de Patrick et qu'elle avait refoulé au plus profond d'elle-même.

— Tantine le sait depuis quand? interrogea-t-elle.

— Depuis quelques jours. Maman lui a parlé. Papa était furieux. Il nous a fait la leçon. Il voulait que tu l'ignores le plus longtemps possible. Il a mis Patrick en garde, évidemment, pour te protéger de ses sales manœuvres. Abigaël, je suis désolée. Est-ce que ça te fait de la peine?

— Un petit peu. Mais tout est clair, à présent. De plus, les liens du cœur, ceux de l'amour fraternel, sont souvent aussi forts que les liens du sang. Ton père reste mon oncle, mon cher oncle Yvon que j'ai appris à connaître et à admirer malgré ses sautes d'humeur.

La fatigue terrassa brusquement Abigaël. Elle se recoucha à côté de Béatrice et éteignit la lampe.

— Nous ferions mieux de dormir, dit-elle. Moi, je continuerai à t'appeler cousine.

— Bien sûr. Je n'y vois pas d'inconvénient.

Dans un élan de tendresse, Béatrice chercha la main d'Abigaël à tâtons et l'étreignit. Elle la garda dans la sienne.

— D'où venait mon père? demanda encore l'adolescente. Qui l'a abandonné, bébé, et pourquoi s'est-il retrouvé dans la vallée de l'Anguienne?

— Papa l'ignore, je crois. Un enfant perdu, sans doute…

Béatrice s'endormait. Abigaël, de son côté, se posait une foule de questions, les yeux fixés sur le faible rai de clarté lunaire filtrant par les volets. Ce n'était que le début de sa quête.

Ferme des Mousnier, le lendemain matin,
mardi 21 décembre 1943

Abigaël descendit à six heures trente dans la cuisine, laissant Béatrice qui dormait paisiblement. Elle trouva Yvon Mousnier seul, attablé devant la cafetière.

— Bonjour, mon oncle, dit-elle sur un ton affectueux. Je peux vous aider à la traite, ce matin.

— Ce n'est pas la peine, Pélagie et Patrick s'en chargent. Comment va Béa?

— Elle a besoin de repos, surtout.

— Je vous ai entendues discuter, cette nuit.

— Oui, en fait, Béatrice était un peu incommodée. Je l'ai aidée… enfin, vous me comprenez. Excusez-moi, je n'ai pas l'habitude d'évoquer ce genre de choses, sauf entre femmes.

Yvon comprit à quoi elle faisait allusion et parut soulagé. Il but une gorgée de café pendant qu'Abigaël grignotait une tartine de pain, sans l'avoir beurrée ni agrémentée de confiture.

— Eh, ne te gêne pas, petite! Tu n'as pas à manger ton pain sec!

— Je préfère. C'est une de mes manies. Mon oncle, nous devons nous organiser, car, ces jours-ci, je vais passer plus de temps chez monsieur Hitier, du moins le matin. Je ferai en sorte de tenir compagnie à Béatrice l'après-midi. Elle veut garder la chambre tant que son visage est marqué.

— Ouais, espérons qu'elle descendra pour Noël, quand même! Pélagie a prévu tuer deux canards et ouvrir un bocal de cèpes. Pardi, il faut faire honneur à tes décorations!

Il désigna d'un mouvement de la tête les branches de sapin ornant le manteau de la cheminée, enrubannées de satin rouge.

— Je cueillerai du gui, tantôt, marmonna-t-il, l'air soucieux.

— Quelque chose vous tracasse? demanda la jeune fille.

— Béa travaillait sous une fausse identité, mais une de ses collègues connaissait son vrai nom et, si les miliciens parvenaient à remonter jusqu'à nous, ils nous massacreraient.

— Pas forcément! Si quelqu'un dans une famille entre dans la Résistance, ses proches ne sont pas obligatoirement en cause ni concernés.

— Ma pauvre gosse, tu te fais des illusions. Il suffit d'avoir protégé un résistant ou un Juif pour se faire trouer la peau sans pouvoir se justifier. Nous vivons une époque abominable. Sais-tu, je juge avec moins de sévérité les salauds de la Gestapo, parce qu'ils commettent des horreurs, qu'ils tuent et qu'ils torturent, mais ça entre dans le cadre de leur combat. Ils s'en prennent à leurs ennemis, tandis que les miliciens... ce sont des Français. Tu te rends compte? Des Français qui se vendent aux Boches, qui font le sale boulot à leur place, souvent.

— Chut, fit Abigaël, tantine descend.

— J'ai estimé normal de lui parler de ce garçon. Tu serais ma fille, je n'aurais pas apprécié ta conduite d'hier soir.

— Je m'en doute, répondit-elle d'une voix tranquille. Vous avez agi en votre âme et conscience, mon oncle. Je ne vous le reproche pas.

— Tu es vraiment une drôle de petite bonne femme, laissa-t-il filer tout bas dans un sourire complice. Ce jeune gars va partir. Il pourrait abuser de ta candeur. Alors, méfie-toi.

Marie Monteil ouvrit la porte sans hâte, la mine chiffonnée, le regard lointain. Elle salua d'un bonjour presque inaudible et prit place à la table.

— Et Grégoire? interrogea Yvon.

— Vous savez bien qu'il dort très tard, rétorqua-t-elle d'une voix tendue. Et toi, Abigaël, que fais-tu, aujourd'hui?

— Je vais libérer Sauvageon et l'emmener se promener. Ensuite, j'irai chez monsieur Hitier. J'ai promis du lait frais à Cécile.

— Son frère en profitera aussi, je suppose.

— Oui, bien sûr, tantine.

— Allons, Marie, prenez donc l'amourette de notre nièce à la légère, préconisa le fermier. Abigaël n'est plus une enfant.

— Je suis au courant, merci, trancha la femme d'un ton glacial. Mais j'aurais aimé la voir à l'abri des vicissitudes du monde, et non pas exposée à certains dangers. Pierre me l'a confiée avant de s'éteindre; je tiens à respecter ma promesse, qui était de veiller sur elle et de la préserver.

— Et alors? Vous ne pensiez pas en faire une nonne, quand même! s'écria Yvon, mi-moqueur, mi-inquiet.

— J'y ai songé et, si elle avait consenti à entrer en religion, j'aurais pris le voile également.

— Quel triste programme! ironisa-t-il. Pour ma part, malgré la guerre actuelle, malgré la précédente où j'ai cru mourir cent fois, je considère qu'il est plus agréable de vivre libre et de courir des risques, plutôt que de se cloîtrer.

Agacée par le débat, Abigaël se leva. Elle prépara un bol de café au lait bien sucré pour Béatrice et lui coupa du pain. Elle le beurra, le couvrit de confiture et le disposa sur une assiette.

— Je monte son petit-déjeuner à ma cousine, précisa-t-elle, comme si ce n'était pas une évidence.

— Merci, Abigaël, dit gentiment le fermier. Dis-lui que je viens la voir dans un quart d'heure.

Béatrice était réveillée. Elle poussa une courte exclamation de satisfaction.

— J'étais affamée. Que tu es prévenante, Abigaël! Je souffre moins du ventre. Tout semble ordinaire.

— Ton père va te rendre visite. Moi, je file chez monsieur Hitier.

— Sois prudente, cousine, recommanda la jeune

femme. Si tu voyais une voiture ou des gens sur le chemin, reviens vite ici, ne t'en mêle pas.

— Pourquoi me dis-tu ça? Crois-tu qu'on soupçonne le professeur?

— Je ne crois rien, j'ai peur, une peur terrible, tu ne peux pas imaginer. J'ai l'impression qu'aucun refuge n'est sûr. Je tremble qu'ils soient plus forts que nous, eux, les Boches et les miliciens.

Abigaël eut un geste d'impuissance, puis elle examina les ecchymoses violettes qui enlaidissaient Béatrice.

— Je te passerai du baume de consoude quand je reviendrai. C'est très efficace. Je suis désolée de ne pas rester près de toi, Béa. As-tu ce qu'il faut pour te changer, si besoin?

— Mais oui, ça ira. En plus, j'ai eu une idée. Comme papa a dit à maman que j'étais revenue à moto avec un collègue, je n'ai qu'à parler d'une chute sur la route. De toute façon, je connais ma mère, elle n'aurait pas tenu une journée entière sans venir m'embrasser. Nous avons toutes les deux un mauvais caractère, nous nous querellons pour des sottises, mais elle m'aime et je l'aime. Et ta tante, est-elle de meilleure humeur?

— Non, elle se montre froide et hostile. Ça me fait de la peine.

— Bah, ça lui passera. Il y a des choses tellement plus graves qu'un baiser!

Nantie de ce viatique, Abigaël se retrouva vite dehors sous un ciel lourd d'épais nuages gris annonciateurs de nouvelles chutes de neige. Le froid était vif et mordant. Elle s'était munie d'un bidon en fer pour le lait, qu'elle alla demander à Pélagie. La traite était finie, Patrick distribuait du foin aux vaches.

— Dis donc, ton récipient contient deux litres, fit remarquer la fermière sèchement. Tu diras à monsieur Hitier de me payer, cette fois-ci. On ne peut pas faire de cadeaux, par les temps qui courent.

— Oui, ma tante, répliqua Abigaël. Je vous rapporterai l'argent à midi.

— Il paraît que tu as ramené ici une maudite bestiole, un loup dressé, ajouta Pélagie. Fais attention, hein! Si cet animal touche à mes volailles ou s'il fait peur aux moutons, ce sera ta faute. Boudiou, tu le feras marcher sur les mains, ton oncle, un de ces jours!

— Le loup fera moins de dégâts attaché le jour et enfermé la nuit que s'il divaguait, ma tante.

— C'est nouveau, ça, que tu me donnes du *ma tante*. Avant, c'était madame ou madame Pélagie. Enfin, je m'en fiche, tant que tu es polie et que tu me respectes!

Perché en haut de l'échelle qui accédait au plancher à foin, Patrick n'y tint plus. Il avait essayé de jouer les indifférents, mais une sourde colère le tourmentait, entachée de rancune et d'amertume. Il échouait chaque fois qu'il pensait pouvoir créer des ennuis à sa prétendue cousine, comme si elle était protégée.

— Oh! la sorcière, lui cria-t-il, tu as réussi ton coup? Nous voilà flanqués d'un loup, d'après papa. Tu parles, un sale bâtard de chien errant, oui, le même qui t'a tué des lapins et des poules, maman. Dommage que les Boches ne sachent pas viser! Ça nous aurait ôté une épine du pied.

— Quoi? C'est la même bête? renchérit Pélagie. Mais Yvon perd la boule, ma parole! Pourquoi on doit nourrir une engeance pareille?

— Mon oncle rend service à monsieur Hitier, tenta d'expliquer Abigaël, que leur hargne angoissait. Le professeur connaît les maîtres de ce loup et il a l'intention de leur redonner l'animal sain et sauf.

— Tu entends ça, fiston? C'est le monde à l'envers. «Môssieur» Hitier fait la loi chez nous, à présent.

— Ne t'inquiète pas, maman. Si le cabot te cause du souci, je n'ai peut-être pas de fusil, mais je m'arrangerai pour lui briser le cou.

C'était une menace prononcée d'un ton rude, assortie d'un regard furieux du garçon. Abigaël quitta la grange le cœur serré. Elle courut vers le toit à cochon d'où s'élevaient des plaintes et des jappements étouffés. Sauvageon avait senti sa présence et il grattait le bas de la porte, dont le bois était rongé par les intempéries.

— Je viens t'ouvrir, mon beau, sois sage, dit-elle tout bas avec des inflexions câlines.

Elle s'était équipée d'une longe à mousqueton pour l'attacher immédiatement au collier et parer ainsi à toute escapade. Mais il se contenta de lui faire la fête, de sauter avec énergie et de poser ses pattes avant sur ses épaules. Elle reçut deux coups de langue sur le nez.

— Quel accueil! Tu es plus aimable que certains humains, chuchota-t-elle.

Quelques minutes plus tard, elle marchait le long du chemin, toute à sa joie de s'éloigner de la ferme pour bientôt retrouver Cécile et Adrien. Sauvageon flairait les herbes jaunies du talus, sans chercher à prendre de la distance. Il semblait accoutumé à se déplacer attaché et, si ce n'était qu'un détail, il bouleversa néanmoins la jeune fille. Maintenant, elle savait de source sûre que le loup était lié à la belle femme brune qui lui était apparue en rêve et lors de brèves visions. «Mon Dieu, aidez-moi à comprendre, implora-t-elle. Ni vivante ni morte! Voilà le message que j'ai perçu. Que signifie-t-il? Comment est-ce possible, de n'être ni en vie ni mort?»

Elle avait cependant une certitude, la mystérieuse dame brune parvenait à communiquer avec elle. Mais c'était de manière maladroite et très irrégulière.

— Si ta maîtresse était morte, Sauvageon, dit-elle à mi-voix, elle pourrait m'apparaître et se manifester. Ou bien son âme est en paix, dans la lumière. Non, dans ce cas, je ne la verrais pas, et son visage n'aurait pas cette expression tragique. De ça je suis certaine. Elle survit encore, mais malade, très malade, sans doute.

Ses pensées suivirent un cours différent dès qu'elle approcha de la maison dans la falaise. Les volets verts étaient rabattus contre le mur; une lampe allumée se dessinait à travers les rideaux.

Une timidité soudaine fit ralentir Abigaël. Elle songea à son apparence, effarée. Le vent avait décoiffé ses longs cheveux châtain clair, dont une partie se plaquait sur sa joue droite. «Je dois être affreuse, les joues rouges, en plus. Et je suis en pantalon!»

Elle frappa discrètement, le cœur pris de folie à la seule perspective de revoir Adrien. Monsieur Hitier lui ouvrit. Il en profita pour jeter un coup d'œil dans le jardinet.

— Entrez vite, ma chère enfant, dit-il. Cécile dort encore; je discutais avec son frère. Ah, vous avez emmené Sauvageon? Je croyais qu'il resterait chez Yvon.

— Il fallait qu'il sorte un peu. Il ne peut pas être enfermé du matin au soir, monsieur.

— Je le sais bien, mais la maison est si petite, déjà! Et, durant la nuit, j'ai conçu une nouvelle crainte, à son sujet notamment. Venez, nous vous attendions.

Adrien se leva en voyant Abigaël s'avancer vers la table ronde. Il la trouva ravissante ainsi, un peu échevelée, le teint coloré, les yeux brillants d'émotion.

— Bonjour, murmura-t-il. Cécile rattrape son sommeil en retard. Aussi, nous causons très bas.

— Bonjour, répondit-elle en souriant.

Il eut l'impression qu'un rayon de soleil dissipait la grisaille hivernale.

— Je vais en profiter pour mettre le lait à bouillir, ajouta-t-elle.

Avec aisance et naturel, elle détacha le loup et lui ordonna de se coucher devant la porte, puis elle enleva son manteau et son écharpe, totalement inconsciente de la grâce du moindre de ses gestes. Le pantalon en velours marron qu'elle avait emprunté à Béatrice lui donnait une allure originale, tout en offrant un charmant contraste avec le gilet noir qui moulait son jeune buste aux seins menus.

— Avez-vous bien dormi, de votre côté, ou avez-vous regretté votre grotte? demanda-t-elle d'un ton taquin, oubliant de le tutoyer.

— Je disais à monsieur Hitier il y a un instant que j'avais eu trop chaud, avoua Adrien.

— Et autant de nourriture d'un coup l'a un peu dérangé, précisa l'ancien professeur. Je l'ai assuré qu'il s'agissait d'une exception. Dorénavant, nous mangerons de la soupe et encore de la soupe, en y trempant du pain rassis.

La conversation était cordiale, ponctuée de sourires, mais Abigaël demeurait préoccupée. La remarque du maître de maison à propos du loup la tracassait. Elle refusa de patienter et décida d'obtenir des explications.

— Quelle crainte avez-vous, monsieur Hitier? Oui, au sujet de Sauvageon?

— Eh bien, je peux recevoir des visites désagréables dans les jours qui viennent. Soit les gendarmes, ce serait un moindre mal, soit la milice d'Angoulême, acharnée à traquer des réfractaires et les sympathisants des résistants. L'un des miliciens, la pire crapule du pays, pourrait reconnaître le loup. Il serait ravi de le tuer sur-le-champ et de m'arrêter ensuite, puisqu'il aurait la preuve que j'ai eu des contacts avec le réseau Sirius.

— Vous ne pouvez pas prendre un tel risque, s'emporta Adrien. Relâchez cette bête ou débarrassez-vous-en tout de suite.

— Que voulez-vous insinuer? murmura Abigaël, devenue livide. Monsieur Hitier, jamais vous ne feriez ça?

— Non, je n'en aurais pas le cœur, ça non.

— Mais, si je garde Sauvageon à la ferme, il fera courir le même danger à mon oncle et à nous tous?

— En effet, Abigaël, soupira le vieil homme. Je ne trouve pas de solution convenable.

— J'en trouverai une, moi, affirma-t-elle, farouche. Ce matin, si un tel malheur survenait, je me précipiterais avec lui dans le souterrain, avec toi aussi, Adrien. Il faudrait tout prévoir, des bougies ou une lanterne, une lampe à pile et de l'eau.

Adrien secoua la tête, à la fois attendri et exaspéré. Il eut un regard navré pour le loup.

— Abigaël, il faudrait avant toute chose se montrer raisonnables et d'une extrême prudence. Quand je serai dans le maquis, je veux avoir l'esprit en paix, ne pas me tourmenter pour ma sœur. Comprends-moi, si la présence de cet animal dans les environs la met en péril, je préfère encore continuer à me cacher avec Cécile, n'importe où, dans une autre grotte, dans une autre vallée. Elle n'a plus que moi au monde.

La voix du jeune homme vibrait douloureusement; son regard gris vert exprimait une sincère anxiété.

— Je te comprends, répondit-elle, mais nous nous inquiétons peut-être pour rien, n'est-ce pas, monsieur Hitier? Personne ne vous soupçonne. Le brigadier de gendarmerie était un de vos élèves, jadis. Il n'a aucune raison de revenir ici.

— On ne peut rien prévoir, ma pauvre petite. Il faut parer à toute éventualité, dit tristement ce dernier.

Ils étaient tous les trois si absorbés par la discussion qu'ils ne virent pas Cécile descendre l'escalier intérieur. En pyjama, ses boucles noires en désordre, elle n'avait fait aucun bruit. Mais Sauvageon attira l'attention sur elle en se précipitant pour l'accueillir, excité, son grand corps secoué de frissons de joie. Il eut soin, cependant, de ne pas sauter sur elle et de ne pas la bousculer.

— Oh! Cécile, tu es réveillée, s'écria Abigaël.

Un sourire ébloui sur les lèvres, l'enfant caressait le loup sans manifester aucune crainte.

— Que tu es gentil! s'extasiait-elle, rieuse.

Elle courut embrasser son frère, qui l'étreignit un instant. Elle salua le professeur d'un bonjour respectueux et alla se blottir contre Abigaël.

— Le lait est chaud, je vais te préparer à déjeuner, déclara la jeune fille.

— Merci. Qu'est-ce que j'ai bien dormi! J'avais si peur, la nuit, dans la grotte!

Jacques Hitier toussota en se grattant le front. Il se demandait comment obtenir le plus vite possible de faux papiers pour la petite fille et comment épargner la vie de Sauvageon. Il lui fallait également des papiers en règle pour Adrien.

— Je vais devoir retourner à Angoulême, annonça-t-il, joindre un de mes contacts. Béatrice ne peut plus nous aider. Par chance, j'ai un ami sûr qui me fournira le nécessaire.

— Quand partirez-vous, monsieur? s'enquit Abigaël.

— Aujourd'hui même. Le temps presse. Je vais m'habiller.

Il passa dans sa chambre, dont il referma la porte. Abigaël et Adrien restèrent silencieux, un peu gênés après le début de querelle qui les avait opposés à propos du loup.

— Gardons espoir, finit-elle par murmurer.

— Je serais plus confiant sans cet animal, maugréa-t-il.

— Pourquoi dis-tu ça? s'écria Cécile. Moi, je suis contente. Il m'aime, le gros chien. Hein, Sauvageon, tu m'aimes beaucoup?

La fillette caressa à nouveau le loup, assis à côté de sa chaise. Abigaël versa du lait dans le bol de l'enfant. Sentant l'approche d'un malaise, elle s'empressa de poser la casserole sur la table.

— Oui, on dirait qu'il aime les petites filles, admit-elle d'une voix basse et haletante.

Oppressée et prise d'un vertige, elle alla s'appuyer au mur, les yeux fermés. Les battements de son cœur ralentirent, tandis que des images s'imposaient à son esprit à la faveur d'un état de transe. Elle vit d'abord une fillette brune qui ressemblait à Cécile, penchée sur un jeune loup à la patte bandée. Ensuite, la même enfant se promenait avec l'animal devenu adulte. Le décor qui les entourait, fait de majestueuses falaises ensoleillées, dégageait un charme infini. La pierre semblait dorée, ornée de-ci de-là de touffes de giroflées d'un jaune vif. Une dernière scène lui apparut où le loup était couché sur un lit. La belle femme brune et la petite fille s'amusaient avec lui, toutes deux d'une folle gaieté, complices, rayonnantes de tendresse.

— Abigaël? appela Adrien. Eh! Qu'est-ce que tu as? Tu es blanche à faire peur, là.

Il la prenait dans ses bras. D'un doigt timide, il effleura son front.

— Ce n'est rien, j'ai eu des visions, chuchota-t-elle, ayant retrouvé sa lucidité. Adrien, Sauvageon ne doit pas mourir, entends-tu, surtout pas. Oh, mon Dieu! Si tu pouvais voir ce que j'ai vu!

Elle fondit en larmes. Il la serra contre lui, quelques secondes seulement, l'air troublé.

— D'accord. Je t'aiderai à le protéger. Es-tu contente?

Abigaël fit oui de la tête. Cécile les observait, sans songer à déguster son lait chaud et les biscuits qui la tentaient, pourtant, présentés dans une assiette creuse.

— Pourquoi tu pleures, Abigaël? demanda-t-elle enfin d'une petite voix soucieuse.

— Je t'expliquerai bientôt, Cécile, répondit-elle. Ne t'en fais pas, tout va bien. Je suis tellement heureuse de vous savoir ici, à l'abri et au chaud!

Monsieur Hitier réapparut, très élégant, en costume trois-pièces et cravate. Il enfila son pardessus bleu marine et mit son chapeau.

— Je ne rentrerai qu'à la nuit, dit-il sur un ton faussement jovial. Je vous conseille de fermer les volets de bonne heure. Donnez un tour de clef et, en cas de visite, vous vous cachez dans le souterrain immédiatement. Je t'ai montré le mécanisme, Adrien. Abigaël, vous feriez mieux d'emmener Sauvageon à la ferme, il doit apprendre le confinement et la patience. Arrangez-vous avec votre oncle.

— Oui, monsieur, je vous le promets.

La mine grave, il sortit, sans oublier de prendre sa canne à pommeau en cuivre. Même s'ils ne se l'avouèrent pas, les deux jeunes gens et la fillette se sentirent soudain orphelins, fragiles et démunis.

14

Le Noël de Cécile

Ferme des Mousnier, jeudi 23 décembre 1943

Abigaël hésita quelques minutes avant d'entrer dans la chambre de Béatrice. Elle tenait à deux mains un plateau bien garni. Grégoire guettait un signe d'elle pour lui ouvrir la porte. L'innocent de la famille Mousnier avait bonne allure, les cheveux pommadés et vêtu avec soin. Son regard brun semblait moins égaré et sa bouche affichait un vague sourire.

— Vas-y, tourne la poignée, dit la jeune fille. Et descends vite rejoindre tantine.

— Tantine pas gentille.

— Mais si, tantine est très gentille.

— Avec Goire, oui, pas avec toi, Abi.

Le garçon l'appelait Abi depuis la veille. Elle ne songeait pas à le reprendre; ses parents nommaient souvent leur fille aînée Béa et elle en avait conclu que lui aussi s'était autorisé à raccourcir son prénom.

— Ne t'inquiète pas, Grégoire, murmura-t-elle. Tantine est un peu fâchée parce que je lui ai désobéi. Comprends-tu?

Il poussa le battant sans répondre, mais, au lieu de la laisser passer, il entra le premier et alla se camper près du lit de sa sœur. Adossée à ses oreillers, Béatrice le considéra d'un œil irrité.

— Sors de là, et vite, lui intima-t-elle l'ordre. File, idiot!

— Ne lui parle pas comme ça, protesta Abigaël. Il t'aime beaucoup. Il avait simplement envie de te voir.

— Eh bien, il m'a vue. Tu entends, Grégoire? Sors de ma chambre!

— Malade, toi, Goire triste, alors, bredouilla-t-il sans bouger d'un pas.

— Ciel, tu as fait des progrès! Avant, il disait bobo, nota Béatrice, sarcastique.

— L'affection de ma tante et sa douceur commencent à faire effet, répliqua Abigaël.

— T'as vu, Béa? Goire tout beau ce matin, ajouta le garçon en lissant d'une main son gilet vert.

— Oui, tu es beau. Maintenant, descends à la cuisine, soupira sa sœur d'un ton radouci.

Satisfait, Grégoire sautilla sur place avant de s'en aller en riant de joie. Abigaël posa le plateau au bout du lit et referma la porte derrière lui.

— Comment te sens-tu, aujourd'hui? demanda-t-elle à sa cousine. Souffres-tu encore du ventre?

— Très peu, sûrement grâce à tes tisanes. Je te remercie de tout mon cœur, Abigaël, tu m'as vraiment soutenue et soulagée. Et toi, est-ce que ça va? Raconte-moi ce qui se passe chez monsieur Hitier.

Abigaël fit la moue. Elle installa le plateau sur les genoux de la jeune femme.

— Ta mère a fait des crêpes, spécialement pour toi. Tu en as deux au sucre et une à la confiture, du lait avec un peu de chicorée, un bout de fromage et une tranche de pain encore tiède. C'est pratique de pouvoir faire son propre pain! J'ai aidé à pétrir la pâte, hier soir.

— Je ne risque pas de mourir de faim, je suis gâtée, dit Béatrice, sans paraître vraiment ravie. J'espère que maman a cru à mon histoire.

— Oui, elle n'arrête pas de répéter que tu n'aurais jamais dû monter sur la moto de ton collègue, que tu aurais pu être défigurée. Par bonheur, tu n'as plus guère de traces sur le visage. Le baume de consoude fait de vrais miracles. Allez, mange vite!

— Seulement si tu me parles de ton Adrien.

— Ce n'est pas mon Adrien, Béa. Il ne se comporte pas du tout comme avant depuis qu'il loge chez le professeur. Quand je lui rendais visite à la grotte, il était plus à l'aise, plus familier. Là, il se montre distant. Il me sourit à peine. Et puis, lundi prochain, juste après Noël, en somme, monsieur Hitier doit le conduire à la sortie du souterrain où un agent de la Résistance le prendra en charge. Déjà, Cécile et lui ont de faux papiers d'identité. C'est important.

— Abigaël, essaie de te retrouver seule avec Adrien, avant son départ. Sinon tu seras malheureuse. Vous devez vous dire adieu comme des amoureux. S'il ne t'embrasse pas une dernière fois, tu auras du chagrin.

— Peut-être. Ça ne m'empêchera pas d'attendre son retour. Je sais qu'il appartient à mon avenir, que je l'aimerai toujours.

— Quand même, tu exagères. Rien ne prouve qu'il reviendra vivant. Les résistants prennent des risques énormes. Tu es si jeune, Abigaël! Tu aimeras un autre homme, si tu perds Adrien.

— Si j'aime quelqu'un d'autre, ce ne sera jamais pareil. Certaines femmes sont destinées à un seul, l'élu, l'unique, et je suis ainsi.

Après avoir mangé deux crêpes, Béatrice but une gorgée de lait chaud. Ses yeux noisette pétillèrent de malice.

— Quelle détermination! Au fond, tu es une grande romantique ou bien tu as eu une vision de ton avenir, une scène de ton futur mariage, avec Adrien, évidemment.

— Non, je t'ai dit et redit que je ne suis pas une voyante. Dans mon cas, ce serait plutôt le passé qui s'impose à moi, quand je ne me retrouve pas dans une dimension parallèle à la nôtre.

Elles se sourirent, enchantées de pouvoir discuter sans aucune gêne comme deux amies de longue date.

— Dis-moi si je me trompe, hasarda Béatrice, mais c'est un jour particulier. J'ai à te souhaiter quelque chose, un bon anniversaire, je crois.

— Oh! Merci, tu es la première. D'habitude, tantine m'embrasse dès mon réveil et m'adresse ses vœux aussitôt en me remettant un petit cadeau. Hélas! Elle continue à me battre froid. Pourtant, je ne vais chez monsieur Hitier que le matin.

— Franchement, ta tante devrait réfléchir un peu. Elle n'a aucune raison de te traiter ainsi. Approche, Abigaël, que je te fasse une grosse bise en compensation.

La jeune fille reçut la bise annoncée, assortie d'un bref câlin offert de grand cœur. Béatrice dit tout bas :

— Va dans mon armoire et ouvre le tiroir sous l'étagère du milieu. J'ai un cadeau. Et tu n'as pas le droit de le refuser.

— Ce n'est pas la peine, Béa.

— Si, si, j'insiste, cousine. Tu verras, il y a un objet emballé dans du papier de soie jaune. C'est pour toi.

Bouleversée par tant de gentillesse, Abigaël eut bientôt entre les mains une minuscule statuette en ivoire d'une finesse exquise, qui représentait un angelot jouant de la flûte. Ses ailes étaient peintes en doré.

— Mais, Béa, c'est trop précieux! Tu ne peux pas me le donner.

— Si, il te revient de droit. J'avais quatre ans et demi quand ton père est mort. Il habitait Magnac-sur-Touvre, à l'époque, avec Marie. Deux jours avant son décès, papa m'a emmenée là-bas. Il voulait dire adieu à son frère chéri. Maman n'est pas venue. Patrick avait deux ans, lui, et il était très turbulent. Je n'ai pas un souvenir précis du voyage en bus, mais je revois le lit où gisait Pierre, mon oncle, comme on me le répétait. Il m'a souri, mais il a refusé que je l'embrasse, sans doute par peur de me contaminer. J'étais assise sur un fauteuil près d'une commode et, pour m'occuper, je regardais ce petit ange, posé près de la lampe. Alors, Pierre a dit à papa de me l'offrir, qu'il veillerait sur moi, car c'est le métier des anges. Ces mots-là, je n'ai jamais pu les oublier. Abigaël, la statuette appartenait à ton père. Elle te revient.

Les joues ruisselantes de larmes, des larmes de douce joie, Abigaël serra contre ses lèvres la gracieuse figurine.

— Tu ne pouvais pas me faire un plus merveilleux cadeau, Béa, balbutia-t-elle, profondément bouleversée. Je n'avais rien venant de mon père, juste deux photographies. Merci, je te remercie de tout mon cœur.

Béatrice avait envie de pleurer elle aussi. Elle préféra chercher une diversion qui les délivrerait toutes deux d'un trop-plein d'émotion.

— Maintenant, si tu me passais mon paquet de cigarettes! J'en fumerais bien une. Tu devrais m'imiter, ça détend.

— Jamais de la vie, s'esclaffa Abigaël en retenant un sanglot, mais tu peux fumer, ça ne me dérange pas. Pour changer de sujet, ta mère nous a mises à contribution pour le repas de vendredi soir, la veille de Noël. Tantine a promis de faire un gâteau à la crème de marrons. Tu imagines le travail? Nous allons faire cuire un bon kilo de châtaignes, les éplucher et les réduire en purée. Mais ce sera un régal.

— Si tu proposais à papa d'inviter monsieur Hitier, Cécile et Adrien? Je suis certaine qu'il accepterait. Ce serait chic, d'être plusieurs à table comme si la guerre n'existait pas!

— Crois-tu?

Un débat intérieur agita Abigaël. Si Yvon consentait, Adrien reverrait Béatrice, Patrick aurait l'occasion d'être désagréable avec le jeune homme et il en profiterait sans nul doute pour la tourmenter, elle. Puis elle pensa à Cécile.

— Si cela se faisait, il faudrait un arbre de Noël, un petit sapin. J'ai le temps, ce soir, de découper des guirlandes en papier.

— Oh! oui, formidable, s'enflamma Béatrice. Il y a une caisse dans le grenier qui contient quelques décorations. Ce n'est pas grand-chose, six boules en verre, des pinces à bougie, les bougies et des guirlandes brillantes, mais papa les avait achetées pour le Noël de mes dix ans. Je voulais un sapin comme sur les images de mon livre de lecture.

— D'accord, je vais faire l'impossible.

Abigaël s'assit de nouveau au bord du lit de Béatrice. Elle noua ses bras autour de son cou et l'embrassa avec chaleur et tendresse.

— J'ai seize ans ce matin et je suis follement heureuse, grâce à toi, Béa. Sais-tu, je vais ranger mon petit ange dans ma chambre et te débarrasser de ton plateau. Ensuite, j'irai parler à ton père. S'il dit oui, je cours chez monsieur Hitier annoncer la nouvelle et les inviter!

— Va vite, et précise bien à papa que c'est mon idée.

—

Dix minutes plus tard, par la fenêtre de la cuisine, Marie Monteil aperçut la silhouette de sa nièce dans le jardin. Pélagie barattait avec énergie de la crème de lait afin d'obtenir du beurre. La fermière avait pour cet usage une baratte de taille moyenne cabossée et lustrée par les années, dont elle tournait la manivelle sans faiblir.

—Je peux vous remplacer, Pélagie, proposa Marie.

—Non, occupez-vous de vos châtaignes. J'ai l'habitude.

—Le tri est sévère. Beaucoup sont véreuses, mais il en restera assez, je pense.

—Dites donc, Marie, c'est bien l'anniversaire d'Abigaël?

—Oui, en effet, elle est née un 23 décembre et jamais un Noël n'a été aussi sinistre. Ma sœur s'est éteinte le 25, alors… En guise de messe, nous avons suivi l'office de ses obsèques.

—Ah! Ça, c'était un grand malheur, je vous l'accorde, mais il faudrait quand même marquer le coup, pour la petite. Je vais préparer une tarte aux pommes. On la mangera au goûter.

—Abigaël n'est plus une petite fille, ma pauvre Pélagie. Et ça m'étonne que vous songiez à fêter son anniversaire. Vous ne la portez pas dans votre cœur, il me semble.

—Bah, c'est une brave gamine. Béatrice m'a raconté comment votre nièce l'a soignée. Elle a même dormi avec elle après cette maudite chute de moto. En plus, ma fille était indisposée, et je peux vous dire que, chaque mois, elle souffre beaucoup, et ça depuis ses treize ans. Elle ne tient pas de mon côté, sur ce plan. J'ai hérité de ma mère. Pas une crampe, pas une douleur! Je peux travailler aux champs ou danser la gigue. Enfin, danser, ça remonte à ma jeunesse, hein.

Marie observa les traits ingrats de Pélagie, concentrée sur ses efforts pour tourner la manivelle. Elle tenta en vain de l'imaginer adolescente, pomponnée et en tenue de bal, gaie et vive.

—Je n'étais pas si mal, dans le temps, déclara la fermière, comme si elle avait lu dans ses pensées.

—Vous êtes encore alerte et vous n'avez pas un cheveu blanc, ce qui n'est pas mon cas.

— J'ai pu garder mon mari, le meilleur qui soit. Je n'ai pas à me plaindre.

La remarque blessa Marie. Depuis trois jours, elle cédait à de poignants regrets, désemparée de s'être infligé une existence digne d'une couventine durant tant d'années. Au fond, elle en voulait à Abigaël d'avoir osé éprouver des sentiments pour cet Adrien surgi de nulle part, et cela au point de l'embrasser sur la bouche. L'incident avait réveillé de très anciennes jalousies, dont elle avait à peine eu conscience jadis.

En proie à l'insomnie, elle avait revu les débuts de la passion qui avait réuni sa sœur Pascaline et Pierre, un bel homme, de surcroît intelligent et sensible. « Je ressentais la même indignation, la même impression d'être trahie, quand je les voyais ensemble, enlacés, lèvres contre lèvres, leurs corps si complices », s'était-elle remémoré.

Désormais, Marie s'estimait condamnée au célibat, trop âgée pour découvrir les délices de la chair, trop sérieuse pour aimer un homme alors qu'elle adorait Dieu et sa nièce. « Pourquoi ai-je cru qu'Abigaël suivrait ma voie ? » se demanda-t-elle sous le regard inquisiteur de Pélagie.

Grégoire, lui, redoublait de sagesse, encore ivre de bonheur parce que Béatrice l'avait trouvé beau. Il tenait son chat contre sa poitrine, et le petit animal ronronnait, bercé par les caresses de son maître et la chaleur du feu.

— Vous ne lui causez plus guère, à votre nièce, dit soudain la fermière. J'ai bien compris qu'elle fréquente quelqu'un de la famille du professeur. Et ça vous dérange.

— On ne voit pas les enfants grandir. J'ai été surprise.

— Vous ne devriez pas vous ronger les sangs. Ma Béa, elle a commencé à fréquenter Lucas, un joli gars de

Dirac, vers ses dix-sept ans. Le malheureux, il est parti en Allemagne pour le STO. Mais je prie pour qu'il revienne et que la noce se fasse. S'ils ont mis la charrue avant les bœufs, tant pis, ça ne fâchera pas le Bon Dieu.

Marie soupira, navrée d'avoir sûrement peiné Abigaël par son attitude distante et méprisante.

— Vous avez raison, Pélagie, je vais de ce pas embrasser ma nièce et lui souhaiter un bon anniversaire.

— Mais oui, allez-y vite.

———

Abigaël avait rejoint son oncle dans la grange. Yvon attelait la jument à la charrette, pendant que Patrick nettoyait la litière des moutons.

— S'il continue à neiger comme ça, disait le fermier, on en causera longtemps dans le pays. Ce n'est pas courant, par chez nous. Je dois monter jusqu'au Pétureau, tu sais, le hameau proche de Soyaux où nous sommes passés le jour de ton arrivée. Bon sang, ce ne sera pas une partie de plaisir.

— Vous êtes vraiment obligé? interrogea-t-elle, tout en l'aidant à boucler le harnachement de Fanou.

— Ouais, j'ai promis des betteraves à un vieil ami pour ses lapins. Et toi, tu vas chez monsieur Jacques?

Yvon appelait ainsi son voisin et locataire, quand il n'usait pas du diminutif le prof.

— Bien sûr, sinon Cécile serait déçue. J'en profiterai pour promener Sauvageon. Il s'ennuie, enfermé du matin au soir. Il a creusé sous la porte de l'enclos à cochon.

— C'est plus prudent, Abigaël. Il faut obéir au prof. Ça ferait du grabuge si le type dont il t'a parlé reconnaissait le loup. Je parie qu'il était parmi les fumiers qui ont houspillé ma femme et tué ces pauvres gens, sur la colline, avec la petite fille. Mais pas de choses tristes, hé! Je crois que c'est un jour de fête, le jour de tes seize ans. Viens là que je te fasse la bise, ma grande. Hélas! je n'ai pas de cadeau.

Abigaël se laissa embrasser, touchée par l'affection que lui témoignait cet homme sous ses airs bourrus.

— Mon oncle, vous pourriez me faire un tout petit cadeau. C'est une idée de Béa. Elle voudrait inviter monsieur Hitier, Cécile et son frère à dîner ici, demain soir, pour ce que certaines personnes appellent le réveillon. Tantine fera un gâteau. Nous ne sommes pas tenus de faire bombance, seulement d'être tous ensemble. Si vous acceptez, j'irai couper un sapin dans les bois. Cécile serait tellement contente! Sa grand-mère avait prévu un doux Noël en famille, mais elle est morte sans réaliser son souhait.

— Pourquoi pas? s'écria Yvon. S'il neige autant demain soir, il y a peu de chance que les Boches patrouillent dans le coin. Et puis, Noël, ça mérite une trêve. En voilà, une bonne idée! J'en suis tout content. On trinquera à ta santé, Abigaël. Pour le sapin, ne va pas t'esquinter les doigts, j'en rapporterai un ce soir.

— Merci, vous êtes le meilleur des oncles, même si je n'en ai qu'un, vous.

Elle riait en silence, comblée. Il lui ébouriffa les cheveux d'un geste paternel. Marie, emmitouflée, se décida à entrer dans le bâtiment. Son désir de réconciliation lui paraissait réduit à néant, car elle les avait écoutés et elle déplorait la perspective de passer la veille de Noël en compagnie d'étrangers.

— Ah, Marie, vous avez besoin de quelque chose, ou Pélagie? s'enquit aimablement le fermier.

— Non, je cherchais ma nièce, toujours en train de courir de droite à gauche et vice-versa. Abigaël, peux-tu m'accorder un moment?

— Bien sûr! Bonne route, mon oncle. Faites attention à vous.

— Toi de même, petite, rétorqua-t-il en lui adressant un clin d'œil.

Marie entraîna Abigaël sans y songer vers l'enclos à cochon où était enfermé le loup. Il neigeait de plus en plus, des averses de flocons serrés qui, malgré leur légèreté ouatée, produisaient un bruit ténu régulier.

— Bon anniversaire, ma chère enfant, déclara Marie d'un ton neutre. Je ne voulais pas rompre avec la tradition, puisque, depuis ta petite enfance, je te souhaite ce qu'il y a de mieux, à cette date.

— Tantine, ne te force pas. C'est inutile de fêter mes seize ans si tu n'en as pas envie.

— J'en avais envie, mais j'ai eu le tort de ne pas vous rejoindre aussitôt, ton oncle et toi. Je voulais briser la glace entre nous et j'apprends que tu tiens à inviter ce garçon demain soir. Mon Dieu, je ne serai pas à l'aise du tout. Autant rester dans notre chambre toute la soirée.

— Béatrice trouvait cela distrayant et généreux. Pense à la petite Cécile, une orpheline qui a perdu sa grand-mère et a vécu des semaines dans des conditions difficiles. Que fais-tu de l'esprit de Noël et de la charité chrétienne? Tu prétends que j'ai changé, mais c'est toi qui n'es plus la même.

Abigaël réprima un sanglot. Elle ne put cependant retenir des larmes de déception. Comme averti de son chagrin, le loup gratta frénétiquement la porte de sa prison.

— Je suis là, Sauvageon. Sois sage, tu vas te promener.

— Ne lui ouvre pas tant que je suis là, s'effraya Marie.

— Pourquoi pas? Tu as des bottes en caoutchouc et une écharpe. Viens te balader avec moi. Avançons chez monsieur Hitier, tu boiras une tasse de chicorée. Si tu fais la connaissance de Cécile et d'Adrien, ils te seront peut-être sympathiques. Je t'en prie, c'est le seul cadeau que je voudrais, ce matin.

— Si ça te fait plaisir, allons-y! Tu dis vrai, je ne fais que prier, mais j'oublie les préceptes de Notre-Seigneur Jésus.

— Merci, ma tantine chérie.

Sa rancune et sa colère oubliées, Marie tendit les bras à sa nièce, qui s'y réfugia en pleurant. Elles s'étreignirent, joue contre joue, insensibles au vent froid et à la neige qui constellait leurs cheveux.

— Pardonne-moi, ma chérie. Je voudrais tellement t'expliquer ce qui m'a perturbée et rendue mauvaise! Je le ferai plus tard, bien plus tard, chuchota Marie à l'oreille de sa nièce.

Dès qu'elles se séparèrent, Abigaël libéra Sauvageon. Il bondit en avant et se roula dans la neige, puis, d'un seul élan, revint s'asseoir aux pieds de la jeune fille.

— Regarde s'il est docile. Là, il attend que je l'attache. Son intelligence me fascine. J'aimerais qu'il puisse rester avec moi.

— Est-ce impossible?

— Il m'a adoptée, il m'obéit, mais je ne serai jamais sa véritable amie, sa maîtresse, même s'il a dû être élevé par une femme et sa fille.

Intriguée, Marie considéra l'animal avec moins de méfiance.

— Comment le sais-tu? Par monsieur Hitier?

— Je t'avais parlé de très brèves visions où une belle dame brune, l'air triste, m'apparaissait. Je la vois souvent, de plus en plus souvent depuis que j'ai soigné et amadoué Sauvageon. Il était avec elle, il n'y a pas si longtemps. Je n'ai qu'une certitude, cette dame n'est pas morte et je dois la retrouver. Lui seul peut m'aider.

Elle désignait le loup.

— Seigneur, si je me doutais! Ma petite enfant chérie, je m'en veux, à présent, de ce silence entre nous. Raconte-moi tout, je t'en supplie, que nous puissions y réfléchir toutes les deux comme avant.

Elles s'éloignèrent sur le chemin en direction de la maison dans la falaise, précédées par Sauvageon qui évitait de tirer sur sa corde. Abigaël put confier à sa tante les rêves singuliers qu'elle avait faits et ses récents malaises. Marie hochait la tête et posait quelques questions.

— Nous sommes arrivées, dit-elle en apercevant les volets verts du logement de Jacques Hitier à travers les branchages des arbustes ployant sous la neige.

— Oui et non. Viens, tantine, je voudrais te montrer la fontaine. Ce n'est pas loin. Je suis sûre que l'endroit te charmera.

Marie s'extasia bientôt sur la particularité du lieu qu'elle découvrait, les arches rondes creusées dans le rocher, la niche qui avait dû contenir une statue et l'imposant autel en pierre.

— Mon Dieu, quel endroit étonnant! dit-elle. Et la source sort des profondeurs de la falaise. Si nous nous abritions un peu là!

— Volontiers.

Elles empruntèrent la porte latérale, nichée sous le roc, et furent aussitôt protégées du vent, ainsi que du ruissellement des flocons. Le loup se coucha le long de la paroi, les oreilles bien droites, ses yeux d'ambre fixés sur l'eau limpide qui coulait sur un lit de cailloux.

— Quelle paix, ici! On se croirait hors du temps, hors du monde, commenta Marie.

— Monsieur Hitier m'a fait lire des textes anciens sur la vie des ermites de la vallée. Ils cultivaient déjà la terre fertile, alternant les heures de prière et les heures de dur labeur. Mais je suis sûre qu'ils aimaient venir jusqu'à la fontaine. J'ai eu une douce vision, la première fois. Je me tenais exactement là où tu es et un homme en bure marron, le crâne presque chauve, m'est apparu. Il marchait sur le chemin, une cruche sous le bras. Peut-être était-ce saint Marc, qui a donné son nom au hameau tout proche!

Marie eut un sourire apaisé. Elle caressa la joue de sa nièce. Elle s'apprêtait à l'interroger encore lorsque des éclats de voix et le grondement d'un moteur la firent taire.

— Mon Dieu, qu'est-ce que c'est? s'affola Abigaël. Pourvu que ce soit des soldats allemands!

— Nous ne faisons rien de mal, de toute façon.

La jeune fille n'osa pas évoquer les miliciens afin de ne pas céder à la panique. Elle pria de toute son âme pour apercevoir un fourgon de gendarmerie, mais, cinq minutes plus tard, un camion bâché passa devant la fontaine. Des chants en langue étrangère, joyeux et mélancoliques, s'en échappaient. Marie saisit le poignet de sa nièce.

— Ce sont les sentinelles de la centrale électrique, je connais leur chanson.

— Moi aussi, c'est *Mon beau sapin*.

Les voix un peu gutturales s'estompèrent; cependant, elles perçurent encore un *O tannenbaum*[19] retentissant.

— Je pense qu'ils vont couper un arbre dans les bois, hasarda Abigaël, tremblante de soulagement. Vite, allons chez monsieur Hitier. J'ai eu si peur!

— Mais de quoi, ma chérie?

— Eh bien, des gendarmes ou des miliciens pourraient s'étonner que je promène un loup en laisse, tantine. Et puis il y a Cécile et Adrien. Ils ont de faux papiers, mais on ne sait jamais. Adrien, surtout, a l'âge requis pour le STO.

---

19. *Mon beau sapin* ou *O Tannenbaum*, chant de Noël allemand, créé en 1824 par Ernst Anschütz, organiste à Leipzig.

Marie ne fit aucun commentaire; néanmoins, de retour devant la maison du professeur, elle refusa de suivre sa nièce.

— J'ai abandonné Pélagie et Grégoire et j'ai des châtaignes à faire cuire, je préfère retourner à la ferme. Transmets mes amitiés à monsieur Hitier et à tes amis.

Abigaël n'insista pas. Elle embrassa sa tante et courut vers la maison, au risque de glisser dans l'épaisse couche de neige. «Pardon, tantine, je serai plus à l'aise sans toi, ce matin, même si je voulais vraiment que tu rencontres Adrien», se disait-elle, impatiente de revoir le jeune homme.

Un tableau charmant l'attendait à l'intérieur de la maison. Adrien, en chemise, raccommodait le coude de son gilet, tandis que Jacques Hitier, renouant avec son ancien métier, dictait un texte à Cécile, qui écrivait avec application dans un cahier.

Il a neigé dans l'aube rose,
Si doucement neigé,
Que le chaton noir croit rêver.

Abigaël fit signe au professeur de continuer. Il répéta les deux phrases, puis enchaîna en souriant.

C'est à peine s'il ose
Marcher.

La jeune fille détacha Sauvageon, ôta son manteau et alla s'asseoir près d'Adrien. Il lui adressa une mimique assez comique, en montrant la piètre qualité de son ouvrage. Sans un mot, elle s'empara du pull, du fil et de l'aiguille. La belle voix sonore du maître des lieux résonna à nouveau.

411

Il a neigé dans l'aube rose,
Si doucement neigé,
Que les choses
Semblent avoir changé.

Après un rapide coup d'œil à sa sœur et à Jacques Hitier, Adrien posa une main chaude dans le dos d'Abigaël. Elle tressaillit de surprise et le dévisagea, son cœur battant soudain très vite. Il effleura sa nuque du bout des doigts et joua avec ses cheveux. Elle lut dans ses yeux verts brillants et ardents un message troublant qui la grisa.

— Nous arrivons à la fin, petite, dit alors le professeur.

D'un ton solennel et grave, il énonça :

Et le chaton noir n'ose
S'aventurer dans le verger,
Se sentant soudain étranger
À cette blancheur où se posent,
Comme pour le narguer,
Des moineaux effrontés [20].

— Ce sera l'occasion d'une rédaction, mon enfant, conclut-il. Oui, tu pourras écrire la suite de l'histoire. Que fait ensuite le chaton noir ? Relis avec soin, je corrigerai tes fautes après avoir salué notre amie Abigaël.

— Bonjour, monsieur, s'écria la jeune fille.

— Bonjour, demoiselle. Déjà en train de coudre ? J'en étais sûr. J'avais même proposé à Adrien de vous confier ce petit travail dans lequel il ne paraît pas exceller. Sinon, ma chère enfant, que dites-vous du déluge de neige ?

20. Poésie de Maurice Carême (1899-1978), écrivain et poète belge de langue française.

— Un cadeau du ciel, répondit-elle. J'ai l'impression que nous sommes isolés du monde, bien à l'abri, que personne ne viendra gâcher Noël.

— Les soldats de la centrale sont passés il y a dix minutes environ, nota le professeur. Oh, ce sont de braves gosses. J'ai déjà discuté avec eux.

— J'étais prêt à bondir dans le souterrain dès que j'ai entendu un bruit de moteur, avoua Adrien.

— J'ai eu très peur aussi à cause de Sauvageon, admit-elle.

— Ayons foi en la divine Providence, soupira le vieil homme. Maintenant, excusez-moi, je dois vérifier l'orthographe de ma petite-nièce.

En se faisant comprendre par gestes, Adrien obligea Abigaël à poser son ouvrage et la prit par la main. Il l'entraîna ainsi vers l'escalier intérieur, puis derrière les épais rideaux rouges qui dispensaient une pénombre fort intime.

— Mais tu es fou, chuchota-t-elle. Que va penser monsieur Hitier?

— Il s'en moque, je l'avais prévenu que je t'emmènerais ici pour t'offrir ton cadeau. Tu as seize ans aujourd'hui; je n'ai pas oublié la date.

— Vraiment? C'est très gentil!

Il lui dédia un large sourire avant de prendre sous sa couverture un carré en carton emballé de papier blanc. Assise sur l'étroit divan où couchait Cécile, Abigaël se pencha un peu, car Adrien était à genoux sur le matelas qui lui servait de lit.

— Tiens, j'espère que tu ne te moqueras pas de mon talent.

— Comment pourrais-je me moquer de ton cadeau? protesta-t-elle, bouleversée.

Elle le fut davantage en contemplant son portrait, esquissé au crayon brun. Il était d'une ressemblance surprenante, ce qui acheva de la troubler.

— Je ne suis pas si jolie, dit-elle, la voix enrouée. Mais tu as beaucoup de talent. C'est magnifique, je t'assure. Mon Dieu, j'ai envie de pleurer! Et tu m'as donné un air étrange, comme si je rêvais, comme si je voulais m'envoler.

— J'ai remarqué ça, chez toi. Tu lèves souvent tes beaux yeux bleus vers le ciel. On dirait que tu es un ange et que tu voudrais avoir des ailes. En fait, j'ai visé juste, si tu ressens ça.

— Merci, Adrien! Je le ferai encadrer et je le garderai toujours, toute ma vie, s'enflamma-t-elle. Tant pis si je deviens coquette ou orgueilleuse par ta faute.

Elle riait en silence. Il se releva à demi et l'embrassa sur la bouche avec fièvre. Le baiser, délicat, mais impérieux, éveilla des ondes de chaleur et de plaisir dans le corps vierge d'Abigaël. S'ils avaient été seuls dans la maison, elle se serait allongée et offerte à lui sans hésitation.

— Alors, ce cadeau a-t-il du succès? demanda Jacques Hitier, qui n'entendait plus leurs voix.

— Oh oui, je suis ravie, s'empressa de répondre Abigaël en échappant à l'étreinte d'Adrien.

Elle dévala les six marches, le dessin à bout de bras, sans se douter qu'avec ses joues rouges et son regard exalté embué de larmes, elle avait tout d'une jeune amoureuse.

— Tu es contente? demanda Cécile, son adorable frimousse levée vers elle.

— C'est mon plus bel anniversaire, affirma-t-elle.

— Tant mieux, demoiselle. Il faut savoir saisir le moindre petit bonheur et le choyer précieusement, en ces temps de guerre, déclara le professeur.

Abigaël se sentit démasquée, mais elle reçut le conseil comme une bénédiction. Adrien les rejoignit, le teint vif lui aussi.

— Puisque nous pensons au bonheur, dit-elle très vite, je venais vous inviter à dîner à la ferme, demain soir. Ma tante prépare son fameux gâteau à la crème de marrons, enfin, de châtaignes, et il y aura des canards rôtis, des cèpes et des pommes de terre sautées. Mon oncle serait enchanté de vous recevoir tous les trois.

— Chic alors, cria Cécile en sautant au cou d'Abigaël. Dis oui, Adrien, je t'en supplie.

— Si vous jugez cela possible, professeur, moi, je suis partant.

— Je n'y vois aucun inconvénient. Je n'ai jamais pris un repas chez les Mousnier. Ce sera l'occasion. J'apporterai une bouteille de mousseux. J'en ai une en réserve. Mais une minute, je pense à une chose! Comment présenter Adrien et sa sœur, Abigaël? Seuls Béatrice et Yvon sont au courant de la vérité à leur sujet.

— Quand Patrick nous a surpris, lundi soir, je lui ai dit qu'il s'agissait de proches parents à vous, monsieur Hitier. Il suffit de confirmer ma version. Mon cousin n'osera pas poser trop de questions, ni sa mère.

Elle n'en était pas convaincue, mais pour rien au monde elle n'aurait renoncé à ce projet.

— J'ai confiance en Yvon, trancha le vieil homme. Abigaël, prendrez-vous une tasse de chicorée?

— Oui, merci.

Ils s'assirent autour de la table. Cécile relisait sa dictée, dépitée d'avoir fait trois fautes malgré la simplicité du poème. Jacques Hitier admira à nouveau le portrait de la jeune fille.

— Tu as un très bon coup de crayon, Adrien, dit-il, songeur. Après la guerre, car nous la gagnerons, il le faut, tu devrais entrer aux Beaux-Arts.

Par une association d'idées, Abigaël se souvint soudain du ravissant tableau accroché dans l'épicerie de Puymoyen. Elle pesa le pour et le contre et se décida à interroger le professeur.

— Monsieur, connaissez-vous une femme peintre, Angéla de Martignac?

Jacques Hitier devint livide, mais il fit oui de la tête, les lèvres pincées comme pour retenir la moindre parole.

— J'ai vu une de ses œuvres, dimanche, au bourg de Puymoyen, ajouta-t-elle.

— Une jeune femme très douée qui a même exposé à Paris et en Amérique, bredouilla-t-il, le souffle court. Les Martignac sont une famille de la noblesse provinciale, une vieille et honorable famille de la région qui possède encore le château de Torsac, à quelques kilomètres d'ici. J'ai rencontré Edmée de Martignac plusieurs fois dans les années 20. Une grande dame, la fine fleur de l'aristocratie, ruinée, mais fidèle à ses principes.

— Angéla est sans doute sa fille, suggéra Adrien, conscient du malaise qu'éprouvait monsieur Hitier.

— Non, sa belle-fille, l'épouse de son fils Louis.

— Louis? répéta Abigaël. Celui de la photographie?

— Lui-même, oui, soupira le professeur.

Peu intéressée par la conversation, Cécile se leva discrètement et alla se poster à la fenêtre, fascinée par le jardinet sous sa parure blanche. Elle observa le manège d'une mésange qui, perchée sur la branche d'un rosier, battait des ailes et penchait sa minuscule tête d'un côté. L'oiseau, au plumage bleu et jaune soutaché de noir, lui fit songer à un jouet mécanique, en plus joli.

Mais la mésange s'envola brusquement et disparut. Abigaël tira Cécile en arrière.

— La camionnette des soldats revient, souffla-t-elle. J'éteins la lumière.

Vite, elle courut actionner l'interrupteur, tout en regardant dehors sans approcher des vitres. Les

Allemands chantaient encore. Elle vit la cime d'un sapin qui dépassait de l'arrière du véhicule.

— Il n'y a pas de danger, ils vont fêter Noël, eux aussi, dit-elle tout bas.

Jacques Hitier approuva. Il avait perdu sa bonne humeur, c'était évident, et Abigaël regretta de l'avoir questionné.

— Je suis désolée, monsieur.

— Vous n'avez pas à l'être. Je souffre parfois de ne pas pouvoir citer haut et fort le nom de ceux qui se sont conduits en héros. Mais comment effacer le souvenir d'une artiste? Venez, Abigaël, toi aussi, Adrien. Je vais vous montrer quelque chose.

Il les devança dans sa chambre, son domaine réservé où les jeunes gens ne s'aventuraient guère, sauf nécessité. Sous leurs yeux intrigués, il ouvrit son armoire pour y prendre un paquet plat rectangulaire au dernier étage du meuble.

— J'ai pu sauver ce petit chef-d'œuvre d'un désastre, leur dit-il d'une voix soudain altérée. Ne me demandez rien, je n'aurai pas le cœur de raconter quoi que ce soit. Angéla de Martignac a dû peindre cette toile dans sa prime jeunesse. Elle ne peindra plus jamais.

Le professeur débarrassa du tissu qui le protégeait un cadre en plâtre ouvragé et doré servant d'écrin à un tableau. Avant même de songer à détailler la peinture, Adrien constata qu'elle comportait de vilaines traces de brûlé. Quant à Abigaël, elle pouvait à peine respirer tant elle avait la gorge serrée dans un étau douloureux. La toile représentait une jeune femme en tenue d'amazone d'un marron chatoyant, montée sur un superbe cheval blanc. Autour de la cavalière et de l'animal se déployaient des frondaisons aux teintes automnales, irisées de soleil. Il se dégageait de la scène une lumière surprenante, une impression de sérénité. L'exécution de l'œuvre était parfaite, d'une subtilité savante, mais il s'y ajoutait une touche rare. Elle provoquait une émotion profonde, comme dotée d'un charme mystérieux.

— Le cheval s'appelait Sirius, marmonna Jacques Hitier.

— Un nom d'étoile, nota Adrien. C'est un très beau tableau, je suis en admiration.

« C'est encore elle, ma belle dame, pensait Abigaël, toute jeune, habillée à la mode du début du siècle. Sirius! Le réseau Sirius! Je comprends mieux. Je commence à entrevoir une partie de ce qui s'est passé. »

Ses jambes ne la soutenaient plus. Elle dut s'asseoir sur le lit du professeur, suffoquée par un chagrin immense, intolérable. L'air lui manquait réellement et des spasmes la secouaient. L'un d'eux, plus violent, la fit se rejeter en arrière et elle sombra dans une bienfaisante somnolence. Inquiet, Adrien voulut s'élancer, mais Hitier le retint par le bras, lui imposant le silence en plaçant son index sur sa bouche.

L'esprit d'Abigaël recevait un véritable kaléidoscope d'images qui se mêlaient, se superposaient, disparaissaient, revenaient, sans ordre logique, mais toutes issues d'un passé proche ou lointain.

Certaines étaient effrayantes, dignes d'un cauchemar; un incendie ravageait une bâtisse ancienne, des gens couraient, affolés, des soldats et des gendarmes, dans une nuit traversée de lueurs rougeâtres, faisaient feu sans cesse sur une maison aux volets clos.

Parmi ces visions furtives, symboles de destruction et de mort, se glissaient des scènes pleines de douceur, de passion de vivre, d'amour, comme le cheval blanc lancé au grand galop sous le couvert des arbres, sa brune cavalière penchée sur son encolure, un sourire de joie sur ses lèvres d'un rose vif. Lui apparut aussi pour la première fois, pareil à un éclair éblouissant, une autre femme aux traits délicats et à la chevelure d'un blond pâle, nuée de boucles couleur de lune; la prestance était digne d'une princesse ou d'une fée.

L'horreur reprit ensuite possession de l'esprit d'Abigaël. Elle vit défiler une cohorte d'êtres humains squelettiques, décharnés, au regard vide de toute espérance. Comme une ultime note d'une infinie tristesse, le visage de la belle dame se dessina à nouveau, mais les paupières closes et les joues nappées de larmes.

— Non, non, cria Abigaël en agitant les mains. Assez, assez!

Révolté, Adrien passa outre aux injonctions de Jacques Hitier et se précipita pour la prendre dans ses bras. Il lui chuchota des paroles de réconfort et lui caressa le front.

Apeurée, Cécile pointa son nez dans l'entrebâillement de la porte. Mais Sauvageon la bouscula et sauta sur le lit. Là, sans se soucier des protestations du professeur, il se mit à lécher les joues de la jeune fille, tout en poussant de légères plaintes.

— A-t-on jamais vu une bête se comporter ainsi! s'étonna Hitier, tiraillé entre l'irritation et l'attendrissement.

Mais Abigaël avait retrouvé sa lucidité. Elle câlina le loup, le fit descendre du lit et se leva avec l'aide d'Adrien.

— Je suis navrée, monsieur, dit-elle d'une petite voix émue. Si vous voulez éviter ce genre d'inconvénient, il ne faut plus rien me montrer, rien qui se rattache au réseau Sirius. Adrien, je voudrais parler à monsieur Hitier. À lui seul. Peux-tu emmener Cécile?

Le frère et la sœur obtempérèrent. Abigaël s'approcha alors du vieil homme, abasourdi par l'incident. Il avait déjà remis le tableau dans le tissu et le tenait derrière son dos.

— Je crois avoir compris ce qui m'arrive depuis que je suis dans la vallée, murmura-t-elle sur le ton de la confidence. J'en ai eu l'intuition souvent et j'ai éprouvé à plusieurs reprises la sensation insolite d'être dédoublée, investie par une autre personne.

— Expliquez-vous, ma chère enfant. C'est confus.

— J'ai vu des bribes d'une vie qui n'est pas la mienne, j'ai eu accès à des souvenirs qui ne m'appartiennent pas. La femme que vous cherchez, qui n'est ni vivante ni morte, je crois qu'elle a le pouvoir d'entrer en contact avec moi. Elle m'appelle au secours à sa manière; une part d'elle a encore la force d'implorer mon aide. Mon Dieu, comment mettre des mots sur un phénomène aussi extraordinaire? Et que puis-je faire?

Elle fixait avec un air halluciné le professeur, ahuri par ce qu'il venait d'entendre.

— J'entrevois ce que vous peinez à m'exprimer, ma pauvre petite. Mais n'en parlons plus, à présent. Oublions les tragédies et les absents, du moins jusqu'au jour de Noël. Vous êtes toute pâle, toute tremblante. C'est votre anniversaire et, demain soir, nous passerons une bonne soirée tous ensemble.

Il lui tapota l'épaule, plein de compassion à l'idée de ce qu'elle avait enduré.

— Mon oncle doit rapporter un sapin. Je le décorerai. Ce sera une surprise pour Cécile. Il ne faut rien lui dire. Grégoire aussi sera content. Il faut penser aux enfants, n'est-ce pas?

— Mais oui, calmez-vous.

Dix minutes plus tard, rassérénée, Abigaël quittait la maison dans la falaise. Adrien l'escorta jusqu'à la croisée des chemins, au sein du paysage noyé de neige. Rien n'aurait pu l'en empêcher.

— Rentre vite, lui dit-elle. Si quelqu'un te voyait!

— Le professeur lui-même a dit qu'il n'y avait guère de danger, par ce temps polaire. Regarde, nous sommes seuls au monde.

Il la couvait des yeux, encore inquiet de l'avoir crue victime d'un mal foudroyant. Il peinait à accepter son fameux don de médium, qui faisait d'elle une jeune fille tellement différente des autres.

— Tu me diras ce qui s'est passé, à moi aussi, demanda-t-il en cherchant ses lèvres.

— Oui, bientôt, avant ton départ. Oh! Adrien, je voudrais tant que tu restes ici!

Elle l'enlaça et s'abandonna à son baiser. Plus leurs bouches s'unissaient, chaudes, avides l'une de l'autre, plus Abigaël reprenait force et courage.

— Tu es mon amour pour toujours, dit-elle en reculant.

Adrien eut un sourire très doux, touché au cœur par ces mots si simples, dénués de coquetterie ou de ruse féminine. Il savait qu'elle était sincère.

— Va vite à l'abri, mon ange, soupira-t-il. À demain soir.

— Oui, à demain soir.

Il les suivit des yeux, elle et le loup. La silhouette souple de l'animal et celle d'Abigaël, gracieuse et vive, toutes les deux voilées par la folle danse des flocons, lui firent soudain songer à quelque ancien conte de jadis où la magie garde ses droits et permet mille prodiges.

Ferme des Mousnier, vendredi 24 décembre 1943,
six heures trente du soir

— Dépêchons-nous, ils vont arriver, s'écria Abigaël, debout devant l'armoire de Béatrice dont les portes étaient grandes ouvertes.

— Une seconde, je veux que tu aies la surprise du siècle en te voyant dans le miroir, rétorqua sa cousine.

Déjà, la robe que je t'ai donnée te va à ravir. Je la mettais en hiver quand j'avais quinze ans. Tu es plus menue que moi, mais, avec la ceinture en cuir, ça te fait une taille de guêpe. Voilà, j'ai fini de te coiffer. Tu ne veux vraiment pas un peu de rouge sur les lèvres?

— Non, tantine serait outrée que je me maquille.

— Le résultat est fascinant, même sans fards, déclara Béatrice en penchant sa tête bouclée de côté. Attention, tu as enfin le droit de te regarder. Ciel, Adrien va tomber à la renverse quand il te verra.

Abigaël haussa les épaules, rougissante. La veille, en rentrant de la maison dans la falaise, elle s'était confiée à la jeune femme sans pudeur inutile, en lui racontant, frémissante, l'instant si particulier où elle avait eu envie de s'offrir à Adrien, d'être nue sous ses baisers. Béatrice s'était montrée passionnée par ce bref récit. Elle avait même décidé de se lever, se déclarant rétablie.

Après le souper, elles avaient entrepris de décorer le sapin qu'Yvon avait rapporté, de taille moyenne, mais aux branches drues et d'un vert intense. La vaste cuisine de la ferme avait été tout de suite embaumée par le parfum de l'arbre.

Grégoire avait participé à l'opération, fébrile et en extase. Il en tremblait, bouche bée, les yeux écarquillés. Abigaël et Marie lui avaient fait suspendre des guirlandes en papier et même une fragile boule en verre poudrée de givre artificiel. Prise au charme de ces moments de quiétude et de bonne entente, Pélagie avait cuisiné un gâteau de semoule que la famille avait dégusté encore tiède.

—

Maintenant, tout était prêt pour accueillir les invités et les deux filles achevaient de se préparer.

— Pourvu que la soirée se déroule aussi bien que celle d'hier! s'alarma soudain Abigaël. Je suis si contente pour Cécile! Elle ne peut pas imaginer qu'il y aura un sapin de Noël chez vous et, grâce à toi, un paquet qui lui est destiné.

Béatrice eut un sourire malicieux. Abigaël avait gagné son amitié et son affection. Elle l'appelait souvent « cousine » ou « petite cousine », se moquant bien de n'avoir aucun lien de parenté avec elle. Désireuse de lui faire plaisir, elle venait de l'aider à se faire belle pour ce dîner tant attendu.

Du coup, elles avaient passé un délicieux après-midi à essayer des robes, des corsages, des jupes, des colliers de pacotille. À la tombée de la nuit, Abigaël avait choisi une robe en lainage bleu foncé au sage décolleté en V qui épousait les lignes charmantes de son corps mince.

— Tu es radieuse. Une gravure de mode! dit-elle en la poussant devant la glace de l'armoire.

Son reflet déconcerta Abigaël tout en la ravissant. Ses pieds portaient des escarpins en cuir noir. Ses jambes étaient gainées de soie beige et sa poitrine tendait le tissu moelleux. Mais, ce qui la changeait le plus, c'était le chignon échafaudé par Béatrice à grand renfort d'épingles. Haute et composée d'une natte enroulée, la coiffure sublimait l'ovale de son visage et la finesse de son cou.

— J'ai l'air d'avoir vingt ans, dit-elle. Le collier que tu me prêtes n'est pas trop clinquant? Il brille beaucoup.

— Si tu ne peux pas porter du métal doré le soir de Noël, autant le passer au couvent, plaisanta Béatrice qui, pour sa part, avait mis une jupe écossaise où le rouge dominait et un corsage blanc au col brodé d'un galon également rouge. Un cardigan vert foncé complétait sa toilette de fête.

— Tu es très chic, affirma Abigaël. La poudre de riz a fait des miracles. On ne voit presque plus tes ecchymoses.

— Bah, je m'en fiche un peu. Le seul pour qui je voudrais être jolie, ce soir, c'est Lucas. Va savoir où il est, à cette heure-ci! Dans les bois de Chasseneuil malgré la neige et le froid, ou bien planqué chez un sympathisant du réseau Bir Hacheim. J'espère qu'il aura quand même un bon repas chaud et un verre de vin.

Attristée, Béatrice referma l'armoire. Elle s'amusa à faire tourner Abigaël sur elle-même en la tenant par une main.

— Nous pouvons descendre, petite cousine, dit-elle avec un sourire. J'ai prévenu Patrick. Il n'a pas intérêt à se conduire en goujat pendant le repas. Papa a dû le mettre en garde lui aussi. Ne pense qu'à ton bonheur, Abigaël. Tu vas voir ton amoureux jusqu'à minuit au moins.

Elles dévalèrent l'escalier, ce qui attira Pélagie dans le vestibule. En les voyant toutes deux si élégantes, la fermière émit un petit cri de surprise.

— Je me demandais ce que vous pouviez fabriquer là-haut si longtemps. Eh bé! Ça vaut le coup d'œil. Je n'ai pas mis ma robe du dimanche, vu que je dois servir à table.

— Nous vous aiderons, tante Pélagie. Montez donc vous changer! protesta Abigaël.

— Boudiou, ce que tu ressembles à ta mère, toi, avec tes cheveux relevés et tout en bleu! se contenta de répondre Pélagie.

— Ne détourne pas la conversation, maman. Va te changer et te coiffer, papa sera fier de toi, insista Béatrice.

— Bon, bon, d'accord. Occupez-vous du couvert, alors. Yvon et Patrick sont à la traite. Marie termine son gâteau. Il fallait le napper de chocolat. Vous parlez d'un luxe! Une chance qu'il m'en restait deux tablettes.

— Les tablettes que Franz donne en cachette à mon frère, murmura sa fille, amusée. Ah! Si seulement tous les Allemands étaient comme Franz, il n'y aurait pas eu la guerre.

Sur ces considérations, Béatrice entra dans la cuisine, suivie d'Abigaël. Marie jeta immédiatement un regard sur sa nièce; elle faillit laisser tomber la petite casserole qu'elle tenait au-dessus du fourneau.

— Seigneur, que tu es jolie, ma chérie! s'exclama-t-elle. Mais je ne t'avais jamais vue en vraie jeune fille et on dirait ta...

— Je sais, je ressemble à maman. Tant mieux, c'est un peu comme si elle revivait en moi.

— En effet, tu as raison.

Grégoire, impeccable, vint danser autour de sa grande sœur, qui lui accorda une légère caresse sur la tête, surtout afin d'aplatir l'épi tenace d'un roux orangé qui résistait à la gomina.

— Tu vois, Béa, le beau sapin, bégaya-t-il.

— Mais oui, je le vois. Retourne au coin du feu. Sois très sage, des gens vont venir.

— Marie l'a dit. J'ai peur, peur des gens.

— N'aie pas peur, s'écria Abigaël. Il y aura une petite fille; elle s'appelle Cécile.

— Cé-ci-le, répéta l'innocent en courant s'asseoir sur la pierre de l'âtre.

Abigaël s'aperçut alors que la longue table était déjà couverte d'une nappe blanche à liserés rouges. Une pile d'assiettes en porcelaine à motifs fleuris trônait au centre du meuble.

— Nous sommes dix, débita Marie, qui contemplait son gâteau nappé de chocolat luisant. Pélagie pensait placer deux personnes à chaque extrémité, et trois sur les grands côtés, en face-à-face.

— Oui, ça me semble parfait, concéda Béatrice. Je vais chercher nos jolis verres dans le buffet du salon, puisque maman a sorti ses plus belles assiettes. C'était son cadeau de mariage.

Abigaël s'approcha de sa tante et l'embrassa sur la

joue. Marie l'étreignit un court instant, certaine que plus une ombre ne subsistait entre elles deux.

— As-tu remarqué les efforts de Pélagie pour bien recevoir nos invités? Et mon oncle, il a joué de l'harmonica, hier soir. Ce matin, il a accroché une boule de gui dans le vestibule.

— L'esprit de Noël s'est emparé de la ferme des Mousnier. J'en suis enchantée, comme tous, ici, je crois. Je t'avouerai que j'appréhende un peu ma rencontre avec Adrien, mais, au moins, je me ferai une idée plus juste de ce garçon.

— Merci, tantine, de me dire ça, j'avais besoin de l'entendre.

Béatrice revenait avec les fameux verres. La table fut vite mise. Chaque convive aurait à sa disposition une serviette en lin rouge pliée en quatre. Abigaël alluma les bougies qu'elle avait disposées sur la cheminée et l'appui des fenêtres. Quand ce fut terminé, elle admira la pièce dans sa parure de fête. «Est-ce à votre goût, ma belle dame? songea-t-elle, un éclat tendre adoucissant encore ses grands yeux bleus. Que Dieu veille sur vous en cette sainte nuit. Si je pouvais savoir où vous êtes et vous ramener parmi nous…»

L'irruption de son oncle et de Patrick la tira de sa méditation. Le fermier émit un sifflement ébahi à la vue du couvert soigné et des chandelles dont les flammes vacillaient à cause du courant d'air.

— Nous voici des bourgeois, ma parole, s'esclaffa-t-il. Béa, tu es en beauté, ma fifille, et toi, Abigaël, on te prendrait pour une demoiselle de la haute société.

Patrick lui-même souriait, se laissant séduire par la joyeuse ambiance qui régnait dans la maison.

— Monsieur Hitier et ses cousins arrivent, expliqua Yvon. Le prof montre les vaches, la mule, les chevaux et les moutons à la petite Cécile. Elle voulait tout visiter, dans la grange. Où est passée ma femme?

Marie désigna l'étage d'un mouvement de tête. Elle ôta son tablier et arrangea une mèche de cheveux qui barrait son front. Elle était en gilet noir et jupe grise. Son unique coquetterie était un collier de perles et les boucles d'oreilles assorties.

— Ce sont des fausses, dit-elle, ayant noté l'œillade intriguée du fermier. Si elles étaient véritables, je les aurais vendues il y a des années.

— Je ne pensais pas à ça, Marie, je me disais que les perles vous vont bien au teint.

— Merci, c'est aimable à vous, Yvon, balbutia-t-elle, confuse.

La veillée de Noël s'annonçait décidément sous des auspices favorables. Lorsque Pélagie fit son entrée dans la cuisine, les cris d'approbation qu'elle reçut ajoutèrent à l'atmosphère de fête. Vêtue d'une robe en faille violette ajustée sur son corps mince, elle avait réussi à donner du volume à ses cheveux en les brossant avec énergie. Ils auréolaient ses traits apaisés, retenus au-dessus des tempes par des peignes. Une broche en or à son tour de cou en velours noir, la fermière était presque méconnaissable.

— Bravo, maman! se réjouit Béatrice. Je voudrais toujours te voir comme ça.

— Boudiou! Ce ne serait pas commode pour nourrir les cochons ou curer l'étable!

La boutade fit rire tout le monde. Flattée, Pélagie se rapprocha de son mari. Il l'attira contre lui en la couvant d'un regard ardent. Le secret de certains couples que le commun des mortels jugeait mal assortis demeurait derrière la porte close des chambres conjugales. Yvon aimait sa femme, qui lui vouait un culte farouche. Ils savaient se rendre heureux, au lit, et c'était la clef de leur attachement mutuel.

Des voix dans le jardin firent sursauter Abigaël. Leurs invités arrivaient pour de bon. La jeune fille se rua dans le vestibule, éclairé par une suspension en opaline rose. Elle ouvrit le battant gauche de la porte double, tremblante d'émotion, et salua d'un grand sourire monsieur Hitier, qui tenait une bouteille de vin cachetée sous le bras.

— Bonsoir, demoiselle. Ciel, vous êtes en beauté!

Sur ces mots, il passa dans la cuisine, accueilli par le fermier qui lui serra la main avec emportement. Abigaël se retrouva en face d'Adrien, dont Cécile cramponnait le poignet. La fillette était malade de timidité, mais, levant le nez, elle remarqua la boule de gui et dit tout bas:

— Il faut vous embrasser, vous êtes sous le gui.

Béatrice, qui les rejoignait, répéta la même chose, par malice.

— Non, ce n'est pas le Premier de l'an, murmura Abigaël, les joues en feu.

Adrien mit fin au dilemme en déposant un chaste baiser sur son front. Il poussa ensuite sa sœur en avant, vers la vaste pièce tout illuminée d'où s'échappaient d'alléchantes odeurs de viande rôtie. Ils découvrirent tous deux, éblouis, les branchages enrubannés de tissu rouge sur le manteau de la cheminée, les bougies allumées, les bouquets de houx sur le buffet, la table mise où les verres étincelaient comme autant d'objets précieux. L'enfant, elle, voyait surtout l'arbre paré de guirlandes et des boules aux vives couleurs, qui reflétaient la danse des flammes.

Grégoire sidéra alors toute l'assemblée. Dès qu'il vit la jolie petite fille s'arrêter, émerveillée, à deux pas du sapin décoré, il lança avec un accent triomphant:

— Joyeux Noël, Cécile!

Et la fête commença.

15

Serments d'amour

**Ferme des Mousnier, vendredi 24 décembre 1943,
même soir**

Abigaël avait gentiment proposé aux invités de lui
confier leurs manteaux, vestes et écharpes, laissant à
Béatrice l'honneur de les accueillir et de les faire asseoir. «Adrien est à son avantage. Ce doit être monsieur Hitier qui lui a prêté cette belle chemise et ce
costume, pensait-elle en posant les vêtements dans le
salon voisin, froid et plongé dans la pénombre. Il ne
m'a pas fait de compliment. Tant mieux, je serais devenue écarlate.»

Elle s'attarda un instant pour se remémorer l'expression émerveillée de Cécile, en admiration devant le
sapin et ses décorations. C'était si bon, si doux, de rendre
les enfants heureux! «Grégoire est métamorphosé, lui
aussi», se dit-elle.

Envahie par une délicieuse euphorie, Abigaël retourna dans la cuisine d'où s'élevaient des rires et des
discussions animées. Jacques Hitier présentait à Pélagie
ses prétendus petit-neveu et petite-nièce, qu'il disait
avoir rarement revus depuis leur enfance, mais avec qui
il correspondait. Yvon coupa court aux explications en
devisant sur les hasards et les nécessités de la guerre et
de la fichue occupation.

La fermière ne demandait rien, en fait, trop contente d'avoir plu à son mari au prix d'un effort de coquetterie.

— Une seule chose compte, ce soir, déclara-t-elle en riant, nous avons du monde à table et ça me fait bien plaisir. Ce n'est pas souvent qu'on peut se retrouver en bonne compagnie, oui, et la vie n'est pas très gaie.

Elle ponctua ses propos d'une caresse amicale aux boucles noires de Cécile, dont la timidité fondait avec la chaleur du feu et du fourneau ronronnant, ainsi que des sourires béats de Grégoire.

— Viens, toi, voir mon petit chat, la supplia-t-il.

Marie Monteil pouvait être fière de ses talents d'éducatrice. L'innocent parlait plus facilement et il ordonnait ses mots, depuis qu'elle s'occupait de lui tout au long de la journée.

Attendrie par les mimiques du garçon dont le retard mental lui avait été mentionné, Cécile lui témoigna de l'intérêt sans paraître se méfier ou le mépriser. Grégoire le sentit et il exulta. Bientôt, il tendait le chaton blanc à la fillette qui, ravie, le cajola.

Sur un geste de son mari, Pélagie ferma les volets. D'une voix rassurée, elle annonça qu'il neigeait encore. Personne ne viendrait les déranger par un temps pareil. Pendant ce temps, Béatrice et Abigaël servaient du pineau dans les verres à pied.

— Du pineau? s'extasia Jacques Hitier. Le suave pineau des Charentes? D'où le sortez-vous, Yvon?

— Pardi, j'en ai planqué des bouteilles dans ma cave dès le début de la guerre. C'est mon cadeau de Noël à ces dames et à vous, messieurs.

— Et moi, aurai-je le droit d'y goûter? blagua Patrick. Je ne suis ni une dame ni un monsieur.

— Andouille, va! Bien sûr que tu en auras une lichette, répliqua son père, jovial.

Adrien essayait de ne pas regarder uniquement Abigaël, dont l'apparence le fascinait. Il l'avait surtout vue emmitouflée ou en tablier et un foulard sur les cheveux chez le professeur. Dans sa robe en laine bleue, avec son chignon haut et le collier doré qui rehaussait son teint clair, elle lui donnait un aperçu de la femme qu'elle deviendrait. « Irrésistible, beaucoup de classe, une grâce de danseuse », songeait-il, absorbé au point d'ignorer l'examen qu'il subissait de son côté.

Marie l'étudiait des pieds à la tête; elle épiait ses gestes et sa façon de sourire, attentive à la correction de son langage. En costume et chemise, ses cheveux bruns peignés en arrière, le jeune homme faisait preuve d'une élocution soignée et de manières polies. Il avait bonne allure. Elle ne l'imaginait pas ainsi. « Je m'attendais à être confrontée à un individu hirsute, rude et flagorneur, qui aurait embobiné ma petite Abigaël. Mais non, il est bien, oui, très bien. Il a l'air sérieux. »

En dépit de ce constat favorable, elle n'éprouvait aucune sympathie pour Adrien. Il demeurait celui qui avait séduit son enfant innocente. Quand ils furent tous attablés, elle continua de le dévisager. Il avait des traits énergiques, un regard de félin et une bouche arrogante, autant de défauts, à son avis.

— Pour nous mettre en appétit, annonça Pélagie, une soupe à la citrouille. La récolte a été bonne et ça se garde bien, la citrouille. J'ai ajouté de la sauce tomate que je fais moi-même, l'été, et des pommes de terre.

Monsieur Hitier était assis entre la fermière et Marie Monteil. Il arborait une cravate d'un rouge foncé et une chemise à fines rayures. Il sentait bon l'eau de Cologne. Sa chevelure blanche brillait et ses yeux d'un bleu pâle semblaient rêveurs.

— Je suis touché, vraiment très touché, dit-il en fixant Yvon, de passer la veillée de Noël en famille chez des amis. Je n'étais entré que deux ou trois fois dans cette pièce. Ce soir, elle est si bien décorée que je retrouve mon âme d'enfant.

— Il faut féliciter Abigaël et Béa, s'écria le fermier, flatté.

— Surtout Abigaël, papa, rectifia Béatrice.

— Je suis si contente! ajouta Cécile. Il y a un sapin de Noël, le plus beau de la terre.

— Oui, beau, beau, renchérit Grégoire, qui s'appliquait à manger proprement le potage.

Le silence se fit, un silence relatif en raison du crépitement du feu et du chuintement de la graisse qui mijotait dans le plat contenant les canards, dans le four. Abigaël avait bu un verre de pineau et le regrettait. Elle se sentait légère, mais étourdie. Béatrice l'avait placée entre Adrien et Cécile, si bien qu'elle s'occupait de la fillette, sans oser dire un mot à son amoureux.

Après la soupe, dont il restait un fond d'une belle couleur orangée, Pélagie et Marie présentèrent des tranches de pâté de lapin entourées de cornichons au vinaigre. En parfait maître de maison, Yvon coupa le pain, une énorme couronne pétrie et cuite au four par son épouse, ce qu'il précisa.

— C'est vraiment un festin, s'exclama Adrien en adressant un large sourire à Pélagie. Madame, vous êtes une merveilleuse cuisinière.

— Mais non, protesta-t-elle, enchantée du compliment.

Patrick jeta un regard dédaigneux au jeune homme en retenant les paroles moqueuses et les allusions gênantes qui lui brûlaient les lèvres. Adrien l'exaspérait à cause de sa stature élégante, de sa voix posée, de sa chemise blanche qui le mettait en valeur. La jalousie le rongeait, car il était conscient de la séduction que l'intrus exerçait sur Abigaël, et même sur sa sœur, selon lui.

Pourtant, Béatrice était indifférente au charme d'Adrien. Elle l'appréciait, en fait, parce qu'il voulait devenir un résistant et qu'il avait eu le courage de défier la loi et le pouvoir en place, mais là s'arrêtait l'intérêt qu'elle lui portait.

La dégustation du pâté de lapin, fort savoureux, n'empêchait pas les conversations. Jacques Hitier engagea une discussion avec Marie au sujet du dernier livre qu'elle lui avait emprunté par l'intermédiaire d'Abigaël. Il s'agissait d'un roman d'Antoine de Saint-Exupéry, *Terre des hommes.*

— Il est très intéressant, affirmait-elle. Si vous aviez un autre ouvrage de cet auteur, je serais heureuse de le lire. Je préfère des textes de ce genre, et non des histoires à l'eau de rose.

— Vous devriez, dans ce cas, prendre connaissance d'un essai qui m'a fortement marqué sur les atroces conditions des enfants en colonie pénitentiaire. Je l'avais proposé à votre nièce, mais elle a oublié de l'emporter. Madame, enfin, si je pouvais vous appeler Marie, ce serait moins guindé!

— Entendu, je vous y autorise, murmura-t-elle, égayée.

— Eh bien, Marie, un jour, j'aimerais discuter avec vous du don de votre adorable nièce. Elle m'en a fait part dès notre deuxième rencontre; cependant, je serais curieux de savoir comment vous vivez cette étonnante singularité au quotidien. Pour être franc, ce livre dont je vous parle, Abigaël l'a eu entre les mains, mais un malaise s'est déclaré aussitôt. Hier encore, à la vue d'un tableau, elle a été terrassée.

Hitier chuchotait, rassuré par le brouhaha que provoquait l'apparition des volailles, dorées à point et à la peau grasse bien croustillante.

— Mon Dieu, et elle ne me dit presque plus rien,

rien de précis, alors qu'avant notre installation ici elle notait ses expériences dans le cahier de sa mère, qui faisait de même, déplora Marie.

— Si vous n'avez guère l'occasion de me rendre visite, nous trouverons peut-être un moment après le repas pour en causer, proposa le professeur d'un ton cordial.

— Peut-être, répondit-elle, émue de l'intérêt qu'il lui portait.

Yvon découpa les canards, sa crinière brune semée d'argent en broussaille, car il était le seul à ne pas avoir fait d'effort de toilette. En gilet marron et pantalon de velours élimé, il en imposait néanmoins par sa robustesse et l'éclat de ses yeux bruns sous ses épais sourcils grisonnants. Il souriait, exhibant de solides dents qui lui donnaient un air de carnassier.

«Ce n'est plus le même homme, se disait Abigaël. Demain, je le lui ferai remarquer. Il nous a joué la comédie, le jour de notre arrivée, à tantine et à moi, tout ça pour qu'on n'ait pas une seconde l'idée qu'il puisse être généreux, patriote, engagé dans la Résistance.»

— Les dames d'abord, déclara-t-il. Passez-moi vos assiettes.

Pélagie fut la première servie, puis Marie et enfin Béatrice, Abigaël et Cécile.

— Il faudra offrir les os à Sauvageon, s'écria la petite fille, déjà rassasiée, mais décidée à goûter à chaque plat. Pourquoi il n'est pas dans la maison?

— Et puis quoi encore? protesta Patrick. Nos chiens de chasse n'ont jamais mis les pattes ici. Alors, un bâtard de loup...

— Voyons, voyons, mon garçon, intervint Jacques Hitier, pas de vilains mots un soir pareil. Et je peux te garantir que c'est un loup, un véritable loup.

— Raison de plus pour qu'on le tienne enfermé, hein, papa?

— Présentement, il est aussi à l'aise dans le toit à cochon, avec de la paille et de l'eau, concéda le fermier. Et sais-tu, Cécile, nous avons un chaton. Ça ferait du chahut et du désordre si Sauvageon tentait de l'attraper.

— Pour sûr, cette grosse bête pourrait renverser le sapin, dit Pélagie. Un chat, ça suffit.

— Oui, madame, excusez-moi, bredouilla la fillette.

— Je crois que Sauvageon est habitué aux chats, hasarda alors Abigaël. Mais mon oncle a raison, ce soir, il n'est pas à plaindre. Nous lui porterons les restes de volaille ensemble, si tu veux, Cécile.

Confuse et apeurée par le ton rogue de Patrick, l'enfant ne répondit pas. Elle avait l'impression d'avoir dit une bêtise et luttait contre une vague envie de pleurer. Adrien lui chatouilla la joue en se penchant derrière Abigaël.

— Ne sois pas triste, Cécile, supplia soudain Béatrice en se levant. Mon frère est un vilain mufle. Tiens, viens deux secondes près de l'arbre de Noël. Tu as un paquet qui t'attend. C'est de ma part.

Adrien obligea sa sœur à rejoindre la jeune femme en la poussant doucement par les épaules. Le souffle court, Cécile reçut dans ses paumes tendues une boîte en carton rose assez décolorée qu'un ruban violet noué autour ornait.

— Ouvre vite, mignonne, l'encouragea Béatrice avec chaleur.

— En voilà une qui est gâtée, blagua Yvon, mais elle ne sera pas la seule, une fois qu'on aura gobé le dessert. Hein, Grégoire, si tu es sage encore une demi-heure, tu pourras aller voir au pied de l'arbre, toi aussi.

— Cadeau pour Goire, en vrai? bégaya l'innocent, radieux.

— Sans doute, mon gamin, sans doute, dit son père, hilare.

Mais il reporta son attention sur Cécile, qui tenait maintenant dans ses bras une jolie poupée en celluloïd aux cheveux bruns bouclés, vêtue d'une robe jaune à pois verts.

— C'était la mienne, avoua Béatrice. J'en ai pris soin. Elle est comme neuve. Je voulais que tu aies un jouet, ce soir.

— Merci, mademoiselle, elle est si belle! Je peux la garder pour toujours?

— Oui, évidemment, elle est à toi.

Tout à fait consolée, Cécile revint s'asseoir, perdue dans un rêve. Abigaël les avait emmenés loin de la grotte, son frère et elle. Depuis, elle dormait au chaud et elle n'était plus terrifiée par l'appel des chouettes, la nuit, ni par les mille bruits qui hantaient les falaises. Et, désormais, elle possédait une poupée, qu'on lui avait offerte près du sapin de Noël.

Pélagie hocha la tête, les yeux brillants, car la joie incrédule de l'enfant inconnue brisait quelque chose dans son cœur. Elle se tourna vers Grégoire et lui planta un baiser sonore sur la joue.

— Ah, tu es bien gentil quand même, marmonna-t-elle.

Le repas se poursuivit. On fit honneur aux cèpes et aux pommes de terre, qui baignaient dans le jus des canards. Chacun évoqua un cadeau de son enfance, reçu à l'occasion des étrennes ou d'une fête d'anniversaire. Un peu honteux de son coup d'éclat, Patrick leva son poignet et exhiba la montre-bracelet en argent au passant de cuir noir, que son grand-père lui avait remise avant sa première communion. Couvée du regard par le professeur, Marie se souvint d'un joujou de quatre sous, un chien en baudruche, que sa mère lui avait acheté pour ses six ans.

— Moi, mes parents m'avaient donné une petite locomotive à friction en fer, le jour de mes dix ans, dit Adrien. Je l'ai cassée au bout d'une semaine.

— J'ai eu droit à une orange et à un jésus en sucre candi, après la grand-messe de Noël, quand j'étais gosse, soupira Pélagie. Le curé distribuait aux petits de la paroisse les dons d'une riche dame de la ville.

On observait Abigaël en s'interrogeant sur ce qui l'avait le plus touchée, enfant. Béatrice parla de sa poupée, en riant, puis elle s'impatienta :

— Et toi, Abi?

Le diminutif indigna Marie. Adrien le constata et renchérit aussitôt en affectant de la vouvoyer :

— Et vous, Abigaël?

— Un livre d'images, il me semble, finit-elle par déclarer d'une voix songeuse. J'étais émerveillée par les couleurs et les dessins. Je le rangeais sous mon oreiller avant de dormir.

Tout le monde parut satisfait. Marie et Pélagie débarrassèrent les assiettes, tandis que Béatrice désignait du doigt à Cécile le gâteau nappé de chocolat trônant sur le buffet.

À cet instant précis, on frappa trois coups aux volets. Chacun retint sa respiration.

— Mon Dieu, qui ça peut être? chuchota la fermière.

Sur les visages détendus et joyeux s'imprimèrent l'angoisse et la frayeur. Adrien se raidit, prêt à se cacher au premier endroit qu'on lui désignerait. Yvon imposa le silence d'un geste de l'index. On toqua encore, mais à la porte double, cette fois.

— Il faut bien répondre, dit Hitier dans un souffle.

— Ce ne sont pas des soldats allemands ni la milice, dit Béatrice tout bas. Ils seraient plus bruyants. Les gendarmes, alors?

— J'y vais, trancha le fermier. C'est peut-être un voisin, ou ce brave Franz de la centrale.

Abigaël se rapprocha d'Adrien. Elle refusait de le

voir arrêté, emmené, molesté, comme elle refusait de le sentir crispé et anxieux au point d'être livide, tétanisé sur sa chaise.

— Ne crains rien, dit-elle en lui prenant la main. C'est Noël, la trêve de Noël.

— La trêve, j'en doute, répliqua-t-il. Je suis pris au piège, oui.

Yvon déverrouillait la porte. Tous l'entendirent crier :

— Pas de souci, les amis, ce n'est rien qu'un sacré bonhomme de neige!

Des rires étouffés suivirent son exclamation, mais personne dans la grande pièce n'osait questionner ou se lever.

— Entre vite, mon gars, disait Yvon.

Béatrice, livide, bondit de sa chaise et se rua vers le vestibule. Elle avait deviné qui était là, qui venait combler le vide de ses bras.

— Lucas, merci, mon Dieu! Lucas, mon chéri!

Par l'entrebâillement de la porte de la cuisine, Abigaël vit le jeune couple enlacé sous la boule de gui. Le fermier revint avec une grimace malicieuse en faisant signe qu'il laissait les fiancés se retrouver. Comme on se taisait après la grosse peur éprouvée, des bruits mouillés de baisers, des soupirs et des mots doux résonnèrent dans le silence pétri de soulagement.

— Eh bien, ça alors! s'étonna Pélagie. Lucas a pu revenir de si loin! Il était en Allemagne, pourtant. Mais qu'il vienne à table, il reste de quoi le régaler, ce brave garçon.

— Notre futur gendre, se vanta Yvon.

Adrien vida d'un trait son verre de vin rouge. Il savait par Abigaël que le jeune homme n'était jamais parti pour l'Allemagne, qu'il avait plutôt intégré le maquis Bir Hacheim. Jacques Hitier lui avait fait ses recommandations. Il fit donc celui qui ignorait tout.

De plus, après avoir lutté contre une panique légitime, il souffrait presque physiquement d'en être délivré.

— La peur que j'ai eue! chuchota-t-il à l'oreille d'Abigaël.

— Il fallait me faire confiance, plaisanta-t-elle avec un faible sourire, encore secouée elle aussi.

Béatrice et Lucas apparurent en pleine lumière. La jeune femme présenta à son fiancé ceux qu'il ne connaissait pas. Elle lui avait fait enlever sa canadienne et sa casquette blanches de neige.

— Ma cousine Abigaël et sa tante Marie, qui viennent de Touraine. Adrien et Cécile, de proches parents de notre cher voisin.

— Content de te revoir en pleine forme, Lucas, dit monsieur Hitier. Alors tu as eu une permission ou tu as faussé compagnie aux sbires du führer?

— Une permission, répondit-il très vite. Mais on s'en fiche, je suis tellement content d'être là! Si je m'attendais à trouver autant de monde à table, et dans un si beau décor! Je me suis trompé d'adresse, ma parole!

Pélagie courut l'embrasser en se hissant sur la pointe des pieds.

— Vous êtes d'un chic, madame Mousnier! s'écria Lucas.

Il contempla ensuite le sapin et ses boules de verre, les bougies et la jolie vaisselle. Grand, les épaules larges, il avait un visage rond mangé de barbe, des cheveux blonds qui ondulaient sur la nuque et des yeux de couleur bleu gris, étroits, mais rieurs.

— Assieds-toi donc, mon gars, insista Yvon. Un petit verre de pineau?

— Allez, ça me réchauffera. J'ai marché un bon bout de temps. Demain, j'irai voir ma mère. Elle sera rudement contente.

— Je t'accompagnerai, s'écria Béatrice. On ne se quitte pas.

Elle lui avait déjà mis un couvert et piochait dans les plats posés sur une autre table plus étroite, près de l'évier.

— On mangera le gâteau avec toi, se réjouit-elle. Mon Dieu, quelle joie de t'avoir le soir de Noël!

Il lui dédia un sourire vibrant d'amour. Marie en fut gênée; elle détourna la tête. Les conversations reprirent, mais on se contenta de banalités. En fait, Jacques Hitier, Yvon et Béatrice étaient un peu inquiets. Ils se demandaient si le jeune homme n'avait pas effectué le déplacement pour les avertir d'une nouvelle opération contre l'occupant. Abigaël, elle aussi au courant de ses activités clandestines, se posait la même question. Pour cesser de se tourmenter, elle se pencha vers Cécile, qui tenait sa poupée contre son cœur.

— Comment l'appelleras-tu? s'enquit-elle.

— Je cherche, mais je ne trouve pas.

— Réfléchis bien. C'est sérieux, un prénom.

Grégoire s'agitait sur sa chaise en fixant la fillette et son jouet. Marie s'en aperçut et proposa à Yvon d'envoyer l'enfant chercher son cadeau au pied de l'arbre.

— Mais bien sûr, il gigote d'impatience, ce fripon, s'esclaffa le fermier, légèrement ivre. Grégoire, tu as été sage, va voir sous le sapin.

On se tut pour suivre des yeux l'innocent qui trottinait d'un pas craintif autour de la table. Abigaël se leva afin de lui prêter une main secourable, si besoin était. Ce fut inutile. Grégoire déballa le papier brun qui enveloppait un automate en fer aux vives couleurs; assis sur une sorte de charrette, un clown menait un âne gris. Il suffisait de remonter le mécanisme grâce à une clef et le petit attelage roulait sur le sol dans un mouvement régulier en émettant des cliquetis.

— Beau, joujou, beau, bredouilla Grégoire, ébahi.

Intrigué, le chaton se rua vers l'objet dont il épia les moindres allées et venues d'un œil perplexe. Il avança une patte peureuse, recula et bondit sur place. Abigaël et Cécile éclatèrent de rire, vite imitées par Grégoire.

— Est-ce que ça te plaît, mon gamin? demanda Yvon.

— Content, moi, content.

— Je peux jouer avec toi? lui cria Cécile.

Elle le rejoignit sans avoir eu de réponse précise, surtout fascinée par les cabrioles du chaton blanc. Marie put enfin servir son gâteau fourré à la crème de marrons, Lucas ayant dévoré ce qui restait des deux canards.

Les enfants eurent leur part en dernier, car ils s'amusaient, se comprenant en silence. Cécile était si gentille avec Grégoire, si naturelle, qu'il redoublait d'efforts pour s'exprimer et dominer sa nervosité.

— Papa, joue-nous de l'harmonica, implora Béatrice alors que sa mère proposait une goutte d'eau-de-vie censée faciliter la digestion.

— J'en joue si tu chantes, ma Béa. Tiens, j'ai trouvé la musique de cet air que tu fredonnes souvent, la chanson de Charles Trenet, *Boum*.

Tout de suite, sa fille entonna d'une voix aiguë un peu fausse le refrain devenu célèbre depuis cinq ans.

Boum
Quand notre cœur fait Boum
Tout avec lui dit Boum
Et c'est l'amour qui s'éveille.
Boum
Il chante « love in bloom »
Au rythme de ce Boum
Qui redit Boum à l'oreille[21] *!*

---

21. Chanson de Charles Trenet, créée en 1938.

Adrien jeta un regard de côté à Abigaël, revenue s'asseoir près de lui. Elle le sentit et se mit à sourire, car son cœur à elle faisait bel et bien boum. Mais Béatrice fut prise d'un fou rire et ne put continuer à chanter.

Yvon se lança alors dans un répertoire plus ancien, faisant la part belle à d'anciennes chansons bien connues des enfants : *J'ai du bon tabac, Au jardin de mon père, Sur le pont d'Avignon.* Ravie, Cécile frappait des mains, imitée par Grégoire. Quand il fut à court d'inspiration, Marie suggéra qu'il serait de circonstance d'interpréter ensemble au moins un chant de Noël. Adrien fit signe qu'il refusait, Pélagie aussi. Béatrice et Lucas déclinèrent aussi la proposition, d'un non murmuré.

— Eh bien, rien que nous deux, tantine, déclara Abigaël. Entre le bœuf et l'âne gris, mon préféré.

Entre le bœuf et l'âne gris
Dort, dort, dort le petit fils,
Mille anges divins, mille séraphins
Volent à l'entour de ce grand Dieu d'amour.
Entre les pastoureaux jolis,
Dort, dort, dort le petit fils,
Mille anges divins, mille séraphins
Volent à l'entour de ce grand Dieu d'amour.
Entre les roses et les lys,
Dort, dort, dort le petit fils,
Mille anges divins, mille séraphins
Volent à l'entour de ce grand Dieu d'amour.
Entre les deux bras de Marie,
Dort, dort, dort le petit fils,
Mille anges divins, mille séraphins
Volent à l'entour de ce grand Dieu d'amour[22].

---

22. Chant de Noël du treizième siècle, un des plus anciens, toujours fidèlement chanté de nos jours.

Marie et Abigaël eurent un franc succès grâce à la limpidité de leurs deux voix mêlées. Pélagie essuya même une larme. La soirée continua, paisible, harmonieuse, joyeuse malgré l'énigme que représentait pour certains l'arrivée imprévue et surprenante de Lucas. Marie, qui n'aimait pas l'oisiveté, se dévoua pour ranger la vaisselle sale, faire chauffer de l'eau et remettre de l'ordre. Pélagie s'entêta à l'aider, refusant de se tourner les pouces.

Quant à Cécile, ayant bien mangé et beaucoup joué, elle tombait de sommeil.

— Nous allons vous laisser, déclara Jacques Hitier. La petite doit se coucher, elle dort debout.

— Oh, c'est dommage! Pas déjà! se récria Pélagie. Marie, elle pourrait coucher là, cette nuit, entre Abigaël et vous. Le lit est assez large. On la raccompagnera demain matin.

— Oui, dis oui, Adrien, s'il te plaît, gémit la fillette, heureuse à l'idée de se réveiller à la ferme et de passer encore du temps dans la cuisine, au pied du sapin de Noël, avec Grégoire et le chaton.

— Ce serait plus pratique, admit-il. Ça lui évitera le retour dans la neige et le froid.

Marie dissimula sa contrariété. Elle estimait leur lit peu adapté à cet arrangement, mais, un instant plus tard, elle eut honte de sa réaction.

— Il n'y a pas de souci, dit-elle gentiment. Dans ce cas, je monte coucher les enfants. Grégoire est épuisé, lui aussi.

Elle éprouva du réconfort à la perspective de pouvoir prier au calme dans la chambre afin d'honorer le Sauveur du monde, le Christ nouveau-né, en cette sainte nuit de Noël.

Cécile embrassa son frère avec tendresse, sans lâcher sa poupée. Elle adressa un signe de la main à l'assemblée et suivit Grégoire, qui portait son chat et son jouet.

— As-tu besoin de moi, tantine? demanda Abigaël.

— Je ne pense pas, répliqua Marie sans conviction.

Elle retint un soupir, espérant encore que sa nièce allait l'accompagner, ce qu'elle aurait fait d'ordinaire. Mais Abigaël était incapable de s'éloigner d'Adrien.

« Peut-être qu'il s'en ira demain soir avec Lucas, peut-être que je ne le reverrai jamais, songeait la jeune fille. Après, quand il ne sera plus là, je veillerai sur Cécile. J'aiderai tantine, mais pas ce soir, non, pas ce soir. »

Jacques Hitier et Yvon discutaient des qualités de la terre et du maraîchage ancestral dans la vallée de l'Anguienne, un sujet abordé, sans aucun doute, pour paraître d'innocents personnages aux yeux de Pélagie. Cependant, les deux hommes décochaient des coups d'œil soucieux à Lucas qui, lui, se préoccupait uniquement de sa fiancée. Les amoureux parlaient bas en se tenant les mains, les yeux dans les yeux. Patrick fumait cigarette sur cigarette, assis au coin de l'âtre; il était boudeur.

— Dis donc, Abigaël, s'écria la fermière. Faudrait porter les carcasses de canard à ta bête. Ça l'empêchera sûrement de tourner en rond. Je prépare une gamelle. Il y a des croûtes de pain, aussi.

— Merci, vous avez raison, Sauvageon doit être affamé.

— Je vous accompagne, proposa Adrien, sautant sur cette opportunité.

— Oh, entre jeunes, c'est dommage de se dire vous, pouffa Pélagie, qui avait bu plus que d'habitude.

— D'accord, alors, je t'accompagne, rectifia-t-il de bonne grâce, satisfait de ne plus avoir à surveiller sa façon de parler. Couvre-toi bien, il fait tellement chaud ici!

— Tiens, je viens avec vous, annonça Patrick. Je ne l'ai jamais vu de près, ce fichu loup.

— Souviens-toi de ce que je t'ai dit, recommanda son père d'un ton sec.

— Je m'en souviens très bien, papa.

Abigaël et Adrien étaient profondément déçus, mais ils ne le montrèrent pas. Tous trois se rendirent dans le vestibule où ils s'équipèrent pour sortir en silence.

— J'ai pris une lampe, précisa Patrick.

Un spectacle magnifique se révéla à eux une fois dehors. En moins de deux heures, le ciel s'était dégagé; il était d'un bleu sombre piqueté d'étoiles. Un quartier de lune irisait le paysage, composé de masses rondes aux contours adoucis, les arbustes, les murets et le puits lui-même étant ensevelis sous une épaisse couche de neige. Mais le vent était glacial.

— Tout sera gelé avant l'aube, dit Adrien. Quel froid!

— Oui, un froid polaire, vraiment, renchérit Abigaël, qui aurait tant voulu se blottir contre lui.

Goguenard, Patrick leur fit signe d'avancer.

— Je marche derrière vous. Au fond, je sers de chaperon.

Il n'alluma pas la lampe, car on y voyait suffisamment. Un tel silence régnait dans la vallée que le bruit de leurs pas paraissait assourdissant et insolite.

— Je vous gâche votre plaisir, les tourtereaux, insinua-t-il encore. Je n'allais quand même pas vous laisser en tête à tête, la nuit! Hé, je veille sur l'honneur de ma cousine!

— Tais-toi donc! s'offusqua Abigaël. Viens si tu veux, mais épargne-nous tes sottises.

— D'autant plus que tu ferais mieux de ne pas me chercher, conseilla Adrien, furieux. L'honneur des filles, tu n'en as rien à faire!

— Oh, je vois, tu crois tout ce que mademoiselle la pimbêche t'a dit. Elle a fait son numéro de martyre, elle t'a raconté des idioties, que je lui avais manqué de respect! Bon sang, j'en voudrais pour rien au monde, faudrait même me payer pour...

Adrien virevolta, le saisit par le col de sa veste et l'obligea à reculer.

— Ferme-la! Plus un mot sur Abigaël! Tu la salis rien qu'en la regardant, tu as compris? Et fiche-nous la paix, petit con.

Malade de rage, Patrick éructa un juron. Il brandit le poing et décocha un coup de pied à l'aveuglette, mais Adrien continuait à le repousser.

— Je vous en prie, arrêtez, supplia Abigaël, affolée.

Un long hurlement sonore et puissant les figea sur place. Cela semblait un appel triste et doux dans les notes basses, un cri de colère quand il s'enflait, rauque et ardent.

— C'est Sauvageon! Mon Dieu, il va alarmer le village et les soldats de la centrale!

Abigaël n'en dit pas davantage. Elle courut vers les petits bâtiments situés en face du poulailler. Vite, elle libéra le loup en prenant la précaution de le tenir par son collier. L'animal ne se débattit pas, mais, hérissé, il grogna férocement, ses prunelles d'ambre rivées sur Patrick.

— Sois sage, il n'y a pas de danger, balbutia-t-elle, certaine du contraire.

Si elle lâchait le loup, il attaquerait son cousin. Il pouvait le blesser grièvement.

Même l'odeur de la viande qu'elle apportait ne détournait pas son attention. Abigaël en fut bouleversée. Ce n'était plus la grosse bête docile et câline, mais un fauve aux aguets.

— Sauve-toi, Patrick, gémit-elle. Je ne sais pas ce qu'il a, mais va-t'en, c'est plus prudent.

Inquiet, Adrien fit signe à son adversaire de s'en aller. Patrick capitula, impressionné par les grognements du loup dont les yeux et les crocs luisaient sous la lune.

— Saleté de nana! Espèce de sorcière! marmonna-t-il en filant droit vers la maison, envahi par une rancœur assassine.

Il se sentait ridicule, en proie à une humiliation intolérable. Il traversa le jardin, se glissa dans le vestibule et grimpa l'escalier, tremblant de peur rétrospective et animé d'une fureur sourde qui distillait dans chaque parcelle de son corps un besoin forcené de vengeance. Mais ce n'était plus de vexations au quotidien, dont il rêvait, non. Il réglerait ses comptes un par un.

Il se réfugia au fond du grenier, où il était cantonné à cause de Marie et de sa nièce. La petite pièce qu'elles avaient occupée lui parut le symbole de sa défaite, de sa solitude. Il y faisait froid en dépit du poêle à bois et l'électricité n'arrivait pas jusque-là.

— Ils paieront tous! Papa qui me cogne dessus, la vieille bigote de tantine qui me fait la morale, ce bellâtre d'Adrien et l'autre donzelle, mademoiselle Abigaël. La gosse d'un bâtard, ouais. Je lui en collerai un autre, de bâtard, moi!

Couché sur son lit, Patrick lançait ses imprécations. Des larmes de honte trempaient ses joues. Il n'oublierait jamais cette nuit de Noël, en pleine guerre, où il était devenu un homme, forgé par la haine et la mauvaise fièvre sensuelle qui corrompait son sang depuis l'éveil de sa virilité.

—

Abigaël se décida à lâcher le collier de Sauvageon quand Adrien lui assura que la porte de la maison s'était bien refermée sur Patrick. Le loup fit quelques foulées en avant, humant le vent. Il revint ensuite vers la jeune fille et s'intéressa à la gamelle d'où lui parvenait l'odeur de la volaille rôtie. Affamé, il donna un coup de tête contre le récipient, dont le contenu se répandit sur la neige.

— Crois-tu que je peux te rejoindre sans crainte? hasarda Adrien, qui se tenait toujours à l'écart.

— Il n'en avait pas après toi, dit-elle d'une voix tendue. Il a dû se souvenir du soir où mon cousin m'a agressée. Dans son cahier, maman avait noté que certains animaux sont peut-être télépathes, dotés de sens plus développés que les nôtres. Selon elle, les chevaux, notamment, sont médiums. J'en ai eu la preuve.

Il s'approcha et scruta son visage, en partie dissimulé par une écharpe en laine brune.

— Comment ça, dis-moi?

— Pas maintenant. Il fait si froid, ça me coupe la respiration. Nous ferions mieux de rentrer au chaud. Je suis ennuyée, Adrien, à cause de Patrick, je voudrais tant être en bons termes avec lui! Il est sûrement vexé et il sera encore plus désagréable demain.

— Abigaël, c'est un imbécile. Ne pense pas à lui. Nous avons deux minutes et, si tu as froid, je suis là. Tu es tellement belle, ce soir! Quand je t'ai vue avec ta robe et ta jolie coiffure, j'aurais aimé t'enlever, pouvoir t'embrasser et te caresser.

Il l'enlaça tendrement, le souffle entrecoupé par l'émotion et le désir. Elle se réfugia entre ses bras. Il s'empara de ses lèvres, meurtrissant sa bouche dans un baiser passionné. D'une main, il frictionna son dos et ses épaules, mais la seconde déboutonnait son manteau, pour se glisser vers ses seins, les effleurer, les redessiner du bout des doigts avec de plus en plus d'insistance.

— Non, je t'en prie, Adrien.

— Pourquoi?

— Je ne sais pas, ça me gêne.

Elle n'aurait jamais avoué les sensations exaltantes qui la parcouraient, heurtant sa pudeur en lui donnant cependant envie d'être impudique, audacieuse.

— Excuse-moi, c'est la nuit de Noël. Je t'aime, mais ce n'est pas le bon moment, argumenta-t-elle, confuse.

— Je n'avais pas l'intention d'aller plus loin par ce froid, dehors près d'un toit à cochon qui empeste encore.

— Sauvageon a tout dévoré. Je dois l'enfermer. Il est trop tard pour le promener. Je n'arrête pas de le revoir quand il fixait mon cousin. Au fond, il m'effrayait un peu à montrer les dents ainsi, le poil hérissé. Seigneur, comment faisait-elle dans une situation pareille? Certains chiens sont incontrôlables. Que dire d'un loup!

— Qui, elle? De qui parles-tu, Abigaël?

— De son ancienne maîtresse.

— Ah, d'accord, je comprends. Il était attaché à une chaîne, à mon avis.

Elle secoua la tête comme si c'était impossible. Sauvageon rentra de lui-même dans le bâtiment, but de l'eau et se coucha sur sa litière de paille. Adrien replaça la barre en fer qui bloquait la porte. Il prit la main d'Abigaël.

— Je te demande pardon. Je ne vaux guère mieux que ton cousin. Ça doit être les effets du pineau, plaida-t-il.

— Patrick n'était ni tendre ni délicat quand il s'en est pris à moi. Je ne peux pas m'en souvenir sans ressentir du dégoût et de la répulsion. Adrien, pendant le repas, j'espérais pouvoir sortir avec toi, que nous ayons quelques minutes ensemble pour nous embrasser. Alors, ne me demande pas pardon. Je suis heureuse, malgré tout. Disons que j'aurais été encore plus heureuse si Patrick ne nous avait pas accompagnés.

— N'en parlons plus. Viens vite.

Il l'entraîna et elle le suivit en riant. La neige en train de geler craquait sous leurs pas rapides. Très loin, un clocher sonnait.

— Il est minuit, Jésus est né, s'écria Abigaël. C'est Noël, Adrien, mon plus beau Noël.

Et ils échangèrent un dernier baiser dans l'ombre bleuâtre du grand sapin qui dominait le jardin.

—

On prêta à peine attention aux deux jeunes gens lorsqu'ils réapparurent dans la cuisine. Béatrice, Lucas et Yvon jouaient à la belote sous l'œil amusé de Jacques Hitier qui fumait sa pipe. Mais Pélagie leur adressa un regard surpris.

— Et Patrick? Où est-il, mon fiston?

Elle sirotait un petit verre de gnole, assise près du feu. Abigaël s'approcha, les mains tendues vers les flammes.

— Il faisait très froid. Patrick a préféré rentrer.

— Il ne serait quand même pas monté se coucher sans dire bonsoir! protesta la fermière.

— Bah, s'écria Yvon, il avait bien bu, encore une fois. Dans ce cas, le mieux est de se mettre au lit.

— Oui, tu as raison, mon homme, c'est ce que je vais faire aussi, pardi. Lucas, tu iras dormir là-haut, avec Patrick. Tu te souviens, la chambre du grenier? Il y a de la place et des couvertures dans un placard du palier.

— Ne t'inquiète pas, maman, je lui montrerai, dit Béatrice avec un léger sourire.

— Je m'en doute. Eh bien, bonne nuit, tout le monde.

Pélagie sortit d'un pas traînant. Abigaël la suivit. Elle voulait monter embrasser sa tante et les enfants.

— Ah, on va pouvoir causer à notre aise, murmura Yvon.

Devant l'expression perplexe de Lucas, il ajouta encore plus bas:

— T'en fais pas, Adrien est une future recrue.

— Je me disais, aussi… Si le Prof t'a jugé capable, je lui fais entière confiance, fit-il en lançant un regard à Adrien. Une cigarette?

— Merci, elles se font rares, ces temps-ci.

Un courant de sympathie passa entre eux. Béatrice posa ses cartes et s'empressa de raconter à son fiancé son arrestation, puis son évasion grâce à un groupe bien organisé de résistants.

— On m'a prévenu, soupira Lucas en lui caressant l'épaule. Pourquoi crois-tu que je suis là? Je voulais te voir, m'assurer que tu allais bien. Je n'étais même pas sûr de te trouver ici, à la ferme. Alors, quand je t'ai vue, bon sang, quel soulagement!

Elle se blottit contre lui, mais il l'obligea à reculer un peu.

— Ils t'ont frappée, ces salauds! chuchota-t-il. J'ai remarqué des traces, là, là et là.

Lucas touchait délicatement les zones meurtries du visage qu'il chérissait.

— Ce n'est pas si grave, dit-elle. Mais je suis grillée en ville, à moins de me teindre en blonde et de porter des lunettes.

Sa boutade ne fit rire personne. Yvon énonça, irrité:

— Je veux que tu arrêtes tout, Béa. Tu restes chez nous cet hiver, à l'abri. La guerre n'est pas une affaire de femmes. Tant que tu rendais de petits services, j'ai serré les dents et je n'ai rien dit, mais je ne suis plus d'accord.

— Parlez moins fort, Yvon, objecta Jacques Hitier en désignant l'étage d'un regard explicite. Et je ne suis pas vraiment d'accord, les femmes sont souvent plus courageuses que certains types. On les soupçonne moins, aussi, ce qui est pratique.

— Là n'est pas la question, professeur. Je n'ai pas dit que les femmes ne valent rien, mais ça me rend malade de penser à ce qui peut leur arriver, une fois dans les griffes de la Gestapo ou de la Milice. Je n'ai pas su la vérité, pour Janine Casta, quand elle est morte. Béatrice m'a avoué tout récemment comment ils l'ont traitée avant de la tuer.

Le silence se fit oppressant. Le vieux professeur hocha la tête, les yeux dans le vague. Adrien osait à peine respirer, Lucas fixait le bois de la table d'un air affligé. Abigaël les découvrit ainsi et hésita à parler.

— Ma tante vous souhaite à tous une bonne nuit, dit-elle enfin à voix basse. Elle était fatiguée et ne redescendra pas. Cécile s'est endormie en trois secondes, Grégoire également.

— Bien, très bien, grogna le fermier. Nous discutions.

— Papa veut m'enfermer ici jusqu'au printemps, ironisa Béatrice.

— Hé, tu n'as pas la majorité, fifille. J'ai encore le droit de faire acte d'autorité.

— Je suis de l'avis de ton père, Béa, trancha Lucas. Tu en as assez fait. Profites-en pour préparer ton trousseau de mariée.

C'était une tendre plaisanterie, mais la jeune femme se rebella. Elle croisa les bras sur sa poitrine, la mine boudeuse, et prit sa cousine à témoin.

— Tu les entends, Abigaël? J'ai mené à bien des missions dangereuses et maintenant je devrais rester à la maison à tricoter et à broder des torchons. Si vous dites un mot de plus, toi, papa, ou toi, Lucas, dans une heure je m'enfuis par le souterrain et vous ne me reverrez pas.

— Essaie un peu, petite folle, menaça Lucas en la serrant dans ses bras. Sans blague, tu mourrais de peur dans le souterrain. Moi, le soir où je l'ai emprunté, je n'en menais pas large.

— Mais Béatrice l'a déjà fait, intervint Abigaël. Et je serais prête à m'y aventurer, si c'était nécessaire.

Jacques Hitier eut un sourire triomphant, tandis que le fermier levait les bras au ciel.

— Ah! les femmes, ronchonna-t-il. Ma propre nièce compte faire ses preuves. Mais où va le monde, hein?

— Il va vers la victoire, peut-être, dit Adrien, du moins, notre monde à nous, soucieux de lutter pour la justice et la paix. Si des femmes comme Béatrice ou Abigaël devenaient chefs d'un réseau, je serais fier de me battre sous leurs ordres.

— Pas moi, affirma Lucas. J'aime trop fort ma fiancée pour l'imaginer exposée à chaque instant au danger. Sur ce, chers amis, je vais me coucher. J'ai fait une longue marche.

Béatrice se leva avant lui. Elle avait su se faire comprendre en étreignant sa main et en lui donnant de petits coups de pied sous la table. Elle était lasse de discuter, de contenir ses gestes, de ne pas pouvoir embrasser à pleine bouche celui qu'elle aimait.

— Salut, la compagnie, dit-elle tout bas. Joyeux Noël, papa, bonsoir, Adrien et monsieur Jacques, à demain. J'en profite pour aller au lit moi aussi. Bonne nuit, Abigaël.

Monsieur Hitier annonça qu'ils prenaient congé, Adrien et lui, mais Yvon protesta.

— Un dernier verre pour la route, prof!

— Le dernier, alors.

Sur le ton de la confidence, les deux hommes se remirent à parler. Abigaël s'éloigna de la table pour s'agenouiller au pied du sapin. Les yeux fermés, elle respira avec délice le parfum de l'arbre. Adrien la rejoignit et prit place à ses côtés, assis en tailleur. Les branches basses les dissimulaient, il se permit de lui caresser la joue.

— Je suis contente que tu restes encore un peu, souffla-t-elle. Tu vas me manquer.

— Toi aussi, mais je saurai que tu existes et que tu

penses à moi. On se connaît depuis peu. Pourtant, j'ai l'impression que tu fais partie de ma vie, que je devais te rencontrer.

— Je ressens la même chose. Je crois qu'il ne pouvait en être autrement. Le destin nous a guidés l'un vers l'autre. J'en suis heureuse, Adrien.

— Ne m'oublie pas, ne m'oublie jamais, chuchota-t-il.

Il aurait donné cher pour l'embrasser et la tenir contre lui. Elle le devina et lui envoya un baiser du bout des doigts. Ils restèrent ainsi, silencieux, à se regarder, jusqu'au moment où monsieur Hitier déclara qu'il était temps de partir.

—

Allongée dans la pénombre dans les bras de Lucas, Béatrice entendit la porte principale se refermer. Elle perçut le pas de son père dans l'escalier, puis celui, plus léger, d'Abigaël.

— Nous sommes tranquilles, mon amour, soupira-t-elle. Tu peux dormir près de moi.

Ils s'étaient grisés de baisers, de gestes tendres et de mots doux, mais la jeune femme avait refusé d'aller plus loin, sans fournir d'explications. Sachant toute la maisonnée couchée, Lucas insista encore.

— Tu es gênée à cause de tes parents dans la chambre voisine, hasarda-t-il.

— Ce n'est pas ça, je ne peux pas.

— Tu es dans ta mauvaise période? Béa, pour une fois, tant pis, j'ai trop envie de toi. Surtout dans un bon lit, au chaud. Tu es si câline, ma chérie, si jolie!

— Je t'en prie, sois gentil, pas ce soir, Lucas. Je suis vraiment incommodée. Si tu savais comme je voudrais te faire plaisir! Je t'aime si fort, je me languissais tant de toi, jour et nuit!

— On ne le dirait pas. Je préfère aller au grenier, au fond. Au moins, je ne serai pas tenté. Tu m'attires dans ta chambre, tu me rends fou avec tes caresses et tes baisers, et puis rien.

Béatrice nicha sa tête brune au creux de l'épaule de son fiancé. Elle avait décidé de lui cacher sa fausse couche et rien ne la ferait changer d'avis.

— Je t'ai déjà beaucoup accordé avant le mariage. Si tu m'aimes comme je t'aime, reste là et repose-toi. On se tient la main et on s'endort tous les deux, sans penser à demain.

Il céda, ému, parce qu'il l'aimait et l'admirait.

— Pardonne-moi, ma Béa, murmura-t-il. J'ai eu si peur de te perdre! Mais tu es là, saine et sauve, et moi je te tourmente. Dors, ma petite chérie, dors dans mes bras. Je te promets qu'on se mariera bientôt, que nous aurons des centaines d'autres nuits dans un grand lit douillet et de beaux enfants, un jour.

Des larmes coulèrent sur les joues de Béatrice. Elle les essuya discrètement en maudissant la guerre et ses bourreaux.

—

Marie ne dormait pas encore quand Abigaël entra dans leur chambre. Seule la lucarne rougeoyante du poêle dispensait un peu de lumière. La jeune fille se déshabilla et enfila sa chemise de nuit. Elle gagna le lit, attendrie de se glisser contre le petit corps de Cécile.

— Tu n'as pas trop tardé, murmura sa tante. Je t'attendais.

— Nous ne sommes pas à l'étroit, finalement, répondit-elle. Es-tu à ton aise, tantine?

— Mais oui, nous avons connu pire, n'est-ce pas, pendant l'exode. Tu te souviens, nous avons couché dans une grange avec une quinzaine d'autres gens, sur de la paille moisie. Cette petite ne nous dérange guère.

Abigaël ne fit aucun commentaire; toutes ses pensées étaient tournées vers Adrien. Elle revivait le moment où il l'avait embrassée, où il avait éveillé en touchant ses seins un plaisir affolant. Elle le revoyait à table de profil, attentif aux conversations, prévenant et poli. Des images de lui se succédaient dans son esprit, d'une telle netteté qu'elle avait envie de le toucher et d'entendre sa voix.

— Ce garçon dont tu es amoureuse ne me déplaît pas, chuchota alors sa tante. Il semble assez instruit et plutôt bien éduqué.

— J'ignore si je suis vraiment amoureuse de lui, mentit Abigaël, comme pour vite fermer la porte de son jardin secret.

Elle avait envie de protéger son histoire d'amour du moindre jugement extérieur, sensible aussi au ton froid de Marie.

— Il faudrait être aveugle pour en douter, reprit sa tante. Ma pauvre enfant, tu ne le quittes pas des yeux, tu es suspendue au moindre de ses mots, et tu aurais dû voir ton visage dépité quand Patrick a dit qu'il vous accompagnait.

— Tantine, je t'en prie, nous en reparlerons demain, je suis fatiguée.

— Une chose m'inquiète, ajouta Marie, impitoyable. Adrien est plus âgé que toi. Il ne paraît pas éprouver les mêmes sentiments. Il doit te prendre pour une gentille gamine, dont il s'amuse.

— Là, tu manques de charité chrétienne, car, si je suis amoureuse comme tu le prétends, ce sont des paroles capables de me faire beaucoup de peine. Et c'est la première fois que tu me traites de gamine, toi qui vantes ma maturité, souvent.

Une sourde révolte agitait Abigaël. Elle s'imagina se

relevant, enfilant des habits à la hâte pour courir jusqu'à la maison dans la falaise et rejoindre Adrien. Ce serait si bon de s'allonger à ses côtés, de sentir son corps alangui par le sommeil, de recevoir des baisers, d'en donner, et enfin d'être nue dans ses bras, apeurée certainement, mais déterminée à devenir une femme, sa femme à lui.

— On peut très bien être mûre dans un domaine et pas dans un autre, Abigaël. Je te mets en garde comme l'aurait fait ta mère. Si ce garçon s'en va, tu souffriras. Tu pourrais même perdre une partie de tes capacités de médium.

— Je n'y crois pas une seconde, tantine. Bonne nuit. Et, sois tranquille, Adrien va s'en aller.

— C'est préférable, soupira Marie. Bonne nuit.

Cécile étendit un bras, marmonna quelque chose et changea de position. Abigaël l'apaisa d'une caresse sur le front. Elle était si nerveuse qu'elle craignait de ne pas pouvoir dormir. «C'était pourtant une belle soirée, se disait-elle. Béatrice a eu la joie de retrouver son fiancé, le repas était excellent et les enfants ont été comblés.»

Elle déplora l'incident dont Patrick était responsable, qui avait terni la chaleureuse gaieté de leur veillée de Noël. La hargne de son cousin la désemparait au point de l'angoisser. «Ce n'est pas mon cousin, en plus. Béatrice dit vrai, je dois m'en méfier. Après ce qui s'est passé ce soir, il peut se montrer encore plus jaloux, plus agressif, et même s'en prendre à Sauvageon.»

Anxieuse et en proie à des idées noires, Abigaël se réfugia dans la prière. Depuis son enfance, c'était sa bouée de sauvetage en cas de chagrin, de frayeur ou de douleur. Les yeux fermés, les mains jointes sur sa poitrine, elle implora Dieu, Jésus-Christ et la Sainte Vierge Marie de protéger tous ceux qu'elle aimait, d'apaiser le cœur de Patrick, de l'aider et de la guider, elle, Abigaël, dont les seize ans venaient de fleurir à l'aube de l'hiver.

16

Un cimetière sous la neige

Ferme des Mousnier, samedi 25 décembre 1943

Cécile fut toute surprise de se réveiller à côté d'Abigaël, mais très vite elle se souvint de la merveilleuse soirée passée à la ferme. D'un geste instinctif, elle serra sa poupée contre elle sans avoir besoin de la regarder, retardant même le doux moment de le faire comme pour mieux savourer la joie qu'elle en aurait. « On dirait qu'il fait jour », songea la fillette, devinant une vague clarté à travers les volets.

Elle s'étira, agita un peu les jambes et constata ainsi qu'elle disposait d'une place confortable dans le lit. En se redressant sur un coude, elle aperçut le lit voisin, où se devinait le visage paisible de Grégoire, encore endormi. « La tantine d'Abigaël est en bas, sûrement. »

Cécile perçut le crépitement du feu dans le poêle et l'odeur du bois sec. Elle soupira de bien-être, d'un timide bonheur, avant d'être prise d'une terrible envie de pleurer. Malgré tous ses efforts, les larmes jaillirent et coulèrent sur ses joues, tandis qu'elle respirait péniblement.

— Qu'est-ce que tu as, Cécile? demanda Abigaël en clignant les yeux, somnolente.

— Pardon, j'ai fait du bruit, balbutia la fillette avec un sanglot dans la voix.

— Ne t'excuse pas. Si tu avais du chagrin, il fallait me secouer bien fort et m'appeler. Oh, tantine est déjà levée et elle a rallumé le poêle. Cécile, dis-moi ce que tu as. Ton frère te manque, c'est ça?

Abigaël attira la petite dans ses bras et la cajola. C'était une sensation nouvelle pour elle, de câliner un enfant, et elle s'imagina en maman tendre et attentive, soucieuse d'épargner la moindre peine à ses petits.

— Je ne sais pas pourquoi j'ai pleuré, avoua Cécile. Je crois que ça me rappelait mes parents, l'odeur du feu, la chambre, les draps bien chauds.

Bouleversée, Abigaël embrassa sa protégée sur le front. Elle comprenait trop bien sa détresse de petite orpheline.

— Personne ne pourra remplacer ta famille, ma pauvre chérie, et tu as été très courageuse ces dernières semaines d'habiter une grotte en y restant souvent seule, même la nuit. Maintenant, au moins, tu es à l'abri et je veille sur toi comme monsieur Hitier, comme tout le monde ici.

— Mais mon frère va partir, je le sais. Moi, je voudrais qu'il reste avec nous.

— Nous l'attendrons toutes les deux, d'accord? Adrien ne sera pas loin, il pourra nous rendre visite.

Réconfortée, Cécile renifla. Elle souleva sa poupée à bout de bras et la fit danser en l'air.

— J'ai ma Clairette, dit-elle d'une voix plus gaie.

— Tu l'as baptisée Clairette, ta poupée?

— Oui, hier soir, on a cherché des prénoms, ta tante Marie et moi. Même que ça faisait rire Grégoire. J'avais d'abord dit Suzette, puis Poupette. Après j'ai choisi Clairette.

— Tantine a été gentille avec toi, j'en suis sûre.

— Elle nous a chanté *Il est né le divin enfant* et une chanson avec trois anges. C'était joli.

Abigaël approuva d'un sourire en étreignant tendrement la fillette. Elle ressentait une soudaine angoisse, mais elle l'attribua aux larmes de Cécile et au prochain départ d'Adrien. Cependant, son malaise s'accentua au point de l'empêcher de respirer à son aise.

— Est-ce que tu as faim, Clairette? minaudait la petite fille. Moi, j'ai très faim. Hein, Clairette, nous allons revoir le beau sapin de Noël et boire du bon lait chaud.

Le prénom de la poupée résonnait douloureusement, à présent, dans l'esprit d'Abigaël. Sa sonorité légère pesait sur son cœur de façon incompréhensible.

— Ta tantine a dit que, Clairette, ça vient de Claire, Suzette de Suzanne, mais que, Poupette, ça vient de poupée et ce n'est pas un vrai prénom du calendrier.

— Claire, Claire, répéta Abigaël d'une voix si étrange que Cécile lui toucha l'épaule.

— Dis, ça ne te plaît pas, comme nom, Clairette?

— Si, si, murmura-t-elle, submergée par une vague de chagrin, de désarroi extrême.

Elle gardait les yeux fermés, tandis que lui apparaissait sa belle dame brune à l'expression désespérée. Mais l'image était différente des précédentes. L'inconnue était assise dans un fauteuil, une couverture sur les genoux, la tête renversée en arrière, paupières closes. Le décor qui l'entourait était lui aussi nouveau et insolite; elle était cernée de murs en pierre percés d'une étroite fenêtre; on aurait dit une cellule de moine, d'un dépouillement austère. Et le prénom de Claire résonnait dans son cœur, pareil à une musique céleste.

— Abigaël? fit une voix.

Béatrice venait d'entrer dans la chambre sans avoir frappé. Elle semblait complètement affolée.

— Il y a un gros problème, dit-elle. Tu peux venir avec moi, Abigaël?

Son irruption tira un instant Grégoire de sa léthargie, mais il se tourna vers le mur et replongea dans un profond sommeil.

— J'arrive, dit la jeune fille. Attends-moi, Cécile, joue avec ta poupée.

Dès qu'elles furent sur le palier, Béatrice déclara très bas en prenant sa cousine par le bras :

— Patrick est parti, mais je ne sais pas comment l'annoncer aux parents. Lucas s'en est aperçu tôt ce matin quand il est monté jusqu'au grenier pour faire semblant d'avoir couché là-haut. Tu comprends, il était censé dormir avec mon frère, mais je l'ai supplié de rester avec moi, dans mon lit. N'ouvre pas des yeux pareils, nous n'avons rien fait, évidemment, vu mes soucis de ce côté-là. Même si papa soupçonne que nous avons des relations de couple, mon fiancé et moi, il ne sera pas content que je l'aie invité dans ma chambre.

— Tu es bien obligée de le dire, Béa !

— Crois-tu ? Non, Lucas pourra prétendre qu'il était épuisé et qu'il n'a rien entendu des faits et gestes de mon frère. Quelle plaie, ce garçon ! En plus, je suis inquiète. Où a-t-il pu aller, en pleine nuit, alors qu'il neigeait beaucoup ? Et pourquoi nous quitter à Noël ?

— Hier soir, quand il nous a suivis dehors, il a provoqué Adrien et ils en sont presque venus aux mains, confessa Abigaël, sincèrement navrée. Peut-être que Patrick est parti chez sa tante, à Dirac ?

— Je l'espère ! J'ai eu la même idée que toi. Lucas va s'en assurer. Il comptait rendre visite à sa mère, qui habite Dirac elle aussi. Il est prêt. Je lui ai conseillé de sortir par la porte de derrière, celle des commodités.

— Pourquoi ? Ça paraîtra impoli.

— Je m'en moque, j'ai une boule dans la gorge, là, j'en suis malade. Si tu lisais le message qu'il a laissé sur la table de chevet !

— Eh bien, montre-le-moi.

— Tiens, lis, c'est bourré de fautes, mon frère est fâché avec l'orthographe.

Abigaël lut à mi-voix, en s'éloignant un peu : *Je n'ai plus ma place sous le toit familial, je m'en vais et je ne reviendrai pas. J'irai là où on peut apprécier ma valeur et mes qualités.*

— Je connais Patrick mieux que personne et je crains le pire, soupira Béatrice. Qu'est-ce qui s'est passé exactement avec Adrien ?

Abigaël lui en fit le récit sans rien omettre ni tenter de minimiser le rôle du loup, qui semblait déterminé à attaquer le garçon.

— Cette bête est dangereuse, chuchota sa cousine au moment où Lucas descendait du grenier, habillé et chaudement équipé.

— Quelle bête ? interrogea-t-il en saluant Abigaël d'un signe de tête indifférent.

— Un loup dressé que mon père tient à cacher chez nous, expliqua Béatrice d'un ton sec.

— Bon sang, un loup ? Et d'où sort-il ?

— Nous en discuterons plus tard, Lucas. Va vite, je trouverai une excuse pour mes parents, du genre que tu voulais surprendre ta mère de bonne heure à l'occasion de Noël.

Le couple échangea un baiser rapide, dénué de passion. Les deux filles se regardèrent, ne sachant plus que dire ni que faire.

— De toute façon, tu ne peux pas cacher le départ de ton frère, insista finalement Abigaël.

— Non, tu as raison, mais, dans ce cas, il faut tout expliquer, notamment la querelle avec Adrien et le comportement de ce maudit animal. Je vais m'habiller. On descendra ensemble.

Abigaël consentit, terriblement anxieuse. Elle aurait dû être soulagée de ne plus être confrontée à Patrick, mais il n'en était rien. Charitable, toujours disposée à pardonner les offenses, selon les enseignements du Christ, elle redoutait un malheur. «S'il avait un accident, s'il faisait une chute, par ce froid et avec tant de neige!» songeait-elle en rejoignant Cécile.

Elle eut la bonne surprise de découvrir la fillette vêtue de ses habits de la veille et chaussée. Ses boucles en désordre, elle cherchait une brosse à cheveux dans la commode. Abigaël lui prêta la sienne et se prépara en vitesse, enfilant une jupe et un gilet.

— Viens, Cécile, il est grand temps de déjeuner.

— Et Grégoire?

— Il dort très tard, ne t'en fais pas. Tantine est obligée de le réveiller, souvent.

— Je l'aime bien; il est gentil. Hier soir, il riait dans son lit parce que son petit chat courait partout et il a fait comme moi, il a dormi avec son jouet. Quel âge a-t-il, en vrai?

— Douze ans, mais il est comme un enfant de trois ou quatre ans.

Elles avaient chuchoté. De même, elles sortirent sans bruit de la pièce. Béatrice devait attendre devant la porte, car elle poussa une vive exclamation d'impatience en les voyant apparaître. Comme Cécile descendait la première, elle murmura à sa cousine:

— Je sais ce que je vais raconter. Je dirai à papa que Lucas et Patrick sont partis en même temps pour Dirac, qu'ils reviendront dans la journée. Je suis sûre et certaine que mon idiot de frère est chez sa tante Flavie. Il a coutume de pleurnicher dans son giron et elle rêve de l'héberger pour avoir de la main-d'œuvre gratuite. Enfin, presque, car Patrick mange beaucoup.

— Il n'aurait pas écrit ce message s'il comptait se réfugier là-bas, Béa. Si tu dis la vérité, ton père peut le rattraper. Il a dû laisser des empreintes dans la neige.

— J'ai bien recommandé à Lucas d'inspecter le tour de la maison et des bâtiments, à condition que papa et maman soient occupés à la traite. Par ce froid, ils auront fermé la porte de la grange.

Elles entrèrent dans la cuisine, précédées de Cécile. Marie attisait le feu dans l'âtre sous une énorme marmite en fonte, un tablier noué à sa taille.

— Bonjour, tantine, dit Abigaël.

— Eh bien, vous n'êtes pas matinales, les filles! répliqua-t-elle. Je reviens de tirer de l'eau au puits.

Marie se redressa et fixa sa nièce d'un œil insistant aussi bien que soucieux.

— J'ai une mauvaise nouvelle pour toi, ma chérie, Sauvageon s'est échappé, dit-elle très vite.

— C'est impossible. J'avais tiré le loquet en bois du bas, et mis celui du haut comme me l'avait recommandé mon oncle. Il n'a pas pu ouvrir. Ou bien il a creusé sous les planches!

— Non, je suis allée voir avec Yvon, parce que la porte du toit à cochon battait au vent. Le loup n'a pas gratté.

— Quelqu'un a débloqué les loquets, alors, gémit Abigaël, la gorge serrée, au bord des larmes. Je crois savoir qui.

Gênée, Béatrice baissa la tête. Elle aussi pensait que c'était Patrick le responsable.

— Il lui a peut-être fait du mal, lâcha tout bas la jeune fille. Il est capable de le tuer, s'il a pu l'attacher.

— De qui parles-tu, enfin? demanda Marie avec stupeur.

— De mon frère, confessa Béatrice. Où sont mes parents?

— Ils nourrissent les bêtes, mais ta mère a rapporté du lait frais. Cécile, mets-toi à table, je vais te préparer un bon petit-déjeuner.

La fillette observa les traits tendus d'Abigaël, qui faisait les cent pas dans la cuisine. Malgré le sapin décoré, les branchages et leurs rubans rouges sur la cheminée, elle était triste.

— Est-ce grave, si Sauvageon ne revient pas, s'il préfère vivre en liberté? interrogea-t-elle d'une voix sérieuse.

— Non, bien sûr, protesta Abigaël. Il n'était pas content d'être enfermé, il avait envie d'une longue balade.

— Mais personne ne va le tuer, dis?

— Non, il est trop malin pour ça, trop fort. Je suis désolée, Cécile, j'ai dit des sottises. Seulement, vois-tu, un loup affamé en liberté peut attaquer un poulailler et mon oncle aurait des ennuis. Je vais le retrouver, ne t'inquiète pas. Je sors un moment. Tout à l'heure, je te raccompagnerai chez monsieur Hitier, ou plutôt chez ton grand-oncle. Nous devons faire attention, n'est-ce pas? Tu es sa petite-nièce, si quelqu'un t'interroge, d'accord?

— J'ai compris, murmura gravement Cécile. Dis, je pourrais peut-être rester ici, aujourd'hui?

— Je n'y vois aucun inconvénient, concéda Marie, puisque nous ne pouvons pas aller à la messe. C'était notre projet, mais, avec toute cette neige, Yvon juge le trajet périlleux, à pied ou en charrette.

— C'est évident, tantine, et il est déjà tard. Nous aurions dû nous mettre en route avant le lever du jour.

— Si tu n'en souffres pas, sache que c'est très pénible pour moi de manquer l'office de Noël.

— J'en suis navrée, répondit Abigaël avec sincérité. Je te confie Cécile, je dois parler à mon oncle.

— Je t'accompagne, déclara Béatrice qui venait de boire une tasse de chicorée.

Peu après, elles traversaient le jardin, en bottes de caoutchouc et manteau, le visage en partie dissimulé sous deux tours d'écharpe en laine, les cheveux enfouis sous des bonnets. Le froid polaire les saisit au cœur, agitant des nuées de flocons durs et fins qui leur criblaient le nez et les joues comme des pointes d'épingle glacées.

— Pourvu que Patrick soit bien chez notre tante! se lamenta Béatrice. Pourquoi a-t-il fait ça? Il avait l'air de bonne humeur, hier soir.

— Je suis désolée, s'écria Abigaël. J'ai vraiment l'impression d'être responsable de tout ce gâchis. Ton frère s'en est pris à moi dès les premiers jours en répétant que je n'étais pas sa cousine, qu'il avait le droit de me... enfin, de faire ce qu'il a fait.

— Quel crétin! Quelle andouille! Vicieux en plus! enragea Béatrice. Mais ce n'est sûrement pas lui qui a libéré Sauvageon. Réfléchis un peu. On ne prend pas le risque d'ouvrir une porte à une bête à moitié sauvage dont on a peur, car Patrick avait forcément peur de ce maudit loup.

— Ce n'est pas un maudit loup, riposta Abigaël. Pourtant, tu as sans doute raison. J'imagine mal la scène, ton frère lâchant un animal capable de l'attaquer aussitôt. Qui aurait fait ça, alors?

— Je l'ignore. Un rôdeur, par hasard, croyant pouvoir s'emparer d'un cochon.

— Allons inspecter les lieux, il doit rester des traces.

En guise d'empreintes, elles virent surtout les plus récentes, celles du fermier mêlées à celles de son épouse. Abigaël crut distinguer des marques de griffes et de pattes, mais c'était difficile à établir avec certitude à cause de la neige tombée durant la nuit et le début de la matinée.

La mine sombre, Yvon les vit entrer dans la grange. Pélagie était perchée sur le plancher à foin, une fourche à la main.

— Quelle poisse! maugréa-t-il, les poings sur les hanches, debout près de la jument. Le professeur sera furieux quand il saura que le loup s'est échappé. Bon sang de bois, on ne peut pas passer un peu de bon temps, il faut qu'il y ait du grabuge dès le lendemain! Qu'en penses-tu, Abigaël?

— Sauvageon m'aime bien; il va revenir. Le mieux serait de le garder dans la maison avec nous. Il a été habitué ainsi, il me semble.

— Et quoi encore? aboya Pélagie en plantant les dents de la fourche dans le plancher. Est-ce que tu laisses entrer tes chiens de chasse, mon homme?

— C'est différent, trancha-t-il.

— Boudiou, je ne vois pas en quoi! Si le vieux Hitier n'est pas content, qu'il se la garde, sa bestiole!

La fermière avait retrouvé sa voix rogue en même temps que ses vieux vêtements de travail. Sa face crispée par la colère et l'incompréhension avait perdu le charme de la veille.

— Papa, il y a bien pire, annonça Béatrice, tremblante d'une légitime appréhension. Patrick est parti. Je n'osais pas vous le dire, mais je crois que je n'ai pas le choix. Il s'est enfui au milieu de la nuit sans faire aucun bruit, car il n'a même pas réveillé Lucas. Le pauvre, il était tellement fatigué! On ne peut pas lui reprocher de n'avoir rien entendu.

— Quoi? Qu'est-ce que tu racontes, fifille? tonna Yvon. Ton frère n'est pas si fêlé que ça, partir par ce temps! Et où?

Livide, Pélagie dévala l'échelle si vite qu'elle faillit rater un barreau et faire une chute de deux mètres.

— Patrick, parti en douce? Je ne peux le croire! s'exclama-t-elle, hébétée, une fois en sécurité sur la terre ferme. Ou alors il était de mauvais poil et il est allé marcher, peut-être bien jusqu'à Dirac, chez ma sœur. Ils s'entendent comme larrons en foire, tous les deux.

— Maman, il a pris son sac à dos en toile kaki et toutes ses chaussures. Et il a laissé ça.

Elle tendit le message à son père, écrit sur une page de cahier. Yvon le parcourut et le remit à sa femme.

— Un sale caprice d'enfant gâté, conclut-il. Il sera vite de retour, tout penaud.

— Quand même, on n'en sait rien, dit Pélagie en retenant un sanglot effaré. Tu étais souvent à le tarabuster, ces derniers temps. Tu lui as flanqué une correction, aussi. À son âge, on se vexe, pardi.

Sur ces mots, elle décocha un coup d'œil plein de rancune à Abigaël.

— Que devais-je faire, tante Pélagie? rétorqua-t-elle. Lui céder? Le laisser me traiter comme une fille de rien qu'on couche sur la paille et dont on abuse? Simplement pour calmer sa nature vicieuse, parce que nous ne sommes pas du même sang?

Elle avait parlé fort, le ton cassant, le visage magnifié par l'indignation. Béatrice lui aurait donné vingt ans et non seize, tant elle lui semblait digne et volontaire.

— Pas de fariboles, protesta Yvon, l'air embarrassé. C'est ton cousin. S'il t'a raconté le contraire, il ne fallait pas le croire.

— C'est moi, papa. J'ai dit la vérité à Abigaël. Elle était en droit de savoir.

Le fermier devint cramoisi, le regard furibond. Il s'éloigna de la jument et alla frapper de toutes ses forces de son poing fermé contre un poteau en bois. Les jointures écorchées, grimaçant de douleur, il toisa sa fille avec incrédulité.

— Mais qu'est-ce que vous avez tous dans le crâne? Toi qui trahis une promesse, ton frère qui fiche le camp, et le petit dernier, un simple d'esprit, un pauvre innocent, qu'on doit tenir enfermé!

Il coiffa son vieux chapeau en feutrine délavée et boutonna sa grosse veste en cuir fourrée d'une doublure en laine jaunie.

— Je vais rendre visite à ma belle-sœur et, si Patrick est là-bas, je lui ferai passer le goût des escapades. Déjeunez sans moi, à midi. Et si je croise ce damné loup, j'essaierai de le ramener ici.

— Je vais chercher de mon côté, oncle Yvon, s'écria Abigaël. Vous savez, ça ne change rien pour moi, vous êtes mon oncle par le cœur, par l'amour que vous aviez pour mon père, et je vous admire. Occupez-vous de votre fils. Moi, si j'ai de la chance, je devrais retrouver Sauvageon très vite, à moins qu'on lui ait fait du mal.

— Sois prudente, petite, conseilla-t-il en lui caressant la joue. Tu es décidément aussi belle et dévouée que Pascaline. C'était une jeune femme formidable, ta maman.

Ému, Yvon se tut et sortit à longues enjambées nerveuses. Pélagie rumina une très ancienne jalousie sous l'œil triste de sa fille qui n'était pas loin, elle aussi, d'éprouver le même sentiment, car elle adorait son père.

— Au revoir, énonça tout bas Abigaël. Je vais passer chez monsieur Hitier le prévenir de ce qui est arrivé.

Les deux femmes hochèrent la tête, muettes d'inquiétude et de dépit. Puis Béatrice prit sa mère par le bras.

— Rentrons, maman, j'ai mal au ventre. Je vais monter m'allonger. Cécile reste à la maison. Marie s'en chargera.

— Que ça me plaise ou non, hein? bougonna Pélagie dans un soupir qui en disait long.

—

Abigaël marchait lentement sur le chemin dans l'espoir de relever des empreintes de Sauvageon. Depuis son réveil, elle avait à peine pensé à Adrien, malgré la présence de Cécile qui aurait dû la faire songer à lui.

La fugue de Patrick et la disparition du loup la tourmentaient au plus haut point. Elle ne pouvait s'empêcher d'associer les deux événements et elle redoutait un drame odieux. « Patrick n'est qu'une brute, un envieux! se disait-elle. Il a pu être assez habile pour assommer Sauvageon juste après l'avoir libéré en maintenant la porte à demi close, ou bien il l'a blessé avec un outil, une hache ou une fourche, et il l'a achevé ensuite. Honteux après son geste, il s'est sauvé pour éviter une punition et la colère de monsieur Hitier. »

Elle parvint ainsi devant la maison dans la falaise, comme voilée par un faisceau de branchages chargés de neige. Il n'y avait pas de lumière, mais une odeur de feu de bois flottait dans l'air glacial. Le cœur lourd, elle se résigna à remonter la petite allée tapissée de verglas et à toquer trois petits coups brefs.

Jacques Hitier écarta le battant de quelques centimètres, puis, la reconnaissant, le poussa en grand.

— Entrez, il ne fait pas bon être dehors par ce froid, dit-il.

— Où est Cécile? demanda aussitôt Adrien, assis devant un poste de TSF, sans lui accorder le moindre bonjour.

— Elle a souhaité passer la journée à la ferme. Je lui ai permis de rester, mais tu peux aller la chercher, si tu n'es pas content.

— Excuse-moi, Abigaël, soupira-t-il. Nous tentons de réparer un poste de radio que monsieur Hitier avait rangé, ne pouvant plus l'utiliser. Je m'y connais un peu. Cécile se serait sûrement ennuyée. Tu as bien fait.

— Vous me paraissez affolée, ma chère enfant, remarqua le professeur.

— Oui, monsieur, il y a de quoi.

Elle raconta de manière concise et précise le départ de Patrick et la disparition du loup.

— Je connais ce garçon, dit le professeur. Il a un bon fond, selon moi. Il n'ira pas bien loin et sera de retour au bercail ce soir. Pour Sauvageon, c'est plus préoccupant, et ce n'est peut-être pas votre cousin qui l'a fait échapper.

— Mais qui, alors? interrogea Adrien, intrigué. Et s'il s'agissait des soldats allemands? Ils seraient venus rôder autour de la ferme en quête de nourriture ou de lait et, par un malheureux hasard, ils auraient ouvert la porte à l'animal.

Abigaël haussa les épaules d'un air affligé, estimant l'hypothèse invraisemblable.

— Où habitait la famille qui l'a élevé et apprivoisé, monsieur Hitier? demanda-t-elle alors, les traits tendus. Vous devez me le dire, je dois le retrouver. Où vivait Claire?

Le regard bleu pâle du vieux professeur se dilata, tandis que son cou et son visage s'empourpraient. Sidéré, il s'appuya au dossier d'une chaise.

— Comment avez-vous su, petite? Qui a osé vous raconter ça?

— Personne de votre entourage n'a trahi le secret. Je l'ai su de la façon dont j'apprends des choses, en tenant une photographie dans mes mains ou un livre, ou bien en voyant une peinture.

— Mon Dieu! murmura-t-il, le souffle court.

— Monsieur, bien des femmes s'appellent Claire. Ce n'est quand même pas dangereux de prononcer son nom ici ce matin, alors que nous sommes tous les trois, sans autre témoin.

— Adrien n'avait pas besoin de savoir, rétorqua-t-il.

— Professeur, franchement, j'oublierai ce prénom dans une minute s'il le faut, protesta le jeune homme. Vous n'avez rien à craindre pour la sécurité de cette femme.

— Où vivaient-ils tous? insista Abigaël. Accordez-moi une chance de sauver le loup de Claire!

— Puymoyen, lâcha-t-il entre ses dents. Ils habitaient près de Puymoyen, dans une vallée en contrebas du bourg, la vallée des Eaux-Claires. Un moulin…

— Merci, monsieur Hitier. Je m'en vais, à présent.

Elle n'avait pas quitté son manteau ni son bonnet, juste écarté l'écharpe de son menton.

— Je suppose qu'Adrien ne peut pas m'accompagner, hasarda-t-elle, avant de tourner la poignée de la porte.

— C'est hors de question. Abigaël, je vous supplie de ne pas vous aventurer là-bas. Avancez sur le chemin, si vous pensez que Sauvageon a pris cette direction, mais revenez vite. Vous ne trouverez plus rien, rien, vous m'entendez?

— Je n'ai pas dit que j'irais, c'est une longue marche et il menace de neiger encore. Je voulais savoir, et je vous remercie de m'avoir répondu, monsieur.

Adrien se leva précipitamment quand elle sortit. Il enfila une veste et une casquette, et la rattrapa au milieu du jardinet.

— Sois prudente, tu pourrais tomber malade, avec ce vent et ce froid, dit-il en l'attirant dans ses bras. Je viendrais volontiers, mais je ne peux pas prendre un tel risque.

— Vraiment? Tu as pourtant de faux papiers à montrer, si nous sommes contrôlés. Et crois-tu que nous croiserons des gendarmes un jour de Noël? Les routes sont impraticables, les chemins déserts. J'espérais que tu viendrais.

Abigaël le fixa, l'air songeur. Il lut de la déception dans ses grands yeux bleus. Pourtant, elle lui souriait faiblement.

— Où as-tu l'intention d'aller? s'enquit-il, hésitant. Je ne veux pas te contrarier ni te faire de la peine, mais est-ce nécessaire de rechercher cette bête? Sur ce point précis, j'avoue ne pas bien vous comprendre, le professeur et toi. Si encore nous devions courir sur les traces de Patrick, ça me paraîtrait plus logique, plus humain.

Elle fut envahie par un doute affreux, soudain, et le toisa avec méfiance.

— Tu te moques bien du sort de Sauvageon, tu n'aurais pas hésité à t'en débarrasser. Adrien, est-ce que tu as ouvert la porte, cette nuit?

— Comment oses-tu m'accuser? s'indigna-t-il. Je ne ferais rien qui pourrait te blesser. Je n'aurais jamais fait ça, sachant ton attachement pour ce loup.

Il relâcha son étreinte et s'écarta d'elle, blême de colère.

— Pardonne-moi, implora-t-elle en le rejoignant et en lui prenant la main. Je suis tellement inquiète! Pour Patrick aussi, mais mon oncle est parti pour Dirac, chez sa belle-sœur Flavie. Mon cousin y est sûrement.

— Vis-à-vis de toi, il ne se comporte pas en cousin. Je trouve ça choquant, même malsain.

— Je sais, nous en discuterons une autre fois. Je dois m'en aller.

— Bon, attends-moi. Je vais me préparer et je convaincrai le professeur. Si je lui dis que nous demeurerons dans les parages, il n'y aura guère de danger et il n'aura aucune raison de m'empêcher de t'aider. Nous pourrions emporter un casse-croûte et le manger dans ma grotte, tout à l'heure, à notre retour.

— Ta grotte? J'ignorais que tu en étais propriétaire, plaisanta-t-elle sans réelle gaieté. Mais je veux bien.

Il déposa un baiser sur ses lèvres et se rua vers la maison.

—

Même si Abigaël avait choisi d'être raisonnable, un sentiment plus fort que sa volonté la poussa à marcher jusqu'au bourg de Puymoyen. La présence d'Adrien à ses côtés la stimulait et lui donnait des ailes. Dotée d'une excellente mémoire visuelle et d'un bon sens de l'orientation, elle se souvint sans mal de l'itinéraire qu'avait emprunté Patrick en charrette et, malgré l'épaisse couche de neige, ils arrivèrent à l'entrée du village au bout de deux heures.

Un effort soutenu les avait réchauffés; ils en avaient les joues colorées, le souffle rapide et les mains brûlantes, en dépit de la bise soufflant du nord-ouest. Tout le long du trajet, en avançant chacun d'un côté de la route blanche glissante, ils avaient essayé de déceler des empreintes. Elles étaient abondantes et diverses: renards, blaireaux, martres, écureuils, chevreuils et sangliers semblaient avoir déambulé la nuit durant. Les oiseaux laissaient quant à eux des traces en triangle, facilement reconnaissables. Mais aucun loup, aucun chien même, ne paraissait être passé par là.

— C'est un joli paysage, soupira Abigaël en désignant les toits comme drapés de coton, les cheminées fumantes, quelques fenêtres éclairées de jaune, les arbres eux aussi décorés d'un manteau de ouate immaculée.

— Oui, c'est assez joli, mais as-tu remarqué comme le ciel est sombre? Il va encore neiger.

Elle lui prit la main, timidement heureuse d'être seule avec lui.

— Peu importe, le vent est tombé. Adrien, j'ai eu une idée tout à l'heure en approchant du village. Allons au cimetière.

— De mieux en mieux, ironisa-t-il. Moi qui pensais passer cette journée au chaud, avec toi et Cécile! C'est une de mes dernières journées paisibles avant que j'intègre un réseau de résistance. Si encore c'était l'été…

— Qu'est-ce que ça changerait?

— Je pourrais t'entraîner au bord d'un ruisseau, sous des arbres verdoyants, et t'embrasser à perdre haleine sur l'herbe tendre, dit-il d'une voix douce et sensuelle.

— L'été reviendra, répondit-elle, et nous ferons ce que tu viens de dire.

— J'ignore si je serai encore en vie dans six mois.

Elle l'enlaça et lui offrit ses lèvres. Adrien y cueillit un baiser, puis recula.

— Allons au cimetière, dit-il. Autant nous débarrasser de la corvée au plus vite.

Ils se dirigèrent d'abord vers l'église, un peu surpris par le silence qui régnait sur la place principale. Ils aperçurent une silhouette de femme en noir près de la mairie, un imposant bâtiment de structure classique, mais elle rentra vite dans l'une des maisons voisines. Un chat roux les observait, perché sur le haut d'un mur.

— Les gens s'enferment chez eux à cause du froid, commenta la jeune fille. C'est Noël, aussi; ils doivent préparer un repas.

L'aspect presque fantomatique du bourg la troublait. Elle avait l'impression de traverser un désert, hors du temps, hors du quotidien sur fond d'occupation. Mue par une impulsion subite, Abigaël pénétra dans l'église, mais Adrien refusa de la suivre.

— Non, vraiment non, je t'attends dehors, murmura-t-il. Je n'ai plus la foi et je méprise tous les symboles du culte catholique.

— Tu ne me l'avais jamais précisé, fit-elle, étonnée par sa réaction. Je ne t'y obligerai pas.

Elle disparut derrière la lourde porte. Aussitôt, elle entendit la musique de l'harmonium, comme si quelqu'un s'était mis à jouer parce qu'elle entrait. Secrètement comblée de pénétrer dans le sanctuaire, Abigaël humecta ses doigts d'eau bénite, fit le signe de la croix et fléchit les genoux quelques secondes. Ensuite, attirée par la crèche qu'on avait installée près d'une colonnade, elle longea l'allée latérale.

Les larmes aux yeux, elle contempla les statuettes, de la taille d'une poupée : Joseph au doux regard et Marie agenouillée devant l'enfant nouveau-né à qui il manquait un doigt de plâtre. Du lierre, de la paille et de la mousse agrémentaient le décor.

Un pas glissant la fit sursauter. Le père André venait de la rejoindre.

— Je vous ai déjà vue, mademoiselle, chuchota-t-il. Vous étiez venue avec votre tante, c'est ça?

— Oui, mon père, et j'avais eu un malaise.

— Je suis navré, la messe est terminée, mais il y aura un office ce soir.

— Je serai repartie et je le regrette beaucoup. Au printemps, nous viendrons plus souvent, ma tante et moi. Mon père, pouvez-vous m'indiquer où se trouve le cimetière? Je croyais qu'il serait derrière l'église.

— Il est un peu à l'écart du village. Si vous prenez le chemin bordé de buis à droite en sortant d'ici, vous y arriverez vite.

— Je vous remercie, mon père. Est-ce vous qui jouiez de l'harmonium, il y a quelques instants?

— Personne n'a touché à l'instrument, mademoiselle. J'étais seul derrière l'autel. Je vous ai aperçue et j'ai jugé poli de vous saluer, d'autant plus que vous admiriez notre crèche.

— Sa vue me fait chaud au cœur, dit-elle. Au revoir.

Il lui tendit la main qu'elle serra délicatement. Mais le curé la retint en enfermant ses doigts entre ses paumes.

— Avez-vous vraiment entendu de la musique, mon enfant?

— Je ne sais plus, mon père. Excusez-moi, on m'attend.

Il la laissa aller. Cependant, dès qu'elle s'éloigna de lui, un air mélodieux s'éleva, mélancolique. Elle regarda discrètement du côté de l'harmonium. Un homme assez jeune y était assis, qui jouait avec virtuosité.

Le père André la vit s'approcher de l'instrument, se figer et toucher sa nuque d'un geste tremblant avant de prononcer tout bas quelque chose. Sa curiosité en éveil, il n'osa pas, néanmoins, la déranger.

— Qui êtes-vous? demandait-elle pour la deuxième fois au musicien, sujette aux symptômes habituels lorsqu'un défunt se matérialisait et entrait en contact avec elle.

L'homme avait les cheveux mi-longs, châtain clair, un visage fin et mobile, une allure élégante, des yeux bruns et une bouche très rouge.

— Arthur vous suffira-t-il comme réponse? dit-il sans presque entrouvrir les lèvres. Fauché en plein ciel et depuis incapable d'y retourner. Je ne voulais pas mourir.

— Pourquoi êtes-vous là, précisément aujourd'hui?

— J'ai eu une soudaine envie de revoir l'église et la vallée, alors que j'erre d'ordinaire dans Paris.

— Je peux vous aider. Vous ne devez plus errer, mais rejoindre le ciel, ceux que vous aimiez jadis et qui seront à vos côtés pour l'éternité.

— Pas encore, je vous prie, susurra-t-il en arrêtant de jouer.

Il disparut. Abigaël effleura le clavier, stupéfaite. D'une démarche peu stable, elle prit la direction de la porte. Le curé la rattrapa.

— Mademoiselle, je crois que vous parliez toute seule devant cet harmonium. Seriez-vous souffrante? Vous êtes très pâle.

— Mon père, je ne peux pas vous donner d'explications, mais j'aimerais prier un moment. Je suis seulement très émue.

— Bien, bien, faites, mon enfant.

Une fois à genoux sur un prie-Dieu, dans l'attitude du parfait recueillement, Abigaël fut soulagée. Elle était désemparée, ne sachant que faire. Les yeux fermés, la tête penchée en avant sur ses mains jointes, elle récita le *Notre Père* à plusieurs reprises, puis elle murmura une autre prière, celle de sa mère Pascaline, celle de ses aïeules.

Après l'avoir observée quelques minutes, le curé se glissa dans la sacristie.

—

Adrien faisait les cent pas le long du mur de l'église, son bonnet enfoncé jusqu'aux sourcils, son écharpe remontée jusqu'à son nez, le col de sa veste relevé. Il avait l'air d'un inconnu transi de froid, comme le jugèrent deux passants endimanchés. Il eut droit à des œillades méfiantes et s'impatienta. «Mais que fabrique-t-elle, bon sang?»

Enfin, Abigaël apparut. Il n'eut pas le loisir de l'accabler de reproches, car elle se jeta contre lui, haletante.

— Merci d'être là, Adrien. J'ai besoin d'une présence vivante, quand cela se produit.

— Quoi donc?

— J'ai vu un jeune homme, un musicien, Arthur. Il jouait de l'harmonium à merveille.

— Je n'ai rien entendu, Abigaël. Tu es livide et tu trembles.

— C'était un défunt, ne comprends-tu pas?

Il en resta muet de surprise. Déjà, elle l'entraînait vers le chemin bordé de buis, sur leur droite. Bientôt, ils franchissaient la grille du cimetière. Si Adrien éprouva un mouvement de répulsion en voyant l'alignement des croix de pierre et des stèles, Abigaël poussa un léger soupir satisfait. En avançant doucement, elle contempla les ifs empanachés de neige, puis ses grands yeux bleus s'attachèrent aux tombes les plus proches. Toutes portaient des inscriptions; certaines affichaient une photographie sous un verre bombé, serti sur une plaque en porcelaine.

— Quel nom cherches-tu? interrogea Adrien. Celui de tes grands-parents? Je veux dire les parents de ton oncle et de ton père? Mousnier, c'est ça?

— Non, je ne sais pas qui je cherche. Mais on me fera peut-être un signe pour me guider, dit-elle d'une voix paisible.

Il s'immobilisa, saisi d'une anxiété qu'il n'avait encore jamais ressentie.

— Abigaël, je ne suis pas à l'aise dans ce genre d'endroit.

— Pourtant, ce cimetière sous la neige mériterait un poème. Il ne s'en dégage aucune tristesse, seulement un calme profond.

Exaspéré, il commença à lire tout bas lui aussi le patronyme des gens inhumés là, de chaque côté d'une allée étroite.

— Alors, ça ne te dit rien?

— Non.

— Abigaël, franchement, nous étions censés retrouver le loup, ton loup apprivoisé, et je doute qu'il se soit réfugié ici.

Elle soupira, consciente de lui imposer une sorte d'épreuve qui le déstabilisait. De plus, Adrien faisait des commentaires et respirait un peu fort, alors qu'elle aspirait au silence.

— Serais-tu assez gentil pour te taire? supplia-t-elle.

— Très bien. Je te suis totalement inutile, dans le cas présent!

Un monument funéraire de taille majestueuse se dressait sur leur gauche, évoquant un mausolée, construit en calcaire et en marbre rose surmonté d'une croix ouvragée en fer forgé.

— Famille Giraud! Sûrement les notables du pays, marmonna Adrien en vérifiant d'un œil vif si une autre tombe égalait celle-là en hauteur et en décorum.

Muette, Abigaël s'attarda à lire les noms gravés sur des plaques en cuivre doré: «Édouard Giraud, Marianne Giraud née des Riant, Frédéric Giraud, Marie-Virginie Giraud, née de Rustens, Denis Giraud, Bertrand Giraud.»

Elle étudia les dates, bouleversée en découvrant que Frédéric était mort jeune, Denis encore plus jeune. Quant à Bertrand, il était décédé en janvier 1940. Adrien retint une remarque, ayant constaté, lui, qu'il y avait aussi des enfants dans le caveau. Mais Abigaël articula doucement leur prénom: Denise et Victoire.

— Mon Dieu, Victoire était toute petite, balbutia-t-elle.

Des larmes lui brouillèrent la vue. Elle tourna le dos à la famille Giraud et s'aventura plus loin, sous une soudaine averse de flocons duveteux. Le grincement de la grille qu'on ouvrait la fit sursauter.

— Une femme arrive, chuchota Adrien en la prenant par la taille. Est-ce prudent de rester?

— Oui. Pourquoi s'en méfier?

Ils se dissimulèrent cependant derrière un cyprès, serrés l'un contre l'autre pour se réchauffer. Ils pouvaient suivre des yeux l'élégante personne qui avançait d'un pas rapide vers le mausolée des Giraud. Elle y déposa un bouquet d'hellébores, appelés aussi roses de Noël, et demeura un court instant recueillie, puis elle emprunta une allée latérale, sans avoir vu les jeunes gens.

«Elle est ravissante et si bien habillée!» songea Abigaël, charmée par son tailleur en tweed gris, sa toque à voilette et ses bottines en cuir noir.

— Regarde, elle a posé un autre bouquet sur une tombe, là où elles paraissent plus anciennes que dans ce coin-là, souffla Adrien à son oreille.

Il en profita pour l'embrasser dans le cou, après avoir baissé son écharpe. Il la tenait très près de lui, bizarrement exalté par leur intimité que renforçaient la neige ruisselante et le rempart de l'arbuste. Plus expérimenté que la jeune fille, il luttait contre le désir qu'elle lui inspirait, fragile et forte, douce et volontaire. Il était obsédé par son image de la veille, en robe de laine bleue, avec ses seins qui pointaient, ses hanches et le jeu de ses cuisses quand elle se déplaçait dans la cuisine.

— Je te voudrais, mon ange chéri, dit-il d'un ton caressant.

— Mais je suis à toi, répliqua-t-elle.

— M'accorderais-tu davantage que des baisers avant mon départ?

Elle aurait volontiers consenti à lui offrir ce grand bonheur, dont elle ignorait tout, mais son sens moral et sa pudeur lui firent prononcer un refus véhément.

— Non, il ne faut pas, je ne suis pas prête. Et si j'étais enceinte et que tu ne reviennes jamais?

— Il y a des moyens d'éviter une grossesse.

— Chut! le gronda-t-elle.

La jeune femme allait quitter le cimetière. Elle s'arrêta pour ajuster sa voilette et ses gants. Abigaël nota qu'elle était brune et mince; son beau visage était empreint de tristesse.

— Elle est partie, soupira-t-elle. Viens, j'aurai peut-être une réponse en sachant à qui elle portait des fleurs un jour de Noël aussi froid.

Dépité, Adrien la libéra de son étreinte. Il n'eut d'autre choix que de la suivre.

— Seigneur, vois un peu, dit Abigaël en désignant

d'un geste discret une tombe encore à une vingtaine de mètres. Toutes ces fleurs, en hiver!

— Ce ne sont pas de véritables fleurs à mon avis, mais quand même, il doit s'agir d'un décès récent, quelqu'un de bien.

— J'ai peur d'approcher, gémit-elle. Je t'en prie, Adrien, si j'ai un malaise, tiens-moi bien et ne dis rien, surtout.

— De quoi as-tu peur, mon petit ange? Je ne te quitte pas. Viens.

Abigaël parcourut la distance qui restait sur la pointe des pieds, la poitrine broyée comme dans un étau. Un chagrin infini l'oppressait au point de la faire sangloter, sans même qu'elle ait lu le nom inscrit sur la modeste croix de bois plantée dans un monticule de terre couvert de neige fraîche.

— C'est très beau, murmura Adrien. Il y a des bouquets de houx, du lierre, des feuilles de chêne encore rousses et des roses de Noël, des fleurs de serre fripées par le gel.

— Aie pitié, je suis si malheureuse, tout d'un coup. Lis-moi le nom, toi, je n'ose pas le faire.

Elle grelottait, hébétée, le regard obstinément fixé sur les fleurs et les feuillages.

— Jean Dumont, 1876-1943, lut-il d'une voix grave.

— Oh! mon Dieu, non, non, se lamenta Abigaël en tombant à genoux, terrassée par une cohorte de cris déchirants et de bruits atroces, ignoble mélange de détonations incessantes et de plaintes.

— Il ne devait pas mourir, pas lui, non, non, pas lui, débita-t-elle d'un ton saccadé.

Terrifié et pétri d'incompréhension, Adrien vit la jeune fille s'effondrer, les bras tendus vers la tombe qu'elle semblait vouloir étreindre, même après avoir perdu connaissance.

— Abigaël, s'écria-t-il en se penchant pour la redresser et la prendre contre lui, Abigaël, qu'est-ce que tu as?

Il couvrit son front de légers baisers et frictionna ses joues. Enfin, n'ayant pas d'eau dans sa sacoche, il glissa de la neige entre ses lèvres. Elle tressaillit et se mit à gémir. Adrien la berça comme une enfant malade, multipliant les petits mots doux, avant de l'embrasser sur la bouche avec une sorte de violence désespérée.

— Je t'en prie, reviens à toi, mon ange, explique-moi! supplia-t-il. Qui était Jean Dumont? Ton père? Un autre oncle? Tu l'aimais tant que ça? Pourquoi as-tu eu un tel chagrin?

Il la sentit se crisper, respirer profondément, se détendre, pour se blottir finalement contre son épaule.

— Ce n'était pas mon chagrin, murmura-t-elle à son oreille. Je n'ai jamais vu cet homme. Aide-moi à me relever, s'il te plaît.

Tout en surveillant son expression d'un œil intrigué, Adrien s'exécuta.

— Tu m'as fait très peur, sais-tu, dit-il. Si j'ai bien entendu, ce n'était pas ton chagrin. Avoue que c'est étrange, ton explication.

— Viens, je dois m'éloigner de sa tombe.

Cramponnée à son bras, Abigaël observa les sépultures voisines, d'allure ancienne, composées d'une dalle oblongue et d'une croix en pierre. Le même patronyme, court et évocateur, désignait trois défunts. Elle déchiffra à voix basse leurs identités.

— Hortense Roy, Colin Roy, Étiennette Roy.

— Roy! Assez particulier, ce nom, nota Adrien.

— Il y a une petite plaque en céramique scellée sur la tombe d'Étiennette Roy, constata Abigaël, encore toute tremblante de la violente émotion qui l'avait submergée.

Elle s'accroupit et balaya de la main la neige gelée qui couvrait en partie le texte de la plaque.

— Nicolas Roy, porté disparu en 1917, énonça-t-elle tout bas.

Un message suivait, gravé en lettres italiques, entouré d'une guirlande de violettes dessinées avec talent. Elle le lut en silence : *De ta sœur Claire, qui n'a pas su te sauver ni t'aimer autant qu'il le fallait.*

Vite, Abigaël bondit sur ses pieds, toute son énergie revenue.

— C'est peut-être elle, Claire! Elle s'appellerait donc Claire Roy? Je demanderai à monsieur Hitier. Nous pouvons partir, Adrien, mais je reviendrai bientôt. Et, je t'en prie, même si ce n'est pas la même personne, jure-moi d'effacer ce nom de ta mémoire à l'instant, car le professeur m'a affirmé qu'il devait être tenu secret.

— Bon sang, pourquoi tant de mystères? s'insurgea-t-il. Ce serait plus simple de baser notre discrétion sur des éléments tangibles. Qui est Claire, que fait-elle? C'est une résistante? Elle est en prison?

— Nous voudrions la retrouver!

— Qui c'est, ça, nous?

— Monsieur Hitier, Sauvageon et moi. Je sais une chose, c'est une grande dame, avec un beau visage très triste. Elle a des enfants, de la famille, et ce serait dangereux pour eux si elle était encore vivante et qu'elle se faisait arrêter. J'ai à peu près compris ça.

— D'accord, je ferai en sorte d'oublier, mais le professeur exagère peut-être.

— Je ne crois pas, non, dit-elle en songeant au supplice et à la mort de Janine Casta. Rentrons, maintenant.

Sans échanger un mot de plus, ils quittèrent le cimetière. De gros flocons tombaient sur le village désert, dont les habitants se calfeutraient chez eux. Seule l'odeur tenace des feux de bois témoignait d'une vie derrière les portes bien closes.

Abigaël marchait d'un pas d'automate, absorbée par ses pensées, presque indifférente à la présence d'Adrien. Elle se remémorait, effrayée, la puissance dévastatrice du chagrin qu'elle avait éprouvé devant la tombe de Jean Dumont. «C'était pire que le plus intense désespoir, une douleur intolérable, de quoi vouloir mourir à la seconde pour la fuir, ne plus la ressentir dans chaque fibre de son être. Je souhaite ne jamais connaître un tel chagrin, jamais!»

Elle prit rapidement conscience d'une évidence. Claire aimait Jean Dumont, elle l'aimait au point de parvenir à transmettre à Abigaël un aperçu fulgurant de sa souffrance. Par quel prodige de l'esprit? La jeune fille l'ignorait.

— Hé, s'écria Adrien qui l'avait devancée en se retournant, si nous cassions la croûte! Je suis affamé.

— Ici, sur le plateau, il n'y a aucun abri possible, pas un sapin, pas un rocher.

— Nous ne pouvions pas nous installer sur la place du bourg et manger un morceau, rétorqua-t-il. Tout semblait tranquille, mais je suis sûr qu'on nous épiait derrière les rideaux.

— Sûrement. Tu n'as qu'à grignoter du pain. Inutile de s'arrêter.

— Inutile aussi d'avancer le ventre vide des kilomètres pour déjeuner dans la grotte comme j'en rêvais, déplora-t-il.

Résigné, Adrien sortit du sac une tranche de pain et y mordit à pleines dents. Abigaël refusa sa part.

— Je préfère t'expliquer ce qui provoque mes malaises et d'où ils proviennent. Si tu veux bien, ensuite, je te donnerai mon avis sur ma belle dame, sur Claire.

Depuis mon arrivée dans la vallée de l'Anguienne, elle m'appelle au secours, je le sais, je le sens. C'est à la fois effrayant et grisant, car j'ai l'impression que les falaises, les arbres, le vent, tout répète son appel. Je ne peux pas l'abandonner!

Touché par ce cri du cœur, Adrien prit la main d'Abigaël.

— Non, bien sûr. Parle-moi, mon petit ange, je t'écoute.

Elle parla longtemps de sa voix légère et caressante comme la neige qui, peu à peu, effaçait la trace de leurs pas.

17

Un avant-goût de haine

Ferme des Mousnier, samedi 25 décembre 1943,
3 heures de l'après-midi

La journée s'écoulait paisiblement pour Marie Monteil, qui aurait apprécié ce calme si elle n'avait pas été aussi inquiète de sa nièce. Yvon lui avait appris d'un ton dur le départ pendant la nuit de Patrick, mais elle était restée impassible, ne voyant là qu'un caprice du garçon.

Après une brève discussion, le fermier et sa femme étaient partis ensemble pour Dirac, où ils espéraient vivement trouver leur fils. Bien décidée à garder le lit jusqu'au soir, Béatrice en avait profité pour se coucher.

Marie craignait d'être accaparée par les deux enfants confiés à sa seule surveillance, mais ils étaient très sages et discrets. Au contact de Cécile, Grégoire, tout content, faisait de gros efforts pour s'exprimer, même si sa petite compagne de jeu lui disait souvent qu'elle le comprenait très bien à ses mimiques et à ses gestes.

Assise au coin de la cheminée, elle tricotait en les observant; tous deux étaient allongés à même le sol au pied du sapin de Noël. Les rires aigus de la fillette et les exclamations joyeuses de l'innocent ponctuaient ses pensées, l'en détournant un instant. «Il paraît qu'Abigaël cherche cet animal, sans aucun doute en compagnie du jeune homme, se disait-elle après avoir compté ses mailles. Elle doit être enchantée d'être libre et de faire à son idée. »

Curieusement, Marie était soulagée de voir la neige ruisseler derrière les vitres et le vent siffler en rafales. Une chaude journée d'été, elle aurait été plus tourmentée sur le point qui lui semblait le plus important, la vertu de sa nièce. « C'est si vite arrivé, un baiser, puis deux! L'homme s'emballe, perd la maîtrise de lui-même et impose sa volonté. Ensuite, la jeune fille n'a plus que ses yeux pour pleurer. Mais Abigaël est sérieuse. J'ai tort de m'en faire », songeait-elle afin de se rassurer.

L'heure du goûter approchait. Elle avait préparé de la pâte à crêpes; elle récapitula tout ce dont elle avait besoin : du saindoux, la bonne poêle à long manche et une louche.

Des coups légers frappés à l'un des carreaux lui firent relever la tête. Elle reconnut l'aimable visage du professeur Hitier. Il portait un chapeau constellé de flocons.

— Entrez, cria-t-elle.

Il tapa ses chaussures sur la pierre du seuil, se débarrassa de son manteau et du fameux chapeau dans le vestibule, puis il la rejoignit près du feu.

— Joyeux Noël, Marie, dit-il gentiment. J'étais seul et je vous savais seule avec ces garnements. Aussi je suis venu discuter un peu.

— Comment le saviez-vous?

— Yvon a couru me prévenir qu'il emmenait son épouse à Dirac avec la charrette. Je vous ai apporté de la lecture.

— Je vous remercie, Jacques, osa-t-elle répondre, l'appelant pour la première fois par son prénom. J'allais faire sauter des crêpes; je vous invite volontiers. J'espère qu'Abigaël ne tardera pas, il fera bientôt nuit.

— Adrien est avec elle, ne vous en faites pas.

Marie exprima involontairement ses doutes en esquissant une mimique de réprobation. Jacques Hitier ajouta :

— Auriez-vous préféré qu'elle coure la campagne sans personne pour la protéger ?

— Non, pas du tout. Cependant, il y a danger et danger, si vous me comprenez... En plus, si je m'en tiens aux propos de ma nièce, ce jeune homme se cachait dans une grotte. Il n'est pas de votre famille comme vous le prétendez, n'est-ce pas ?

— Marie, je dirais en toute sincérité que tous les jeunes gars de ce pays qui s'opposent à l'occupant, qui veulent lutter pour la liberté et la justice, sont de ma famille.

Elle rangea son ouvrage dans un cabas en tissu et ajusta une mèche de ses cheveux où le blond dominait encore, malgré des fils argentés.

— Voilà de quoi me clouer le bec, plaisanta-t-elle, partagée entre l'admiration pour sa réplique et l'envie d'en apprendre davantage.

— Je serais bien triste si vous ne m'adressiez plus la parole un jour pareil, un jour de fête et de neige, rétorqua-t-il en s'asseyant dans le fauteuil du fermier.

— Jacques, je ne suis pas si sotte, dit-elle tout bas. Ce que je crois deviner de votre engagement et de celui d'Yvon me cause de terribles angoisses. Je vous en prie, laissez Abigaël à l'écart. Je la connais, sous ses airs doux, elle dissimule une nature rebelle. Si on prend en compte, en plus, l'idéalisme de la jeunesse, elle voudra se rendre utile et vous aider. Je n'en dormirai plus.

Le professeur parut très ennuyé. Il hocha la tête et soupira.

— J'ai déjà demandé son aide à votre nièce, Marie, et j'avoue en avoir honte. Elle est si jeune ! Mais ne craignez rien, il s'agissait seulement de tenir des photographies entre ses mains afin de me dire si ces personnes étaient en vie ou non.

— Oh! mon Dieu! Il ne fallait pas, ce sont des pratiques de fête foraine! s'indigna-t-elle.

Son cri alarma Cécile qui s'arrêta net de faire danser sa poupée autour du jouet mécanique de Grégoire.

— Qu'est-ce qu'il y a? demanda la fillette.

— Rien de grave, petite, jouez, jouez, bredouilla-t-elle.

— Peur, Marie? questionna l'innocent, l'air inquiet.

— Non, amusez-vous, je vais faire les crêpes dans quelques minutes.

La mine dépitée, Marie toisa Jacques Hitier sans indulgence. Il en fut lui-même consterné, charmé qu'il était depuis la veille par les jolis traits de cette femme et l'immense détresse qu'il percevait en elle.

— Je suis navré, admit-il. C'était tellement important pour moi et pour d'autres gens! Allez-vous me chasser de ce gai paradis?

Il désigna le sapin et ses guirlandes scintillantes, de même que la table où trônait le récipient rempli de pâte, couvert d'un torchon blanc.

— Je n'en aurais pas le cœur, avoua-t-elle. De plus, Abigaël est en âge de décider ce qui est bien ou mal, du moins dans les domaines où s'exerce son don. Mais j'ai tendance à la couver, à me faire sans cesse du souci pour elle. Je lui ai consacré ces seize dernières années, savez-vous? Je l'ai élevée de ses deux jours à maintenant.

— Sans songer à vous un instant, je parie, sans vous marier ni vous distraire, hasarda-t-il.

— En effet, mais je n'ai aucun regret.

Le professeur approuva en silence, le regard fixé sur les flammes qui léchaient trois grosses bûches de chêne. Le ton sur lequel Marie avait prononcé ces derniers mots démentait de façon irréfutable ce qu'elle affirmait.

— Il serait temps de penser un peu à vous, murmura-t-il.

— Seigneur, pourquoi donc? J'ai cinquante-deux ans et mon but principal est de veiller sur ma nièce jusqu'à ma mort. Mais trêve de bavardages, ces petits doivent être affamés.

Elle se leva, noua un tablier autour de sa taille et se mit en devoir de rassembler les ustensiles de cuisine dont elle avait besoin. Jacques Hitier la suivit des yeux, la trouvant gracieuse et efficace, et Marie se montra plus gracieuse et efficace encore, consciente de ce regard masculin rivé à sa silhouette.

Vallée de l'Anguienne, même jour,
une demi-heure plus tard

Abigaël et Adrien s'étaient abrités un moment à l'entrée de l'ancienne carrière de pierres, dont la vaste ouverture était voisine de la croisée des chemins où ils avaient l'intention de se séparer. L'été, l'immense cavité creusée de main d'homme exhalait un souffle presque glacial, mais, en ce jour de grand froid, son atmosphère paraissait tiède aux jeunes gens. Enlacés, ils parlaient à voix basse.

— Je vais rentrer directement à la ferme, disait Abigaël. Il fait déjà sombre. Ma tante doit être très inquiète.

— Moi, je vais aller annoncer à monsieur Hitier que nous n'avons pas vu une seule trace de loup, répliqua-t-il. Je vais me changer, aussi, et je viendrai chercher Cécile.

Elle lui répondit d'un sourire las. Ils étaient épuisés, les pieds trempés par la neige.

— Merci de m'avoir accompagnée, dit-elle en lui caressant la joue. Sans toi, je n'aurais pas eu le courage de faire tout ce trajet.

— Pardonne-moi si j'ai grogné de fatigue, parfois, et si je t'ai choquée, aussi, avec une demande que je n'avais pas à formuler. Tu es une jeune fille innocente; je me dois de te respecter.

— Je te pardonne, mais je voudrais que tu retiennes une chose, c'est aux jeunes filles de décider quand elles sont prêtes ou non à découvrir l'amour. On peut se marier à seize ans et être mère, tout dépend de son caractère et de ce qu'on éprouve.

— Et tu n'es pas prête. Je suis fier, au fond, de ton attitude. Si tu te jetais à mon cou ou dans mon lit, j'aurais peut-être moins d'admiration et de considération pour toi, admit-il d'un ton un peu faux.

— Ce serait le comble, mais tu mens, je le sens, dit-elle en riant. Adrien, si on m'écoutait, on se moquerait sûrement de moi, mais j'ai la certitude que je n'aimerai que toi et que tu seras le premier et le dernier homme dans ma vie. Je t'attendrai.

— Et si j'en aimais une autre d'ici là? Je refuse de te faire souffrir ou, si tu finis vieille fille, d'en être responsable.

En riant lui aussi, il déposa un léger baiser sur le bout de son nez avant de l'étreindre avec passion.

— Sois tranquille, mon ange. Tu es si exceptionnelle qu'aucune femme ne pourra te chasser de mon cœur. Si je meurs, je ne m'élèverai pas vers la lumière sans venir te dire adieu. Sais-tu, tes confidences ont bouleversé ma façon d'envisager l'existence et la mort.

— Maintenant, tu es le seul avec tantine à en savoir autant sur mes expériences de médium et sur ce que j'éprouve quand je suis confrontée à une âme errante.

Ils s'embrassèrent encore, comme pour sceller leur tendre complicité et leurs serments. Abigaël en perdit le souffle, alors qu'Adrien fut de nouveau en proie au désir.

— Rentre vite, balbutia-t-il en se détachant d'elle.

— Je n'ai pas envie de te quitter. Faisons autrement. Je vais avec toi jusqu'à la maison de monsieur Hitier et, pendant que tu te changeras, j'avancerai jusqu'à la fontaine et j'appellerai encore Sauvageon. J'ai vraiment peur de ne pas le revoir.

— Il va revenir. La porte du toit à cochon a pu s'ouvrir sans l'aide de personne, s'il l'a grattée et secouée.

— Tu sais bien que non, tu m'as aidée à la fermer.

— Oui, c'est vrai.

Il lui prit la main avec un soupir et ils marchèrent d'un pas rapide.

— Il n'y a pas de lumière, s'étonna Abigaël.

— Sans doute est-il allé à la ferme expliquer à Cécile que je suis parti avec toi. Il m'avait prévenu. La clef est cachée sous les marches.

Abigaël s'assura que le jeune homme était entré avant de s'élancer vers la fontaine. Là, à peine parvenue devant les arcades séculaires qui la séduisaient tant, elle se reprocha son escapade à Puymoyen. «Nous n'avons pas fouillé les bois de ce côté-ci. Nous aurions dû monter à la grotte, comme Adrien voulait le faire!»

Les ombres du crépuscule envahissaient le chemin, tapissé de blanc. La haie de buis qui bordait le talus, elle aussi nappée de neige, renforçait l'étrange impression d'isolement qu'Abigaël ressentait en face des rochers grisâtres qui se dressaient au-dessus d'elle, sur sa droite.

— Sauvageon! cria-t-elle. Sauvageon?

Sa voix ne portait pas, étouffée par le silence ouaté qui pesait sur le paysage glacé. Pourtant, elle crut distinguer un bruit ténu, quasiment inaudible. Si elle n'avait pas été seule, il serait passé inaperçu. Elle appela encore:

— Sauvageon?

Cette fois, Abigaël perçut une toux brève, produite sans conteste par un humain et provenant de la cavité voisine ayant jadis servi d'étable, clôturée par une palissade. Elle se revit à l'intérieur, soumise aux entreprises malsaines de son cousin.

— Qui est là? dit-elle d'une voix tremblante.

Son instinct, doublé d'un pressentiment oppressant, la poussa à vérifier qui s'était réfugié là. Elle écartait les planches, à l'endroit où un fil de fer les maintenait fermées, quand on marmonna :

— Approche, approche, viens voir ta saleté de loup!

— Patrick?

Tout de suite il fut sur elle. Il la ceintura d'un bras en lui fermant la bouche d'une main froide et humide.

— Si tu cries, si tu appelles, je tue ton Sauvageon, menaça-t-il à son oreille. Regarde-le, il n'est plus en état de m'attaquer, hein? J'ai attendu toute la journée. Dis donc, t'étais pas pressée de le retrouver, ton chien de garde!

Épouvantée, Abigaël distingua dans la pénombre le corps de l'animal, les pattes ficelées ainsi que les mâchoires. Inerte, jeté par terre comme un cadavre, le loup était secoué de frissons, son œil ambré entrouvert.

— J'voulais le tuer, et puis je me suis dit que c'était mieux de le faire devant toi, ou alors…

L'haleine de Patrick empestait l'alcool et l'ail. Il ouvrait des yeux hagards et riait bas d'une manière sinistre. Avec son faciès de brute avinée, il n'avait plus rien d'un garçon de dix-sept ans.

— Tu croyais me faire peur avec ton gros méchant loup, espèce d'idiote, mais j'ai été plus malin. Je lui ai à peine ouvert la porte, tu vois, et, dès qu'il a pointé sa sale caboche, je l'ai assommé, clac, avec un manche de pioche. Il a même saigné, tellement j'ai cogné fort. Après, je l'ai ligoté.

Elle se débattit avec fureur en essayant de mordre les doigts qui la muselaient. Patrick eut un hoquet joyeux.

Il ôta sa main pour plaquer sa bouche sur les lèvres de la jeune fille, qu'il mordilla, avant de forcer le barrage de ses dents serrées et d'y introduire sa langue avec une frénésie répugnante. Abigaël, comme folle, le frappait au hasard et lui tirait les cheveux pour mettre fin à ce baiser goulu qui la révulsait.

— Attention, marmonna-t-il en reculant à peine sa tête de la sienne. Si tu cries, si tu continues à me frapper, je fais trois pas en arrière et je l'achève, ton loup. J'ai pris la hache de papa. Elle est posée à côté de lui. Je te lâche, je prends l'outil et je lui éclate le crâne.

— Mais pourquoi? chuchota-t-elle. Patrick, pourquoi tu fais ça? Je t'aimais bien, en arrivant ici, et tu n'as aucune raison de te conduire aussi mal.

— Aucune raison? Bon sang, tu m'as repoussé, sale pimbêche, pour aller coucher avec l'autre planqué! Tu as amené cette bête chez nous et, hier soir, hein, le soir de Noël, il voulait me sauter à la gorge devant ton mec qui aurait été bien content. Allez, sois mignonne, donne-moi du bon temps et, après, je file. J'ai mon sac. Tu dis à personne que j'étais là et tu récupères ta bestiole.

— Comment ça, du bon temps?

— Comme ça, eh, petite cruche! Tu m'as assez allumé, hier soir, dans ta robe bleue, avec tes seins en avant et tes fesses.

Patrick lui prit la main droite et la plaqua contre son bas-ventre où elle sentit son sexe durci. Une nausée la fit gémir.

— Non, non, tu n'as pas le droit de me forcer, de me violer, bredouilla-t-elle, horrifiée.

— J'ne veux pas te violer, j'ai pas trop le temps, j'crois bien, haleta-t-il. Et puis je préfère ta menotte. Allez, obéis.

Abigaël priait de toute son âme, certaine qu'Adrien approchait et qu'il la sauverait. Elle l'imagina changeant de pantalon, de chaussettes et de chaussures, mettant du bois dans la cuisinière. Elle se répétait qu'il était peut-être déjà devant la fontaine. Pourtant, elle n'osa pas hurler à cause de Sauvageon. Patrick avait un regard brillant de haine aveugle. Il n'hésiterait pas à achever le loup, même si ses parents ou Adrien faisaient irruption dans la cavité.

— Obéis, bourrique, cracha-t-il entre ses dents.

Ivre et excité par la réussite de son plan, le garçon ouvrait sa braguette et guidait la main d'Abigaël. Il fit l'erreur, cependant, de vouloir l'embrasser encore, avide de sa bouche chaude et de ses lèvres tendres. Elle en profita pour le repousser avec rage d'un coup de genou dans le ventre. Enfin libre, elle se précipita vers Sauvageon et ramassa la hache qui gisait près de lui.

— Ose me toucher ou le toucher, maintenant, cria-t-elle. Va-t'en, Patrick, disparais. Ton père ne te pardonnera jamais ce que tu viens de faire.

Furieux, il bondit sur elle et lui arracha l'outil qu'il lança à l'aveuglette par terre. Dans un râle, il jeta Abigaël sur le sol si rudement qu'elle en fut étourdie. Il ouvrit son manteau en tirant de toutes ses forces, arrachant les boutons. Il fit aussitôt de même de son gilet de laine et de son corsage. À la vue de sa chair nacrée qui semblait une tache claire dans la pénombre, il eut un rire de victoire.

— Finalement, tu vas y passer, ma cocotte, rugit-il.

Vite, il releva sa jupe, déterminé cette fois à la souiller, à la marquer dans sa chair.

— T'es même plus vierge, je parie, grogna-t-il.

Mais une poigne implacable le tira en arrière et le releva. Une série de coups se mit alors à lui marteler le visage. Tout en éructant les pires injures de son vocabulaire, au-delà de la colère, lui aussi plein d'une haine virulente, Adrien lui administrait une rude correction. Il cognait avec méthode, défiguré par la rage.

En larmes et le souffle court, Abigaël hurla, prise de panique :

— Arrête, tu vas le tuer. Arrête, laisse-le partir.

— Oui, arrête ça immédiatement, fit une autre voix, grave et tremblante.

Jacques Hitier éclairait la scène, une lampe à pile à bout de bras. Le professeur considérait les dégâts le cœur serré et l'esprit révolté. Son regard allait du loup ficelé, râlant et le crâne blessé, à Patrick adossé au rocher, la face ensanglantée, le nez tuméfié et un œil fermé entre les paupières déjà enflées, d'Abigaël échevelée, les joues en feu, à moitié dévêtue, un bas retombé sur la cheville, sa vieille jupe en laine froissée et maculée de terre brune, à Adrien qu'un rictus de mépris enlaidissait, la respiration saccadée et les poings serrés.

— Marie a eu une fameuse idée quand elle m'a supplié de venir voir si vous n'étiez pas chez moi, commenta t il. J'ai entendu des cris de bête en folie depuis le jardin. Bon sang de bois, il n'y a pas assez des Boches à combattre pour vous dresser les uns contre les autres, vous, de jeunes Français?

— Mais, professeur, il s'en prenait à Abigaël, ce porc! protesta Adrien. Il allait la… Enfin, si je n'étais pas arrivé.

— Je m'en doute, va, concéda Hitier, écœuré. Tu me déçois, Patrick. Je te prenais pour un bon gars, un peu nerveux et envieux, mais jamais je n'aurais cru que tu étais capable de pareilles bassesses.

Abigaël écoutait à peine. Elle avait rajusté hâtivement ses habits sur sa poitrine et était occupée à libérer le loup de ses entraves. Elle dénoua sans peine les ficelles immobilisant ses pattes, mais les liens autour de sa gueule étaient si serrés qu'il fallait les couper.

— Qui a un canif? demanda-t-elle, hagarde, refusant de penser à ce qu'elle venait de subir.

Adrien lui apporta son couteau de poche et entreprit de l'aider.

— Est-ce que ça va? chuchota-t-il. Heureusement que je n'ai pas lambiné, sinon ce salaud aurait…

— Tais-toi, ordonna-t-elle vivement. Je refuse d'y penser.

Patrick ne bougeait pas ni ne bronchait. Mais, en entendant un appel et des craquements sur la neige, il frémit tout entier. Il ramassa son sac et voulut sortir.

—Je crois que ton père n'est pas loin, murmura Jacques Hitier en lui barrant le passage, un geste qu'il regretterait amèrement bien plus tard.

— Laissez-moi filer, m'sieur, implora le garçon, terrorisé.

— Non, tu as des comptes à rendre, Patrick.

Yvon apparut à son tour, colossal dans la pénombre, droit et raide comme la justice.

— Qu'est-ce que vous fichez là, tous? s'exclama-t-il. Boudiou, qui t'a arrangé le portrait, fiston?

Irrité par une journée passée à mener sa jument dans des chemins enneigés et à supporter les jérémiades de sa belle-sœur Flavie, le fermier était de très mauvaise humeur. Il avisa le loup en apparence bien malade, nota le visage ravagé de sa nièce, puis le regard affolé de son fils.

— Alors tu t'es planqué là-dedans cette nuit et aujourd'hui, insinua-t-il d'un ton sec. Et tu avais mis cette pauvre bête hors d'état de nuire! Mais qu'est-ce que tu as dans la tête, Patrick? Ta mère n'a fait que pleurer, au retour de Dirac. Elle te croyait mort de froid dans un fossé, et moi aussi j'avais peur, crétin! Vas-tu répondre, oui ou non?

—J'ai plus ma place à la maison. Je voulais partir, bégaya le garçon avec difficulté, la bouche meurtrie et une lèvre fendue.

— Ah, première nouvelle, tu n'as plus ta place chez toi! Même si c'était vrai, tu avais besoin de passer ta rogne sur cet animal? Hein, parle, bon sang!

— Mais, votre loup de malheur, il était toujours prêt à m'attaquer! Il aurait fini par me sauter à la gorge! s'égosilla Patrick, des sanglots dans la voix. Et l'autre, là, elle était bien contente, bien fière, hier soir, quand je me suis sauvé en courant, parce que sa saleté de bestiole me menaçait. Je voulais leur faire payer ça, oui, parfaitement!

— Pauvre andouille, maugréa son père. Dis un peu, toi, là-bas, tu as eu la main lourde, quand même! Qu'est-ce qu'il t'a fait, mon gars, pour que tu lui casses la figure? Tu es bien le seul ici capable de lui flanquer une raclée. Je veux des explications.

Adrien se campa devant Yvon, les traits tendus et l'air hautain.

— Posez la question à votre nièce, monsieur Mousnier, dit-il.

Yvon chercha le regard d'Abigaël, toujours accroupie près de Sauvageon. Elle restait penchée sur le loup, mais il perçut le tremblement de son jeune corps.

— Abigaël, s'écria-t-il. Vas-tu me dire la vérité, si personne n'ose le faire!

Il s'approcha d'elle, suspicieux, n'osant pas croire à ce qu'il venait de voir, ses vêtements en désordre, reboutonnés en hâte et de façon anarchique, l'échancrure du corsage révélant une légère marque rouge.

— Bon sang de bois, jura-t-il entre ses dents. T'a-t-il fait du mal, ce sagouin? Abigaël, regarde-moi! Dis-moi!

— Non, non, ça va, par pitié, mon oncle. Je vous en prie, aidez-moi, plutôt. Je voudrais vite transporter Sauvageon au chaud et le soigner. Il devrait réagir, il a les yeux vitreux. Il va mourir. Patrick, qu'est-ce que tu lui as fait? Si tu l'as assommé pendant la nuit, il n'a aucune raison d'être dans cet état, sauf si tu lui as brisé la tête.

Elle éclata en sanglots, à bout de nerfs, hantée par les gestes obscènes de Patrick, désespérée à l'idée de perdre le loup.

— Je lui ai fait avaler un peu de mort-aux-rats dans de la mie de pain, expliqua celui-ci tout bas. De quoi le calmer, pas de quoi le tuer.

La gifle claqua, assénée par Yvon, suivie d'une autre et encore d'une autre. Patrick poussa des cris de douleur, les coups de son père avivant la souffrance de sa chair tuméfiée.

— Allons, ça suffit, s'insurgea le vieux professeur. Je pense que vous avez compris pour quelle raison Adrien a frappé ce garçon. J'aurais fait de même à son âge, et même encore dix ans plus tôt, mais là, avec mes rhumatismes…

Le fermier se détourna, honteux, mais son esprit lui renvoyait, obsédante, l'image d'Abigaël, à laquelle se superposa celle, tout aussi lumineuse, de Pascaline, qu'il avait aimée en secret.

— File! ordonna-t-il à Patrick. Tu n'as plus ta place sous mon toit, à présent. Tu t'en allais? Eh bien va, droit devant toi, où tu veux! Et que je ne te revoie pas, jamais!

La face pétrie de ressentiment, le garçon toisa son père et sortit. Il décocha au passage un coup de pied rageur dans la palissade qui vacilla. Yvon le vit s'éloigner, sombre silhouette solitaire au sein d'un décor blanc semé d'ombres bleuâtres.

— Comme si on n'avait pas assez de malheurs! se dit-il dans un murmure anxieux.

Le fermier avait le cœur lourd. C'était son enfant, son fils qu'il avait chassé. Jacques Hitier lui tapota l'épaule, apitoyé.

— Il m'en a causé, du souci, l'an dernier, confessa Yvon. Faut croire qu'il a le vice chevillé au corps.

— Où ira-t-il? s'inquiéta le professeur.

— Qu'il aille au diable!

Ferme des Mousnier, une demi-heure plus tard

Presque aucun mot n'avait été échangé entre les trois hommes et Abigaël pendant qu'ils installaient le loup sur un brancard improvisé, fabriqué grâce à un large morceau de toile attaché à deux perches. Adrien et Yvon s'étaient chargés de le transporter, Jacques Hitier avait tenu la jeune fille par le bras comme pour la soutenir. Elle semblait indifférente à tout ce qui ne concernait pas l'animal blessé.

— Est-ce que ça va? lui avait-il demandé tout bas plusieurs fois.

— J'irai bien quand je pourrai soigner Sauvageon, répliquait-elle d'une voix ferme.

Pélagie et Marie avaient poussé des cris de protestation quand Yvon leur avait intimé l'ordre de vite faire place nette sur la grande table de la cuisine pour y allonger le loup.

— Quoi? Vous n'allez quand même pas faire entrer cette bête ici? s'était indignée sa femme.

— S'il est mal en point, nous pouvons étendre une couverture sur le sol, avait renchéri Marie, fascinée cependant par la vue de l'animal inanimé.

— J'ai besoin de clarté et d'espace, s'était écriée Abigaël, aussi livide que déterminée.

Maintenant, Sauvageon gisait sur la table, ce qui composait un tableau insolite. Aucun des témoins de la scène ne l'avait encore vu de si près et il leur paraissait impressionnant. Il était d'une taille respectable et sa belle fourrure grise et beige luisait sous la lampe.

Cécile et Grégoire reculèrent vers le buffet, les yeux agrandis par la surprise.

— Adrien, occupe-toi des petits, ils ont peur, conseilla Hitier.

— Ne craignez rien, leur dit le jeune homme.

— Est-ce qu'il est mort? interrogea sa sœur, attristée.

— Mort? répéta l'innocent, impressionné.

— Non, Abigaël va le guérir.

Affolée, Marie se retrouva toute proche du professeur. Il lui adressa un faible sourire très las.

— Heureusement que vous m'avez envoyé aux nouvelles, Marie, avoua-t-il. Il se passait du vilain, près de la fontaine. C'est Patrick. Il s'était planqué dans un abri sous roche. C'est lui qui a quasiment brisé le crâne de Sauvageon.

— Seigneur, encore lui! murmura-t-elle.

Entre deux récriminations, Pélagie entendit le prénom de son fils. Elle se planta devant le professeur.

— Où il est, mon gars? Il n'a rien, au moins?

— Votre mari vous expliquera, trancha Hitier sèchement.

Abigaël ne prêtait aucune attention aux discussions ni à la présence attentive de son oncle qui se tenait à ses côtés, comme disposé à la seconder. Elle passait ses mains sur les flancs du loup, palpait son abdomen, revenait à la hauteur du cœur et effleurait du bout des doigts son crâne maculé de sang séché.

— Est-ce qu'il s'en tirera? s'enquit Yvon. Dis-moi ce qu'il te faut, petite. J'ai de l'alcool à 70°, de la teinture d'iode, des bandes…

— Je vous le dirai tout à l'heure, marmonna-t-elle. Si vraiment Patrick lui a fait avaler de la mort-aux-rats, j'ignore comment le sauver.

— Mais si c'est une petite quantité, il résistera. Fais-lui boire du lait, Abigaël. C'est un remède contre certains poisons.

Elle approuva en silence, penchée sur la tête du loup, où les tours de ficelle serrées à l'extrême avaient laissé des marques dans le poil et la chair fine du museau. Navrée, elle caressa les vilaines traces, puis entreprit d'entrouvrir la gueule aux crocs redoutables.

— Merci, mon Dieu, merci! s'extasia-t-elle en enfonçant très délicatement deux doigts entre les dents de l'animal.

Elle extirpa une boulette de couleur beige qu'elle posa sur le bois de la table et qu'elle effrita. Des grains roses apparurent.

— Il ne l'a pas avalée, dit-elle, tremblante de joie. Elle était coincée contre une molaire.

— Pourquoi est-il dans cet état-là, alors? s'étonna Marie. Une fracture du crâne? Le coma?

— Tantine, aide-moi, par pitié, gémit la jeune fille. Nous devons le ranimer, unir nos prières pour le sauver.

— Prier pour une bête! suffoqua Marie.

— Mais c'est une créature de Dieu! cria Abigaël. Il n'a jamais hésité à me protéger, lui, ni à m'offrir de l'amitié. Tu me déçois.

— Allons, allons, ne sois pas insolente, lui dit Yvon d'une voix apaisante. Tu as le pouvoir de guérir cet animal. Tu as bien soigné le chat de Grégoire.

— Oui, mais c'est différent. Il n'avait pas reçu un choc violent sur le crâne. Je vais essayer. Il me faut du calme.

Pendant ce temps, Pélagie tentait d'obtenir d'Adrien des renseignements sur son fils. Personne ne daignait lui préciser où était le garçon, alors qu'il faisait nuit, que le vent sifflait dans le conduit de la cheminée et que, sans doute, il neigeait à nouveau.

— Il se cachait dans l'espèce de cavité aménagée et fermée d'une palissade, près de la fontaine, laissa tomber Adrien. Il est parti pour de bon.

— Parti pour de bon, ça veut dire quoi, ça? Monsieur Hitier, enfin, vous savez forcément quelque chose de plus, se lamenta-t-elle. Et le loup, pourquoi il est blessé?

— Un peu de patience, Pélagie, nous en causerons

tout à l'heure. Ne vous tracassez pas, je suppose que, cette fois-ci, Patrick a filé chez sa tante, histoire de manger à sa faim et de dormir au chaud.

De tout ce brouhaha, des chuchotements de Cécile et de Grégoire aux soupirs excédés de la fermière, des conversations entre Adrien et le professeur, Abigaël ne percevait qu'une vague rumeur. Les yeux fermés, elle gardait ses paumes bien plaquées sur la plaie qui striait de croûtes rougeâtres le crâne de Sauvageon et elle priait de toute son âme, Dieu le père, Jésus et sa mère la Sainte Vierge, sans oublier le bon saint François d'Assise. Les litanies rituelles qu'elle récitait en son for intérieur, mêlées à ses propres supplications, l'isolaient des autres. Bientôt, elle se sentit très loin d'eux, pénétrée de douceur et de chaleur, bercée par la sonorité cristalline de plusieurs petits grelots en cuivre.

Sa respiration se fit ample et régulière, comme si elle s'endormait. Le très vieil homme à la barbe blanche apparut sur l'écran de ses paupières closes, toujours assis sur le siège de sa petite charrette peinte en jaune. Il hochait sa tête chenue d'un air affligé.

— Tu dois dénouer l'écheveau, demoiselle, dit-il. Et puis, donne-lui à boire, à ce pauvre loup, car l'eau est source de vie, l'eau de la vérité aussi. Le temps presse, petite demoiselle, fais confiance au père Maraud!

Abigaël poussa un soupir et se mit à sourire, puis à pleurer. Yvon, qui l'observait, pensa qu'il ne l'avait jamais vue aussi belle, comme nimbée d'une lumière dorée, une expression angélique sur son visage de madone. En s'approchant de la table, Adrien fit le même constat. Il allait l'appeler, gêné par son mutisme et ses yeux fermés, mais Marie l'en empêcha d'un regard sévère.

— Père Maraud, restez encore, supplia soudain Abigaël à voix haute. Aidez-moi.

Béatrice et Lucas entrèrent au même instant dans la cuisine. Le jeune homme était revenu juste avant la tombée de la nuit et, depuis, il avait tenu compagnie à sa fiancée, confinée dans sa chambre.

— Le père Maraud, s'égosilla Pélagie. Mais ce vieux fou de rebouteux est mort depuis des années.

— Un rebouteux? s'étonna Marie. Abigaël a dû avoir une vision. Seigneur, je dois prier avec elle.

Elle se précipita vers sa nièce et entoura ses épaules d'un bras protecteur, mais la jeune fille se dégagea. Si elle était bouleversée, rien ne démontrait qu'elle souffrait du malaise habituel après une rencontre avec un défunt.

— Je vais bien, tantine. Apporte-moi plutôt de l'eau fraîche, je dois faire boire Sauvageon.

— Ma chérie, pourquoi me repousses-tu? protesta Marie.

— J'ai seulement besoin d'eau et de tranquillité.

— D'accord.

Yvon s'éloigna, l'air préoccupé. Il alla s'entretenir à voix basse avec le professeur Hitier. Béatrice et Lucas s'étaient assis sur la pierre de l'âtre et écoutaient Adrien leur raconter les méfaits de Patrick. Se sentant mise à l'écart, Pélagie s'approcha de la table et considéra le loup d'un œil perplexe.

— Si tu essayais le vinaigre, dit-elle à la jeune fille. Quand on est évanoui, ça remet d'aplomb. Tu en passes sur sa langue et sur sa tête.

— Du vinaigre?

— Ben oui, tu devrais savoir ça, toi qui es si maligne, ajouta la fermière d'un ton rogue.

Marie apportait une cruche d'eau. Elle apprécia l'idée.

— Vous dites vrai, Pélagie. Le vinaigre, par son acidité, peut provoquer une réaction.

Abigaël accepta, prête à expérimenter n'importe quel remède. Malgré toute l'attention qu'elle vouait à l'animal, les premiers mots du père Maraud résonnaient en elle.

— Dénouer un écheveau, qu'est-ce que ça signifie? demanda-t-elle sans préambule.

— Eh bien, si tu as un écheveau de fils de laine ou de lin qui a été mal enroulé, il faut le démêler, sinon tu n'en feras rien, expliqua Marie.

— On dit parfois un écheveau de mensonges, intervint Jacques Hitier, intrigué par la question d'Abigaël.

Elle approuva d'un signe véhément, tout en faisant couler de l'eau dans la gueule de Sauvageon. Pélagie s'était empressée de prendre sa bouteille de vinaigre.

— Fais comme je t'ai dit, soupira-t-elle en dévisageant Abigaël. Sais-tu, ça m'a fichu un coup au cœur quand tu as appelé le père Maraud. C'était un drôle de bonhomme. J'allais à l'école de Dirac et ça nous amusait, nous, les gamines, de le voir arriver dans sa petite charrette tirée par un âne. Les grelots tintaient joliment. Ma sœur le prenait pour le père Noël à cause de sa barbe blanche. Les gens en avaient peur, souvent. Ma mère prétendait que c'était un sorcier.

— Vous m'avez traitée de sorcière, aussi, fit remarquer Abigaël.

— Que veux-tu, ce n'est pas très catholique, ces choses bizarres que vous faites! Vous soignez avec les mains, vous parlez avec les morts!

— Ce n'est jamais nuisible, insinua Marie. Comment reprocher à ceux qui en ont le don de guérir un malade ou de guider une âme en peine vers le ciel!

Pélagie esquissa une moue d'indécision. Elle regardait le loup. Après un bref instant d'hésitation, elle le toucha, d'un geste furtif de la main sur son flanc qui se soulevait imperceptiblement.

— Si on m'avait dit qu'un jour je verrais une bête pareille sur la table de ma cuisine… murmura-t-elle.

Abigaël parvint à sourire, sensible au ton radouci de la fermière et à son évocation du vieux rebouteux. Cependant, rien ne la distrayait de sa tâche. Elle continuait à faire couler de l'eau entre les mâchoires de Sauvageon et elle avait frictionné ses gencives avec du vinaigre. Tout à coup, l'animal s'agita. Ses yeux d'ambre s'ouvrirent en grand et il tenta de redresser la tête.

— Là, là! Sauvageon, je suis là avec toi, mon beau. Sage, n'aie pas peur.

Il lui dédia un regard amical où elle lut de l'incompréhension et de la douleur. Ce ne fut qu'un bref sursaut. L'instant d'après, il cligna les paupières et s'endormit.

— Il vivra, balbutia-t-elle, en larmes. Grégoire, pourrais-tu sortir la paillasse de dessous l'escalier? Je vais installer Sauvageon près du feu et je resterai à ses côtés ce soir et toute la nuit. Je ne dois pas le quitter. Tantine, monte chercher une couverture, je te prie. Il me faudra de l'eau, aussi. Adrien, si tu voulais bien aller au puits en tirer un seau, que j'en aie d'avance. Mon oncle, s'il reste du lait bouilli; pouvez-vous m'en remplir une tasse?

Chacun s'empressa de lui rendre le service demandé. Blottie contre son fiancé, Béatrice assistait à ce remue-ménage sans y participer ni émettre un avis quelconque.

— Ta cousine mène son monde à la baguette, chuchota Lucas à son oreille. Elle a du caractère.

— C'est un personnage fascinant, répondit Béatrice. J'espère voir la femme qu'elle deviendra.

— Pourquoi dis-tu ça?

— Lucas, je ne tiendrai pas plus d'une semaine enfermée ici, chez mes parents, surtout en sachant que la lutte continue et que le réseau Bir Hacheim a besoin de toutes les bonnes volontés. Que tu le veuilles ou non, que mon père s'y oppose, rien ne me fera reculer.

La Résistance est ma priorité, pour venger nos morts : Janine, ses parents, tous les autres. Je t'en conjure, quand tu seras de retour à Chasseneuil, annonce mon arrivée à ton chef.

— Je ne suis pas certain de retourner à Chasseneuil. Je dois rejoindre Cognac. Un parachutage est prévu la semaine qui vient. Déjà, j'emmènerai Adrien après-demain. Nous irons jusqu'à Angoulême par le souterrain.

Pélagie jeta un coup d'œil sur les amoureux, intriguée par les chuchotements qu'ils échangeaient. Mais son mari l'entraîna vers le cellier, la mine grave et le regard noir.

— Viens, ma femme, dit-il. J'ai à te causer de Patrick.

Dès qu'ils furent seuls dans l'étroite pièce où s'élevaient, tenaces, des odeurs de graisse, de fruits trop mûrs et de vinasse, le fermier débita d'un trait son récit.

— Il fallait lui flanquer une correction, pas le chasser de chez nous, gémit-elle quand il eut terminé.

— Pélagie, sans Adrien, il aurait violé Abigaël, tu comprends ça, oui ou non ? Il est détraqué, notre gars. Ça vient de ton père, ce vice dans le sang !

— Misère, et quoi encore ? Accuse mon pauvre papa, tant que tu y es ! Tu veux que je te dise une chose, mon homme ? Tout va de travers à cause de cette fille, ta prétendue nièce. Si tu n'avais pas répondu à la lettre de Marie, on n'en serait pas là. Il n'est pas plus vicieux qu'un autre, mon fiston, mais il ne voit personne, ici. Il vit cloîtré, à trimer dur. Bien sûr, une jeunesse qui se dandine du matin au soir devant lui, ça l'échauffe.

Sidéré, Yvon toisa Pélagie de toute sa hauteur, non sans un début de mépris. La faible clarté de l'ampoule électrique maculée de poussière sculptait les traits ingrats de son épouse et soulignait la grimace chagrine de sa bouche aux lèvres minces.

— C'est Abigaël qui aurait dû décamper, pas mon fils, insista-t-elle.

— Tu me dégoûtes, maugréa Yvon. Tu as oublié l'affaire de Dirac, hein, qu'un peu plus on nous envoyait les gendarmes parce que ton cher rejeton avait fait des siennes. Tu y penses, parfois, à la pauvre gosse de quinze ans qu'il a déshonorée?

— Oh, peut-être qu'elle était bien d'accord et qu'elle a joué la comédie, après! Et puis, tu as failli le tuer à cause de ça.

— Ce soir, j'aurais pu lui tordre le cou, s'il avait causé du tort à ma nièce. Par chance, Adrien l'avait déjà bien esquinté.

Pélagie éclata en gros sanglots en imaginant son enfant blessé, condamné à errer dans la campagne.

— Je ne te pardonnerai jamais, Yvon, bredouilla-t-elle. Tu te couperais en quatre pour ton Abigaël, tout ça en souvenir de sa mère, ta chère Pascaline.

— Tais-toi, gronda-t-il en l'empoignant par les bras. Ne salis pas sa mémoire. Pierre l'adorait. Moi, j'avais l'affection d'un beau-frère pour elle, rien d'autre.

— Menteur! Menteur! vociféra-t-elle en le frappant au hasard.

Il la gifla à la volée, l'air si terrible que Pélagie prit peur. Elle sortit du cellier en courant, traversa la cuisine et se rua dans le vestibule. On l'entendit monter l'escalier à toute vitesse en poussant des plaintes désespérées.

— J'y vais, s'écria Béatrice qui, comme les autres, avait perçu des éclats de voix et l'écho d'une violente querelle.

La jeune femme courut rejoindre sa mère en claquant la porte derrière elle. Le bruit sec vrilla les nerfs d'Abigaël. Elle venait d'étendre le loup sur la paillasse avec l'aide d'Adrien et s'était assise à la hauteur de sa tête pour pouvoir apposer ses mains sur la plaie de son crâne.

— Monsieur Hitier m'a fait comprendre que nous ferions mieux de partir, lui dit le jeune homme. Il y aura moins d'agitation et Cécile semble fatiguée. Elle avait perdu l'habitude de jouer.

— Oui, allez-y. Si je peux, je viendrai demain vous donner des nouvelles de Sauvageon.

— Il va se rétablir, j'en suis sûr, affirma-t-il gentiment. Mais, ce qui m'intéresse davantage, ce serait de savoir comment tu te sens, toi, après ce qui s'est passé.

— J'y songerai quand Sauvageon sera hors de danger, dit-elle d'une voix faible. Je n'ai pas eu le temps de te remercier, car, sans toi…

— Je regrette d'avoir lambiné. J'aurais pu t'éviter le contact de ce saligaud.

Il la vit tressaillir et s'empourprer. Il lui caressa la joue.

— Excuse-moi. Au revoir, mon ange.

— Tu ne devrais pas m'appeler ainsi, Adrien. C'est flatteur, mais ça me gêne.

— Je ferai attention, même si ça me vient aux lèvres malgré moi, plaida-t-il, réprimant son envie de l'embrasser et de la consoler.

En manteau et chapeau, monsieur Hitier aidait Cécile à s'habiller chaudement pour affronter les bourrasques glacées qui ébranlaient les volets et la porte d'entrée. En voyant la fillette prête à sortir, Grégoire poussa de petits cris déchirants.

— Reste, Cile, reste là, avec Goire, pas partir, Cé-cile!

— Mon petit, sois raisonnable, Cécile habite chez moi, dit doucement le professeur. Elle reviendra te voir demain. Aucune loi n'empêche encore les enfants de courir d'une maison à une autre.

Il avait prononcé tout bas cette dernière phrase. Marie se mit en devoir de réconforter son protégé qui reniflait en luttant vaillamment contre son envie de pleurer.

— Mais oui, sois content, tu as une camarade de jeu, à présent, et c'est notre voisine. Viens, allons dans notre chambre. Je te lirai l'histoire de Cendrillon que tu aimes tant.

Après quelques palabres sur le seuil de la cuisine entre les hommes demeurés là, Abigaël se retrouva seule avec son oncle. Lucas avait décidé d'accompagner Adrien jusqu'à la maison dans la falaise afin de faire connaissance avec le jeune réfractaire et de discuter de leur départ.

— Ce jour de Noël n'a guère été joyeux, commenta Yvon en allumant sa pipe. Je suis désolé, Abigaël, et je te présente mes sincères excuses pour ce qu'a voulu faire Patrick. Je l'ai mal dressé, ce gars-là, et j'ai honte de lui. Mon beau-père était du même genre, un trousseur de jupons, un coureur.

— Vous n'êtes responsable de rien, mon oncle, répondit-elle d'une voix neutre. J'ai lu dans le cahier de maman des notes qu'elle avait prises sur la théorie de la réincarnation. Des peuples de l'Asie y croient fermement. Nous aurions plusieurs vies afin de corriger nos âmes, d'être dignes d'accéder à l'éternité, lavés de nos diverses existences. Je n'ai pas d'opinion à ce propos, mais, s'il y a là une part de vérité, Patrick a un long chemin à faire. Au fond, je pense qu'il n'aurait pas agi ainsi si j'étais sa cousine, sa vraie cousine.

— Ah! Ça oui, et j'en ai gros sur le cœur à cause de ma femme qui n'a pas pu tenir sa langue. Pour être franc, c'était ça que je redoutais, la conduite de mon fils à ton égard. Boudiou! Je ne te donnerai pas de détails, mais il a le sang chaud, plus que chaud, et il finira par s'attirer de sérieux ennuis. Qu'il ne revienne pas se plaindre, je l'expédierai dehors avec mon pied au cul!

La grossièreté du fermier embarrassa Abigaël autant que la conversation entamée. Elle évita de croiser le regard d'Yvon, les joues brûlantes, la gorge serrée sur les sanglots qu'elle refoulait depuis plus d'une heure.

— Comme ça, tu as eu une vision du vieux père Maraud, dit son oncle afin de changer de sujet, conscient de sa gêne.

— Oui, mais j'en ai déjà eu plusieurs. On dirait qu'il essaie de m'aider, de me guider.

— C'était un sacré bonhomme; un sage, le meilleur rebouteux de la région. Quand il vous plantait ses yeux clairs dans les vôtres, on se sentait petit, faible, démasqué, tout nu. Ouais, son regard vous transperçait. Il allait fidèlement au cimetière porter des marguerites sur la tombe de son épouse.

Abigaël écoutait, attentive. Son esprit avait happé le mot clairs et, n'y tenant plus, elle demanda âprement :

— Mon oncle, Claire, est-ce que vous la connaissiez, cette belle dame brune qui m'apparaît sans cesse depuis que je vis chez vous? Monsieur Hitier refusait de me donner des noms, son nom surtout, mais je l'ai découvert seule. C'était son loup, je le sais. Le père Maraud m'a conseillé de dénouer l'écheveau et j'ai compris. Je n'arriverai à rien si je ne dénoue pas l'écheveau des non-dits, des silences, des secrets.

Elle avait parlé très vite, comme pour ne pas être interrompue. Yvon se leva du banc et vint s'asseoir au coin de l'âtre.

— Le professeur redouble de prudence. On ne peut pas lui en vouloir, avec ces chiens enragés de la Gestapo. Nous supposons que Claire est morte, ou prisonnière, qu'ils peuvent la torturer pour lui arracher l'identité des chefs de réseau de la Résistance en Charente et leur localisation. Il y a différentes façons de torturer un être humain, même sans le tuer, en menaçant de nuire à ceux qu'il aime ou à sa famille. Hitier ne parvient pas à savoir si les enfants de Claire sont en sécurité, s'ils sont revenus ou non d'Amérique du Sud. Mais, s'ils sont en France, à Paris, et que les Boches les arrêtent, ils auront un moyen de pression sur Claire.

— J'ai la certitude qu'elle vit encore. Seulement...

— Seulement quoi?

— Peut-être qu'en effet elle est en prison. Dans ce cas, je n'ai jamais imaginé une prison ressemblant à ce que j'ai vu en rêve, la nuit dernière, la nuit de Noël.

— Tes rêves ont-ils toujours un sens précis? Enfin, ce que tu y vois, est-ce que ça se confirme ensuite?

— Je l'ignore, oncle Yvon, je n'avais jamais vécu ce genre de choses avant d'habiter ici. Dites, est-ce que Claire portait le nom de famille « Roy »?

— Oui, comment l'as-tu su? C'était la fille unique d'un maître papetier de la vallée des Eaux-Claires.

— Il y avait une famille Roy au cimetière de Puymoyen, et une Claire Roy adressait son souvenir à son frère, Nicolas.

— Toi alors, tu es fine mouche, en plus du reste. Maintenant, raconte-moi ton rêve, la pressa le fermier d'une voix ardente.

Elle se pencha sur le loup qui sommeillait, parfois secoué de frissons. Tout en caressant son flanc, les doigts plongés dans son épaisse fourrure, elle évoqua le décor singulier où Claire Roy semblait se reposer dans un fauteuil, entourée de murs en pierre, près d'une étroite fenêtre.

— Ce n'était pas une prison, murmura-t-il. Quelqu'un la cache. Tu dois la retrouver, Abigaël.

— Je voudrais bien, mon oncle.

Le fermier hocha la tête, songeur, puis, d'un geste très doux et respectueux, il essuya du dos de la main les larmes qui coulaient une à une sur les joues de la jeune fille.

— Parlez-moi encore d'elle, je vous en prie, dit-elle dans un souffle.

— Ce soir, quand tout le monde dormira, je t'en parlerai, petite. Maintenant, puisque personne ne s'en soucie, je vais te préparer à manger, un bol de soupe et des œufs sur le plat.

Ils échangèrent un sourire complice plein de tendresse, chacun se disant que, de son paradis, la jolie Pascaline les contemplait peut-être avec bonheur.

18

Confidences au coin du feu

Ferme des Mousnier, samedi 25 décembre, le soir

Béatrice tenait sa mère dans ses bras, effarée par la violence des sanglots qui la faisaient trembler et geindre, comme si un chagrin inhumain la déchirait.

— Maman, calme-toi, enfin, répétait la jeune femme. Ce n'est pas la première fois que papa se met en colère, quand même!

— Il m'a fichu une claque, tu te rends compte? Ça me cuit encore la joue. Oh! que je suis malheureuse, Béa! Et mon fiston, hein, qu'est-ce qu'il va devenir? Tu le crois, toi, qu'il voulait du mal à cette fille, qui est quand même sa cousine, au fond, parce qu'ils ont grandi comme deux frères, Yvon et Pierre?

— Je ne suis pas au courant de ce qui s'est passé, maman. Si tu pouvais m'expliquer, là, et arrêter de pleurer.

Pélagie lui raconta ce qu'elle avait cru comprendre, par bribes de phrases entrecoupées de gémissements.

— Si Adrien, qui est amoureux d'Abigaël, a surpris mon frère en train d'essayer de la forcer, ce n'est pas étonnant qu'il l'ait frappé. C'était mérité, désolée, maman. Patrick est vicieux. Il serait temps que tu ouvres les yeux.

Irritée, Béatrice se leva et déambula dans la chambre de ses parents dont l'austérité, en cet instant dramatique, lui poigna le cœur. Elle jeta un regard amer au crucifix suspendu au-dessus du lit en bois et au rameau de buis jauni coincé sous la croix noire. Le gris des murs, la lourde armoire brune, les rideaux d'un beige douteux en place depuis des mois lui parurent assortis à la tristesse de la pièce.

— Ton père ne voit plus que par cette gamine, dit encore Pélagie. Penses-tu, la fille de Pascaline!

— Maman, tu ne vas pas recommencer avec ta jalousie. Nous en avons déjà discuté et Pascaline est morte depuis seize ans. Tu ne dois pas confondre Abigaël avec sa mère. Moi, j'ai appris à l'aimer. Elle est charitable et dévouée. Elle me redonnerait la foi, si je m'écoutais.

Sur ces mots, Béatrice revint s'asseoir au bord du lit, à côté de sa mère qui reniflait, le visage marqué par les larmes et la gifle de son mari.

— Je fais des efforts, avoua Pélagie. Je me montre assez gentille avec Abigaël, parfois. Mais, quand je la regarde, je vois l'autre. Elle était bien jolie, Béa, alors que moi…

— Maman, tu étais charmante, hier soir, coiffée, avec un peu de poudre, ta robe et un bijou. Je sais que le travail d'une ferme est quotidien, pesant et salissant, mais, si j'étais à ta place, je prendrais soin de moi. Papa t'admirait. Je l'ai même vu te chatouiller le cou.

Ce détail provoqua une nouvelle crise de sanglots. Pélagie ne l'aurait jamais confié à sa fille, mais, au creux de leur lit, Yvon avait fait plus que la chatouiller. Ils avaient connu une étreinte aussi passionnée que dans leur jeunesse, corps contre corps, bouche contre bouche, saisis d'une fièvre délicieuse, de celles capables d'abolir les années, de magnifier chaque parcelle de l'être, de lui conférer une aura de beauté irrésistible.

— Peut-être, balbutia-t-elle, déchirée par le souvenir de sa folle jouissance. Mais ton frère, mon Patrick! Je l'aime, mon fils, et s'il lui arrivait un accident!

— Je suis sûre qu'il est allé tout droit chez tante Flavie. Elle le soignera et le gavera de bons petits plats. Maman, sais-tu ce que nous ferons, demain? Nous irons ensemble à Dirac, toi, Lucas et moi. Il déjeunera chez sa mère et nous rendrons visite à ta sœur. Tu verras Patrick là-bas, j'en mettrais ma main au feu.

— Bien vrai? Tu ferais ça, demain? Si nous y allons à pied, ce sera pénible, tellement il y a de neige. Es-tu encore indisposée?

— Ne t'inquiète pas, c'est terminé. Je peux marcher.

Pélagie passa ses bras autour du cou de sa fille unique et pleura encore sur son épaule.

— Heureusement que je t'ai, toi. Boudiou, ce n'est pas Grégoire qui pourrait me consoler.

— Il a changé, pourtant; il parle mieux. L'as-tu entendu quand il s'amusait avec Cécile?

La question, en apparence anodine, coupa net les plaintes de sa mère. Les sourcils froncés, elle se recula un peu pour scruter le visage de Béatrice.

— D'où elle vient, cette gosse? Et son frère? Je ne suis pas si bête, ça me paraît louche que monsieur Hitier ait de jeunes parents d'un seul coup. Ce ne sont pas des Juifs, au moins? Avec ses manières et son instruction, le professeur a tout de ces gens qui accueillent des youpins et qui les cachent.

— Maman, n'emploie pas ce terme, il est insultant. Et puis, zut! Tu n'as pas à le savoir. Accepte ce qu'on te dit et ne cherche pas plus loin.

Nerveuse et lasse, la jeune femme avait répondu précisément ce qu'il ne fallait pas.

— Alors, j'ai raison. On reçoit des Juifs ici, à la ferme. Si on est dénoncés, si la milice revient, comment fera-t-on? J'en ai encore des cauchemars, moi. Et ton père est au courant! Il s'en fiche, de nous causer des soucis. Pire que ça, de nous mettre en danger. J'aurais mieux fait de pas l'épouser, cet imbécile.

D'un élan déterminé, Pélagie ôta son tablier et ses chaussons et elle se glissa dans son lit tout habillée.

— Je ne descendrai pas manger à table, trancha-t-elle. Tu diras à Marie de me porter un plateau. Je vais me faire servir, oui, Béa, j'y ai droit. Et préviens ton père, qu'il couche où il voudra, mais pas avec moi.

Stupéfaite et désemparée, Béatrice se retrouva sur le palier. Elle distingua, dans la chambre voisine, la voix douce de Marie qui lisait une histoire à Grégoire. Du rez-de-chaussée lui parvint bientôt une odeur de soupe aux légumes mêlée à un relent de tabac. Elle dévala les marches, le regret au cœur de ne pas avoir dix ans et de simplement se réjouir du sapin de Noël, du repas à déguster en famille, sans chagrin, ni remords, ni peur.

—

Dès qu'il vit sa fille entrer, Yvon lui fit signe de ne pas faire trop de bruit en désignant d'un geste la paillasse où gisait le loup. Abigaël était couchée contre l'animal, une main sur son flanc que soulevait une respiration régulière.

— Elle dort, chuchota-t-il en se rapprochant de Béatrice sur la pointe des pieds. La pauvre petite, elle a été bien secouée. En plus de ça, elle est allée jusqu'à Puymoyen, aujourd'hui. Une rude balade, avec toute cette neige! Je lui avais préparé à manger, mais elle a piqué du nez avant d'avaler sa soupe.

— Mon frère me dégoûte, confessa-t-elle à voix basse.

— Moi aussi.

Béatrice adressa un sourire mélancolique à son père. Elle prit place à table.

— Puisque tu joues les cuistots, papa, je veux bien du potage et du lard grillé. Je vois que tu en as mis dans la poêle.

— J'avais prévu lui faire des œufs, soupira le fermier.

— Eh bien, tu as une autre cliente, deux même. Maman est furieuse, humiliée et en larmes. Elle exige un plateau.

— En voilà, des manières! Un plateau! Pourquoi pas au lit, tant qu'à faire.

— Justement, elle s'est couchée. Tu n'aurais pas dû la gifler, papa. Si Lucas osait me frapper un jour, je demanderais le divorce.

— Marie-toi d'abord, fifille. Au fait, ton fiancé est parti avec le professeur pour causer un peu.

— Je m'en doutais. Tu devrais parler à maman, lui parler franchement. De toute façon, elle a compris que Cécile et Adrien ne sont pas des parents du professeur. Elle croit qu'ils sont juifs. Est-ce vrai, ça, papa?

— Une de leurs grands-mères l'était. Mais eux, avec de faux papiers, ils ne risquent rien.

Yvon n'en dit pas plus long. Il servit de la soupe à Béatrice et lui fit des œufs frits dans la graisse du lard. Ils ne songeaient ni l'un ni l'autre à Marie, à Grégoire ou à Lucas, contents d'être tous les deux à veiller sur le repos d'Abigaël. Mais le fermier n'oublia pas son épouse. Il prépara le fameux plateau, résolu à le lui porter lui-même.

— Est-ce que le loup va se rétablir? demanda la jeune femme, une fois rassasiée.

— Je n'y crois guère. Patrick a dû cogner dur. Je crains une fracture du crâne qui le tuera à petit feu. C'est quand même dommage. Le prof et moi, on espérait le rendre à sa maîtresse un beau jour.

— Papa, monsieur Jacques et toi, vous êtes des idéalistes, de grands rêveurs. Si Claire Dumont avait survécu, on aurait eu des nouvelles d'elle, depuis maintenant plus de six mois. Les nazis torturent leurs prisonniers jusqu'à la mort, mais ils rendent les cadavres à la famille.

— Ah ouais? Dans ce cas-là, elle est où, sa famille à elle? Ils l'ont mise dans une fosse commune, comme les Casta. Enfin, je n'en sais rien. Abigaël prétend qu'elle est vivante. Pourquoi pas? Je peux te jurer qu'on n'a pas trouvé son corps, dans ce charnier.

— L'explication est simple, je vous la répète depuis un moment. Elle était légèrement blessée; ils l'ont emmenée et interrogée. Elle a subi le sort de Janine, ma chère Janine.

— Tant qu'on n'aura pas de preuves formelles, je considère qu'elle peut réapparaître, ronchonna son père, encombré du plateau où vacillait une carafe de vin rouge au milieu d'un bol fumant et d'une assiette garnie de pommes de terre.

Attendrie, Béatrice se leva vite et ouvrit la porte donnant sur le vestibule. Elle suivit Yvon des yeux tandis qu'il montait l'escalier avec d'infinies précautions, puis elle alla s'asseoir près de la cheminée, où elle fuma une cigarette en guettant le retour de Lucas. « Nous ferons l'amour, cette nuit, se disait-elle. Je n'ai plus du tout mal et je ne peux pas le laisser repartir sans lui offrir de la joie ni sans en recevoir. »

Elle s'abandonna à des souvenirs voluptueux, des réminiscences de plaisir intense qui la faisaient frissonner et qui éveillaient des ondes douces au creux de son ventre. Elle songea à la première fois, l'été précédent, sur le plancher à foin. Il faisait chaud et l'air embaumait les fleurs des prés séchées, Lucas avait étendu une couverture et l'avait allongée là pour découvrir son corps, le parcourir de caresses. « J'avais une jupe bleue et un corsage rose. Il a relevé ma jupe, déboutonné mon corsage et posé sa joue sur mon sein droit en lissant du doigt le satin de mon soutien-gorge. Comme on s'est embrassés, à en perdre le souffle et la tête! Ensuite, j'ai enlevé mes vêtements, je ne les supportais plus, je voulais être nue. Il en tremblait, il me disait que j'étais belle, la plus belle du monde. J'ai fermé les yeux quand il a enlevé son pantalon, mais je n'avais pas peur. »

Un soupir extatique échappa à Béatrice. Elle revivait l'instant crucial où Lucas avait voulu la faire sienne, obstiné à vaincre le délicat barrage de sa virginité. Elle avait retenu un cri de douleur sans penser à le repousser, l'obligeant même à se montrer plus implacable, à prendre possession d'elle, de son jeune corps en feu. « Ensuite, il m'a câlinée, parce que je pleurais. Il croyait que j'avais honte, que j'étais triste. Je lui ai dit à quel point j'étais heureuse et fière. Si tu existes vraiment, Seigneur, accorde-moi de vivre des années avec Lucas ou de mourir près de lui. »

Après cette brève prière, Béatrice tisonna le feu, alanguie. Marie la trouva ainsi, une expression presque impudique sur le visage, tant elle avait l'air d'une amoureuse pleine de rêves interdits. Grégoire regarda, surpris, Abigaël qui dormait couchée près de Sauvageon.

— Chat, où est chat? bredouilla-t-il.

— Roulé en boule sur une chaise, répondit sa sœur. Tu avais peur qu'il soit mangé par le loup?

— Ne le taquine pas, Béatrice, soupira Marie. Eh bien, on ne dîne pas, ce soir?

— Chacun pour soi. J'ai mangé et papa a monté un plateau à maman. Il reste de la soupe, du pain et du pâté.

— Très bien, nous allons grignoter un peu, Grégoire et moi.

Malgré toute sa bonne volonté, Marie désapprouvait le spectacle de sa nièce allongée sur une paillasse, un bras sur le corps d'un animal agonisant. Elle évita donc ce tableau qu'elle jugeait un peu ridicule et se concentra sur les tâches ménagères qui ne manquaient pas.

Une cuvette était posée au coin du buffet, qui contenait de l'eau rougie par des linges ayant servi à nettoyer la plaie du loup. L'assiette et le bol de Béatrice traînaient encore sur la table, dont le bois était parsemé de miettes, d'auréoles de vin et de coquilles d'œufs. Des empreintes de chaussures boueuses, séchées par la chaleur, souillaient le sol d'ordinaire impeccable.

— Quelle drôle de journée! déplora Marie, bien décidée à rendre la cuisine présentable.

En commençant à ranger, elle s'empara du manteau d'Abigaël, resté sur le dossier d'une chaise. Tout de suite, elle constata qu'il n'y avait plus les boutons. Intriguée, sans rien dire, elle alla se pencher sur la jeune fille pour s'apercevoir que son gilet en laine était en partie fermé seulement et qu'il tenait à la taille par une ficelle. « Mon Dieu, qu'est-ce qu'elle a pu faire pour abîmer ainsi ses vêtements? » se demanda-t-elle.

Un instant, elle pensa qu'en transportant l'animal il avait pu se débattre et endommager manteau et gilet, mais elle haussa les épaules, car elle avait cru comprendre qu'ils avaient trouvé Sauvageon dans cet état proche du coma. Béatrice l'observait en silence, redoutant d'être questionnée.

— Abigaël est-elle tombée? interrogea aussitôt Marie. Il lui est arrivé quelque chose?

— J'étais dans ma chambre. Je n'en sais pas plus que vous.

— Tu en sais toujours plus que moi. Là encore, je le vois à ton regard fuyant. Pourquoi me dissimuler la vérité et tous vos mystérieux agissements, ainsi qu'à Pélagie? Je suis en droit de savoir les risques que prend ma nièce.

— C'est Patrick, marmonna Béatrice à contrecœur.

— Quoi? Il a recommencé? Seigneur, ça ne lui a pas suffi d'esquinter cette bête, il a fait du mal à ma petite!

— Il a essayé, mais Adrien est intervenu à temps. Abigaël n'a rien eu de grave.

— Dieu merci!

Blême d'indignation et de peur rétrospective, Marie se signa. Très émue et pleine de compassion, elle aurait voulu serrer Abigaël dans ses bras, la consoler, la rassurer, mais elle ne formula à voix haute que des détails pratiques.

— Pourvu qu'elle se réveille bientôt, dit-elle. Il faudrait qu'elle se change, et qu'elle se lave, aussi. Le loup sent fort, tu ne trouves pas?

— Il a une odeur de bête sauvage, mais ça ne me dérange pas.

Abigaël ouvrit les yeux au même instant. Elle regarda autour d'elle, hébétée, puis elle posa une main sur Sauvageon et le caressa.

— Il va mieux, il se repose, dit-elle sans regarder sa tante ni sa cousine.

Elle se leva prestement et eut un sourire tremblant à l'adresse de Béatrice. Mais déjà Marie se précipitait pour l'étreindre avec une tendresse maternelle.

— Ma petite chérie, j'ai appris ce qui s'est passé. Tu devrais monter enfiler des habits propres et faire un brin de toilette. Seigneur, que tu as dû avoir peur!

Une telle douceur de ton, assortie de légers baisers sur son front, eut raison de la résistance nerveuse de la jeune fille. Elle fondit en larmes, blottie contre Marie.

— Tantine, tantine, répétait-elle, suffoquée par les sanglots. Oui, j'ai eu peur, si peur!

Les images défilaient dans son esprit, des images sombres, seulement éclairées par le rictus grimaçant de Patrick, avec en guise de sinistre musique son souffle rapide et ses injures. Elle croyait être encore la proie de ses pulsions malsaines, elle sentait encore sa main contraindre la sienne à toucher son bas-ventre. Le pire, c'était le moment où il l'avait jetée sur le sol, où elle avait perçu le froid sur sa chair dénudée, où le garçon déchaîné s'était vautré sur son corps tétanisé par la terreur et la répulsion.

Marie se mit à pleurer elle aussi en la cajolant, en lui chuchotant à l'oreille des paroles de réconfort :

— Là, là, c'est fini ! Il ne t'approchera plus. Tu es toujours la même, ma chérie, pure, adorable, innocente. Là, là !

Pendant ce temps, Grégoire lorgnait la marmite de soupe restée au milieu de la table. Sensible à l'atmosphère dramatique et à la singularité de la soirée, il n'osait pas réclamer son repas. Rien n'était comme d'habitude ; ses parents étaient invisibles, Abigaël, l'air malade, était en pleurs, le loup était endormi sur sa paillasse et Béatrice, lui avait souri. Ce sourire de sa grande sœur, qui lui avait causé une immense surprise, le faisait tenir tranquille.

— J'ai faim, déclara alors Abigaël. Mon oncle voulait me donner à manger, mais je me suis assoupie d'un coup.

— Si vous voulez, Marie, je vais monter avec ma cousine l'aider à se laver et à se changer. Nous ne serons pas longues. Vous pouvez faire réchauffer la soupe.

Abigaël parut soulagée. Elle s'empressa de suivre Béatrice à l'étage, laissant sa tante un peu désemparée, les bras vides, réduite à endosser son rôle de ménagère.

—

— Nous aurions dû prendre la bouilloire, regretta Béatrice une fois dans la chambre. L'eau du broc est très fraîche.

— Je préfère, rétorqua Abigaël, les traits tendus. Si je pouvais, je me jetterais dans la rivière pour me purifier.

Elle avait déjà expédié sur le parquet sa jupe, ses bas, son gilet et son corsage. En culotte et soutien-gorge de satin rose, elle brossait ses longs cheveux avec énergie. Béatrice ne put s'empêcher d'admirer la grâce juvénile de ses formes, la finesse de ses jambes, la peau laiteuse de sa gorge.

— Tu es très jolie, Abigaël. Tu es si délicate!

— Il y a des jours où l'on voudrait être laide de corps et de visage. Béa, j'ai l'impression d'être salie. Je ne supporterai plus qu'un homme me touche, à présent. En plus, Adrien a dû me voir, la jupe relevée et le corsage ouvert.

— Il n'a pas fait attention, à mon avis, trop occupé à tabasser mon frère!

— Tu lui en veux?

— Moi? En vouloir à Adrien? Non, vraiment pas. C'est à Patrick, que j'en veux. Je le maudis, même. S'il t'avait violée, jamais je n'aurais toléré de le revoir.

Abigaël fut secouée par un frisson d'horreur. Elle plongea ses mains dans l'eau et s'aspergea les joues et la bouche avant d'humecter un gant de toilette et de se frotter la gorge et la naissance des seins, puis les avant-bras et les cuisses. Béatrice s'était détournée et fouillait dans l'armoire.

— Tu devrais mettre le pantalon en jersey que je t'ai donné et un pull en laine, dit-elle d'une voix neutre. Je prends des chaussettes. Veux-tu de la lingerie propre, aussi?

— Oui, s'il te plaît. Béa, je crois que je tiendrai Adrien à l'écart, à l'avenir. Tant mieux s'il part très vite. Cet après-midi, pendant que nous étions seuls, il s'est montré pressant. Il m'embrassait souvent. Quand j'y pense, ça me dégoûte.

Apitoyée, sa cousine chercha comment l'aider à faire la part des choses.

— Ne mélange pas tout, Abigaël. Si on aime un homme, il n'y a rien de sale ni de mal à lui rendre ses baisers ou ses caresses. Je couche avec Lucas depuis l'été, tu es au courant! Je t'assure que c'est merveilleux. C'est une sorte de folie douce et grisante, un coin de paradis sur la terre par la magie du plaisir et de l'amour. Je vais te faire un aveu. Quand j'étais interrogée par les miliciens et un policier, j'avais une peur atroce d'être violée. Ils le font, tu sais. Les types de la Gestapo aussi, parfois devant le mari ou le fiancé. Si c'était arrivé, j'en serais peut-être morte, soit à cause d'eux et de leur brutalité, soit de désespoir, ensuite. Pourtant, je pensais à Lucas, et j'ai prié Dieu comme je ne l'avais jamais fait, moi qui doutais de lui. Je me promettais, si je m'en sortais indemne, de retrouver mon fiancé et d'oublier ces heures d'épouvante dans ses bras. Tu as eu de la chance, Adrien t'a sauvée. Abigaël, ne le rejette pas, dis-lui cent fois merci. Si tu ne le vois plus d'ici son départ, tu le regretteras.

— Sans doute, je n'en sais plus rien.

Sur ces mots évasifs, elle d'ordinaire d'une grande pudeur, elle ôta ses sous-vêtements et, entièrement nue, se sécha devant Béatrice. Accoutumée à l'intimité entre femmes, sa cousine ne s'en formalisa pas.

— Habille-toi vite, tu te sentiras mieux, après. Dis-toi que l'eau froide et le savon ont effacé jusqu'à la moindre trace de ce que tu as subi.

En pantalon et pull à col montant, Abigaël poussa un bref soupir de satisfaction. Sa cousine disait vrai, elle éprouvait un précieux bien-être.

— Je vais natter tes cheveux du temps qu'ils sont humides, proposa Béatrice gentiment. Demain, ils onduleront.

Elles discutaient tout bas de la conduite odieuse de Patrick quand des hurlements de frayeur s'élevèrent du rez-de-chaussée, entrecoupés d'appels au secours suraigus.

— C'est tantine! s'écria Abigaël en se ruant sur le palier.

Yvon sortit également de la chambre conjugale et dévala les marches derrière sa nièce, vite suivi de Béatrice. Ils entrèrent en trombe dans la cuisine pour découvrir le loup debout sur ses pattes, hérissé, les babines retroussées sur ses crocs jaunes, tandis que Marie brandissait le tisonnier en protégeant Grégoire de son corps. L'innocent poussait des plaintes assourdissantes. Quant au chaton blanc, il s'était prudemment perché sur le buffet et crachait, lui aussi hérissé comme une pelote d'épingles.

— Sauvageon! s'exclama Abigaël, affolée. Sage, Sauvageon. Qu'est-ce qui te prend, enfin?

Le loup semblait ne pas l'entendre. Il s'avançait avec lenteur vers Marie, muette à présent, livide et les yeux écarquillés.

— Bon sang de bois, il est devenu fou! tonna Yvon qui cherchait de quoi improviser une arme parmi les objets de la pièce.

Bouleversée autant que terrifiée, Abigaël entrevit cette possibilité, une triste conséquence du coup que Sauvageon avait reçu à la tête.

— Mon oncle, attendez, protesta-t-elle. Ce serait trop bête, à la fin, de le tuer maintenant. Grégoire, par pitié, arrête de crier comme ça, tu lui fais peur. Le loup sent que tu as peur, toi aussi, tantine. Allez dans le cellier.

Prise de panique, Marie n'y avait même pas songé. Elle se réfugia dans la petite pièce voisine avec le garçon en larmes et claqua la porte.

— Sauvageon, écoute-moi, murmura Abigaël. Allons, mon beau, ne crains rien, personne ne te fera de mal, ici.

Malgré son peu d'expérience en matière de relations avec un animal, elle analysa avec une rapidité surprenante ce qui s'était produit. Le loup avait repris conscience et il s'était levé, encore en pleine confusion; tout de suite, Marie avait cédé à la peur, ainsi que Grégoire, sûrement à cause de l'attitude de son chat, qui avait dû s'enfuir aussitôt et se réfugier sur le meuble.

— Sauvageon, je suis là, viens.

Elle s'approcha de lui la main tendue. Il s'immobilisa, sur le qui-vive, toujours hérissé. Un grondement sourd s'échappait de sa gueule entrouverte.

— Fais attention, petite, il peut te sauter à la gorge, s'alarma Yvon.

— Chut, ne faites pas de bruit. Reculez, il va se calmer. Je n'aurais pas dû le laisser, pas une minute.

Béatrice retenait sa respiration, sidérée devant le courage et l'autorité de sa cousine. Confiante, elle se réfugia contre l'épaule de son père.

— Là, là, Sauvageon, quelqu'un t'a frappé, mais ce n'était pas moi ni les autres. N'aie pas peur. Je sais que tu as peur, si tu sens l'odeur de la peur chez nous. Que faisait Claire, quand tu n'étais pas sage, hein, mon beau? Te souviens-tu de Claire?

Le loup ne bougeait plus, ses prunelles dorées avaient perdu leur éclat menaçant. Abigaël se mit à genoux pour nouer ses bras autour de son cou puissant et, sans réfléchir davantage, elle frotta sa joue contre sa fourrure. L'animal recula un peu. Après un bref jappement satisfait, il se laissa tomber sur le dos en présentant sa gorge.

— Il se soumet, murmura le fermier à sa fille. Les chiens mettent fin à une bagarre en faisant ça. Elle a gagné la partie, notre petite!

Abigaël ignorait ce détail d'importance, mais elle

fut heureuse de l'apprendre et redoubla ses caresses. Sauvageon perdit toute agressivité. Il se redressa et lui lécha même le menton.

— Vous pouvez sortir, tantine, cria-t-elle.

— Sûrement pas. Va enfermer cette sale bête dans le toit à cochon, sinon je passe la nuit dans le cellier.

— Tantine, fais un effort, il est calmé!

La porte bâilla lentement; le visage crispé de Marie apparut. Elle toisa le fauve apaisé d'un regard méfiant.

— Que s'est-il vraiment passé? lui demanda Abigaël.

— Eh bien, je faisais chauffer la soupe, pendant que Grégoire jouait avec son chaton. Soudain, le loup s'est réveillé. Il s'est secoué et levé, la gueule béante. J'ai vu ses dents et, là, j'ai crié parce que tu n'étais pas là et qu'il me faisait une peur bleue, cet animal. Le chat l'a vu, il s'est débattu pour sauter des bras de ce pauvre Grégoire, qui a été griffé. Comme je criais plus fort pour que tu viennes, Grégoire a hurlé. Pour en rajouter, le loup s'est mis à grogner et à marcher sur moi, prêt à m'attaquer. J'ai juste eu le temps d'attraper le tisonnier pour me défendre et je l'ai menacé.

Assis sur son derrière, Sauvageon avait l'air d'écouter attentivement le récit de Marie. Abigaël le tenait toujours, mais il était tout à fait pacifique, à présent.

— Oh, tantine, il aurait pu t'attaquer parce qu'il se croyait en danger et que vous l'affoliez, en criant! Patrick l'a assommé lâchement, hier soir, et il a pu comprendre qu'un homme s'en prenait à lui, qu'il lui faisait du mal. Il se défendait.

— Je m'en moque, de tes histoires. J'ai toujours craint les chiens, alors, les loups, c'est encore pire. J'exige que tu fasses sortir cet animal d'ici.

— Hé, une seconde, je suis chez moi, intervint Yvon. Votre nièce vient de vous expliquer pourquoi Sauvageon a réagi ainsi. Maintenant, c'est à moi de décider s'il reste sous mon toit. Je sais qu'il était habitué à dormir dans une maison. Aussi, il dormira là, sur la paillasse.

Attristée par la mine déconfite de sa tante, Abigaël lui fit un sourire compatissant.

— Ne crains rien, ma pauvre tantine, je ne le quitterai pas. Tu devrais faire un effort, lui parler et le caresser, qu'il connaisse ton odeur. Toi aussi, Grégoire. Veux-tu essayer?

Le garçon était en partie caché derrière Marie. Les joues rouges d'avoir pleuré, il sortit le premier. En reniflant il vint se planter devant le loup, sa silhouette grêle penchée en avant.

— Pas méchant, toi, bégaya-t-il en tendant ses doigts. Toi gentil, Ageon?

— Sauvageon, rectifia Abigaël qui riait d'émotion.

— Gentil, Au-a-geon?

L'animal huma l'index et le pouce de Grégoire, sonda de son regard ambré les yeux doux de l'enfant attardé, puis il décocha un grand coup de langue sur le dos de sa main et ses doigts écartés. Ravi, conquis, le garçon s'assit lui aussi par terre et se mit à rire.

— Tu vois bien, tantine, qu'il ne te fera aucun mal, insista la jeune fille. Si tu as peur de lui, la situation ne s'arrangera jamais.

Marie respira un grand coup et s'avança à pas prudents. Après avoir été confrontée au loup sous son aspect le plus effrayant, elle ne pouvait pas lutter contre les battements désordonnés de son cœur et le nœud d'angoisse qui serrait sa gorge.

— Vraiment, c'est inutile que je le caresse, dit-elle. Il me regarde d'un drôle d'œil. Surveille-le, j'ai autre chose à faire. Je dois me calmer d'abord. J'ai peur, c'est plus fort que moi.

— Je vous comprends, Marie, concéda Béatrice. Ça reste un loup, même s'il se comporte parfois comme un chien.

Abigaël constata que Sauvageon suivait sa tante des yeux à la façon d'une bête sur la défensive. Elle regretta l'incident qui avait créé des rapports faussés entre Marie et l'animal. Il devait associer la femme armée du tisonnier à celui qui l'avait frappé avec fureur.

— Je suis désolée, tantine. Je vais installer la paillasse sous l'escalier et j'attacherai Sauvageon pour la nuit.

— C'est une bonne solution, convint Yvon. Bon, je remonte consoler Pélagie. Je casserai la croûte plus tard.

Le fermier était à peine sorti de la cuisine qu'on toqua à la porte principale. Il reconnut la voix de Lucas, qui s'annonçait afin de ne pas semer d'inquiétude inutile. Béatrice courut dans le vestibule et se pendit au cou de son fiancé, dont la veste et la casquette étaient blanches de neige fraîche.

— As-tu faim, mon chéri? susurra-t-elle, câline.

— Non, j'ai mangé du pain et du fromage chez monsieur Hitier, ainsi que des biscuits et des pommes. Je suis éreinté. Je monte me coucher.

Béatrice avait saisi la lueur malicieuse qui brillait dans son regard. Son père étant déjà parvenu à l'étage, elle l'entraîna par la main vers l'escalier. Les amoureux s'éclipsèrent, avides de solitude à deux.

— Allons dans la mansarde, chuchota-t-elle sur le palier. On va allumer le petit poêle. Mes parents ont d'autres soucis que moi, ce soir, et j'ai le droit de passer du temps avec mon futur mari.

Il lut une promesse dans son sourire et retint un cri de joie.

—

Deux heures s'étaient écoulées. Marie et Grégoire étaient couchés. Ils avaient dîné rapidement, l'une nerveuse et taciturne, l'autre égayé par la présence du loup dans la pièce, à qui il adressait des éclats de rire quand il ne lui répétait pas des gentillesses. Prise du besoin de s'occuper, Abigaël avait remis de l'ordre, rassurée, au fond, de savoir Sauvageon attaché. Elle lui avait encore donné de l'eau et un reste de viande froide, sans écouter les protestations de sa tante.

Seule à présent dans la cuisine, la jeune fille pouvait ressasser jusqu'au malaise l'agression dont elle avait été victime. « Tantine s'est montrée douce et compatissante, mais j'ai eu l'impression que je la dégoûtais un peu. Elle m'observait comme si j'avais attrapé une maladie; tout de suite, je devais me laver. Béa a été charmante; elle a essayé de me rassurer. Pourtant, je le sens, je ne supporterai plus qu'un homme me touche, même Adrien. »

Elle apaisa ses craintes et ses doutes en misant sur le temps qui était censé guérir les plaies du corps et de l'âme.

— Peut-être que, dans un an ou l'été prochain, si je retrouve Adrien, je serai capable de l'embrasser et d'accepter ses caresses, se dit-elle à mi-voix, assise près du feu.

Reprise d'une terrible envie de pleurer, elle espéra que son oncle tiendrait parole, qu'il la rejoindrait et lui confierait ce qu'il savait sur Claire, sa belle dame brune. Quelques minutes plus tard, un pas dans l'escalier la fit sursauter. Yvon apparut, les cheveux en broussailles et la chemise froissée.

— Je suis dans un sale état, blagua-t-il aussitôt. Ma femme m'a flanqué une correction. Une vraie furie.

C'était une autre sorte de combat qui avait eu lieu entre les époux au creux du lit, mais pudeur oblige, le fermier préférait évoquer un pugilat de couple. Abigaël s'en moquait bien, trop contente d'avoir la compagnie de son oncle.

— Je meurs de faim, s'écria-t-il en frottant son estomac d'un air jovial. Dis, tout le monde dort. Lâche donc Sauvageon, qu'il se balade à son aise.

— Oui, vous avez raison.

Elle s'empressa de libérer le loup. Il musarda d'une chaise à l'autre, le nez au ras du sol, flairant sans doute les traces du chaton ainsi que les diverses odeurs des gens ayant évolué là depuis la veille.

— Je mange un morceau, petite. Viens à table, on sera mieux.

— Si ça ne vous ennuie pas, mon oncle, je voudrais rester au coin du feu. Je n'arrive pas à me réchauffer.

Il approuva en souriant, occupé à couper une large tranche de pain un peu rassis, mais à la croûte dorée et à la mie consistante.

— Tant pis pour les restrictions, j'ouvre un bocal de rillettes. Ma foi, c'est encore Noël, il n'est pas minuit. Un petit verre de rouge avec ça et je serai comblé.

Abigaël patienta en savourant la délicieuse sensation de sécurité que lui procurait la présence de cet homme, à laquelle s'ajoutaient les cajoleries dont l'accablait soudain le loup, complètement rétabli.

— Il t'aime bien, hein, marmonna Yvon, la bouche pleine.

— Je crois.

— J'en suis sûr, moi. Il apprécie la compagnie féminine, surtout les jolies filles.

Immédiatement, Abigaël baissa la tête, gênée. Le fermier s'en aperçut et continua sur un ton attendri :

— Excuse-moi, petite, c'était juste un compliment. Eh, dis, tu n'as pas à rougir d'être jolie, ce n'est pas un crime. Je me doute que tu es mal remise de ce qui s'est passé, mais je peux te dire une chose, mon crétin de fils aurait pu s'en prendre à toi même si tu étais un laideron. C'est une tare, chez lui. Au moindre jupon qui passe, il perd la boule. Non, non, Abigaël, tu dois être fière de ta beauté, c'est un don du ciel comme tes autres dons. Et ça me fait penser à Claire Roy, enfin Claire Dumont.

Yvon se leva, abandonnant sa tartine à moitié dévo-
rée; son verre de vin à la main, il rejoignit sa nièce sur
la pierre de l'âtre.

— J'aurai bientôt cinquante ans. Gamin, à l'âge du
certificat d'études, j'allais à l'école de Puymoyen. La distance ne me faisait pas peur, hiver comme été, bien qu'à
l'époque on arrêtait la classe pour aider les parents à la
fenaison. C'est là-bas, devant la mairie, que je l'ai vue la
première fois. Tu peux imaginer un gosse de onze ans à
peu près, qui ouvre grand ses mirettes en voyant la plus
belle fille du pays en tenue d'amazone, perchée sur un
magnifique étalon blanc. Une apparition, je te dis! Tous
les gens du bourg la regardaient comme moi, bouche
bée. Bon sang, on aurait dit une reine, ouais.

Subjuguée, Abigaël se souvint du tableau que lui avait
montré Jacques Hitier et qui lui avait causé un malaise
d'une rare violence.

— Elle se déplaçait à cheval ou en calèche, belle à
croquer, ça oui, un visage doux sans aucun défaut, un
petit nez droit, des yeux noirs, du vrai velours, des lèvres
d'un rose vif et une allure unique, un corps de déesse,
la taille fine, des rondeurs où il fallait. Mes camarades
et moi, on en était amoureux, pardi. Ensuite, j'ai quitté
l'école. Je travaillais dur aux champs, mais, les jours de
foire, si je pouvais mener un veau à vendre à Puymoyen
ou des volailles, je guettais toujours l'apparition de Claire
Roy, la fille du maître papetier. Les gens causent, sur les
foires. J'ai su qu'elle avait épousé Frédéric Giraud, l'hé-
ritier du domaine de Ponriant, et qu'elle en était veuve.
C'est un peu plus tard qu'elle a épousé Jean Dumont, le
meilleur des hommes.

— J'ai vu sa tombe au cimetière, cet après-midi,
s'écria Abigaël, le cœur battant à se rompre. Elle était
couverte de bouquets de houx et de feuillages; une jeune
femme y a déposé des roses de Noël.

— Le chef du réseau Sirius, mort en héros. Tant mieux si on fleurit sa tombe! Tant pis si les Boches récriminent!

Yvon n'en dit pas davantage, semblant refouler le présent afin de revivre, songeur, un passé moins tourmenté.

— Claire, elle venait au village avec sa servante et une petite fille blonde, souvent, l'enfant de Jean qu'elle élevait. Il y avait une autre beauté dans son sillage, sa cousine Bertille. Les paysans la prenaient pour une fée. Il paraît qu'elle était infirme, toute jeune, et qu'elle aurait guéri par miracle. Elle était ravissante, mais, moi, je n'avais d'yeux que pour Claire.

— Est-ce que Bertille était très blonde, les cheveux tout frisés avec un regard gris transparent? demanda Abigaël.

— Boudiou, oui, tout à fait, comment le sais-tu?

— J'ai eu des visions de Claire, des scènes de sa vie et d'une jeune fille blonde aussi très belle.

— Tu en as, de la chance, toi! ronchonna le fermier. Enfin, il y a eu la guerre. Août 1914. Finis les jours de foire, les labours, les moissons, il fallait partir au Front. Après le conflit, j'ai épousé Pélagie et repris la ferme, Pierre a rencontré ta mère et tu connais la suite.

— Oncle Yvon, quand je suis arrivée ici, vous m'avez paru froid et méprisant. Vous me faisiez peur, presque. Peu à peu, j'ai cru comprendre que vous admiriez maman. Alors, pourquoi m'avez-vous traitée ainsi?

— Oh! Tu m'as déjà posé le même genre de question, petite. D'abord, j'ai eu un choc, tant tu ressemblais à ta mère, et ma femme s'en rendait malade, avec sa jalousie vieille de vingt ans. Elle me rabâchait que tu nous attirerais des ennuis, que tu étais mauvaise, que tu étais une sorcière en herbe. J'ai joué les méchants, j'ai forcé la dose pour que tu te tiennes à l'écart. En plus, je devais cacher mes activités de résistant. C'était compliqué, bon sang de bois!

— Pardonnez-moi, mais j'en suis tellement heureuse, je veux dire, de vous trouver si bon, si affectueux à mon égard! J'ai un peu l'impression d'avoir un papa.

Abigaël avait eu une inflexion de voix puérile pour prononcer ce dernier mot, ce qui émut profondément Yvon. Béatrice usait et abusait du même terme, mais de l'entendre dire par la fille de Pierre, orpheline, le bouleversait. D'un geste bourru, il essuya vite les larmes qui mouillaient ses yeux.

— La belle Claire, reprit-il sur un timbre rauque et mal assuré, je ne l'ai pas revue pendant des années. Mais j'en entendais causer bien souvent par l'épicier ambulant et par ma femme qui allait à la messe tous les dimanches, en ce temps-là. Et, la messe, c'était là-bas, à Puymoyen. Tu sais comme on aiguise sa langue, après l'office, devant l'église. Il paraît que l'épouse du docteur vouait Claire au diable. Pas étonnant, elle soignait toute la vallée des Eaux-Claires et les hameaux au-delà. Oui, elle était guérisseuse, en son bel âge, et peut-être un peu plus; elle était quelqu'un dans ton genre. Son frère avait ouvert une imprimerie au moulin Roy et, un soir d'orage, le feu s'est déclaré. Mais, d'après un vieil ouvrier, la maison a pu être épargnée parce que Claire aurait été avertie par un fantôme, ouais! Les bavards racontaient aussi que le père Maraud, sur son lit de mort, lui aurait passé ses pouvoirs. Enfin, il s'en est dit, des choses, dans le pays!

Passionnée, Abigaël écoutait, le loup couché à ses pieds. Elle en tremblait, soulagée de tisser une réalité autour de sa belle dame à l'aura de chagrin et de mystère. Autant par politesse que par souci de laisser le fermier raconter à son aise, elle évitait de l'interroger.

— Si tu savais à quel point j'étais dans mes petits souliers quand j'ai été présenté à Claire, l'hiver dernier! Le professeur faisait partie d'un réseau de résistance. Il m'a proposé de m'engager, moi aussi. J'étais prêt à en faire baver à l'occupant, crois-moi. J'ai dit oui et je l'ai suivi dans la vallée des Eaux-Claires. Une réunion était organisée dans une grotte surnommée la grotte aux fées. Je revois la scène, petite. Des hommes nous attendaient dans une cavité profonde éclairée par deux bougies. Il y avait Jean Dumont; je ne l'avais jamais vu de près, seulement de loin, par hasard, à Puymoyen. Et Claire était là, assise sur un replat de rocher, Sauvageon couché à ses pieds, tiens, exactement comme il est étendu, ce soir, près de toi. Elle avait vieilli, ça, personne n'y échappe, mais je l'ai trouvée belle, d'une beauté différente. Un visage paisible, harmonieux, si peu ridé. Ses cheveux bruns étaient nattés en arrière et elle avait un regard à vous briser le cœur, tendre, sage, triste, aussi. Si les discussions ont eu trait à la Résistance et aux actions possibles, l'ambiance était chaleureuse. Il y avait du vin blanc, du cidre, des pains d'épice et des noix à grignoter. Vers la fin, j'ai osé parler à Claire, qui caressait son loup avec tendresse. J'ai joué les curieux. Pourtant, je savais bien qu'elle avait toujours eu des loups apprivoisés.

— Ah oui? Ça remonte à loin? s'étonna Abigaël.

— À ses dix-huit ans. Le premier, un bâtard de louve et de son chien Moïse, elle l'avait appelé Sauvageon, comme celui-ci, le dernier, en somme.

— Moïse! répéta la jeune fille, attendrie. Il y a ce nom gravé sur le collier que porte Sauvageon. Mon Dieu, j'en pleurerais, mon oncle! Comme vous êtes gentil de me dire tout ça! J'en avais un tel besoin!

— Bah, tu aurais fini par découvrir toute seule qui était Claire, même si les gens de Puymoyen n'osent plus en parler. Elle a grandi parmi eux et les anciens la respectaient. Bien sûr, on la critiquait fréquemment à cause de ses loups et ça a marqué les esprits au point qu'on a débaptisé le moulin de son père. C'était le moulin du Berger, jadis, et c'était devenu le moulin du Loup. Seigneur, une belle bâtisse ancienne, de grands étendoirs, un bief, des roues à aubes! J'ai contemplé ça de loin, au printemps, et, trois mois plus tard, il n'en restait que des ruines. Tout a brûlé.

— Les Allemands? fit Abigaël d'une petite voix faible.

— Surtout les gendarmes et les miliciens, qui faisaient front avec les Boches, ouais. Un officier de la Wehrmacht voulait prendre les résistants vivants afin de leur soutirer le nom des autres réseaux charentais et leur localisation, mais l'assaut a été donné. On m'a dit que ça tirait de tous les côtés. Un carnage, un massacre abominable. Le professeur et moi, on cherche depuis des mois comment les venger, ceux du réseau Sirius. Ils ont été dénoncés, tu m'entends! Dénoncés par qui? Ça, on l'ignore encore. Alors, à Puymoyen, tout le monde se méfie de tout le monde, on se demande qui a pu faire ça, comprends-tu? Janine Casta, l'amie de Béa, qui en faisait partie, avait été arrêtée une semaine plus tôt. A-t-elle parlé sous la torture? Hitier et moi, nous ne le croyons pas. Nous soupçonnons un ennemi de longue date de Jean Dumont, un type à qui il avait cassé la figure au début de la guerre et qui rôdait dans la vallée, certains jours. Un chasseur enrôlé dans la milice dont il est un des chefs actifs.

— Celui qui peut reconnaître Sauvageon, déclara Abigaël.

— Ah, tu es au courant? Le professeur t'a mise en garde?

— Oui. Il faudrait cacher le loup de Claire, mais où? Et comment?

— Tu me donnes une idée. Il y a une grotte haut perchée, en face de la ferme. On n'y accède que du plateau au-dessus. Mon père l'avait équipée d'une porte et il y cachait des provisions pendant la Première Guerre. Je

540

fais pareil. J'ai fermé la cavité, hormis une étroite percée dans la falaise où seul un chat pourrait se faufiler. Je te confierai la clef. Tu y conduiras Sauvageon quand il sera tout à fait rétabli. D'accord?

Abigaël soupira, anxieuse. Elle appréhendait de tenir le bel animal captif, même pour son bien et le salut de tous.

— Si on tient Sauvageon enfermé, il ne retrouvera pas Claire, dit-elle avec véhémence.

— Il errait depuis un bon moment. S'il avait pu la retrouver, il serait déjà auprès d'elle. Il a perdu sa trace parce qu'on a dû l'emmener. Qui? Je n'en sais rien. Je dois te faire un aveu. Le soir de la réunion dans la grotte aux fées, il n'y avait que des résistants. Janine n'avait pas pu y assister. Ses parents, les Casta, les domestiques du moulin, ne se mêlaient pas des affaires de leur patron. Je ne les connaissais pas. Aussi, quand ils se sont présentés ici pour me demander de les cacher, je n'ai pas fait le rapprochement et eux, pauvres gens, ils n'ont pas osé me dire d'où ils venaient. J'ai su plus tard qui ils étaient par Béatrice. J'en ai des remords. Ça me pèse sur la conscience, à cause de la petite fille, surtout.

— Mais, si vous les aviez hébergés à la ferme, vous auriez tous été massacrés, comme au moulin, mon oncle.

— Non, je les aurais envoyés dans une grotte, tiens, celle où se planquait Lucas, et ils auraient été en sécurité. Béa a réussi à savoir que les Casta avaient pu quitter le moulin avant l'assaut, poussés à fuir par Claire. Elle voulait les sauver, eux et l'enfant. J'ai démérité, Abigaël. En plus, Grégoire s'en est mêlé, il a causé leur mort, le malheureux, contre sa volonté, mais quand même...

Yvon se tut. Il bourra sa pipe et l'alluma, son rude visage ravagé par la peine et par une colère impuissante. Abigaël lui tendit la main en lui adressant un sourire affectueux. Il étreignit ses doigts menus pendant une poignée de secondes, puisant dans ce contact un peu de réconfort.

Ils demeurèrent silencieux, ensuite, attentifs aux rugissements du vent dans le conduit de la cheminée, un véritable blizzard polaire comme il en soufflait rarement en Charente. Les volets en étaient ébranlés, martelés aussi par des flocons de neige gelés et durs qui s'abattaient en nuées sur la maison.

— J'espère que Patrick a pu trouver un abri, murmura Abigaël, incapable de souhaiter du malheur à son cousin.

— Toi, alors, ma mignonne! Tu pratiques le pardon des offenses, répliqua Yvon. Pour être franc, je me disais un peu la même chose.

— Je le savais, mon oncle, affirma-t-elle d'une voix douce. C'est votre fils. Rien ne pourra changer ça.

Ils se sourirent encore, contents d'être là, bien au chaud au coin du feu, à veiller sur le loup de Claire qui devait rêver, étendu de tout son long, puisqu'il agitait ses pattes et poussait de petits cris dans son sommeil.

— Peut-être qu'il rêve d'elle, hasarda Abigaël. Il court sur ses traces, il la rejoint et lui fait la fête.

— Peut-être bien, soupira Yvon.

19

L'adieu des amoureux

**Ferme des Mousnier, nuit du samedi 25 décembre
au dimanche 26 décembre 1943**

En montant se coucher, Yvon avait frappé deux petits coups discrets à la porte de sa fille, mais Béatrice n'avait pas répondu. Il la crut endormie et ne tourna même pas la poignée. Pourtant, avant d'entrer dans sa propre chambre, il tendit l'oreille et perçut des chuchotements et des rires en provenance du grenier. « Elle est là-haut, avec Lucas », se dit-il, hésitant un instant sur la conduite à tenir.

Il songea à la jolie Janine Casta, morte en pleine jeunesse entre les griffes de la Gestapo, et aux risques que courrait Lucas dès qu'il retournerait se fondre parmi les combattants de l'ombre. « S'il est pris, il sera torturé, fusillé ou déporté on ne sait où. Bah, qu'ils roucoulent, nos tourtereaux, ça leur donnera du courage. Même s'il venait un petit, j'en serais bien content. On les mariera plus tard, quand la guerre sera finie. »

Un vague sourire sur les lèvres, il rejoignit son épouse endormie au creux du lit conjugal. Incapable de trouver le sommeil, Marie entendit le sommier grincer sous le poids du fermier. « Pourvu qu'il n'y ait pas de bruit, pas un bruit ! La nuit dernière, c'était affreux, elle qui geignait comme une bête, lui qui soufflait, en rythme en plus, quelle horreur! Tout à l'heure encore, ils ont recommencé, juste quand je venais de mettre leur pauvre Grégoire en pyjama. »

C'était la première fois depuis son arrivée à la ferme que le couple se livrait à de tels débordements. Marie en concevait pour eux un indicible mépris teinté de répugnance, surtout dans de pareilles circonstances. « Noël devrait être consacré à la prière et à la célébration de la naissance de notre sauveur Jésus-Christ. Là, en plus, leur fils a failli violer Abigaël et il s'est sauvé soi-disant en piteux état, mais ça ne les empêche pas de forniquer. »

Les joues en feu et les poings serrés, Marie répéta l'ignoble verbe en son for intérieur, jusqu'à en frémir de rage. « Ce sont des bêtes, voilà! songea-t-elle, les larmes aux yeux. Heureusement, Abigaël n'est pas là, elle préfère veiller sur un loup que dormir près de moi. »

En pensant à sa nièce, elle se sentit obligée de reconsidérer son opinion sur Adrien. Elle l'envisagea comme un futur fiancé, peut-être un futur mari pour la jeune fille qui lui était si chère. « Au fond, il me semble bien éduqué, instruit, poli et, oui, il est assez joli garçon. Si leur amourette résiste à la guerre et à la séparation, pourquoi ne formeraient-ils pas un couple uni? Mais plus tard, bien plus tard! »

Tourmentée et anxieuse, elle se tournait et se retournait entre ses draps. Elle appréhendait notamment la solitude et refusait de concevoir son avenir sans la présence d'Abigaël. Exaspérée par les doutes et les questions qui la taraudaient, elle crut trouver la solution. Sa nièce épouserait l'homme de son choix, mais elle, Marie, s'arrangerait pour habiter sous le même toit.

— Je serai bien utile. S'il vient des enfants, je m'en occuperai, se promit-elle à mi-voix. Je ferai le ménage et la cuisine. Au début, sûrement, le logement ne sera pas grand, mais il sera douillet.

Par une curieuse association d'idées, elle revit alors la maison dans la falaise, si particulière, mais si accueillante avec la cuisinière en fonte, les livres alignés sur les étagères, la table ronde et sa toile cirée jaune. La paisible physionomie de Jacques Hitier lui apparut alors, son expression spirituelle, ses yeux bleus pleins de bonté et de douceur. «Le genre de compagnon qui m'aurait plu», se dit-elle.

Marie s'avoua ainsi qu'elle appréciait beaucoup le professeur, dont le regard s'attachait à elle d'une manière flatteuse et amicale. Elle se mit à imaginer une vie à deux à ses côtés, un mariage d'affection basé sur la tendresse, sans relation physique. Il était son aîné de vingt ans environ. À cet âge, la sensualité n'était plus de mise, du moins s'en persuada-t-elle.

Bercée par cette rêverie inattendue, elle finit par s'endormir.

—

Réfugiés dans la mansarde du grenier dont le poêle chauffé à blanc ronflait et crépitait, Béatrice et Lucas étaient loin d'avoir sommeil. Tous les deux nus, à peine couverts par un pan de drap, ayant repoussé les couvertures, ils s'enivraient de caresses, de baisers et de promesses. Le grand corps laiteux du jeune homme au torse couvert d'une toison blonde frisée contrastait avec celui, plus mat et aux formes déliées de sa fiancée.

— Je t'en supplie, disait-il, reste ici, chez tes parents! J'aurai peur pour toi à chaque heure, si tu intègres le réseau.

— Mais non, nous serons ensemble, nous pourrons partir en mission sans être séparés jamais. Je ne supporte pas d'être loin de toi, Lucas.

— Si nous sommes pris, tu sais ce qui peut se produire. Ce sera l'horreur. Je n'aurai plus de courage si tu es en danger de mourir, ou pire, d'être torturée. Tu as déjà fait beaucoup. Je t'en prie, ma chérie, ne t'expose plus. Tu pourrais être utile au professeur, le seconder si des résistants ont besoin d'emprunter le souterrain.

Alanguie et comblée par la brève étreinte passionnée qu'ils venaient de vivre, Béatrice était presque convaincue.

— En effet, je peux accomplir certaines actions sans quitter la ferme. Mais je m'ennuie, enfermée entre quatre murs, au milieu des jérémiades de maman et des grimaces de Grégoire. Bon, il y a papa que j'adore, et Abigaël.

— Ta cousine et toi, vous n'aurez qu'à préparer ton trousseau de mariée, plaisanta Lucas, tout en agaçant le mamelon brun d'un sein bien rond qui se trouvait à portée de sa main.

— Oh, quelle belle image! ironisa Béatrice. Abigaël et moi cousant du matin au soir, le nez penché sur notre ouvrage, en bonnes petites femmes au foyer! Tu es bien comme tous les hommes. Pour toi, nous devons en priorité savoir cuisiner, broder, tricoter et non faire dérailler un train ou saboter je ne sais quelle usine réquisitionnée par les Boches.

Lucas la contempla d'un regard attendri et admiratif avant de l'embrasser. Elle lui rendit son baiser, mais murmura ensuite:

— Mon amour, je n'ai rien décidé encore, j'aviserai demain. J'ai promis à maman de l'accompagner à Dirac. Mon frère a dû se réfugier chez notre tante Flavie. Tu viendras avec nous?

— Bien sûr, mais il faudrait prendre la charrette, les chemins sont mauvais. Maman sera contente de me revoir et de m'embrasser. Je lui ai dit que j'étais dans la Résistance; elle était fière comme tout.

Les jeunes amants se sourirent, émus, songeant chacun de leur côté à un possible avenir dans un pays enfin libéré, en paix, un avenir lumineux qui les verrait se marier à l'église. Béatrice se vit en longue robe blanche au bustier de dentelle, un voile aérien de tulle léger sur ses cheveux bruns. Lucas rêva d'un bébé aux joues rondes qu'il ferait sauter sur ses genoux en bon père de famille.

— Ma petite Béa chérie! chuchota-t-il en lui mordillant le lobe de l'oreille. Ma toute belle!

Le désir altérait sa voix et le faisait trembler un peu. Il suivit les lignes de sa poitrine de l'index, s'aventura sur son ventre et descendit encore, s'égarant dans la toison noire frisée qui dessinait un triangle en haut de ses cuisses. Elle poussa une plainte lascive quand il effleura savamment le minuscule bouton de chair niché là, source de tant de plaisir. Ils recommencèrent à s'embrasser, grisés par le jeu ardent de leurs lèvres et de leurs langues complices. Dès qu'ils reprenaient leur souffle, c'était pour balbutier des mots d'amour ou soupirer en se regardant.

Enfin, Lucas s'étendit sur elle et la pénétra lentement en la fixant d'un air ébloui. Affolée par son expression extatique, Béatrice ferma les yeux et s'abandonna tout entière, les doigts crispés sur les robustes épaules de son fiancé. Peu à peu, elle lâcha prise pour plaquer ses paumes en bas de ses reins à lui, exacerbant leur fièvre amoureuse, l'exhortant par des pressions répétées à la mener au-delà des barrières du réel où ils atteignirent dans un même spasme enchanteur le summum de la jouissance.

Le sommeil les terrassa peu après, étroitement enlacés. La bougie s'était consumée. Le poêle ne faisait plus que ronronner, sa lucarne garnie de mica dispensant encore une faible lueur orangée.

—

Seule dans la cuisine avec Sauvageon, Abigaël s'était assise au pied du sapin de Noël. La clarté dansante du feu jetait des éclats de lumière sur les branches d'un vert sombre, les boules en verre et les guirlandes scintillantes.

L'arbre exhalait toujours le suave parfum balsamique des conifères et la jeune fille le respirait avec délice. Quand son oncle avait quitté la grande pièce après lui avoir souhaité une bonne nuit, elle avait éteint la suspension à électricité pour se retrouver dans une pénombre agréable, égayée par les flammes de l'âtre. Yvon avait eu soin d'ajouter une bûche de chêne sur le monceau de braises incandescentes qui s'étendaient entre les chenets.

— Tu n'auras pas froid, petite, avait-il dit sur un ton affectueux. La cuisinière est chargée elle aussi. Vraiment, tu vas dormir sur cette paillasse?

Abigaël avait répondu oui en riant tout bas. Maintenant elle savourait de tout son être la quiétude du moment, bien à l'abri. La porte du vestibule était fermée à double tour et les volets étaient clos; rien du dehors ne pouvait la menacer. Le vent s'était calmé, mais il devait neiger en abondance, comme le laissait supposer le silence autour de la maison.

Le loup s'était couché près d'elle, l'œil vif. Ses mouvements avaient retrouvé toute leur souplesse.

— Nous sommes tranquilles, hein, Sauvageon? dit-elle en le caressant. Je suis sûre que, si tu pouvais parler, tu me raconterais tes souvenirs du moulin, tu me dirais qui était Claire, qui elle est. Et sa famille! Je voudrais tant la connaître!

Prise d'une soudaine fatigue, elle se leva et s'installa devant la cheminée, sur la paillasse. Elle se pelotonna dans la couverture en laine qui avait servi au loup auparavant et posa sa tête lasse sur son bras replié. Aussitôt, Sauvageon la rejoignit et s'allongea contre elle.

— Je n'aurais jamais cru qu'un jour je serais couchée à côté d'un loup, murmura-t-elle à l'animal. J'aimerais connaître ton histoire, ainsi que celle de Moïse et des autres loups qui ont vécu avec Claire. Si j'ai un peu de chance, si Dieu le veut, Claire elle-même me dira tout ça. Peut-être, qui sait?

Abigaël respira profondément, pour se détendre, pressée de s'endormir, espérant un peu qu'en rêve des esprits bienveillants lui offriraient quelques réponses.

Chez Jacques Hitier, dimanche 26 décembre 1943, neuf heures du matin

Adrien était plongé dans la lecture du livre de Jean Dumont sur les colonies pénitentiaires pour enfants. La veille, après avoir quitté Abigaël, il était si nerveux que Jacques Hitier lui avait conseillé de lire afin d'oublier, dans la mesure du possible, ce qui le tracassait. Les deux hommes auraient volontiers discuté de l'odieuse conduite de Patrick, mais ils s'en étaient abstenus pour éviter de choquer Cécile.

En étudiant les ouvrages rangés sur les étagères, un nom d'auteur l'avait interpellé.

— Jean Dumont! Est-ce le même homme que celui qui est enterré à Puymoyen?

— Oui, en effet, avait répondu le professeur. Je pense que tu devrais le parcourir, le thème est poignant, le style, simple et juste.

Captivé par le récit, Adrien avait veillé jusqu'à minuit, seul sous la lampe. Cécile s'était endormie très tôt, Jacques Hitier également, sans avoir évoqué le pénible incident survenu à Abigaël.

Ce matin, à peine levé, Adrien lisait encore, tandis que sa sœur prenait son petit-déjeuner sous l'œil paternel du maître des lieux.

— Mon frère ne s'occupe pas de moi, se plaignit la fillette.

— Il le fera tout à l'heure, ma petite. Déjà, il a rentré du bois et fait ronfler la cuisinière. Il t'a coupé du pain, en outre.

— Mais qu'est-ce qu'il lit de si bien? insista Cécile, taquine.

— Une histoire très triste, sœurette, répondit Adrien. Voilà, sois contente, j'ai terminé, et ce que j'ai lu me donne envie de t'embrasser.

— Ah bon? Pourquoi? s'étonna-t-elle.

— Tu le sauras un jour, quand tu seras plus grande.

Les yeux brillants, il bondit de sa chaise et étreignit l'enfant en lui couvrant les joues de petits baisers. Jacques Hitier hocha la tête, attendri. «Moi aussi, à la fin de ce livre, j'avais la gorge nouée et un trop-plein d'émotion à cause de la mort du petit Lucien, le frère de Jean», se souvint-il.

Heureuse d'être cajolée, Cécile quitta la table et annonça qu'elle allait jouer avec sa poupée. Rieuse, elle gravit l'escalier intérieur pour se percher sur la dernière marche, son beau jouet entre les mains.

— Tu vas enlever tes bas, ma Clairette, dit-elle bien haut en prenant le ton d'une maman.

Le professeur sursauta, troublé, et demanda d'une voix changée:

— Pourquoi l'as-tu appelée comme ça?

— Parce que c'est joli. Au début, j'avais choisi Suzette, mais, ensuite, j'ai préféré Clairette.

Gêné, Adrien détourna la conversation. Il souhaitait parler de son départ, prévu le lendemain. Cependant, il le fit tout bas.

— Monsieur, il faudrait emmener Cécile à la ferme quand nous nous en irons. J'ai peur qu'elle soit triste. De me séparer d'elle, j'en suis malade.

— Tu peux encore faire marche arrière, mon garçon.

— Non, j'ai assez souffert d'être inutile, ces dernières semaines. Seulement, nous n'avons plus de famille. S'il fallait que je disparaisse…

— Ne gâche pas cette journée avec des idées noires, fais-en une fête. Et ne t'inquiète pas, la petite sera bien, ici, auprès de Grégoire, d'Abigaël et de sa tante Marie. Dis-moi, tu ne serais pas un peu malade, aussi, à la pensée de ne plus voir Abigaël?

Le regard bleu du septuagénaire sondait celui, gris vert, du jeune homme.

— Si, pourquoi le nier, surtout après ce qui s'est passé hier, avoua-t-il. Je revois sans cesse la scène, et je ressens la même colère, la même révolte. Je ne serai plus là pour la protéger de ce sale type.

Il parlait très bas, pendant que Cécile, elle, chantonnait de sa voix flûtée de fillette en faisant danser sa poupée.

— Je crois qu'il ne reviendra pas de sitôt, conclut Hilier. Yvon ne le permettrait pas, de toute façon. Tiens, regarde donc qui vient nous rendre visite!

Abigaël s'avançait dans le jardinet enneigé, tenant le loup en laisse. Un foulard bleu noué à son cou, elle était emmitouflée dans une grosse veste en laine et son beau visage arborait un sourire serein d'une extrême douceur.

— Elle ne paraît pas très affectée, murmura le professeur. Va lui ouvrir et causez un peu sur le seuil, si ça vous permet d'être un peu seuls.

— Merci, monsieur.

Adrien sortit en pull, tête nue, heureux de pouvoir embrasser Abigaël. Mais, dès qu'il s'approcha, elle recula d'un pas et fit non d'un geste affolé.

— Qu'est-ce que tu as? demanda-t-il, vexé.

— Je n'y tiens pas, répliqua-t-elle comme s'il lui proposait du café ou du vin. Excuse-moi, ce n'est pas ta faute.

— Tu me mets dans le même sac que ton cousin?

— Non, je t'en prie, j'ai besoin de temps. Sois gentil.

— Du temps! Je n'en ai guère. Je pars demain matin en ignorant quand je reviendrai et si je reviendrai. Tant pis, je n'insiste pas. Eh bien, rentre au chaud.

À nouveau, Abigaël fit non d'un mouvement de la main en esquissant un petit sourire navré.

— Je ne fais que passer, je promène Sauvageon. Je vous invite à déjeuner de la part de ma tante Marie, car il n'y a personne à la ferme. Béatrice, Pélagie, Lucas et Yvon viennent de partir pour Dirac. Ils ont attelé Fanou et sont déjà en route.

— Quoi? Est-ce qu'ils ont l'intention de ramener Patrick au bercail?

— Pas du tout. Ils voudraient avoir de ses nouvelles, au cas où il serait là-bas. Lucas en profitera pour faire ses adieux à sa mère. Acceptez-vous l'invitation?

Morose, Adrien rouvrit la porte et posa la question à Jacques Hitier. Abigaël l'entendit répondre :

— Ce sera avec grand plaisir. Nous ne risquons rien. Il y a tant de neige que nous pouvons nous autoriser un si court trajet.

— Alors, nous vous attendrons à midi, précisa-t-elle en faisant demi-tour.

Médusé et déçu, Adrien la vit s'éloigner en direction de la fontaine. Il étouffa un juron, puis retourna à l'intérieur.

— On dirait qu'elle m'en veut, soupira-t-il. Je lui fais peur, professeur.

— Tu devrais la rattraper et crever l'abcès, mon garçon, sinon tu t'en iras plein de regrets. Ce n'est pas en présence de sa tante que tu pourras la raisonner. Il faut la comprendre, néanmoins, et la ménager. Abigaël est très jeune. Elle a subi une agression odieuse, elle a été vue par nous tous dans ses vêtements dégrafés; c'est une rude humiliation, ça.

— Je n'avais pas pensé à ça. Je manque de subtilité, parfois, concéda Adrien.

Sans attendre, il s'équipa pour affronter l'épaisse couche de neige et le froid qui sévissait sur le pays depuis trois jours.

— Où vas-tu? s'inquiéta Cécile. Emmène-moi, on pourrait faire un bonhomme de neige!

— Pas tout de suite, sœurette. Cet après-midi, avec Grégoire. Nous déjeunons à la ferme.

— Chouette, fanfaronna la fillette, radieuse. Vous venez aussi, monsieur?

— Bien sûr, mais fais attention, mignonne, tu dois m'appeler oncle Jacques ou grand tonton, pas monsieur.

— Promis, je le ferai, marmonna Cécile, confuse.

Elle reçut sur le front un baiser de son frère. Elle le regarda sortir d'un pas rapide. En apparence concentrée sur sa poupée et ses chansonnettes, l'enfant avait entendu l'essentiel des conversations entre Adrien et le professeur.

Demain, celui qui veillait sur elle depuis des semaines disparaîtrait, il n'y aurait plus sa voix grave pour la rassurer ni sa main autour de la sienne, la nuit, quand elle se réveillerait après un cauchemar. Mais ce frère tant aimé, son unique famille, lui demandait si souvent d'être courageuse qu'elle s'appliquait à être gaie, à manger de bon appétit et à dissimuler le gros chagrin tapi au fond de son cœur.

—

Abigaël eut un frisson de crainte quand des pas firent craquer la neige gelée dans son dos. Elle s'était immobilisée à hauteur de l'ancienne étable troglodyte, comme prise d'une fascination malsaine pour l'endroit où elle avait tant souffert la veille.

— Pourquoi m'as-tu suivie, Adrien? lui reprocha-t-elle d'une voix lasse en lui faisant face, les yeux humides de larmes.

— Ce n'est pas la question la plus importante. Pourquoi, toi, as-tu lâché Sauvageon? Je croyais qu'il était capital de le garder attaché ou enfermé.

— Un loup n'est pas fait pour vivre comme un chien, toujours à nos ordres ou au bout d'une corde. Il était tellement content de courir à sa guise! Je sais aussi qu'il reviendra.

Adrien restait à un mètre d'elle, à fixer lui aussi la palissade. La seule vue de la barrière en planches le hérissait. Hier, quand il était arrivé là, il avait tout de suite perçu les plaintes étouffées d'Abigaël, ainsi que le souffle rauque et obscène de Patrick qui se vautrait sur elle.

— Je t'en prie, écoute-moi, implora-t-il. Ne me repousse pas. Je suis tellement désolé, Abigaël! J'aurais voulu empêcher ça, être là quelques minutes plus tôt.

Exaspérée, elle lui tourna le dos et reprit son chemin.

— Si tu viens me parler de ce que je veux rayer de ma mémoire, va-t'en. Je t'ai déjà remercié de m'avoir secourue. Que te faut-il encore?

— Abigaël, là tu es injuste. Je me fiche de ta gratitude, j'ai envie de te consoler, de te faire oublier la brutalité de Patrick.

Il aggravait son cas maladroitement sans en avoir conscience. Ses mots achevaient de la blesser. Elle revint vers lui, le visage livide, la bouche tremblante tant elle retenait ses larmes.

— Tu es un homme, lui asséna-t-elle, tu n'as aucune idée de ce que ressent une femme dans certains cas. Patrick exigeait des choses de moi en menaçant de tuer Sauvageon si je n'obéissais pas. Ensuite, comme je me suis défendue, il a décidé d'aller plus loin. Je le hais pour ça, je le méprise de toute mon âme, mais, au fond, toi, hier aussi, tu essayais d'obtenir ce même genre de choses, même si c'était par la douceur et la tendresse, au nom de l'amour. Tantine me faisait souvent des recommandations; elle me mettait en garde contre les garçons, les hommes. Elle me croyait innocente dans ce domaine, mais je ne le suis pas vraiment, car j'ai compris le plus important, on dirait qu'une femme doit se plier à vos désirs, satisfaire vos instincts. Au nom de quoi? Je me le demande!

Sans rien pouvoir ajouter, elle éclata en sanglots. Surpris par de tels propos chez une jeune fille, Adrien demeura muet, entre la gêne et l'indignation.

— Ne confonds pas tout, protesta-t-il enfin, et ne me compare pas à ton cousin, je te prie. Si tu me juges aussi bassement pervers que lui, je fais mieux de te laisser, en effet.

Cependant, il était incapable de l'abandonner, fragile et secouée de sanglots au sein du paysage glacé. Les falaises d'un gris sombre, les arbres nappés de neige, le ciel opaque, tout dans le décor hivernal faisait ressortir la détresse d'Abigaël, ses joues marbrées de larmes, ses hoquets pitoyables de grande enfant.

Terrassée par le souvenir cuisant de son humiliation, elle ne pouvait plus bouger ni dire un mot. Elle aurait plus facilement tiré un trait sur le pénible incident de la veille si Adrien n'y avait pas été mêlé. Mais il l'avait vue allongée sur la terre battue, jupe relevée, corsage ouvert, les traits frappés de terreur. Oui, il l'avait vue ainsi avant de la délivrer du poids odieux de Patrick sur son corps révulsé.

— Je ne voulais pas que tu sois témoin de ça, de cette horreur, parvint-elle à articuler. Pas toi, surtout pas toi. Je l'ai dit à Béa, tu ne dois plus m'approcher, maintenant.

— Oh! non, mon petit ange, ne pense pas de sottises, s'écria-t-il en se précipitant vers elle pour l'enlacer.

Pleure dans mes bras comme le ferait Cécile, comme si j'étais ton frère. Je t'ai demandé pardon, hier, pour mes avances inconsidérées. Je te le demande encore ce matin, pardonne-moi. Jamais je n'aurais osé t'imposer quoi que ce soit.

Abigaël ne se débattit pas tant elle éprouvait un merveilleux sentiment de sécurité, blottie contre la poitrine d'Adrien, dans le cercle doux de ses bras. Le plus souvent confinée sous l'aile de sa tante Marie, elle n'avait jamais connu la tendre protection d'un père ni l'affectueuse camaraderie d'un frère.

— Sais-tu, chuchota-t-il à son oreille, je n'ai rien vu de précis. J'étais aveuglé par la colère. J'ai empoigné ce rustre, les yeux rivés à la meilleure prise possible, ses épaules. Ensuite, je l'ai cogné en le toisant, lui, sans un regard pour toi, ma chérie. Allons, tu dois être forte et même soulagée, car le pire a été évité.

— Je me le suis répété, hier soir en m'endormant et ce matin en me réveillant. J'ai pensé à Béatrice que les miliciens ont battue et malmenée. J'ai même pensé à la belle Janine, son amie qui en est morte, elle. Adrien, serre-moi fort, ne me laisse pas.

Il posa respectueusement les lèvres sur ses cheveux soyeux, près de sa tempe, en murmurant :

— Je ne te laisserai pas avant demain matin et je partirai le cœur gros, l'âme en peine. Abigaël, je vais te dire ce qu'Yvon a dit à Béatrice, ne te lance pas dans des actions de résistante. Restez toutes les deux en dehors de ça, ne prenez aucun risque. Tu reprochais aux hommes leur comportement, mais tu dois savoir que, pour nous, même si nous sommes des brutes bourrées de sales instincts, d'imaginer celle qu'on aime en danger, livrée à des bourreaux, c'est intolérable, épouvantable. Et moi, je t'aime, Abigaël, mon petit ange.

Il l'étreignait avec passion et ferveur, sans chercher ses lèvres, tant il avait la volonté de la rassurer.

— Je t'épouserais aujourd'hui même, si nous pouvions trouver un prêtre de jadis, un ermite dans une des grottes de la vallée ou un brave curé à Puymoyen ou ailleurs.

Sa déclaration enflammée, entachée d'un brin d'irréalité, fit sourire la jeune fille.

— Un saint ermite du Moyen Âge, balbutia-t-elle, qui viendrait nous marier depuis l'au-delà. Adrien, tu es drôle!

— Tant mieux! Au moins, tu ne pleures plus.

— Non, mais je refuserais de t'épouser aujourd'hui, moi, même si nous trouvions ton brave curé. Je ne suis pas prête. Après le mariage, il y a la nuit de noces et, non, je ne pourrais pas. Il me faut du temps. Promets-moi que tu reviendras sain et sauf. Ce jour-là, l'été, peut-être, je serai ta femme.

— Je te promets de faire l'impossible pour revenir. Et d'attendre que tu sois prête.

Abigaël se sentit apaisée. Adrien la gardait dans ses bras et la berçait doucement. Un témoin invisible aurait sans doute été ému devant ce jeune couple enlacé, insensible au froid et au vent du nord qui se perlait de nouveaux flocons de neige, légers et volatils. Mais n'était-ce pas un témoin visible de très peu de gens, ce mince personnage aux allures de poète qui venait d'apparaître devant la haie de buis? Il tenait un violon à la main, portait une écharpe rouge et une veste en velours noir, et il observait les amoureux.

— Mon Dieu, mon Dieu, gémit tout à coup Abigaël.

Adrien sentit qu'elle se raidissait et tremblait. Il ignorait qu'elle souffrait confusément d'une oppression familière sur sa nuque, d'un malaise diffus bien connu qui lui signalait la présence d'une âme errante. Elle ne percevait plus le chaud contact de son amoureux, elle croyait être seule devant le musicien, dont le visage émacié arborait une mimique ironique.

— Arthur, c'est encore vous? appela-t-elle tout bas, stupéfiant Adrien, déjà étonné par son expression absente.

— Oui, évidemment, Arthur Roy, toujours en quête d'une personne que je voudrais revoir avant de quitter pour de bon ce monde si triste.

— Pourquoi? interrogea Abigaël.

Adrien tressaillit de nouveau, déconcerté. Pourtant, ayant été mis au courant la veille même des expériences de la jeune fille, il eut la sagesse de se taire et d'écouter l'étrange dialogue dont il ne saisissait qu'une partie des répliques.

— Pourquoi pas? Tout a été si rapide! Mon avion s'est disloqué en vol et mon corps a été éparpillé. Je n'ai pas compris tout de suite ce qui m'arrivait. Maintenant, je sais et je me promène, mais Clara n'est pas à Paris.

— Clara, non, vous voulez dire Claire?

— Claire? Si ma sœur était morte, je l'aurais su.

— Alors qui est Clara, Arthur? Votre fiancée, votre épouse?

— Ma cousine, ma cousine bien-aimée. Nous étions inséparables et voilà que je ne la retrouve pas, ni vivante ni morte. Si vous pouviez vous renseigner, jolie Abigaël, ce serait le seul moyen de vous débarrasser de moi.

— Mais, Claire, est-ce que vous savez où elle est?

En guise de réponse, Arthur cala son instrument sous son menton, s'empara d'un archet surgi dans sa main droite et se mit à jouer. Abigaël reconnut l'air de la célèbre chanson *Le temps des cerises*. La musique, subtile et mélancolique, lui vrilla le cœur.

— Ma sœur adorait ce chant, dit-il encore. Je crois avoir deviné en l'interprétant que Claire n'est pas loin du sinistre lieu où, sans elle, je serais mort à quatre ans, pauvre enfant martyr que j'étais, attaché dans mon lit de fer, battu par mon ivrogne de mère et par son amant, un individu abject. Au revoir, mademoiselle.

Adrien dut soutenir Abigaël qui allait s'affaisser sur ses jambes tremblantes. Elle poussa un long soupir et s'accrocha aux pans de sa veste.

— Il est parti, bredouilla-t-elle. Il n'y a plus personne.

— Bon sang, tu as vu un fantôme, là, dehors, en plein jour?

— Oui, il se nomme Arthur et il prétend être le frère de Claire. Mon Dieu, il a joué du violon. C'était tellement beau et triste! Ne dis pas un fantôme, les défunts qui viennent vers moi ont une apparence normale.

— D'accord, mais, en tous les cas, tu avais l'air vraiment étrange, en transe, comme si tu n'étais plus tout à fait là. Je t'assure que c'est impressionnant. Tu me dirais que tu as discuté avec un habitant de la planète Mars ou de Vénus, ça ne me sidérerait pas davantage.

Oppressée, Abigaël respira profondément, la tête un peu rejetée en arrière.

— Je suis surprise, moi aussi, avoua-t-elle. Mes rencontres avec Arthur ne ressemblent pas à ce que je connais. Je dois me méfier, c'est un esprit perturbé. Il peut s'amuser avec moi pour tromper son ennui. Viens, marchons, je suis transie.

Adrien lui prit la main. Ils avancèrent au-delà de la fontaine, sur le chemin qui longeait de vastes champs enneigés.

— Je voudrais t'expliquer ce que je sais, poursuivit-elle après un long silence. Enfin, je tiens ces théories de ma tante. Sous ses airs sévères et son souci du ménage, elle a beaucoup étudié le paranormal. Elle a notamment lu des ouvrages évoquant la vie après la mort et les manifestations de l'au-delà, un lieu qui pourrait être un univers parallèle au nôtre, percé de portes que seuls les médiums peuvent ouvrir ou franchir. Mais les âmes errantes dont je t'ai parlé peuvent se conduire de façon négative ou ne pas être bien intentionnées, parfois. Est-ce que je t'ennuie? Tu as soupiré.

Il la regarda avec gravité, en cherchant ses mots avant de lui répondre. Un lièvre jaillit du talus, se figea quelques secondes, puis sauta d'un bond dans un fourré de ronces.

— Le pauvre, nous l'avons effrayé, déplora Abigaël. Alors, est-ce que je t'ennuie ou non?

— Pas du tout, c'est un sujet passionnant, d'autant plus que je suis ignare en la matière, enfin de moins en moins, grâce à toi. Je n'avais même pas idée que ces choses existaient avant de te connaître. J'ai soupiré parce que je me sens comme sourd et aveugle à ce monde parallèle, si je me compare à toi.

— Je n'ai pas choisi de naître ainsi.

— Je m'en doute et je t'admire, car tu sembles prendre tes capacités inouïes comme coulant de source. Tu aperçois une âme errante, tu écoutes son message, tu l'interroges et ensuite tu reprends pied parmi nous.

Abigaël appréciait leur promenade et leur discussion autant que la retenue respectueuse dont faisait preuve Adrien. Elle s'en voulait de l'avoir traité aussi durement et se promit de s'en excuser, mais plus tard.

— Tu supposes que cet Arthur serait une âme noire qui se moque de toi, s'enquit-il au même instant.

— Pas vraiment. Il me déroute, voilà, il m'inquiète. Il m'a donné un renseignement dont je ne peux pas faire grand-chose sans précisions.

— Il y aurait une façon assez simple d'obtenir des informations sur cette famille Roy. Il suffirait d'aller à la mairie de Puymoyen consulter l'état civil. Ils sont enterrés là-bas. Je pense que tu trouverais les actes de baptême, de mariage et de décès.

La suggestion du jeune homme enchanta Abigaël. Elle se jugea idiote de ne pas y avoir songé toute seule.

— Tu as raison! Comment te remercier?

La veille encore, il aurait demandé un baiser, mais il se contenta de lui étreindre les doigts, si menus dans les siens.

— Tu es bouleversée, sinon tu y aurais pensé toi-même. Dis-moi, Sauvageon ne se montre pas. Tu devrais peut-être l'appeler.

— Je le laisse profiter de sa liberté. J'ai la certitude qu'il va revenir très vite à la ferme. Nous avons tissé un lien très fort, hier soir, de même que cette nuit, en dormant l'un contre l'autre.

— Attention, je vais être jaloux de cet animal, plaisanta Adrien… Je crois que nous devrions rentrer, à présent. Je voudrais passer du temps avec Cécile. J'ai tant de peine de la quitter! Et de te quitter, aussi!

— Je comprends, et ta petite sœur doit compter plus que moi, aujourd'hui. Rentrons vite.

Ils firent demi-tour main dans la main, après avoir échangé un sourire complice.

Ferme des Mousnier, même jour, une heure de l'après-midi

Marie servait une boisson chaude à base de chicorée et de lait en guise de café, sous les yeux rêveurs de Jacques Hitier.

— C'était un excellent repas, lui dit-il gentiment, et qui venait à point. Mes placards sont presque vides, je devrai bientôt me réapprovisionner. J'ai épuisé mes tickets d'alimentation, ce mois-ci.

— J'aurais voulu faire mieux, plaida-t-elle, cependant flattée.

— Tantine, monsieur Hitier dit vrai, je n'ai jamais mangé d'aussi bonnes pommes de terre sautées, affirma Abigaël. Avec des sardines en entrée, en plus.

— J'ai eu la chance de dénicher deux boîtes de conserve au fond du cellier. J'espère que Pélagie les avait oubliées, répliqua Marie en riant.

La bonne humeur de sa tante, rarement si gaie, surprenait la jeune fille tout en la réconfortant. « Déjà, j'étais étonnée qu'elle fasse cette invitation. En plus, elle paraît sincèrement joyeuse et détendue. Elle est très aimable avec Adrien, peut-être par gratitude. »

Assise à côté de Grégoire, Cécile finissait son flan à la vanille. Le chaton blanc ronronnait sur ses genoux et elle était aux anges.

— Je le prête, à toi, répéta pour la troisième fois le garçon.

Il avait accueilli Cécile avec une joie éperdue, comme s'il n'espérait plus la revoir.

— Quand la table sera débarrassée, nous allons colorier, lui annonça-t-elle. Tonton Jacques m'a donné des crayons de couleur et des dessins.

Adrien observait sa sœur, ému de la douceur attentionnée qu'elle accordait à l'innocent. La perspective de leur séparation, qui se rapprochait d'heure en heure, lui brisait le cœur, mais il savait qu'elle serait bien entourée et que sa sécurité serait assurée.

— Abigaël, n'oublie pas ce que je t'ai dit, s'écria soudain Marie, Yvon compte sur toi pour nourrir la basse-cour et changer l'eau des moutons. Il faudra porter les épluchures aux cochons, aussi.

— Oui, tantine, je m'en occupe dès que j'aurai fait la vaisselle.

— Nous ferons la vaisselle plus tard, protesta sa tante. Adrien pourra t'accompagner, il t'aidera à tirer l'eau du puits. N'est-ce pas, Adrien?

— Évidemment, madame. Je tiens à me rendre utile.

— Vous vous êtes déjà rendu infiniment utile et vous avez toute ma reconnaissance.

Adrien inclina la tête en remerciant tout bas, mais Abigaël sentit ses joues s'empourprer. Elle piqua du nez sur la serviette qu'elle était en train de replier. Heureusement, Jacques Hitier fit diversion.

— Savez-vous que j'ai rarement vu un début d'hiver aussi rigoureux en Charente? Autant de neige en une semaine, les journaux ont dû en tirer un bel article.

— Le froid est extrême, surtout, renchérit Marie en s'asseyant près de lui. En Touraine, le climat était clément.

— Dans notre région, il l'est également, assura le professeur, sauf cette année.

— Je le sais bien. N'oubliez pas, Jacques, que j'habitais à Magnac-sur-Touvre avant de m'exiler plus au bord de la Loire.

Ils se mirent à discuter entre eux, ce qui soulagea Abigaël. Vite, elle se leva. Elle ôta les assiettes et les coupelles en terre cuite ayant contenu les flans. Adrien bondit de sa chaise pour l'aider.

Devant l'évier, il chuchota avec un fin sourire:

— Dépêchons-nous de vaquer aux travaux de la ferme, nous sommes de trop.

— Que veux-tu dire? demanda-t-elle à mi-voix.

— Nous en causerons dehors.

Cinq minutes plus tard, ils affrontaient ensemble le vent du nord, coupant et âpre. Chaudement vêtus, ils se postèrent près du puits, dont Adrien déroula la chaîne.

— Tu n'as rien remarqué, insinua-t-il, égayé.

— Non. Enfin, si, tantine me paraît joyeuse. Ce n'est pas fréquent depuis le début de la guerre, et même avant.

— Je la crois sensible au charme désuet du professeur, à son érudition et à son regard limpide.

— Ne blague pas avec ça, c'est insensé, s'offusqua-t-elle. Ils ont vingt ans d'écart, en plus. Il pourrait être son père.

— Mais il ne l'est pas, mon petit ange. Je te dis qu'il y a de la romance dans l'air! Elle est encore jolie, ta tante.

Abigaël était sidérée. Elle n'avait guère prêté attention au physique de Marie, ces dernières années. Fillette, elle lui faisait des compliments, mais ne recevait en retour que des sermons sur la vanité de la beauté, la seule valeur importante étant la valeur morale et non l'apparence d'un être humain.

— Tu te trompes, Adrien. Monsieur Hitier est galant homme et très poli; il est content de pouvoir bavarder avec quelqu'un de moins jeune que nous, rien d'autre.

— L'avenir prouvera que j'ai vu juste, dit-il en empoignant le seau de zinc rempli à ras bord.

Amusée, Abigaël le suivit, bientôt envahie par le même doute que lui, car certains détails du soir de Noël lui revenaient. Elle en conçut une sorte de satisfaction qui la rendit à son tour plus gaie. Ce fut dans une ambiance de cour d'école qu'ils distribuèrent du grain aux poules et aux canards, et du foin aux lapins. Adrien versa sa pâtée au cochon dans l'auge aménagée sous une petite voûte du mur, ce qui évitait d'ouvrir la porte. Tout en accomplissant leur tâche, ils échangeaient des souvenirs d'enfance en s'amusant d'un rien, de l'attitude belliqueuse du gros coq au plumage noir aux grognements affamés de la truie.

Ils se dirigèrent ensuite vers la grange. Adrien venait d'y pénétrer quand Abigaël entendit des voix sur le chemin tout proche, assorties de bruits de pas.

— Des Allemands, murmura-t-elle. Va te cacher derrière la stalle de Fanou. Ce sont peut-être des soldats de la centrale électrique.

— Pourquoi me cacher? s'indigna-t-il. J'ai des papiers en règle.

— Je t'en prie, c'est mieux.

Il s'exécuta à contrecœur. Abigaël vit presque aussitôt apparaître la sentinelle Franz Muller, escortée d'un autre soldat.

— Bonjour, mademoiselle Mousnier, s'exclama-t-il, toujours en s'appliquant à parler correctement la langue française. Avez-vous eu un bon Noël?

— Très bon, merci, monsieur.

Le compagnon de Franz, son fusil sur l'épaule, la salua en marmonnant un bonjour en allemand.

— Je ne vous vois plus souvent, ajouta Muller. Il fait très froid, mais c'est joli pour Noël. Nous avons fait un sapin dans notre baraquement, *tannenbaum.*

— C'est bien, vous avez eu raison, répondit Abigaël, l'air le plus naturel possible.

— J'ai reçu un colis de chez moi, dont je voulais faire profiter votre famille. J'ai apporté des chocolats, très bons chocolats. Et des cigarettes pour mon ami Patrick.

Il affichait un grand sourire un peu enfantin. Tout fier, il sortit de sa musette une boîte en carton illustrée d'un paysage bavarois et trois paquets de cigarettes.

— Vous êtes gentil, Franz. Je donnerai vos cadeaux ce soir. Tout le monde est parti à Dirac, chez une parente. Mon cousin aussi.

— Ah, de loin, j'ai cru le voir avec vous, près du poulailler.

Abigaël s'efforça de rester calme et de feindre l'amabilité. Son cœur cognait comme un fou, tandis qu'elle cherchait à se souvenir du prénom figurant sur les faux papiers d'Adrien.

— Non, ce n'était pas Patrick, mais le petit-neveu de monsieur Hitier, notre voisin. Il est là pour les fêtes. Il m'aidait. Paul, viens que je te présente un ami de mon cousin, Franz Muller.

Le prétendu Paul la rejoignit, la mine paisible, avec ce qu'il fallait de légère inquiétude pour qui se trouvait devant des soldats ennemis.

— Bonjour, dit-il sobrement, en faisant un signe de tête.

— Cigarettes pour vous aussi, hasarda Franz en sortant un quatrième paquet de sa poche.

— Merci bien, marmonna Adrien.

Le jeune Allemand avait un large sourire, franc et chaleureux. Adrien en fut secrètement ébranlé dans la haine qu'il vouait à l'occupant.

— Voulez-vous du lait? proposa Abigaël, pressée de les voir s'en aller. Mon oncle garde un bidon de vingt litres ici, dans la grange.

— Oui, je n'osais pas venir en chercher avant demain lundi, répondit Franz.

— Mais pourquoi? s'étonna-t-elle. Paul, peux-tu courir à la maison et rapporter deux bouteilles en verre bien propres?

Adrien partit au pas de course et revint rapidement. Il en avait profité pour prévenir le professeur de l'incident. Quant à Abigaël, elle avait discuté sapin et décorations de Noël avec leurs visiteurs. Les deux sentinelles l'avaient écoutée bouche bée, heureux de pouvoir contempler un ravissant visage féminin. L'un était en mesure de la comprendre, l'autre savourait seulement le son mélodieux de sa voix.

Enfin, les bouteilles remplies de lait, les soldats reprirent le chemin de la centrale électrique en sifflotant. Abigaël referma la porte de la grange et mit la barre intérieure.

— Mon Dieu, j'ai eu tellement peur! soupira-t-elle.

— Ce Franz semble inoffensif, mais lui et son acolyte m'ont flanqué une sacrée frousse. Excuse-moi, je suis grossier.

Elle le regarda dans la pénombre tiède du bâtiment. Il souriait faiblement, une mèche brune en travers du front; ses yeux gris vert étincelaient comme les prunelles d'un chat. Il émanait de lui une séduction irrésistible.

— Excuse-moi toi aussi, dit-elle. Adrien, je t'aime, j'ai honte de t'avoir traité si mal, ce matin.

— Ce n'est rien, j'ai été maladroit. N'en parlons plus.

Il fut stupéfait quand elle se jeta sur lui, nouant ses bras autour de son cou. Elle posa ses lèvres sur sa bouche et il répondit à son chaste baiser, qu'ils prolongèrent sans audace, mais avec une infinie tendresse.

— Ma petite chérie! roucoula-t-il. Que je suis heureux! J'aurai au moins ce souvenir à emporter, cette nuit.

— Appelle-moi encore ta petite chérie, c'est si doux à entendre! Tantine me dit parfois «ma chérie», surtout depuis que nous habitons là, mais ce n'est pas pareil lorsque c'est toi.

— Reste contre mon cœur, ma petite chérie, je voudrais te garder toujours ainsi, chuchota-t-il en la cajolant.

— Il ne faut pas oublier les moutons, s'écria-t-elle soudain. Ils font un beau tapage.

— Ah oui, les moutons…

Ils éclatèrent de rire, oubliant la visite des soldats et l'absence de Sauvageon. Ils avaient donné de l'eau aux brebis, du foin à la mule, au poulain et aux vaches, quand des grattements frénétiques résonnèrent à la porte bien close. Abigaël se précipita et entrouvrit un des battants.

— Te voilà, toi, s'extasia-t-elle en voyant le loup, la langue pendante et les yeux brillants. Tu t'es offert une grande balade, dis donc.

L'animal émit un jappement amical, puis il se dressa d'un bond, posa sur les épaules de la jeune fille ses pattes avant alourdies par des glaçons et lui lécha le menton.

— Tu vois bien qu'il est revenu, triompha-t-elle en décochant un coup d'œil ravi à Adrien.

— Je vois ça! Sais-tu quel était mon conte de fées préféré, quand j'étais gamin? *La Belle et la Bête*[23]. J'en ai une jolie illustration, là, une image que je chérirai longtemps, loin de toi.

Abigaël eut envie de pleurer, mais elle trouva le courage de sourire encore avant de cacher son émotion, la joue enfouie dans la tiède fourrure de Sauvageon.

---

23. Très ancien conte rendu populaire par la version de Jeanne-Marie Leprince de Beaumont au dix-huitième siècle.

20

Le bel oiseau blessé

Chez monsieur Hitier, lundi 27 décembre 1943,
une heure du matin

Abigaël fixait sans la voir la pendulette qui trônait sur une étagère entre deux dictionnaires. Elle contenait ses larmes sous le regard apitoyé de sa cousine. Toutes les deux assises à la table ronde de la maison dans la falaise, elles attendaient le retour d'Yvon et du professeur Hitier.

— Ils étaient encore là il y a une vingtaine de minutes, soupira Béatrice. Ça fait un pincement au cœur de voir leurs verres sur la table, leurs mégots de cigarette au bord du cendrier…

— Mais oui, c'est triste, navrant même. Je ne croyais pas que je serais aussi malheureuse.

— De toute façon, les hommes aiment l'action et la lutte. Ils n'allaient pas rester planqués alors que nos maquisards en font voir de toutes les couleurs aux Boches. Nous gagnerons la guerre grâce à eux, aux résistants et, oui, Abigaël, grâce à nos amoureux.

— Qu'ils la gagnent vite, très vite! J'ai envie de pleurer. Je ne sais pas quand je reverrai Adrien. En plus, le chagrin de Cécile m'a brisé le cœur.

Béatrice approuva en silence. Elle avait résisté à l'envie de retenir Lucas un dernier instant, quand il s'était glissé dans le passage aménagé au fond du placard pour disparaître sous la voûte irrégulière du souterrain.

— Je crois que Cécile serait mieux à la ferme qu'ici, chez un vieil homme, fit-elle remarquer. Ta tante a bien fait de la garder ce soir.

— Grégoire était tellement content! nota Abigaël, hantée par le sourire d'Adrien, parti en tête du groupe dans les ténèbres que dissipait à peine sa lampe à pile.

Il avait l'air angoissé, certes, mais exalté aussi à la perspective d'intégrer enfin le réseau Bir Hacheim.

Elles se turent un moment, chacune suivant en pensée le long cheminement des quatre hommes dans le dédale du fameux souterrain.

— Le professeur aurait pu s'abstenir de les accompagner, à son âge, déclara subitement Béatrice. Papa connaît bien le terrain. Il pouvait les escorter tout seul.

— Mais monsieur Hitier tenait à rencontrer celui qui devait prendre Lucas en charge afin de présenter Adrien, d'attester de son sérieux et de sa loyauté, protesta Abigaël.

— Si encore nous avions du café, du bon café sud-américain, chaud et bien sucré!

— Je peux exaucer ton souhait, Béa. Le professeur m'a montré certaines de ses cachettes juste avant que vous arriviez, Lucas et toi. Et je sais qu'il garde précieusement un fond de café moulu.

Un sourire forcé sur les lèvres, elle entra dans la chambre voisine. Elle ouvrit la grande armoire, puis le tiroir du milieu, aussi large que le meuble, mais doté d'un double fond. Elle crut entendre Jacques Hitier lui dire tout bas : «On ne sait jamais ce qui peut arriver, petite. Je dissimule là des papiers importants ainsi que deux revolvers. Nous les prenons, Yvon et moi. Si je ne reviens pas, ton oncle saura quoi faire. Si jamais il était arrêté, lui aussi, brûle toutes ces enveloppes.»

Sur ces mots empreints de gravité, le professeur avait ajouté : « C'est également ma réserve personnelle. Il reste du café, du sucre et du tabac à pipe. »

Le sachet de café entre les mains, elle eut soudain l'impression de commettre un vol. Mais elle ne pouvait plus reculer, Béatrice serait trop déçue.

« Pardon, cher monsieur ! » dit-elle en esquissant une mimique désolée.

Dix minutes plus tard, elles humaient avec plaisir l'odeur du café qui fumait dans leurs tasses. Malgré la tristesse qu'elles ressentaient toutes deux d'avoir dit un poignant au revoir à leur amoureux respectif, elles faisaient bonne figure, animées par la même volonté d'être courageuses et de garder espoir. Elles s'appliquaient à échanger des banalités sur le froid ou le repas de Noël si réussi, elles évoquaient la sempiternelle question de la guerre, du nazisme et des méfaits de l'occupation. L'ambiance se gâcha quand Béatrice aborda un sujet épineux.

— Comment veux-tu obtenir la paix sur la terre, en fait, quand la violence règne partout ? Prends l'exemple de mon frère, qui est dans un sale état à cause de sa bêtise, de sa tendance à boire. Je t'assure qu'Adrien a eu la main lourde. Nous ne t'avons rien dit de précis, à notre retour, pour te ménager.

Le fermier, sa fille et Lucas étaient rentrés avant la nuit de leur expédition à Dirac, mais Pélagie avait décidé de passer deux jours chez sa sœur pour soigner Patrick. Comme le supposait Yvon, leur fils affamé et meurtri de toutes parts s'était réfugié chez sa tante.

— Le docteur viendra demain l'examiner, ajouta Béatrice. Papa pense qu'il a le nez cassé. Une de ses incisives bouge, aussi. Je t'épargne les détails. Il avait la figure bouffie, je l'aurais à peine reconnu.

— Je ne tiens pas à en savoir davantage, Béa. Est-ce que tu essaies de m'apitoyer ? Je ne vais pas plaindre ton frère après ce qu'il a voulu me faire et ce qu'il a fait à Sauvageon. Je crois que tu ignores certains détails. Patrick exigeait que je lui obéisse, que je sois docile, sinon il achevait le loup. C'est un procédé honteux, comme c'est la pire lâcheté de songer à tuer un animal attaché et qui ne peut pas se défendre.

Abigaël tremblait de tout son corps, la respiration saccadée. Elle tenta de se calmer en avalant une gorgée de café, mais elle fut incapable de retenir ses larmes. Béatrice se leva et la prit dans ses bras.

— Là, là, ma pauvre petite cousine, je suis désolée, je devais savoir la vérité! Papa m'a demandé de t'interroger. S'il s'est résigné à venir lui aussi chez tante Flavie, c'était pour comprendre ce qui s'était vraiment passé. Patrick nous a raconté sa version des faits qui, bien sûr, atténuait ses fautes. Maman s'en est mêlée. Ça a été un vrai débat de tribunal. Alors, j'ai eu l'idée de te provoquer et ça a marché.

La jeune fille pleura de plus belle, sans repousser Béatrice qui continuait à la câliner.

— Tu es stupide, hoqueta-t-elle, oui, stupide. Nous étions seules, tu n'avais qu'à me poser des questions.

— Et tu aurais évité de me répondre. Abigaël, personne n'a osé te demander quoi que ce soit. Moi, je sentais bien que tu ne disais pas tout. Apparemment, tu avais retrouvé le loup ligoté, agonisant; Patrick était là et il en avait profité pour te sauter dessus. C'était à peu près cohérent et acceptable, mais papa est pointilleux, il lui manquait des éléments. Tu m'as confié le plus important. Mon frère a usé d'un chantage odieux. Petite cousine, n'aie pas peur, parle-moi. T'a-t-il forcée à certaines choses?

Mortifiée, Abigaël aurait voulu s'enfuir, échapper à la douce compassion de Béatrice, plus expérimentée qu'elle. Pourtant, elle céda en lâchant quelques mots confus.

— Il a pris ma main, il l'a posée sur son… Enfin, j'ai senti, là, en bas de son ventre, son… Je ne sais pas comment le dire. Je n'osais pas crier, parce qu'il voulait tuer Sauvageon, et il ne fallait pas qu'il meure, surtout pas.

Plus elle se livrait, plus elle faisait état de sa révolte et de sa répugnance, plus sa voix devenait ferme.

— J'étais si affolée, si dégoûtée, j'avais tellement peur! J'ai réussi à me dégager et à attraper la hache, par terre, et je l'ai menacé, mais il me l'a arrachée. Et c'est là qu'il m'a fait tomber.

Béatrice ferma les yeux et essuya d'un geste furtif ses propres larmes. Son frère lui inspirait un infini mépris, proche de la haine.

— Ma pauvre petite fille! J'imagine très bien ce que tu as subi. Allons, respire, sois tranquille, Patrick ne reviendra pas. Il ne nous causera plus d'ennuis.

— Tant mieux, mais toi, Béa, tu as utilisé un procédé ridicule, s'enflamma Abigaël. Je pensais que tu m'en voulais pour ton frère. Moi qui ai tant besoin d'amitié, j'en ai eu terriblement mal au cœur. Est-ce que tu vas raconter ça à ton père? Je n'oserai plus le regarder en face, si c'est le cas. Aie pitié, promets-moi de garder le secret.

— Ne crains rien, je serai discrète. De ton côté, n'en fais pas un drame non plus. C'est triste à dire, mais tu ferais mieux de te préparer, d'être forte si un jour tu es confrontée à des individus encore plus abjects que mon frère. Écoute-moi…

Et Béatrice, pareille à une grande sœur soucieuse d'armer sa cadette contre l'adversité, parla longtemps, en fumant cigarette sur cigarette, prodigue en conseils et en discours véhéments. Abigaël allait de surprise en surprise, tour à tour horrifiée ou gênée, jusqu'à se sentir enfin aguerrie.

Elles sursautèrent toutes les deux quand un bruit résonna dans la maison, un léger grincement suivi d'un juron. Yvon était de retour. Il se dressa en haut du petit escalier intérieur.

— Eh bien, les filles, je croyais vous trouver endormies. Il est quatre heures du matin et vous avez les joues rouges et l'œil vif. Le prof ne rentrera que demain, il est temps de filer au lit. Où est le loup, Abigaël?

— Toujours dans le cabanon, oncle Yvon. Mon Dieu, quelle étourdie je fais! J'ai oublié de le libérer après votre départ.

— Bah, ce n'est pas grave. S'il n'a pas hurlé ni gratté, sans doute qu'il s'est reposé, lui, plus sage que certaines bavardes.

Malgré tout souriant, le fermier leur tendit les bras et les attira contre lui.

— Les gars sont en route pour Cognac, il n'y a pas eu de pépin. Retournons vite à la ferme, je suis exténué.

Dehors, ils découvrirent un ciel étoilé et un air glacial. Une timide clarté dispensait des plaques argentées et des ombres bleues sur la neige qui craquait sous leurs pas pressés. Sauvageon les suivait, sans être attaché.

— Il fera beau demain, annonça le fermier.

Abigaël contempla les champs tapissés de blanc et les falaises d'un gris laiteux, puis elle leva la tête vers les étoiles, d'une rare brillance. Soudain, alors qu'elle priait en silence et remerciait Dieu de tant de beauté, elle fut la seule à entendre la musique d'un violon, lointaine et ténue, mais d'une ineffable pureté.

Chez monsieur Hitier, mardi 28 décembre 1943

Yvon Mousnier ne s'était pas trompé. Le soleil réchauffait la terre gelée et faisait resplendir un paysage figé par le givre. En frappant chez Jacques Hitier, Abigaël songeait qu'elle n'avait pas souvent connu d'heures aussi paisibles sous le toit de la ferme. En l'absence de Pélagie, l'atmosphère familiale était plus sereine, mais personne n'aurait osé le faire remarquer.

— Entre, petite, cria le professeur.

Il l'avait tutoyée sans réfléchir. Elle ouvrit la porte et fut tout de suite enveloppée par une bonne chaleur. La pièce embaumait le café frais et le pain grillé.

— Vous êtes enfin de retour, monsieur! Béa et mon oncle commençaient à s'inquiéter. Hier, je suis venue trois fois voir si vous étiez là.

— J'avais des affaires à régler, mon enfant. Ensuite, ma pauvre sœur m'a retenu à dîner. Je suis parti très tôt ce matin et le bus m'a déposé en bas de la rue de la Tourgarnier. J'ai fait le reste du trajet à pied, les poches lourdement lestées de café, d'une plaque de beurre et de caramels pour Cécile.

— Je me demande de quelle manière votre sœur se procure du café, une denrée introuvable, paraît-il.

— Au marché noir.

Devant l'air perplexe de la jeune fille, il rectifia gaiement:

— Mais non, un épicier à la retraite a le béguin pour elle. Il dilapide son stock pour ses beaux yeux, tiens, aussi bleus que les tiens.

— Et les vôtres. Au fait, l'autre soir, en vous attendant, j'ai pillé votre dernier sachet de café. Béatrice en avait tellement envie! Je suis désolée.

— Tu es toute pardonnée. Tu vois, j'ai reconstitué mon stock. Dis donc, tu me parais d'excellente humeur! Tant mieux! Je redoutais de te retrouver affligée et morose, maintenant que tu es privée de ton ami Adrien.

Rose d'émotion, heureuse du ton chaleureux et familier qu'adoptait le professeur pour s'adresser à elle, Abigaël ôta son manteau et son bonnet. Avant d'entamer la discussion qui lui tenait à cœur, elle offrit ses services.

— Nous pourrions reprendre le travail, monsieur. Je préfère m'occuper l'esprit. Je dois aussi me perfectionner comme dactylo.

Le professeur balaya l'offre d'un geste de la main. Il désigna le calendrier suspendu au-dessus du buffet.

— Nous avons le temps, c'est encore la période des fêtes. Cécile, est-ce qu'elle va bien? Son frère ne lui manque pas trop?

— Peut-être qu'il lui manque, mais elle ne le montre pas. Entre les jeux avec Grégoire, sa poupée et le chaton, je crois qu'elle a de quoi se distraire et se consoler.

— Et toi, as-tu des consolations?

— Vous êtes gentil, monsieur Jacques, mais je vais bien. En fait, je voulais vous parler de quelque chose, une idée d'Adrien. Je dois aller à la mairie de Puymoyen consulter l'état civil. J'espère que vous n'y voyez pas d'inconvénient.

Très surpris, le professeur s'installa dans son fauteuil et alluma sa pipe. Les sourcils froncés, il parut réfléchir intensément au problème.

— J'estime ce genre de démarche imprudente, affirma-t-il enfin. D'une part, je suppose que tu irais seule. En outre, tu attireras l'attention, surtout si tu demandes à regarder les registres. Que cherches-tu? S'il s'agit encore de Claire, cela ne nous aidera pas à savoir ce qu'elle est devenue.

Déterminée, Abigaël tira une chaise et s'assit en face de lui. Elle pesa chacun de ses mots pour le persuader.

— Monsieur, je pense le contraire. Ayez confiance en moi. Je peux trouver un renseignement d'une grande importance, là-bas. Autant vous l'avouer, un défunt qui se dit le frère de Claire m'a communiqué une sorte d'indice. Je me méfie de ce personnage, mais je dois prendre le risque.

— Seigneur, si je m'attendais à ça! Comment s'appellerait-il, ton visiteur de l'au-delà?

— Oh, n'ironisez pas, je vous en prie. Pas vous, monsieur Hitier, vous qui m'avez soumis des photographies à interroger!

— Bon, bon, excuse-moi, petite. Tu as gagné, inutile de courir dans la neige jusqu'à Puymoyen. Va dans ma chambre et ouvre le tiroir de l'armoire. Il y a une enveloppe cachetée en papier bleu sous les autres en papier kraft. Ramène-la ici. Figure-toi que j'ai déjà relevé l'état civil de la famille Roy. Voilà, tu m'obliges à citer un nom que je me refusais à prononcer tout haut.

Submergée par la joie et le soulagement, Abigaël bondit de son siège.

— Merci, monsieur. Je n'ai pas eu l'occasion de vous le dire, mais, dimanche, au cimetière de Puymoyen, j'ai vu ce nom-là sur plusieurs tombes.

— Ah, je comprends mieux, à présent.

Elle se précipita dans la pièce voisine sans trahir son oncle qui lui avait confirmé le patronyme de Claire. Son cœur battait à grands coups quand elle s'empara de l'enveloppe. Dès que le professeur la vit revenir, il précisa:

—J'ai recopié ce que je jugeais nécessaire à la fin de l'été, après la disparition de Claire, pour savoir qui étaient ses enfants et sa parenté. J'ai classé les données selon deux patronymes, les Roy et les Giraud. Fais attention que la table soit bien propre, ces feuillets sont précieux pour moi. Grâce à mon statut d'historien, j'ai pu consulter l'état civil sans susciter de curiosité. J'avais même apporté un de mes ouvrages afin de prouver ma bonne foi. Mais j'ai choisi mon jour; c'était l'institutrice du bourg qui faisait office de secrétaire, une charmante érudite qui m'a laissé seul dans un petit bureau.

Abigaël écoutait poliment en rêvant de pouvoir elle aussi consulter les notes du professeur sans témoin et en silence. Comme s'il avait deviné son impatience, il se tut, étira ses jambes et ralluma sa pipe.

Vite, elle étala les feuilles sur la table et entreprit de lire à voix basse les dates de naissance ou de décès, ravie de découvrir des dates de mariage qu'elle chuchotait en y ajoutant ses commentaires.

— Colin Roy, maître papetier, décédé en 1915. Son épouse, Hortense Quesnaud, est décédée en 1897. Ah, voici! Claire Roy, née en 1880, se marie avec Jean Dumont le 24 juillet 1905. Mais elle avait déjà été mariée à Frédéric Giraud, le frère de Bertrand Giraud qui, lui aussi, une fois veuf, a épousé Bertille, la cousine de Claire. C'est assez compliqué. Colin et Hortense ont eu un autre enfant, Matthieu Roy, né en 1897. Colin se remarie également avec une dénommée Étiennette, et ils ont deux fils, Nicolas, né en 1898, et Arthur, né en 1914. C'est lui, monsieur Jacques, Arthur. Il joue du violon, mais il n'y a pas la date de son décès. Il prétend que son avion a été abattu par les Allemands.

— Ni Dumont ni Claire ne m'en ont parlé. Je le pensais en vie.

— Hélas! Il est décédé.

Après cette brève réponse, la jeune fille se tut. Elle fixait avec une sorte d'émerveillement les mots tant espérés: *Étiennette Roy, décédée en 1919 sur la commune de Vœuil-et-Giget*. Elle fit un gros effort pour ne pas pousser un petit cri de victoire. C'était un début de piste qu'elle ne voulait pas révéler au professeur. «Monsieur Hitier et oncle Yvon seraient trop déçus si je me trompais. Je ne dois pas leur donner de fausse joie, c'est si important pour eux, de retrouver Claire», se dit-elle en cachant son émotion.

Elle lut les lignes suivantes en silence, avant de s'écrier:

— Arthur m'a parlé de sa cousine Clara. Je viens de la trouver, Clara Giraud, née en 1915. Elle aurait donc vingt-huit ans. C'est l'enfant unique de Bertrand Giraud et de Bertille Giraud, née Roy. Bertille, quel joli prénom, n'est-ce pas? Mais, quand elle a épousé Bertrand Giraud, elle était veuve, la veuve d'un certain Guillaume Dancourt.

— Les remariages après un veuvage sont monnaie courante, commenta distraitement Jacques Hitier, qui appréciait son fauteuil, la chaleur de la cuisinière et la saveur du tabac blond dont il bourrait sa pipe encore une fois.

Songeuse, Abigaël cherchait comment formuler une question sans éveiller l'attention du professeur. Elle y alla d'un ton anodin.

— Il y a le nom d'une commune, là, Vœuil-et-Giget. Je n'en ai jamais entendu parler depuis que j'habite la ferme. Est-ce que c'est loin d'ici?

— Non, à quelques kilomètres seulement. J'ai étudié plusieurs documents sur ce village, qui est en fait la réunion de deux hameaux voisins. Cette partie du département, au sud d'Angoulême, présente les mêmes particularités sur le plan géologique. On y trouve des falaises calcaires très souvent truffées de grottes, des rivières étroites aux eaux vives qui sont la survivance des fleuves de l'ère glaciaire, ceux-là mêmes qui ont creusé la roche pendant des millénaires. L'homme préhistorique en a profité. Il pouvait s'abriter dans les cavernes et chasser dans les plaines giboyeuses, en ayant de l'eau à proximité. L'eau et le feu, deux éléments essentiels à la survie de l'espèce!

— Quand je vous écoute, monsieur, j'imagine le paysage à ces époques, s'enthousiasma sincèrement Abigaël.

— L'occupation humaine a perduré, reprit Hitier,

flatté. Les habitats troglodytes, comme on appelle les cavités naturelles aménagées par l'homme, offraient des refuges sûrs, au Moyen Âge, et même par la suite. Tiens, tu parlais de Vœuil-et-Giget. Je sais qu'existe sur cette commune le village de Sterling, qui jadis aurait été nommé Lesterling, un vocable à consonance anglaise, sûrement en raison de la guerre de Cent Ans[24]. Les Anglais, nos ennemis à cette période troublée, avaient un camp retranché dont on a déniché les structures. Ah, chère enfant, si je pouvais me consacrer pleinement à mes études d'historien et à mes travaux en cours! Mais je suis parfois tellement préoccupé que j'en perds le goût. Certes, vu mon âge, je suis rarement sur le terrain, malgré mon statut de chef de réseau. Néanmoins, je dois organiser les réunions clandestines et veiller à orchestrer des opérations délicates, comme l'évasion de ta cousine Béatrice ou le transport des parachutistes alliés, souvent blessés et épuisés.

— Je vous admire, monsieur, avoua la jeune fille, car, en plus de vos activités, vous trouvez encore le temps de vous pencher sur nos petites détresses, bien dérisoires comparées aux tourments de ceux qui luttent pour nous libérer, pour libérer la France.

— Chut, oublions ça. Je te disais quoi, à propos de Sterling? Ah oui, c'est un village qui compte un ou deux habitats troglodytes, justement.

Jacques Hitier exhala un panache de fumée bleuâtre en toussotant. Le regard perdu dans le vague, son interlocutrice revoyait sa belle dame brune, assise dans un fauteuil au sein d'un décor qui pouvait évoquer une grotte

---

24. Il a été établi récemment qu'en fait ce nom est dû à une famille Lesterlain bien française, mais dont le patronyme a évolué, peut-être par suite d'une prononciation erronée.

aménagée, avec ses parois rocheuses et l'étroite fenêtre au tracé irrégulier. « Mon Dieu, si Claire était là-bas! »

L'idée s'imposait à elle, obsédante. Elle lui causait une sensation presque douloureuse d'impatience et d'urgence. Elle jeta un coup d'œil sur la pendulette dont les aiguilles allaient bientôt afficher neuf heures. En apparence très calme, elle replia les feuilles et les rangea dans l'enveloppe.

— Où est Sauvageon? demanda soudain le professeur.

— Je n'ai pas voulu le faire entrer. Je l'ai enfermé dans votre cabanon. Mais je vais aller le promener, maintenant que je suis rassurée à votre sujet. Je préviendrai oncle Yvon que vous êtes de retour sain et sauf.

— Tu n'as pas trouvé ton fameux indice dans mes notes?

— Non. Enfin, peut-être Arthur Roy cherche-t-il surtout à obtenir des nouvelles de Clara. Ils étaient inséparables, selon lui.

— Abigaël, tu es bien pressée, ce matin. Si nous buvions une chicorée?

— Non, je vous remercie, j'ai beaucoup de choses à faire, répliqua-t-elle sérieusement, un peu honteuse de lui mentir.

À peine sortie de la maison, le visage tendu vers un ciel d'un bleu pâle sans aucun nuage à l'horizon, elle céda à l'exaltation qui la faisait vibrer. Il n'y avait pas un brin de vent; la journée serait froide, mais ensoleillée.

En ouvrant la porte du cabanon, elle murmura au loup:

— Nous devons partir très vite. Je suis obligée de t'emmener. Tant pis si les gens s'interrogent sur mon drôle de chien.

Sa voix tremblait autant que ses mains lorsqu'elle attacha la corde pourvue d'un mousqueton au collier de l'animal. «Je n'ai pas osé demander à monsieur Hitier où était situé Vœuil-et-Giget, mais, si je pars tout de suite pour Puymoyen, le père André me renseignera», songea-t-elle.

Avant de se mettre en route, elle retourna à la ferme pour annoncer à sa tante et à Yvon qu'elle tenait à se rendre seule à l'église de Puymoyen.

— Je t'emmènerai en charrette un autre jour, quand la neige aura fondu, protesta son oncle. Ce n'est guère prudent.

— Je suis d'accord avec vous, Yvon, renchérit Marie. Qu'est-ce qui nécessite une expédition pareille, enfin? Je ne peux pas t'accompagner aujourd'hui, je dois m'occuper de Cécile et de Grégoire, et préparer le repas de midi. Et si Béatrice partait avec toi?

— Non, non, elle est fatiguée. Vous savez tous les deux comme j'ai besoin de prier dans un lieu sanctifié et de parler à un prêtre, de confesser certaines de mes pensées après tout ce qui vient de se passer. Et je ne suis pas seule, avec Sauvageon. Tantine, je ne risque rien. Mon oncle, si je vous dis que c'est très important, il faut me croire.

Intrigué par le regard ardent de la jeune fille, le fermier céda aussitôt. Marie se résigna, car elle projetait une balade avec les enfants du côté de la fontaine, afin de profiter du temps clément et peut-être de saluer au passage le professeur Hitier.

—

Une demi-heure plus tard, un sac en toile sur l'épaule, Abigaël avançait d'un pas énergique en direction de Puymoyen. Elle avait emporté du pain et du fromage en prévision d'une longue marche. Le chemin qu'elle avait déjà emprunté en charrette avec Patrick, puis à pied avec Adrien évitait les hameaux et les fermes isolées, mais elle apercevait souvent des toits blancs et le filet de fumée grise s'échappant d'une cheminée. Le loup trottait derrière elle en toute liberté.

— Je t'attacherai en arrivant dans le village, lui avait-elle répété deux fois. Sois gentil, ne me quitte pas.

La marche n'était pas aisée; la croûte de neige gelée craquait parfois sous ses chaussures, si bien qu'elle s'enfonçait jusqu'aux chevilles. Ses bas furent vite trempés, mais elle ne sentait rien, indifférente aux détails matériels du quotidien.

Elle ne fléchirait pas ni ne renoncerait, portée par une folle espérance, grisée de pouvoir enfin répondre au mystérieux appel qui avait résonné dans son esprit, né des falaises et de la farouche tendresse de Sauvageon, distillé par la bise du nord et lié à son cœur par le fil ténu de ses rêves.

Les douze coups de midi retentissaient dans l'air glacé quand Abigaël traversa la place de la mairie en se hâtant vers l'église. Elle se sentait épiée derrière les rideaux qu'une main curieuse écartait doucement, mais rien ne l'arrêtait. «Si les gens s'étonnent de me voir tenir un loup en laisse, ils n'ont qu'à venir me parler. Je leur dirai que je l'ai depuis des années, que je l'ai acheté dans une ménagerie.»

Forte de cette pensée, elle eut un sourire malicieux en imaginant la stupeur, l'incrédulité et la méfiance des habitants du bourg. Mais, quand une jeune femme sortit de la mairie et donna un tour de clef, Abigaël s'immobilisa, fascinée. C'était l'élégante personne qui avait déposé des roses de Noël sur la tombe de Jean Dumont. L'inconnue la vit également et eut un mouvement de surprise. Elles se dévisagèrent avec la même expression de curiosité perplexe.

— Bonjour, mademoiselle, dit la femme, ses yeux bleu-vert fixés sur Sauvageon. Vous n'êtes pas du bourg. Êtes-vous égarée?

— Non, pas du tout, madame. Je viens du Lion de Saint-Marc, dans la vallée voisine.

— Est-ce un chien, que vous avez là? Il me semble croisé de loup.

— Peut-être, on me l'a déjà dit, répliqua Abigaël prudemment. Travaillez-vous à la mairie?

— En effet. Chaque matinée de la semaine, pendant les congés scolaires, en supplément de ma fonction d'institutrice de l'école primaire.

— Alors, vous pouvez sans doute m'indiquer la direction de Vœuil-et-Giget? Excusez-moi de vous importuner, mais ce serait très aimable de votre part. Je dois absolument me rendre là-bas aujourd'hui. Je me présente, Abigaël Mousnier.

— Marie de Martignac.

Sidérée, Abigaël tressaillit. Elle contempla les traits fins de son interlocutrice, coiffée d'un béret en velours noir, et dont les cheveux bouclés, d'un blond foncé, étaient coupés aux épaules.

— Vous êtes une parente d'Angéla de Martignac? s'enquit-elle à voix basse.

— C'était ma belle-sœur, répondit très vite la jeune femme en lançant des regards inquiets sur la place déserte. Comment la connaissez-vous?

— Ce serait long à expliquer, mademoiselle. Je reviendrai vous voir, si vous le souhaitez, mais, là, je dois aller à…

— J'ai compris, à Vœuil-et-Giget, trancha Marie de Martignac. Vu les dernières chutes de neige, les chemins sont mauvais, la route qui y conduit aussi. Cependant, je peux vous déposer à un kilomètre du village. J'ai gardé la voiture de mon frère et je l'ai fait équiper d'un gazogène. Je dois me déplacer souvent. Sans véhicule, c'était problématique.

— Mais mon chien salira votre banquette, et j'ignore

s'il voudra bien grimper à l'intérieur, hasarda Abigaël, troublée, certaine pourtant que le destin lui tendait une main secourable.

— Ne vous en faites pas, je transporte des poules ou des moutons à l'occasion. Tenez, c'est la grosse automobile beige garée près de l'église. J'ai fait poser des chaînes avant-hier à Angoulême, chez un garagiste. Il y a des avantages à être employée de mairie et enseignante.

— Dans ce cas, je ne peux pas refuser.

La jeune femme lui adressa un sourire encourageant, tout en l'observant attentivement, de façon presque insistante. Malgré sa gentillesse évidente, Abigaël devinait chez elle une réserve pleine de mélancolie et de détresse.

Bientôt, elle se retrouva assise sur le siège avant, tandis que Sauvageon avait pris place à l'arrière, sans manifester aucune crainte ni réticence. Le moteur démarra après plusieurs essais infructueux, ce qui fit tempêter la conductrice.

— Maudite machine, pesta-t-elle quand elle put faire marche arrière. Je vous préviens, je terrorise tous mes passagers! Je ne suis pas un as du volant.

— Je n'aurai pas peur, affirma Abigaël. Pour votre belle-sœur, autant vous le dire maintenant, j'ai vu une de ses peintures dans l'épicerie la première fois que je suis venue à Puymoyen assister à la messe, il y a une dizaine de jours environ. C'est un très joli tableau. Aussi, le nom de l'artiste m'est resté en mémoire.

Marie de Martignac poussa un bref soupir de soulagement. L'explication devait lui paraître suffisante. Cependant, tous ses sens exacerbés par la quête qu'elle menait, Abigaël méprisa les conseils de Jacques Hitier et se montra d'une totale franchise.

— Je sais qu'Angéla est morte et que son mari, votre frère Louis, est prisonnier dans un camp, ajouta-t-elle.

— Mon frère? Vous connaissez aussi le prénom de mon frère? Comment savez-vous qu'il est prisonnier?

— On me l'a dit.

— Seigneur, mais qui êtes-vous donc? Je vous ai prise pour une réfugiée et j'ai eu pitié de vous. À présent je n'ai qu'une envie, de vous voir descendre immédiatement de ma voiture. Qu'essayez-vous de faire? Je déteste votre attitude! Vous êtes impolie et indiscrète!

Abigaël s'affola, désemparée, tandis que Marie de Martignac freinait brusquement.

— Fichez le camp, vous et votre bête, ordonna-t-elle, livide, le visage durci par la colère.

— Non, je vous en supplie, n'ayez pas peur. C'est quelqu'un de très bien qui m'a parlé de votre famille, l'ancien professeur Jacques Hitier. Je suis sa voisine et je tape ses textes à la machine à écrire.

— D'accord, je vous crois.

La jeune femme accéléra à nouveau, les mâchoires crispées, offrant à sa passagère un profil froid et hostile.

— Expliquez-vous, reprit-elle d'un ton sec. Je suis disposée à vous pardonner si vous me donnez une explication cohérente. Pourquoi m'attendiez-vous devant la mairie avec un loup, car c'est un loup, un animal dont vous ignorez apparemment le passé, disons les manies. Sinon, vous auriez su s'il était déjà monté dans une voiture.

— Mais je ne vous attendais pas, j'allais à l'église. Je comptais demander au père André comment me rendre à Vœuil-et-Giget. Mademoiselle, je suis navrée de vous avoir contrariée et peut-être inquiétée. Vous n'avez vraiment rien à redouter de moi.

— Et vous, est-ce très malin de me faire confiance? Je pense que votre professeur Hitier ne tient pas à être cité ainsi devant la première inconnue que vous croisez.

— Vous n'êtes pas une inconnue, à présent, et, oui, je peux me fier à une jeune dame qui porte des fleurs sur la tombe de Jean Dumont. Samedi, le jour de Noël, j'étais dans le cimetière de Puymoyen et je vous ai aperçue.

— De mieux en mieux! Vous jouez les espionnes comme la sale gamine que vous êtes. D'accord, j'ai fleuri cette tombe en particulier, mais j'ai le droit d'honorer un héros.

Gênée, Abigaël ne répondit pas. Elle s'interrogeait sur Marie de Martignac, dont Jacques Hitier ne lui avait jamais parlé. Mais, en toute vraisemblance, c'était sûrement elle qui se trouvait à la mairie en tant que secrétaire quand il avait étudié les registres de l'état civil. Peut-être qu'ils se connaissaient et que, selon la règle établie par le professeur et les résistants, ils feignaient de n'avoir aucun contact, ou bien ils s'étaient rencontrés en ignorant leur identité respective.

Terrassée par son impuissance à déceler la bonne réponse, elle sentit un début de migraine lui vriller les tempes et le bas du front. Elle ferma les yeux, éblouie par la réverbération du soleil sur les étendues de neige qui bordaient la route. Aussitôt, Claire lui apparut derrière l'écran pourpre de ses paupières, vision fugace, mais précise, surtout sa bouche entrouverte pour chuchoter: «La petite Marie que j'ai sauvée d'une fièvre paratyphoïde.»

Le terme médical, l'étrangeté de la phrase que son esprit seul avait pu percevoir lui causèrent un choc salutaire. Elle cessa de peser le pour et le contre et déclara d'un trait:

— Une seule chose m'intéresse, mademoiselle. Je cherche Claire Roy, l'épouse de Jean Dumont. Voilà, c'est dit. J'en ai assez de mesurer la moindre de mes paroles. J'ai la certitude que vous êtes une bonne personne et que vous la connaissez.

— Oh! mon Dieu, fit la jeune institutrice, tellement émue qu'elle heurta le bas-côté tapissé de neige et qu'elle eut du mal à redresser les roues.

— Elle vous a soignée, quand vous étiez enfant, d'une fièvre paratyphoïde.

— Seigneur! Mais, pour que vous sachiez ça, elle a dû vous le raconter. Non, c'est impossible, ou alors c'est mon frère! Il vous envoie vers moi, mais vous n'osez pas me l'avouer franchement!

Marie de Martignac continuait à rouler, mais elle regardait surtout sa passagère en faisant des embardées qui ébranlaient la vieille automobile.

— Je vous en conjure, mademoiselle, calmez-vous. Je l'ai su d'une autre manière, mais, si je vous la révèle, vous ne me croirez pas. Je vous confie l'essentiel. Je vivais en Touraine avec ma tante, Marie Monteil. Nous avons tout perdu pendant l'exode et, en novembre, nous sommes arrivées ici, en Charente. Mon oncle, Yvon Mousnier, le frère de mon père, a consenti à nous héberger. Dès les premiers jours, j'ai eu l'impression d'être appelée par une personne, une femme brune que je voyais en rêve. Peu à peu, cet appel m'a hantée, je devais retrouver celle que je nomme la belle dame brune, Claire Roy-Dumont.

Le silence s'instaura. Il n'y eut ni cris d'étonnement, ni protestations de la part de Marie de Martignac, ni détails et précisions du côté d'Abigaël. Elles étaient toutes deux songeuses, très pâles, ne prêtant même pas attention au comportement du loup derrière elles. Après être resté sagement couché sur la banquette, Sauvageon venait de s'asseoir, le nez contre la vitre, humant l'air extérieur par un fin interstice entre le carreau et le montant de la portière.

— Dans ce cas, pourquoi aller à Vœuil-et-Giget aujourd'hui? demanda mademoiselle de Martignac tout bas. Dites-moi la vérité.

— Vous aussi, dites-moi la vérité.

— Claire était guérisseuse. Elle m'a sauvé la vie quand j'avais huit ans. Ensuite, elle a beaucoup aidé ma mère, qui avait de terribles soucis financiers. C'était une amie de notre famille, une de ces familles de l'aristocratie accrochées à leurs traditions et à leurs principes, mais ruinées le plus souvent. Sans Claire et sa cousine Bertille, nous aurions perdu notre château.

— Vous devez avoir une infinie gratitude pour elle, hasarda Abigaël.

— Oui, évidemment. Regardez, voici le clocher de Vœuil-et-Giget. Je vous déposerai sur la place principale, puisque vous ne m'avez pas répondu.

— Je peux le faire maintenant. Je voulais juste visiter le village troglodyte de Sterling. Monsieur Hitier m'en a parlé ce matin.

Les mains de la jeune femme tremblaient, cramponnées sur le volant enrubanné de cuir noir élimé. Elle se gara devant une maison aux volets fermés.

— Il n'y a rien à voir de particulier, là-bas, dit-elle, une ou deux maisonnettes en partie construites dans une falaise. Les autres bâtisses ne sont pas troglodytes.

— J'espère y trouver Claire.

Abigaël ne put rien ajouter. Sauvageon poussait à présent des plaintes lamentables, des couinements de chiot, en grattant la garniture de la portière.

— Vous l'entendez? murmura-t-elle. C'est le loup de Claire. Il la cherche, lui aussi, depuis des semaines. Je crois qu'il sent sa présence pas très loin d'ici. Si je le lâche, il filera droit devant lui. Il vaut mieux que je l'attache.

Marie de Martignac leva les yeux au ciel et se signa, les joues rouges de confusion. Elle adopta un ton dur pour gronder :

— Je vous interdis d'y aller, petite. Je vous défends de lâcher cette bête. Laissez Claire tranquille. Elle est en paix. Elle est morte. Si vous la respectez, au nom de Dieu, ne descendez pas de la voiture. Je vous reconduirai jusqu'au Lion de Saint-Marc et ce sera très bien ainsi. Ce sera ce que Claire aurait souhaité.

— Comment pouvez-vous en être si sûre? s'écria Abigaël. Je ne peux plus reculer, pas maintenant que je suis si près du but.

— Vous le ferez si vous m'écoutez, rétorqua la jeune femme avec colère. Je préfère encore tout vous dire pour éviter le pire.

Mais Abigaël ne voulait pas renoncer. Elle ouvrit sa portière et descendit de la voiture. Elle n'eut pas l'occasion de libérer Sauvageon. D'un élan formidable, il avait sauté sur le siège avant et bondi dehors. Là, il s'élança en longues foulées vers le sud-est.

— Attends-moi, implora Abigaël en se mettant à courir sur ses traces.

Marie de Martignac secoua la tête et tapa d'un poing rageur sur le tableau de bord. Enfin, elle fondit en larmes, le front appuyé contre le volant.

—

La route verglacée était surplombée par un pan de falaise auquel semblait s'accrocher un alignement de maisons en pierres grises. Il faisait froid à l'ombre des rochers et Abigaël, épuisée par une course forcenée, fut secouée d'un frisson, le front moite de sueur. Elle n'avait pour se guider que les empreintes du loup inscrites dans la neige.

Sa joie et son impatience cédaient la place à une mystérieuse angoisse, comme si elle avait commis une erreur lourde de conséquences en s'opposant peut-être à la volonté même de Claire Roy. « Pourtant, j'en suis presque sûre, c'est Marie de Martignac qui la cache. Mais pourquoi prétendre qu'elle est morte? Si c'était vrai, si elle communiquait avec moi de l'au-delà sans pouvoir se manifester comme le font les autres, la petite Astrid, la grand-mère d'Adrien et Arthur? »

Ses propres doutes l'oppressaient et lui donnaient envie de faire demi-tour. L'endroit, de plus, la rebutait à cause des habitations regroupées au bout de la falaise. Elle jugeait ce petit village frileux insuffisamment isolé et donc inadapté à la protection d'une personne recherchée par la Gestapo et la milice.

— Tant pis, j'irai jusqu'au bout, puisque je suis là, soupira-t-elle à mi-voix.

Elle commença à gravir un sentier, toujours en suivant les traces du loup. La neige était dure et épaisse; elle s'était accumulée dans le creux du passage, bordé de ronciers et de houx. Parvenue sous l'avancée d'un pan rocheux, Abigaël découvrit une étroite porte peinte en vert, sertie dans un mur de maçonnerie à l'aspect très ancien. Sauvageon était couché là. Il continuait de pousser des plaintes pitoyables. Une fenêtre se devinait sur la droite, en partie voilée par du lierre. «Pas un bruit, pas une lumière à l'intérieur, on dirait un tombeau, pensa la jeune fille. Si Claire habitait ici, elle aurait entendu les cris de Sauvageon. »

Malade de nervosité, la gorge nouée, elle n'osait pas frapper à la porte, que nul n'entrebâillerait, où seule la mort pouvait les accueillir, le loup et elle.

— Allons, du courage, un peu de cran, murmura-t-elle en se décidant à toquer de ses doigts repliés, un coup, puis deux, trois. Ses coups discrets n'obtinrent aucune réponse, juste un effrayant silence à peine troublé par l'appel rauque d'un corbeau, haut dans le ciel. Désespérée, Abigaël s'approcha de la petite fenêtre et scruta la pénombre de l'autre côté de la vitre ternie.

— Mon Dieu, non, non…

Elle venait de distinguer sa belle dame brune, assise dans le fauteuil de sa vision, le visage éteint, les yeux clos, pareille à une dépouille abandonnée dans une atroce solitude. Accablée par un chagrin intolérable, Abigaël s'appuya au mur et sanglota. «Claire, je suis venue, je vous ai retrouvée, j'ai répondu à vos appels! Alors, pourquoi êtes-vous comme morte? Claire, tout à l'heure, vous m'avez parlé! Claire, Claire, c'est moi, Abigaël. Sauvageon est si triste! Ouvrez-nous, par pitié! » suppliait-elle en pleurant comme une enfant perdue.

Une clameur subite du loup, plus aiguë et plus vigoureuse que les précédentes, la fit sursauter. Il s'était dressé contre la porte et labourait le bois de ses griffes, la tête renversée en arrière, prêt à hurler à la manière de ses frères sauvages les nuits de pleine lune.

— Non, il ne faut pas, arrête, Sauvageon! s'écria-t-elle en le prenant par son collier pour l'obliger à reculer.

L'animal la suivit docilement, mais son grand corps vibrait d'excitation et d'incompréhension.

— Tu voulais entrer et te jeter sur elle, chuchota-t-elle en le caressant. Tu voulais lui montrer que tu l'aimes, mais on ne peut pas, c'est sûrement fermé à clef. Et puis, Claire dort. Je pense qu'elle dort pour toujours.

Un crissement sur la neige alarma Abigaël. Quelqu'un venait. Elle regarda la pente sans apercevoir de silhouette humaine. Pourtant, Marie de Martignac fut soudain à ses côtés, une grosse clef à la main.

— Vous avez pris le chemin le plus pénible, déclarat-elle d'une voix triste, pour vous heurter à une porte que je suis la seule à pouvoir ouvrir.

— J'aurais dû m'en douter, admit la jeune fille. Mais, dans ce cas, pourquoi aviez-vous peur que je vienne ici? En plus, je l'ai vue. Elle est morte, n'est-ce pas?

— Venez plus près du mur qu'on ne nous voie pas de la route, même si personne n'y passe en cette saison.

Marie de Martignac s'adossa à la maçonnerie irrégulière, un air très doux sur le visage. Elle semblait apaisée, résignée à relayer son secret. Sans lâcher le loup, Abigaël se rapprocha d'elle.

— C'était le soir, après l'atroce tragédie qui avait eu lieu au Moulin du Loup. J'étais à la mairie, ce jour-là. Tout le village était en émoi. C'était la panique. Nous avions vu défiler des camions, des voitures de la Wehrmacht et des fourgons de la gendarmerie. Ensuite, il y avait eu des détonations en pagaille qui résonnaient dans la vallée des Eaux-Claires, des centaines de tirs, suivis d'un silence épouvantable et de l'odeur d'un incendie qui montait vers nous. La même colonne de véhicules a défilé en sens inverse, mais chacun, dans le bourg, s'était claquemuré, par peur, une peur viscérale d'être suspecté et abattu. Moi, je savais que mon frère Louis et sa femme étaient au Moulin. J'y suis donc allée en voiture, toute seule. Seigneur, c'était une vision si épouvantable que je n'ai pas pu franchir le portail. Tout brûlait encore, la fumée stagnait et il y avait des corps ensanglantés dans la cour. J'ai hurlé, hurlé, comme folle, et j'ai roulé droit devant moi, honteuse de ma lâcheté, mais incapable d'examiner les cadavres. Quand je me suis estimée assez loin, je me suis garée et j'ai pleuré plus d'une heure. Il faisait presque nuit et soudain j'ai aperçu une femme dans un pré en contrebas de la route, au bord de la rivière. Elle se lavait les mains et les bras. C'était Claire, je l'ai reconnue tout de suite. Sa robe d'été était maculée de sang. Mon Dieu, j'étais tellement soulagée de la voir en vie que j'ai vite couru la rejoindre!

Abigaël écoutait, tendue à l'extrême, les larmes aux yeux.

— Mais j'ai compris en quelques secondes, grâce à mes études de médecine, qu'elle n'était plus vraiment là. Je dois préciser, mademoiselle, que j'ai eu mon diplôme d'infirmière. La malheureuse souffrait d'amnésie, due au choc terrible qu'elle venait de subir. Quand je l'ai interrogée, elle m'a souri sans dire un mot, le regard si vide que j'en ai eu le cœur brisé. Je ne pouvais pas l'abandonner en pleine nature. J'ai réussi à la mettre en confiance. Elle est venue avec moi et je l'ai amenée ici. Je ne pouvais pas la cacher au château, à Torsac, c'était trop dangereux pour mon neveu et ma nièce que mon frère m'avait confiés et que je protégeais. Ce sont des enfants sérieux, ils m'aident à soigner maman, qui est alitée depuis des mois.

— Et Sauvageon, vous ne l'avez pas vu, ce soir-là? Pourquoi n'était-il pas avec elle? s'étonna Abigaël.

—Je l'ignore. Il a dû s'enfuir quand les Allemands ont donné l'assaut. Personnellement, j'avais entendu parler des loups du Moulin, mais je n'en avais jamais vu un seul. Ces dernières années, les relations entre ma mère et Claire n'étaient pas des meilleures. Enfin, pour vous résumer les choses, j'ai fait de mon mieux pour veiller sur Claire et assurer sa sécurité. Un vieil homme que j'ai soigné jusqu'à son décès m'avait légué cette petite maison, moitié grotte, moitié logement aménagé. C'était une bonne cache, il y a des commodités dont l'écoulement se perd dans les profondeurs de la roche, quelques meubles, une source et un poêle. Il y fait bon, je vous assure, même en ce moment, mais je n'avais pas prévu un hiver aussi froid ni autant de neige. Voyez cette marche en ciment, à gauche. Je suis descendue par un escalier taillé dans la pierre. Ma voiture est garée sur le plateau auquel on accède par une piste empierrée. Je viens toujours en empruntant ce passage, c'est plus discret.

— Mais Claire est-elle encore vivante? J'ai regardé par la fenêtre et je crois qu'elle est morte, à présent. Il ne fallait pas la laisser seule jour et nuit.

— Je suis très occupée, Abigaël, je m'efforce de lui rendre visite tous les jours et de lui apporter des provisions. Elle n'a qu'une envie, qu'un besoin, dormir. Certes, elle ne se souvient de rien, mais elle semble profondément affligée et, depuis qu'elle vit ici, je lui administre des sédatifs. Oui, elle dort pratiquement tout le temps. Bien sûr, cela l'affaiblit; elle mange si peu! Ce n'est plus la femme exceptionnelle de jadis, ce n'est plus qu'une ombre. Et je crains le pire. Si, par malheur, la mémoire lui revenait, là elle en mourrait aussitôt.

— Des sédatifs! Vous la droguez depuis des mois?

— Comment faire autrement? Au moins elle ne souffre pas. Vous n'allez pas me donner de leçons, quand même. Son amnésie la préserve de la folie. Si elle se souvenait d'avoir perdu son mari, son grand amour, Jean, elle sombrerait et ce serait épouvantable.

— Je comprends enfin, murmura Abigaël. «Ni vivante ni morte.» Pourtant, son esprit, lui, pouvait s'évader et chercher de l'aide.

— Quelle fadaise racontez-vous encore?

— Claire m'a appelée au secours. Je suis peut-être la seule qui peut l'aider. Vous vous trompez, elle doit se souvenir. Elle a des enfants et il y a des gens qui l'aiment. Elle a le droit de faire son deuil, de revivre, même sans son mari. Ouvrez-moi, je vous en supplie.

— Non, vous allez la tuer, alors qu'elle m'a soignée avec tant de dévouement. Si j'ai voulu être médecin, c'est grâce à elle. S'il n'y avait pas eu la guerre, ce serait chose faite, mais au moins je suis infirmière. J'ai soulagé bien des misères, déjà. Je n'ai pas l'intention d'enseigner longtemps, j'ai accepté ce poste par nécessité.

— Mademoiselle de Martignac, ayez foi en moi. Je suis comme Claire, une guérisseuse, et, je vous le répète, elle communique avec moi. Tenez, tout à l'heure, dans votre voiture, quand j'ai parlé de votre fièvre paratyphoïde, c'est elle qui venait de me le dire en silence dans ma tête. Oh! Nous perdons du temps!

Sidérée et impressionnée par la détermination passionnée de la jeune fille, elle lui tendit la grosse clef en fer.

En tournant la poignée de cuivre et en poussant le battant, Abigaël songea qu'elle n'oublierait jamais cet instant. Son cœur cognait follement dans sa poitrine; ses battements semblaient ébranler tout son corps. Elle retenait Sauvageon par son collier. Pourtant, il ne manifestait plus aucune frénésie.

Tous deux avancèrent vers le fauteuil où gisait Claire Roy-Dumont dans une attitude d'abandon. Abigaël lâcha le loup qui, tout de suite, posa avec délicatesse sa lourde tête grise sur les genoux de sa maîtresse. Il la fixait de ses prunelles d'ambre, de la même façon attentive et attendrie qu'Abigaël. De son regard bleu si limpide, elle ne se lassait pas de contempler le beau visage de sa dame brune, enfin réelle, enfin présente. «Merci, mon Dieu, de m'avoir permis d'être ici près d'elle. Merci, Arthur, de m'avoir guidée.»

Elle priait à nouveau en silence, bouleversée de lire sur les traits harmonieux de la femme endormie les marques du temps, quelques fines rides au coin des yeux et sur les pommettes, de rares fils d'argent dans ses longs cheveux très bruns nattés sur l'épaule gauche. Claire était émaciée et amaigrie. Cependant, ses formes avaient gardé la sveltesse de la jeunesse sous le tissu noir d'une robe en lainage austère à col blanc.

Marie de Martignac avait refermé la porte et, anxieuse, elle tisonnait les braises du petit poêle en fonte encore tiède.

— Est-ce que je peux la réveiller? demanda Abigaël.

— Oui, parlez-lui, touchez-lui la joue. Faites à votre idée, s'il le faut. Elle est souvent assoiffée; je vous apporte de l'eau fraîche.

Avec une infinie tendresse, la jeune fille effleura le front de Claire et ses joues en l'appelant à voix basse. Elle recula un peu quand les paupières teintées de brun s'entrouvrirent et clignèrent un moment, dévoilant le velours noir d'un regard étonné. Puis, la bouche charnue aux lèvres à peine pâlies couleur de cerise prononça sur un ton mélodieux:

— Bonjour, jolie demoiselle. Vous êtes ma nouvelle infirmière?

— Non, pas du tout. Bonjour, madame.

— J'ai très soif.

Abigaël attrapa vite le verre d'eau que lui tendait Marie de Martignac.

— Ah oui, elle est là, cette gentille personne, marmonna Claire avant de boire avidement.

Il se passa alors une scène bouleversante. Le loup poussa un gémissement joyeux et se souleva pour plaquer sa tête contre la poitrine de son idole enfin retrouvée. Interdite, le souffle suspendu, Abigaël remarqua à quel point les yeux de sa belle dame brune, de légèrement absents, reprenaient vie, intensité et ardeur.

— Mais qu'est-ce que cette bête fait là? balbutia-t-elle, tandis que l'animal lui léchait le nez et le menton.

Il paraissait suivre son instinct en lui prodiguant les marques d'affection qui avaient scellé son amitié pour elle et les humains dignes de son âme farouche.

— Sauvageon, doucement, ne put s'empêcher de dire Abigaël.

— Sauvageon! Sauvageon! articula Claire avec peine.

Elle eut un violent sursaut, le visage figé dans une expression de terreur affreuse à voir. Marie étouffa un cri navré en se réfugiant au fond de la pièce, là où se dressait un lit en bois contre la paroi striée de coups de pioche séculaires.

— Oui, c'est bien Sauvageon, affirma Abigaël.

Haletante, Claire la considéra d'un œil perplexe. D'un geste vif, elle leva une main, lui effleura le visage et soupesa une mèche de ses cheveux châtain aux reflets blonds.

— Mais je vous connais, mademoiselle! Je vous ai vue dans mes rêves. J'aime rêver. Je voudrais rêver sans cesse.

La voix un peu grave, mais très douce de Claire donnait envie de pleurer.

— Vous m'appeliez, je crois, madame. Moi aussi, je vous voyais en rêve, et même quand j'étais éveillée. Alors, je suis venue.

— Et Jean? s'écria-t-elle, subitement affolée. Jean n'est pas avec vous? Jean, mon Jean! Oh! mon Dieu, il est mort, je me souviens, non, non!

Elle laissa échapper un faible cri d'horreur, hébétée, les yeux embués de larmes. Sauvageon se rejeta en arrière et descendit de ses genoux, mais Abigaël la prit dans ses bras avec tout l'amour dont elle était capable.

— Pleurez, madame. Pleurez autant que vous pouvez, je ne vous quitterai pas.

— Jean s'est jeté devant moi. Il était blessé. Il m'a obligée à me coucher par terre et, là, il m'a protégée de son corps. J'ai senti l'instant où la vie s'est enfuie de lui, j'ai senti la tiédeur de son sang sur moi. Après, je ne sais plus, j'ai sombré.

— On vous a crue morte, sans aucun doute, mais vous ne l'étiez pas. Vous vous êtes relevée et vous êtes partie du Moulin.

— Je n'en sais rien. Mais Jean est mort, mon mari, mon amour.

Abigaël resserra son étreinte en chuchotant à l'oreille de Claire :

— Vous et moi, chère dame, ma chère et belle dame brune, nous savons bien que la mort est un seuil à franchir, un départ pour une autre vie. Jean vous a sauvée; il sera toujours près de vous, il vous attendra. Vous devez penser à vos enfants et à votre famille.

Sous le regard ébahi de Marie de Martignac qui assistait à la scène d'un coin d'ombre, Claire Roy-Dumont renaissait. Elle se tenait droite, comme stimulée par la tendresse d'Abigaël. Elle avait retrouvé sa dignité et son port de reine antique.

— Et le Moulin, ma chère maison, qu'est-elle devenue? Il y avait le feu. De cela aussi je me souviens. Tout a dû brûler.

— Oui, le logis a brûlé et une partie de la salle des piles, murmura alors la jeune châtelaine, mais les murs tiennent encore debout.

Abigaël voulut lâcher prise pour pouvoir regarder Claire, mais elle la retint.

— Je vous en prie, mademoiselle, restez ainsi, vous me faites tant de bien! Je souffre le martyre. Je ne suis plus qu'une moitié d'être humain privée de son autre moitié, mais je sais qui je suis, au moins. La douleur sera toujours là, au fond de mon cœur. Je ne peux pas l'empêcher, aucune plante ne me soignera, mais, oui, je dois penser à ma fille, ma Ludivine, à mon frère chéri, Mathieu, à mes petits-enfants, à Faustine, la fille de Jean. Jean ne sera jamais absent. Son âme et son sang coulent dans les veines de sa descendance. Attendez, je les revois, Isabelle, Pierre, Gabrielle, ma petite Gaby.

— Vous les reverrez, Claire, s'écria Abigaël en l'embrassant sur le front et sur les joues. Ils sont en lieu sûr, n'est-ce pas?

— Oui, Dieu merci, grâce à la sœur de mon mari. Son prénom ne me revient pas. Pourtant, nous avons eu des querelles si souvent! Blanche, c'est ça, Blanche a insisté pour que Mathieu, Faustine et leurs enfants la rejoignent en Amérique du Sud. Jean et moi, nous avons décidé Ludivine à partir avec eux. L'époux de Blanche est archéologue. Vous rappelez-vous, Marie? C'est lui, Victor Nadaud, qui m'a conduite au château pour vous sauver. Je me découvrais le don de guérir, moi qui avais un si grand chagrin. Raymonde, ma servante et ma grande amie, avait été tuée par un camion dans la cour du Moulin. Elle laissait Janine, une enfant de quelques semaines.

Abigaël frémissait à chaque révélation, fascinée par la rapidité avec laquelle Claire retrouvait toutes ses facultés et par le plaisir évident qu'elle avait d'évoquer son passé.

— Vous me reconnaissez donc? s'enquit timidement Marie de Martignac. Seigneur, moi qui croyais vous protéger en éloignant cette jeune fille de votre cachette! Pardonnez-moi, Claire, j'ai cru bien agir. Je vous donnais des calmants et j'étais sûre que vous tomberiez morte de douleur si la mémoire vous était rendue à cause de votre loup et d'Abigaël.

— Bien sûr que je ne vous en veux pas. Pourquoi vous en voudrais-je, vous qui avez agi pour mon bien? Cependant, il ne faut pas dire à cause, mais grâce à eux. Oh! Sauvageon, mon beau Sauvageon, viens, n'aie pas peur.

Le loup vint poser encore une fois sa tête sur les genoux de Claire. Elle pleurait sans sangloter, indifférente aux larmes qui ruisselaient de ses joues et qui mouillaient le haut de sa robe.

— Madame, je vous en prie, si vous êtes lasse, il faudrait vous allonger un peu, suggéra Abigaël qui n'osait pas s'écarter d'elle, mais qui éprouvait un pénible malaise, comme si de mystérieux fluides circulaient entre leurs corps, l'un très jeune, l'autre dolent et affaibli, soumis à des privations. « Elle souffre tant ! se disait-elle. Tout son être souffre d'avoir perdu Jean, de le revoir fauché par une rafale de balles, sacrifié sur l'autel de la barbarie. Jamais personne ne pourra combler ce vide. »

— M'allonger ? Non. Je suis demeurée assise ou couchée trop longtemps, répondit Claire. Il a neigé, je le vois par la fenêtre. Nous sommes donc en hiver ?

— Le 28 décembre 1943, précisa Marie de Martignac.

— Noël est passé, alors. J'aimais tant Noël au Moulin, tous les miens réunis, la grande pièce décorée, le sapin illuminé, un loup couché devant la cheminée.

— Vous m'avez offert une jolie vision des Noëls au Moulin, madame, avoua Abigaël. J'ai même essayé de vous imiter à la ferme où je vis, chez Yvon Mousnier, dans la vallée de l'Anguienne. J'ai décoré un sapin et les enfants étaient ravis. Le père Maraud me harcelait souvent avec ses grelots de cuivre, ses conseils et son bon sourire. Il me rendait visite, lui aussi, en rêve.

— Le père Maraud, soupira Claire. Mais, s'il vous est apparu, vous êtes médium, jeune demoiselle.

— Oui, je le suis. Les défunts m'apparaissent et, sans votre frère Arthur, je vous chercherais encore.

— Arthur est donc mort ? Moi qui ai tant prié pour qu'il revienne sain et sauf ! Seigneur, la guerre m'aura enlevé tous ceux que j'adorais et chérissais depuis des années. Elle tuera encore et encore. Mais il faut vivre, il faut lutter contre les forces du mal. Je pleurerai tout mon saoul quand nos ennemis seront chassés de notre pays, quand Jean sera enfin vengé.

Sur ces mots, Claire se leva de son fauteuil, le buste droit, la tête haute, mince et hiératique dans sa robe noire. Sa lourde natte brune dansa au milieu de son dos.

—Je ne veux pas rester enfermée là. Mademoi-selle, emmenez-moi chez Yvon Mousnier, que j'ai rencontré dans la grotte aux fées lors d'une réunion de résistants. C'est un homme sympathique. Et puis, je voudrais tant me retrouver devant une cheminée et admirer votre bel arbre de Noël! Je ne veux plus être seule.

—Vous pouvez m'appeler Abigaël, madame. Vous emmener… mais j'ai peur que ce soit dangereux pour vous. Les résistants de la région vous croyaient prison-nière des Allemands et morte depuis des mois.

—Mais les bourreaux de la Gestapo et les traîtres de la Milice me croient sûrement au fond d'une fosse commune. Je vous en prie, je dois revoir le ciel, les arbres, les falaises, l'eau des ruisseaux. Je dois respirer le parfum de la neige et prier sur la tombe de mon mari, s'il a eu droit à une sépulture.

Marie de Martignac et Abigaël se regardèrent, à la fois éblouies et désemparées. La femme qui se dres-sait devant elles, sublimée par le chagrin, mais do-minée par la volonté de vivre, leur paraissait une créa-ture irréelle surgie par miracle sous leurs yeux, un être de légende, aussi fort que fragile et d'une beauté étonnante.

—Nous ferons ce que vous souhaitez, madame.

—J'ai besoin de liberté et de grand air. Je dois aussi avoir des nouvelles de ma famille. Matthieu devait m'écrire à l'adresse de Blanche, rue de l'Évêché. Un prêtre gardait la clef de la maison. Et Bertille, je vou-drais retrouver Bertille, ma belle princesse, ma sœur.

—Vous ignorez où elle est? demanda Abigaël, qui revoyait l'image furtive d'une radieuse beauté blonde aux traits délicats.

—Les S.S. ont arrêté Jakob Kern, son amant. Elle est partie avec lui, prétextant qu'elle était juive, la petite folle! expliqua Claire. Ils sont sûrement retenus dans un camp. Ils reviendront peut-être. Bertille doit revenir. Elle ne peut pas m'abandonner, pas elle.

Des larmes coulaient le long du nez de Claire, qui frotta ses yeux du dos de la main dans un geste pathétique de détresse. Vite, Abigaël l'entoura d'un bras protecteur. Elle était prête à se dévouer corps et âme pour panser les profondes plaies d'amour qui endeuillaient le cœur de sa chère dame brune, désireuse de s'envoler malgré sa faiblesse, pareille à un bel oiseau blessé dont la cage s'ouvrait enfin.

Table des matières

1   Chez l'oncle Yvon 11

2   Après la tempête 41

3   La maison dans la falaise 71

4   La famille Mousnier et ses secrets 103

5   Grégoire 133

6   Entre chien et loup 163

7   Une lumière dans la nuit 191

8   L'enchantement 221

9   Le temps des aveux 251

10 Vers Puymoyen 281

11 Monsieur Hitier 311

12 Le souterrain 341

13 Béatrice 371

14 Le Noël de Cécile 399

15 Serments d'amour 431

16 Un cimetière sous la neige 461

17 Un avant-goût de haine 491

18 Confidences au coin du feu 519

19 L'adieu des amoureux 545

20 Le bel oiseau blessé 571

DE LA MÊME AUTEURE:

Grandes séries

Série Val-Jalbert

L'Enfant des neiges, tome I, roman, Chicoutimi, Éditions JCL, 2008, 656 p.

Le Rossignol de Val-Jalbert, tome II, roman, Chicoutimi, Éditions JCL, 2009, 792 p.

Les Soupirs du vent, tome III, roman, Chicoutimi, Éditions JCL, 2010, 752 p.

Les Marionnettes du destin, tome IV, roman, Chicoutimi, Éditions JCL, 2011, 728 p.

Les Portes du passé, tome V, roman, Chicoutimi, Éditions JCL, 2012, 672 p.

L'Ange du Lac, tome VI, roman, Chicoutimi, Éditions JCL, 2013, 624 p.

Série Moulin du loup

Le Moulin du loup, tome I, roman, Chicoutimi, Éditions JCL, 2007, 564 p.

Le Chemin des falaises, tome II, roman, Chicoutimi, Éditions JCL, 2007, 634 p.

Les Tristes Noces, tome III, roman, Chicoutimi, Éditions JCL, 2008, 646 p.

La Grotte aux fées, tome IV, roman, Chicoutimi, Éditions JCL, 2009, 650 p.

Les Ravages de la passion, tome V, roman, Chicoutimi, Éditions JCL, 2010, 638 p.

Les Occupants du domaine, tome VI, roman, Chicoutimi, Éditions JCL, 2012, 640 p.

Série Angélina

Angélina: Les Mains de la vie, tome I, roman, Chicoutimi, Éditions JCL, 2011, 656 p.

Angélina: Le Temps des délivrances, tome II, roman, Chicoutimi, Éditions JCL, 2013, 672 p.

Angélina: Le Souffle de l'aurore, tome III, roman, Chicoutimi, Éditions JCL, 2014, 576 p.

Série Le Scandale des eaux folles

Le Scandale des eaux folles, tome I, roman, Chicoutimi, Éditions JCL, 2014, 640 p.

Les Sortilèges du lac, tome II, roman, Chicoutimi, Éditions JCL, 2015, 536 p.

Série Bories

L'Orpheline du Bois des Loups, tome I, roman, Chicoutimi, Éditions JCL, 2002, 379 p.
La Demoiselle des Bories, tome II, roman, Chicoutimi, Éditions JCL, 2005, 606 p.

Série La Galerie des jalousies

La Galerie des jalousies, tome I, roman, Chicoutimi, Éditions JCL, 2016, 608 p.
La Galerie des jalousies, tome II, roman, Chicoutimi, Éditions JCL, 2016, 624 p.
La Galerie des jalousies, tome III, roman, Chicoutimi, Éditions JCL, 2017, 600 p.

Grands romans

Hors série

L'Amour écorché, roman, Chicoutimi, Éditions JCL, 2003, 284 p.
Les Enfants du Pas du Loup, roman, Chicoutimi, Éditions JCL, 2004, 250 p.
Le Chant de l'Océan, roman, Chicoutimi, Éditions JCL, 2004, 434 p.
Le Refuge aux roses, roman, Chicoutimi, Éditions JCL, 2005, 200 p.
Le Cachot de Hautefaille, roman, Chicoutimi, Éditions JCL, 2006, 320 p.
Le Val de l'espoir, roman, Chicoutimi, Éditions JCL, 2007, 416 p.
Les Fiancés du Rhin, roman, Chicoutimi, Éditions JCL, 2010, 790 p.
Les Amants du presbytère, roman, Chicoutimi, Éditions JCL, 2015, 320 p.

Dans la collection **Couche-tard**

Les Enquêtes de Maud Delage, vol. 1, romans, Chicoutimi, Éditions JCL, 2012, 344 p.
Les Enquêtes de Maud Delage, vol. 2, romans, Chicoutimi, Éditions JCL, 2012, 376 p.
Les Enquêtes de Maud Delage, vol. 3, romans, Chicoutimi, Éditions JCL, 2013, 328 p.
Les Enquêtes de Maud Delage, vol. 4, romans, Chicoutimi, Éditions JCL, 2014, 448 p.